李維琦

語言學論集

李維琦◎著

語文出版社
·北京·

圖書在版編目(CIP)數據

李維琦語言學論集/李維琦著. —北京:語文出版社,2011

ISBN 978-7-80241-401-3

Ⅰ. ①李… Ⅱ. ①李… Ⅲ. ①古漢語—語言學—文集 Ⅳ. ①H109.2-53

中國版本圖書館 CIP 數據核字(2011)第 270735 號

LI WEIQI YUYANXUE LUNJI

李維琦語言學論集

李維琦 著

*

語 文 出 版 社 出 版

100010 北京朝陽門南小街 51 號

E-mail:ywcbsywp@163.com

新華書店經銷 北京市聯華印刷廠印刷

*

787 毫米×1092 毫米 16 開本 1 插頁 23.75 印張 376 千字

2011 年 12 月第 1 版 2011 年 12 月第 1 次印刷

印數:1-1,000 定價:48.00 元

目　録

方言與音韻

修　辭

其　他

序　一

無論做什麼學術研究,要想有所成就,必須在以下幾個方面的某一點與衆不同,方可蕆其事。

一曰研究對象。研究對象的選擇,無外乎三端:1.人無我有者。生地易為力,熟地難為功。毛荒之地,開墾不易,而收益可觀。中下之才,亦可大有作為,何況上乘?然生地有限,若無考古發現,當今之世欲覓一生地,談何容易?2.前修未精者。雖有前修,但其深度、廣度、高度皆有待拓展。中人之才加上勤奮,也會有大的收穫。3.人人都在耕耘的熟地。道相似也,識相近也,要超越别人,談何容易?若非天才,大可不必再進入,除非使用前人從未用過的方法,否則其成就定為有限。然最現平庸者此領域,最現智慧者亦此領域。思想的深度、知識的廣度、方法的精度、才情的高度,皆可於此顯現。

古代漢語的研究對象為文字、音韻、訓詁、語法、修辭,這是前輩學者耕耘了上千年的領域,雖説收穫各有不同,但都不再是處女地則是可以肯定的。

智者與庸者的區别,在於能否於同處看到異,於常處看到變。本師維琦先生的研究領域,有訓詁、音韻(包括方言)和修辭,皆人人耕耘的熟地,其成果非但不是品質平庸的下乘,而是多有創獲的佳作。

先生涵泳漢譯佛經二十餘年(一九九〇年開始),比文例,揣語境,論引申,明假借,審語法,釋漢譯佛經中的"字面普通而義别"和帶有佛經或地域色彩的語詞,條分縷析,創獲良多,著《佛經釋詞》,凡六十余萬字,系研讀佛經之津梁,研究中古漢語詞義之力作。其用心之專,用力之勤,用工之精,今之學者能與比者,唯本師雲從先生一人而已。雲從師治敦煌俗語凡三十餘年,所著《敦煌變文字義通釋》,蜚聲宇内,為世人所重。維琦師所作,與之前後輝映,各擅勝場。一為中古,一為近古,若再有一部精當的上古語詞考釋之作,則為一詞彙史矣。

於是,愚有悟焉:治學之道,既要博,又要約,還要一。心理學講究“知、情、意”。意者,一也。一其心於此,一其力於此,一其藝於此,若無所獲,除非“天厭之”。荀子引《詩》曰:“淑人君子,其儀一兮。其儀一兮,心如結兮。”故君子結於一也。其是之謂與?

二曰研究方法。對象相同,方法別樣,其所斬獲,定有不同。方法之於治學,猶武器之於戰爭,其重要性不言而喻。就方法的層次而言,有哲學方法、一般科學方法和具體科學方法。

哲學方法有辯證法、形而上學法,本文不論。一般科學方法有歸納法和演繹法。各有所長,亦各有所短。

古漢語研究素重歸納,無論是音韻學、訓詁學還是文字學、語法學,莫不如此。所謂“例不十,法不立”,即此之謂也。其利在於扎實可靠,其弊在於忽視理論。當今學界有人力倡演繹,而對歸納則卑之毋甚高論,意欲救其弊。提倡演繹,實是卓識,但鄙視歸納,則未必高明,殊不知歸納和演繹如鳥之兩翼、車之兩輪,相輔而行,缺一不可。任何人的研究,皆歸納中有演繹,演繹中有歸納,唯其不自覺或不願承認而已。我們認為,鄙視演繹為固,鄙視歸納為陋,固陋皆不可取。王念孫的《廣雅疏證》没有演繹?某字有某聲而有某義,从某聲者大多有某義(大前提),此字从某聲(小前提),故也應有某義(結論),非演繹而何?高本漢的《中國音韻學研究》就没有歸納?

就具體科學方法而言,研究對象不同,研究方法必然不同,帶有明顯的學科特點,如訓詁學的因聲求義,文例求義,音韻學的反切系聯法、構擬法、對音法,古文字學的推勘法、對照法、偏旁分析法,語法學的句子成分分析法、結構層次分析法、轉換生成法,等等。甚至相同的研究對象也可以用不同的方法,正因為采用不同的方法,為相同對象的研究者提供了創造新知的手段。

本師維琦先生的古漢語修辭研究,所以在修辭學界產生了極大的影響,被論者譽為“湖湘修辭學派”的開山之作,就在於其采用了與前人不同的研究方法——同義修辭理論。

一般的漢語修辭研究,基本上采用陳望道《修辭學發凡》和郭紹虞《修辭學通論》的框架，先通論，後辭格，且辭格是重點。這種框架下的研究，除了在陳、郭基礎上修修補補，很難有大的突破。基於此，維琦師采用同義修辭理論研究古漢語修辭，著《古漢語同義修辭》一書。儘管研究對象相同，由於方法的不同，導致了結果的不同，也導致了貢獻的不同。

古代文獻中有大量的內容相同而表達各異的文獻。這些文獻對同一歷史事件采用了不同的語義表達。如，同一事件《左傳》所記與《史記》所記不同，《史記》所記與《漢書》所記不同，這些不同有什麼修辭意義，表明了作者的什麼態度？同義修辭可以較好地解釋這些問題。同義修辭理論雖然來自蘇聯，但對古漢語修辭研究比較管用。先生采用同義修辭理論研究古漢語修辭，可謂榫卯相合，無間然矣。

三曰研究目的。任何研究都有目的，有求用者，有求理者。無論是求用還是求理，都要解決是什麼、為什麼、怎麼樣等問題。

是什麼，是“求實”的問題。“求實”是一切研究的第一目的，一切“用”和“理”都以“實”為前提，無“實”無法“用”，無“實”也無法求“理”，“求實”的重要性不證自明。

我國的古漢語研究在“是什麼”方面用力甚勤，用功甚劇，也取得了令人矚目的成就，從而使人們誤認為追尋“是什麼”就是學術研究的全部，而對“為什麼”注意不夠。

“為什麼”解決“理”的問題。實際上“是什麼”與“為什麼”不可分割。没有“是什麼”，“為什麼”無法進行；没有“為什麼”，“是什麼”難以深入，縱能深入，其深入的程度也有限。我國科學技術之所以落後，部分原因是“求理”的意願欠缺，“求理”的能力不夠。加强“為什麼”的研究，應是我國學術研究的當務之急。

“怎麼樣”包含兩個方面的內容，一是事物結構怎麼樣，二是“事”和“理”怎麼用。結構怎麼樣，實際上也是“是什麼”的問題。“怎麼用”是應用的問題。我國的學術研究，在“怎麼用”方面做得極為不夠。大量的成果都處於儲備狀況，没人用，也不知道怎麼用。成果年年增加，年年出新，但技術則仍然落後。不知是學術的悲哀，還是學者的悲哀，抑或二者兼而有之？

一代有一代的學術，一代有一代的學術要求和標準。我們不苛求前人，但要苛求自己。用當代人的學術要求和標準來衡量前人，似乎太苛刻，也不道德。但學術要前進,要前進就要突破前人,要突破前人就得在學術目的和標準上有所改變。在研究對象、研究方法既定的前提下,能夠改變的,只有目的和標準。所以我們以為,在不忽視"是什麽"的前提下,研究者應在"為什麽"、"怎麽樣"上下功夫,爭取在理論的建樹上有所作為。假以十年、二十年,潛心創造,必有所獲。我國的語言研究,所有的理論都是引進的。這裏在引進、消化,那邊在創新、發展,從而形成這樣一種局面:我們是"落後—引進—再落後—再引進",烏龜追兔,永無至期;人家是"先進—創新—再先進—再創新",引領潮流,遙遙在先。

四曰研究者的條件。人與人的差别,在某種意義上說,不亞於人與動物的差别。這些差别,構成了研究者不同的條件。

具體說來,研究者的條件應包括以下幾個方面:

1.精神。就學術研究來說,最重要的精神是"為學術而學術"的精神,没有"為學術而學術"的精神,稍有成就,就滿以為鴻鵠將至,或欲得錢,或欲得權,風未動,幡就動了,如何進行學術研究?没有幾十年的堅守,如何能做出巨大的創新性的成果?二是創新精神。不少的"學術研究",基本上是拾人牙慧,毫無新意,謂之垃圾,不算冤枉。我們天天喊創新,真正能創新者、進行創新實踐者有幾人?

2.知識。研究者的另一重要條件是知識面要廣。朱德熙先生說,現代學人的致命缺點是"陋"。我們認為,陋者,狹隘也,知識狹隘,思想狹隘,心胸狹隘,是其主要表現。知識狹隘,只知本科不知其他。學科越分越細,領域越來越窄,所知越來越少。知識窄,則見識窄;見識窄,則思想窄;思想窄,則心胸窄;心胸窄,則境界低;境界低,則學術上不可能有高度、深度、廣度。

3.思想。人與人的區别在思想,思想的深淺決定人的境界,決定人的高低,也決定人的成就。我們的學人,大多没有自己的思想,大多是人云亦云。没有自己思想的原因是多方面的,没有能力獲取思想是其中之一。有無能力獲取思想主要在思維方式。我們的思維方式,大多是求同思維,而少有求異思維。求同思維有利於獲取現有知識、現有思想,但不利於創造知識、創造思想。創造知識和思想,需要求異思維。求異思維首先從懷疑開始,不輕信現成觀點,不輕信現成學術思想,懷疑論點,懷疑論據,懷疑論證過程,在懷疑基礎上追問,問到無可問,觀點產生了,思想形成了。

維琦師退休多年，既無任務，也無壓力，大可頤養天年，以介景福，但他仍兀兀以窮年，孜孜於漢譯佛經語詞研究，若無為學術而學術的精神，其誰能如此？

先生的研究領域涉及修辭學、音韻學、訓詁學，其所建樹，遠超凡人。研究佛經語詞者，誰能繞過《佛經釋詞》，研究古漢語修辭者，誰能繞過《古漢語同義修辭》，研究音韻者，大多要參考《〈中國音韻研究〉述評》。作為學者，有一於此，即可成為專家；有三於此，稱為大家，可以無愧。知識的廣度和思想的深度成就了先生的學術，也成就了先生的輝煌。

高山仰止，景行行止。高山仰止因其德，景行行止因其道，德道皆備，方能"引無數英雄競折腰"。先生淡泊名利，敢為人梯，藝蘭滋蕙，嘉惠學林。四十歲以下的中年學者，大多受其惠。其親炙者，李運富、劉曉南、蔣冀騁，自不待言，而私淑者，則遽數之不能終其數也。提攜之情，栽培之恩，中心藏之，何能忘之？學生無能，既未能光大先生之學問，慰先生之精神，又不能日進束脩，厚先生之物貢。所可為者，唯有時念佛陀，為先生壽，祈先生福！諸生與我共勉之！

蔣冀騁

於湖南師範大學

2011年4月13日

序　二

恩師維琦先生從眾多文章中選擇二十多篇結集出版，命我寫幾個字，其提攜愛護之意令我無法謝辭。先生集中諸篇，大部分發表時我已學習過，也有一些屬首次發表，今得以先睹為快。先生文章之廣博、之高深，非我所能置論。恰值先生將八十華誕，願借此機會，略述自己學術成長過程中與先生相關的些許往事，冀能展現先生培育深恩之點滴。

大概在1982年，我從北京師範大學進修一年後回到衡陽師專，嘗試寫了一篇關於古漢語中主謂之間用"之"字的文章。當時，大學剛畢業，初生牛犢不怕虎，冒昧將稿子投到《求索》雜誌，謬承編輯先生錯愛，居然打算采用。正巧這時湖南省語言學會開年會，我在會上拜識了維琦先生，向他請教。他也認為此文寫得可以，但說好像已經有人發表過類似文章，於是指導我去查閱五六十年代的《中國語文》，果然看到有宋祚胤先生的一篇。雖然觀點和材料不盡相同，但畢竟在探討同一問題，不提及不行，而且只能算補證不能算原創了。于是我撤回文章，修改後才發到其他刊物。[①]

作為湖南省語言學會的會長，維琦先生從這件事情上看到了培養青年學者的問題。不久，他把我和婁底師專的彭逢澍等幾個青年老師集中到湖南師大，要我們搜集整理國內外有關語言文字學的研究成果，分學科按專題寫出綜述。在先生指導下，我們天天泡圖書館，經過幾個月努力，終於完成任務。作為這次活動的成果，我們在《湖南師大學報》(1986古漢語專輯)上發表了題為《1977～1984古代漢語研究綜述》的文章，還在別處發表了幾篇分題綜述。[②]這樣做既能為學界提供學術資訊(在上世紀80年代没有電腦網絡的情況下，這類信息是很受歡迎的)，又切實鍛煉了我們年輕學者的科研能力。

---

①有關内容分成三篇:《"之"在主謂間的作用》,《衡陽師專學報》1983(1);《間"之"主謂結構的語法功能》,《衡陽師專學報》1983(3+4);《也談"M1之于(於)M2"》,《衡陽師專學報》1984(2)。

②《一九八三年古代漢語研究綜述》(彭逢澍、李運富),《湖南語言研究通訊》1984(1);《1977~1984全國訓詁學研究簡述》(李運富),《衡陽師專學報》1985(4);《1977~1984古漢語語法研究綜述》(彭逢澍),《雲夢學刊》1986(1)。

這件事對我影響很大。我明白了做學問得注重資訊，掌握已有成果，因而繼續實實在在地做學術綜述方面的工作，先後發表過十餘篇相關文章。還曾計劃寫一部較完整的《二十世紀漢語學術史》，分緒論（偏重于漢語學史研究）、總論（偏重於漢語總體性或綜合性研究）、分論（偏重於漢語分科研究）三大塊。後來雖然由於種種原因並没有完成初始的整體構想，但還是寫成了作為"漢語學術史"一部分的《二十世紀漢語修辭學綜觀》，並得以單獨出版。[①]

1985年，我有幸考入湖南師範大學，做周秉鈞先生的研究生。作為周先生的助手，維琦先生給了我們更多的實際指導。更為幸運的是，畢業後，周先生、維琦先生，還有王大年老師、王玉堂老師等都一致同意把我這個委託代培的碩士生留在湖南師大工作。這當然主要得靠時為副校長的維琦先生多方斡旋，據説他代表學校跟我的委培單位（衡陽師專）談判，答應了對方很多交換條件。老師們這樣做當然是出於公心，對我個人而言，則是人生事业上升的一个重要節点。

留校後的主要工作是在維琦先生直接領導下編輯《古漢語研究》，一年四期，每期128頁。關於該刊的創辦過程和初始階段的工作情況，維琦先生曾作《〈古漢語研究〉瑣憶》[②]一文詳加陳述，從中可以看到先生對該刊的拳拳深情和艱辛付出。我作為刊物的責任編輯，對此有更為深切的感受。先生不僅為入不敷出的辦刊經費絞盡腦汁，更重要的是還得為確保刊物的學術性和影響力而嚴把品質關。先生身為副校長，工作繁忙，卻堅持親自敲定每一期的文章篇目，仔細審讀和修改每一篇文章。如果編輯部還保留當時的稿件加工本的話，一定能看到上面先生留下的密密麻麻的筆跡。先生是修辭專家、改稿高手，經過他審改的稿件，無論是內容還是文筆往往會有很大程度的提高，不時引來作者本人的驚歎和感謝。我原想只負責文字校改和拼版時某些句段的簡單增删就可以了，一般不作內容審改。但主編維琦先生的以身作則使我認識到，一個合格的編輯，不能只當文字校對工，還應該有評斷文章優劣、引導刊物方向的學術眼光和調整文章思路、化腐朽為神奇的稿件加工能力。編委審稿往往只提出一些宏觀建議，稿件的具體加工修

①李運富《二十世紀漢語修辭學綜觀》，香港新世紀出版社，1992。

②李維琦《〈古漢語研究〉瑣憶》，此文曾在《古漢語研究》創刊20周年紀念會上宣讀，恐尚未正式發表。

改應該是編輯的職責。於是我也學著對稿件提出修改意見,並儘量進行直接修改加工,然後提交先生終審。我常常比對原稿和先生的改稿,揣摩其中的玄機。在長期的請教交流中,經過先生的指點,我學到了很多審稿、改稿方面的知識和技能,這些收穫使我現在基本能獨立應對一份刊物的組編、審改和出版工作,而且在指導和審改研究生論文方面也受益無窮。

雖然我在維琦先生身邊學習和工作的時間只有短短八年,但先生對我學術能力的培育和治學方法的影響卻是長期的。除了前面提到的搜集整理學術資訊的鍛煉外,先生還特別重視我們的古文獻閱讀能力,不僅指定必讀的古注和小學書目,而且每有機會,就提攜我們直接參與古籍整理工作,例如讓我參加他領銜的《左傳》《國語》等古籍的標點和譯注。對於指定閱讀的古籍注疏文獻和小學專著,周先生和維琦先生要求我們寫讀書筆記和報告,并經常檢查,發現可取之處就會批注鼓勵。我的某些研究成果就是在得到老師們的肯定後提煉出來的。例如我讀《論語》及有關注疏,發現其中的"必也正名乎"之類的句意没有得到準確理解,於是在讀書報告中提出應按假設複句關係來理解這類句式的想法,周先生朱批"新穎可喜",維琦先生也鼓勵"可專題探討"。於是我把讀書報告摘出來充實論證,寫成《〈論語〉裏的"必也,P"句式》投寄《中國語文》,發表於1987年第3期。讀王念孫的《讀書雜誌》《廣雅疏證》和王引之的《經義述聞》時,我對"連語"和相關的"聯綿字"產生興趣,認為現代人把"連語"和"聯綿字"當作複音單純詞,不符合古人的思想。我分析了很多材料,打算以此為題做碩士論文。①出於穩妥考慮,老師們没有同意把這個作碩士論文選題,但鼓勵我可以繼續研究,不要放棄。所以我另選俞樾的《群經平議》為材料作訓詁學方面的碩士論文,而同時繼續探討"聯綿字"和"連語"的有關問題,先後發表四篇系列文章②。在周先生和維琦先生親自指導下完成的這些成果,夯實了我的文獻訓詁基礎,也堅定了我走學術之路的志向和信心。

①碩士論文題目為《從〈毛詩平議〉看訓詁中的邏輯問題》,分"論據部份""證明部份"及"訓詁結論的檢驗問題"三篇分別發表於《古漢語研究》1989(1)、1989(4)及《漢字文化》1990(2)。

②《"離黄"及相關語詞考——聯綿詞性質新探》,《湖南師範大學學報·研究生增刊》1987;《王念孫父子的"連語"觀及其訓詁實踐》(上/下),《古漢語研究》1990(4)、1991(2);《是誤解,不是"挪用"——也談古今連綿字觀念的差異》,《中國語文》1991(5)。

維琦先生屬通識型學者,訓詁、詞彙、修辭、語法、音韻、方言、文字,樣樣精通。他的學術研究工作及有關成果對我的學術成長有更直接的影響。

先生曾任中南修辭學會會長,在修辭學領域聲望崇高。他的修辭學研究獨闢蹊徑,以古代文獻為基本語料,以“同義手段”為核心理論,在繼承楊樹達等先生修辭學成就的基礎上,開創了現代修辭學的“湖湘學派”[①]。先生先後出版過《修辭學》(湖南人民出版社,1986)、《古漢語同義修辭》(湖南師範大學出版社,1989),并發表多篇修辭學論文。我是從學習先生的《修辭學》入門的,寫過體會文章[②]。先生見我對修辭學有興趣,就讓我參與他的《古漢語同義修辭》的寫作,負責第二章“修辭學信息論”和第七章“模糊同義”,並且合作發表《信息修辭略論》(《修辭學習》1990年第1期)。正是因為先生的耳提面命,我在修辭學領域也算小有成績,被看作“湘派修辭學”的重要成員。個人專著《二十世紀漢語修辭學綜觀》出版後,得到許多好評[③],還有许多修辞学论文和专著引用,并被著名修辭學家王希杰先生稱為“修辭學史家”[④]。作為學生,我為能夠忝列先生領導的“湘派修辭學”隊伍而感到自豪。

先生熟諳佛經佛理,所著《佛經釋詞》《佛經續釋詞》及《佛經詞語匯釋》[⑤]在學界影響巨大。其書選詞立目皆以新質為條件,因疑而發,舉證而成,釋理而明。我認真讀過先生的書,[⑥]受其影響,也曾斗膽嘗試探索一些與佛經或佛教有關的詞語,發表過《略談源自佛教的漢語熟語》及《“一絲不掛”源流考辨》[①]等文。先生是這方面的專家,自然少不了向他問疑討教。先生賜教

---

①參王希杰《湘派修辭學家李維琦》,《古漢語論集》第3輯,岳麓書社,2002;鄭慶君《湖湘修辭學研究及其發展前景》,《船山學刊》2004(4)。

②李運富《鋭意創新、獨具特色的〈修辭學〉》,《湖南師範大學學報》1987(5)。

③如宗廷虎主編《二十世紀中國修辭學》(中國人民大學出版社,2007)第628頁:“《二十世紀漢語修辭學綜觀》是一部綜述性修辭學史,它對20世紀中近90年的修辭學研究情況進行了較為全面的評價。……該書既有著較明晰的史的軌跡,也有著較高的學術性品格。……可以説是一本材料與見識結合得較好的史學著作。”又如周守晉《二十世紀的漢語修辭學與漢語修辭學的二十世紀——讀〈二十世紀漢語修辭學綜觀〉》(《漢字文化》1993年第4期):“這本書在內容和形式兩方面具有了不同於以前任何一本修辭學史專著的比較鮮明的時代特色。”

④見王希杰《同義手段與同義修辭學——兼評聶焱〈廣義同義修辭學〉》,http://www.52dq.net/“我愛分享”。

⑤李維琦《佛經釋詞》,岳麓書社,1993;《佛經續釋詞》,岳麓書社,1999;《佛經詞語匯釋》,湖南師範大學出版社,2004。

⑥參李運富《佛經津梁,辭典資源——讀李維琦先生〈佛經釋詞〉〈佛經續釋詞〉》,《古漢語研究》2001(1)。

頗具禪風，通常不會明説正誤，而用暗示參悟之法。例如關於“一絲不掛”的源流，我考得很辛苦，面對大量佛界語料，常常拘泥字面實義而陷於迷茫，難以理清詞義的演變脈絡。先生看過我的初稿後，没有提什麽具體意見，只回信説：“禪門説話講究機鋒，往往有上句没下句，或者前言不搭後語，這是他們的老套，不必認真追究。”一語點醒夢中人，許多原來想不通的地方豁然開朗，有關詞形詞義的源流終於貫通。

先生尤擅音韻。研究生階段給我們開設“音韻學”課，講解基礎知識外，也介紹他後來出版的書稿《〈中國音韻學研究〉述評》[②]。這本書名為“述評”，實際上是研究專著，不僅對高本漢的音韻學成就分析深透，而且提出了許多自己的方法和觀點。遺憾的是我對音韻有恐懼症（因為説不好普通話，又讀不准國際音標），當時的音韻課成績不太好，後來在音韻學方面也没有什麽傳承，更談不上建樹，這是很對不起先生的。但我仍然要感謝先生，因為先生没有看不起我的音韻弱智，反而千方百計引導我學習和應用音韻知識，“逼迫”我寫近體詩就是其中一招。我只會寫打油詩，而且認為現代人寫詩，即使講究格律也不應該以古音為標準。所以曾有點調皮地寫過一首“現代格律詩”交差，先生看著不合古韻、也不合平仄的“詩”，摇頭苦笑。不久，我們一起去廬山參加會議，利用這個機會，先生親自作了兩首近體詩送我，意在現身説法，“逼我就範”。没有理由回避，不得不勉强作了一首所謂的“格律詩”復命。詩及序如下：

和恩師如琴湖一首

赴京攻博前，與恩師維琦先生同游廬山，得贈詩《如琴湖二首》，並鼓勵作詩。余于古詩未曾嘗試，然師命難違。適過樂天草堂，聯想當年白、顧詩交而易居京師[③]，感知遇之誠可貴，故仿贈詩之韻而和焉，聊表寸心，且以求教也。

---

①《略談源自佛教的漢語熟語》（上/下），新加坡《願海》第56期，2008(7)、第57期，2008(9)。《“一絲不掛”源流考辨》，《勵耘學刊》2009(1)。

②李維琦《〈中國音韻學研究〉述評》，岳麓書社，1995。

③唐·張固《幽閒鼓吹》：“白尚書應舉，初至京，以詩謁著作顧况，顧睹姓名，熟視白公曰：‘米價方貴，居亦弗易。’”又宋·吴幵《優古堂詩話》“野火燒不盡”條：“樂天初舉，名未振，以歌詩投顧況，況戲之曰：‘長安物貴，居大不易。’及讀至《原上草》云：‘野火燒不盡，春風吹又生。’曰：‘有句如此，居亦何難？老夫前言戲之耳！’”

京居不易且登臨,草舍飛詩激我心。
數載寒窗燈伴影,師恩難報翠湖吟。

1993年8月14日晨

這是我的唯一近體"詩作",是先生"軟硬兼施"誘導出來的。因膽怯,記不清有没有交給先生,至今尚不知是否合格。

先生于我,既是老師,也是領導,更是親人。先生費盡周折好不容易把我留在身邊,按理當希望為之多效力,但出於我的前途考慮,他竟然鼓勵我赴京深造;博士畢業時,他又配合王寧先生説服湖南師大校方放棄定向協議,讓我留在北京。這種胸懷,這種情誼,不是一般關係所能體現的。從1982年認識先生,到做先生的學生,到留在先生身邊工作,到離開先生來北京,一直到現在,先生無時無刻不在關心我,鼓勵我,提攜我。我的成長經歷,每一步都有先生伴隨的印跡,可謂師恩如泉,湧流綿長。弟子不才不肖,愧對先生栽培,有負先生厚望,難報先生隆恩,唯借此機會,散記點滴,雖語無倫次,不章不題,然感懷所至,心意在焉。

祝賀先生論集出版,祝賀先生八十華誕!

學生　李運富

2011年8月於北京師範大學

羊大為美之類①

究竟什麽是美?“羊大為美”是我國上古造字時代,人們對於“什麽是美”的一種回答。在不可多得的美學史研究資料中,漢字是一種可信的、非常有用的資料。通過研究漢字來探討美學問題,已經有人做過一些工作了。“羊大為美”便是他們所舉出的例子中的一個。像“美”字一類能夠反映美學觀點的字是很多的。在這篇短文裏,筆者將再舉出若干個漢字來,作為對“羊大為美”的補充和發揮,同時也將從文字學的角度順便發些議論。

馬克思主義認為,人們的意識形態都由實踐中產生,而人類最基本的實踐活動是生產。人類早期的審美觀,應該是在求得生存的艱苦實踐中形成的。上古的農業在人類社會中占著特別重要的地位,農業活動的成果是人們重要的甚至是主要的生活資料。能維持人類生存的東西自然是美好的。

穀,《説文·七上·禾部》説它是“百穀之總名也”,也就是糧食作物的總稱。我們現在,北方叫小米一類的細糧做穀,南方叫主要糧食作物稻的子實為穀。推想起來,《孟子·告子下》説的“五穀者,種之美者也”,想不是一句虛話。種之美者為穀,别的什麽東西美,也可叫穀。“穀,善也”②是古書中的通訓。如《詩·東門之枌》“穀旦于差”一句中的“穀”,毛亨就是這樣解釋的。

“良好”的“良”,《説文·五下·畐部》解釋説:“善也。从畐省,亡聲。”釋義没有問題。少男為“郎”,少女為“娘”,丈夫叫“郎”,叫“良人”,這裏都含有少年美貌一類的意思,無須申説。問題是字形的説解。一看小篆,就覺得“从畐省,亡聲”非常勉强。而金甲文的“良”字證明了這一説法確屬錯誤。金文“良”字形接近於倉。可能是倉的一種。這種倉裏面裝的是糧。“糧”又與

①原載1979年《湖南師大學報》第3期,有删節。

②據蘇聯科學院哲學研究所和藝術史研究所編著的《馬克思列寧主義美學原理》,我國古代“自孔子以來,‘美’逐漸成為對美的形式的最高評價,而‘善’則成為對美的、道德高尚的内容的最高評價。”本文采用此説,認為善者美,美必善。

“粱”音同。由於粱在一個時期内是糧中的優良品種，就用“粱”這個音代表所有的“糧”。因此我們認為，“良”這個字是得形於“倉”而得音於“糧”、“粱”。

《詩·清廟》：“於穆清廟。”毛《傳》：“穆，美。”“穆”从禾，這個表示美的意思的字也與一種重要農作物——禾相關。《説文》把這個字歸在《七上·禾部》裹頭，解釋説：“禾也。”但穆是一種什麽樣的禾，《説文》簡略，他書不載，無從考知。《詩·七月》：“黍稷重穋，禾麻菽麥。”其中“穋”字，傳統的解釋是後種先熟的穀類，可能就是穆。秦穆公又作秦繆公，“穆”“穋”兩字聲音本來完全相同。如果是這樣，穆或穋就是一種生長期短的早熟作物。在青黄不接的時候，它最早成熟，使人們得以免于成為餓莩，賦予它以美的意義，就是可以理解的了。

《説文·十一上·水部》釋“淑”曰“清湛也”。但在古籍中，“淑”通常解釋為善、美。如《詩·中谷有蓷》：“遇人之不淑矣。”鄭玄《箋》：“淑，善也。”《關雎》一篇，我們現在都同意它確是一首戀歌。那麽，其中“窈窕淑女，君子好逑”的“淑”，用美來解釋它，恐怕是再合適不過了：“苗條的美人兒啊，是‘君子’的好對象！”由水的清湛到人的美善，即使同意其間有些聯繫，也是比較勉强的。實在作美善講的“淑”與“尗”“叔”有著更為密切的聯繫。尗是豆類，叔是拾取豆類。豆類是古代華夏族的主要食糧之一。大概這類作物對耕作管理的要求不太高，因而得到人們的讚美和稱道。讓“尗”“叔”帶有美的意義而借一個“淑”字表示出來。這與“穀”有善義，卻不另用字來代表，“一身而二任焉”，情況有所不同。但由食糧引出美善的意思，道理還是一樣的。

下面我們説一個比較有趣的字：秏。“秏”與“耗”本是一個字，念呼到切，現在讀hào，但它从毛得聲，聲母原來可能是m。

一、《説文·七上·禾部》：“秏，稻屬。从禾，毛聲。伊尹曰：飯之美者，玄山之禾，南海之秏。”

二、《荀子·脩身》：“多而亂曰秏。”楊倞注：“多而易盡曰秏。”

三、《漢書·高惠高后孝文功臣表》：“靡有孑遺，秏矣。”顏師古注：“言無有獨存者，至於秏盡也。今俗語猶謂無為秏，音毛。”

四、《詩·雲漢》：“秏斁下土”，《釋文》引《韓詩》注“秏”字：“惡也。”

第一條告訴我們，秏是稻類作物，是“飯之美者”，似乎可以引申擴展出美的意思。實際上相反，在第四條中，我們看到，這個字卻與“惡”聯繫起來了。這裏的中間環節是二三兩條。“飯之美者”，即使很“多”，卻也“易盡”，没有了。没有叫做“秏”。這個音現在還保留著，粵語寫作“冇”，湘方言寫作“冒”。没有糧食吃當然不好，醜惡、厭惡之類的意思便這樣產生了。

周敦頤《愛蓮説》中有“亭亭淨植”的話。這“亭亭”二字有人注釋為“聳立貌”。我們認為這裏“亭亭”就是“婷婷”。《廣韻》没有“婷”，只有“娗”。“娗”下注：“長好貌。”這個字應當與“婷”是同一個字。[1]再追溯上去，“娗”从廷得聲，“廷”从壬得聲。《説文·八上·壬部》載：“壬，善也。从人、士。士，事也。一曰象物出地挺生也。”從字形上看，後一説完全正確。莊稼幼苗破土挺生，生機勃然，收成有望，這是堪稱善美的。

《方言一》説“媌”的意思是好。這是講身材苗條，像“嘉穀”出苗那樣。《廣韻·厚韻》有“蘣”，注云：“好貌。又木苗出。”這個字所含的“好”的意思是説像樹木幼苗挺生那樣。湘方言講一個人不彎不駝，整潔大方，口語叫做“抻蘣”(chēn tǒu)。不過一般都不知道寫這個天口切的“蘣”字了。

前面説了，古人給許多農產品以美好的含義，莊稼長勢好，也往往能喚起他們的審美感情，這在文字上都反映出來了。但也有一些字反映了人們對於農業勞動的憎厭，並不認為具有美好的性質。這多半是因為大量造字是在奴隸制時代的原故。在奴隸制社會裏，勞動果實全為奴隸主所占有，剥削者賤視勞動，奴隸們厭惡勞動，這並不是不可理解的。“辱”字上頭的“辰”本是耕田用具，下面的“寸”是手，合起來就是手拿農具勞動。這個字後來加上“耒”成為“耨”。在古書中“辱”的本義倒不見用，而是用為“耻辱”和“污辱”的“辱”。《廣雅·釋詁》還説它有惡的意思。勞動為“辱”為“惡”，勞動者得到休息當然便是美事好事了。“休”解釋為“美、善、喜、慶”，在古書中是舉不勝舉的。

人類早期生產活動，除農業生產外，還有畜牧業生產。這兩項活動哪一項在先？恩格斯的意思是：在舊大陸，先有農業，後有畜牧業。在新大陸則是先有畜牧業，後有農業。[2] 在我們中國，大概也和歐洲一樣，農業的發展是

①從段玉裁説。

②見《家庭、私有制和國家的起源》。

早於畜牧業的。我們從“畜”字就可窺見此中消息。《説文·十三下·田部》:“畜,田畜也。《淮南子》曰:玄田為畜。蓄,《魯郊禮》畜从田从茲。茲,益也。”根據金甲文,从田从茲的説法較為可靠,“畜”這個字是説土地上的出産滋多,可供蓄積,本是“儲蓄”的“蓄”。《易》“小畜”“大畜”,《釋文》都説“畜”本亦作“蓄”。古書中在蓄積的意義上用“畜”,所在多有。先是蓄積農産品,後來馴養野獸,這是另一類蓄積。但寫起字來,仍用“畜”字。往後這個字專用為“牲畜”的“畜”,菜的蓄積另造一個“蓄”,禾的蓄積另造一個“稸”。

現在我們要談到“畜”有美好的意義。現代人對於他們認為非常壞的家伙,往往氣憤地罵一句:“畜牲!”畜牲是醜惡,不是美好。但古人自有古人的道理。“蓄積者,天下之大命也。”(賈誼《新書·無蓄》)能有所蓄積,六畜興旺,不愁飢餓,那是大好。我們懂得這一層,在讀到《孟子·梁惠王下》裏“畜君者,好君也”的時候,就不會感到奇怪了。《吕氏春秋·適威》:“民善之則畜也。”高誘釋“畜”為“好”,這也是我們所能接受的。[①]

畜牲之中,羊性馴良,肉味鮮美,古人大概曾大量牧養作為重要的衣食來源,含有美好吉善意義的字,有許多是與羊關聯著的。

羊:祥也。(《説文·四上·羊部》)善也。(《考工記·車人》“羊車,二柯有三分柯之一”鄭玄注)。

美:甘也。从羊从大。羊在六畜主給膳也。美與善同意。(《説文·四上·羊部》)

善:吉也。从誩从羊。此與義、美同意。(《説文·三上·誩部》)

義:善。(《詩·文王》“宣昭義問”毛亨《傳》)

鮮:善也。(《詩·新臺》“籧篨不鮮”鄭玄《箋》)好也。(《廣雅·釋詁》)

羑:進善也。从羊,久聲。文王拘羑里,在湯陰。(《説文·四上·羊部》)

祥:福也。从示,羊聲。一云善。(《説文·一上·示部》)

洋洋:美也。(《後漢書·馮衍傳》“長吾佩之洋洋”李賢注)

根據《説文》的解説,“美、善、義”三字“同意”。所謂“同意”,這裏包含三個相同:詞義都是美好吉善,一同;都從羊,二同;美是羊大,善是羊强(誩音古同强),義是羊高(硪是石崖,峨指山高,鵝是高大的家禽),這是三同。一般的羊已經可以引起人們的美感,其中肥大、强壯、品種優良的,那就更不待

①“畜”釋為“好”,有人講是“愛好”的“好”。“愛好”的“好”也是“美好”的“好”的引申。

說了。

“美麗”的“美”从“羊”,“美麗”的“麗”从“鹿”。“麗”原指兩張鹿皮。“中原逐鹿”,就是“中原逐禄”。“禄”有“俸也,善也,福也”等義,都與“鹿”互相關聯著。

相傳養蠶為黄帝的妃子嫘祖所發明,歷史悠久。養蠶業曾在我國古代經濟中占有一定的地位。人們從養蠶業中得到光潔的絲絹,用以製成美觀的服飾。養蠶業對於促進社會文明的發展,肯定有過積極作用。娥,美好。誐,嘉善。好看的眉毛叫蛾眉。這些字的美好的含義,必定是從“蠶蛾”的“蛾”引申擴展而來。一個詞的意義是決不會憑空産生的。

我們看得出來,“娥”“誐”與“蛾”聲旁相同,“禄”與“鹿”聲音一樣,但没有指出“美”與“羊”聲音上的關係。“美”是個會意字,聲音與“羊”本就没有聯繫,它有另外的得音來源。這個音就是“尾”。“尾”與“美”古音同。“尾”有美好的意思。《詩·旄丘》:“瑣兮尾兮。”毛亨《傳》:“瑣、尾,少、好之貌。”後來作美好講的“尾”,加上女旁成為“娓”。“尾”怎麼可以講成美呢?《書·堯典》:“鳥獸孳尾。”孔安國《傳》:“交接曰尾”。《列子·黄帝》:“孳尾成群。”張湛注:“孳尾,牝牡相生也。”殷敬順《釋文》:“乳化曰孳,交接曰尾。”可見所謂“尾”,就是牝牡交接,現在動物學上還常用到“交尾”這個詞,這個古義一直保留至今。這樣,“尾”與“美”的關係也就明白了。

綿延種族是人類的一件大事,先民認為與此有關的事情具有美好的性質,我們現在也没有什麽理由可以責怪他們。不但“美”,就是這個“好”字也分明告訴後人,“好合”的“好”和“好逑”的“好”,用得最為切近本義。子者,男子之美稱。用後人的話來説,才子佳人配對叫做“好”。“好”在古書中大都在美善這些意義上使用,這是不必舉例的。

袁恒祺《聲旁字典》序

一、認字認半邊並非全然不是

我們嘲笑人念錯别字，説“秀才認字認半邊”。這話嘲笑的是讀書人，認字一律按聲旁認。早些年，一個批孔專家來湖南作報告，把“一丘之貉”讀成“一丘之絡”，叫人大跌眼鏡。有個資深博導，曾將“别墅”念成“别野”，給人留下笑柄。嘲笑讀書人可以，嘲笑初識字的，就不可以了。因為初識字者認字認半邊，或按同旁字類推，有對的地方。小學低年級有篇課文，叫做《認字認半邊行嗎》，那看法就比較全面。先舉例説，有些字是與聲旁同音的，如“半、絆、拌、伴；正、症、證（簡体作证）；福、輻、幅、蝠”。有些字雖不同音，但音相近，例如“青”旁字有“情、晴、請、睛”。課文雖未明説，卻有可利用這種音近來認字的意思。但全按偏旁來認字，就會出錯。課文舉例説，“涸”不可念成“固”，“枸”“佝”不念“句”。

據專家説，漢字百分之九十以上是形聲字，就算是90%吧，那也是一個龐大的數字。我們現在電腦裏的用字GB2312有6763個字，90%是多少？粗略地説，就是6000字。也就是説，常用字裏頭，有6000個具備了認半邊的條件。認半邊没錯的有多少？没有確切統計，有人説，約1/4，我們隨機抽樣，也差不多。認半邊就錯的，如上面所説“墅”和“涸”，這樣的字大約也就1/4。還有2/4亦即一半，與字音有某些聯繫，那半邊能幫助初學者記憶漢字的讀法。如上面“青”字的例，它作為聲旁，所念有三個同其音節，“情、晴、請”，我們叫“同節”，只有聲調的不同。一個“睛”字，聲母是j，它與“青”的聲母q同發音部位（舌面前），我們叫“同位”。同節、同位，還有其他的“同”（下文會陸續説到），對於認識同一聲旁的字有些益處。把認半邊没錯和知道半邊的讀法對於認字有些方便的字加在一起，占漢字的3/4，成了大多數。如果以6000為基數，就有4500字。常用字中有這麼多字的讀音與那半邊有關係，我們為什麼不重視聲旁對識字的作用呢？

我們學英語，記單詞是個難點。據説，要能記6000單詞以上，才能交流思想。而考“託福”，要有一萬單詞的儲備。於是大家都突擊記單詞。我年輕的時候為了背誦英語單詞，也想過許多辦法，其中之一是詞根記憶法，很有一些效果。比如，act是行為、法案、行動、作用的意思，它的派生詞多到二三十個。下面舉其中十來個：

action　行動，動作；訴訟；戰鬥。（後面部分是名詞詞尾）

actionable　可起訴的。（-able表示“能……的”）

active　活動的。（後面部分表示此詞是形容詞）

activate　刺激，使產生活動。（-ate表示“使”）

actuate　使活動，促使。

exact　强索；正確的。（前面部分表示“外”“超”）

inaction　不活動，懶散。（前面部分表示否定）

interaction　互相影響。（前面部分表示“在……之中”）

react　反動，反作用。（前面部分表示向後）

reactor　反動者，起反應者。（後面部分-or表示“……者”）

實踐證明，詞根記憶法確能使人多記生詞，事半功倍。我們漢語没有詞根，或者準確地説，詞根研究還没有深入，没有系統化。不可能照搬外語的辦法來認漢語的字詞。但漢字的絶大多數是形聲字，都有聲旁，一個聲旁可能有多個甚至很多個同旁字，這是可以利用的。借助聲旁認字，與外語詞根記憶法有近似的地方。例如：

包，本義是人體的胞胎。

加“月（肉）”旁是“胞”，本指胞衣。

加“子”旁是“孢”，生殖細胞，與胞胎有關。

加草頭為“苞”，花苞，猶如人之胞胎。

加“食”旁為“飽”，吃飽了，肚皮鼓脹，猶如“懷毛毛”一樣。凡突出、鼓起都有叫“包”的可能。

加“齒”旁為“齙”，言其牙齒突出。

加“手”旁為“抱”，擁抱，猶之乎以手包住。凡胞胎，外有胞衣，再外有肚皮，是被包住的，故有包裹之意。

加“雨”頭為“雹”，冰粒或冰塊從天降下，猶如下來了大包小包。

加“衣”為“袍”,它包裹著身軀。

加“疒”為“疱”,是説腫起了一個或多個包。

加“水”為“泡”,是説被水包圍著。

這是與詞根成詞類似的地方。但聲旁不等於詞根,一個字之所以有這個聲,來源是多種多樣的,並不就是同源。例如“炮”,來源於“拋”,原指以石頭為武器,拋出來打擊敵人。到了後來,這“拋”不止是講拋擲石頭,主要是指“拋”出火藥以爆炸傷敵,那便是“炮”了。前面説過,漢語詞根研究尚未深入,一些詞為什麼會有這個音,説不清楚。即如以“包”為聲旁的“刨”為什麼叫“刨”,就難於説清。有人以為來源於“薄”,刨之使薄,故有是稱。不一定如此。又如那個“跑”,為什麼叫“跑”就更無從臆測了。

既有類似的地方,我們就可以利用偏旁來認字。但又不同。既有不同,我們就無意强行追求字的詞根意義。這就是我們借鑒外語而設立的偏旁認字法的主要依據。

長沙袁恒祺研究漢字十餘年,碩果累累,前後成文數十萬字,其中也有出版過的專著。當他們研究有初步成果時,曾到我這裏徵求意見,反反復復,斷斷續續,也怕有十來年了。他的研究自有其價值,我不來整體評説。我只取他的以偏旁為綱而編寫出的聲旁字典,表而出之。因為這有道理而且符合初學漢語的人,特别是外國人學習漢語的需求,是一件有益並有意義的好事。現在全世界設有孔子學院幾百所,如果一部聲旁字典對學漢語的外國人能有些幫助,那便極大地滿足了本書編著者的夙願了。

二、利用聲旁認字的主要規律

偏旁認字法,就是據偏旁識字,讀那個音與偏旁相同。但這樣能讀得正確的只有1/4,與偏旁讀音看起來完全無關的也是1/4,那就只能説是例外,没有規律,只能靠記,正如外語動詞的不規則變化一樣。問題在於另外的2/4,有規律可循。那都是一些什麼樣的規律呢? 前文講了一個“同節”,是講聲調的。講了一個“同位”,是講聲母的。聲母只開了個頭,韻母則還没有開始。下面的文章把没有講完的講完,把没有開始的從頭至尾敘述一番。先從聲母的同位講起。

我們將聲母表據其變化的實際關係,重組了一下,如下表:

脣音	b	p	f		m（h）	w
齒音	d（zh）	t（ch/sh）	l		n	r
舌面後	g	k	h			
舌面前	j	q	x	y		
舌尖前	z	c	s			
捲舌音	zh	ch	sh			

（一）同位。一個聲母可能向和它同位的其他聲母衍變。

b/p/f /m 同位：

蔔	樸	赴
b	p	f

繃	朋
b	p

必	密
b	m

盆	分
b	f

d/t/l/n 同位：

丁	汀	寧
d	t	n

刀	叨
d	t

島	鳥
d	n

獺	賴
t	l

棣	隸
d	l

娘	良
n	l

灘	難
t	n

g/k/h 同位：

高	犒	蒿
g	k	h

各	客	貉
g	k	h

工	空	紅
g	k	h

古	枯	胡
g	k	h

j/q/x/y 同位：

夾	篋	挾
j	q	x

借	鵲	昔
j	q	x

謹	勤	鄞
j	q	y

寄	綺	倚
j	q	y

楫	葺	揖
j	q	y

交	校
j	x

焦	樵
j	q

酋	猷
q	y

區	傴
q	y

z/c/s 同位：

藻	操	繰
z	c	s

曾	蹭	僧
z	c	s

zh/ch/sh同位：

豬	楮	署
zh	ch	sh

真	嗔	慎
zh	ch	sh

占	覘	苫
zh	ch	sh

專	傳
zh	ch

（二）同源。j/q/x主要來源於g/k/h，這兩組音常常可以互變：

官	菅
g	j

圭	街
g	j

感	鹹
g	x

工	江	腔
g	j	q

摳	區
k	q

珩	行
k	q

化	靴
h	x

桓	宣
h	x

曷	歇	揭
h	x	j

這裏的同源，是近同源，就是説，可能是近代漢語時期所發生的變化。還有遠同源，可能是古時候所發生的變化形成的。

m(h)/w同源：

每	海
m	h

默	黑
m	h

毛	耗
m	h

門	問
m	w

免	挽
m	w

邁	萬
m	w

忙	亡
m	w

妹	未
m	w

茂	戊
m	w

玟	文
m	w

d/t和zh/ch/sh同源。據説古代只有d/t，没有zh/ch/sh，zh/ch/sh都是從d/t生發出來的。不敢説這個理論絶對正確，但是這兩組音到現在還有許多瓜葛則是事實。

竹	篤
zh	d

專	摶
zh	t

充	統
ch	t

出	咄
ch	d

隹	堆	推
zh	d	t

啜	掇
ch	d

叔	督
sh	d

是	提
sh	t

世	屜
sh	t

尚	黨	堂
sh	d	t

黄侃（季剛）以為中古音的知組和章組音，都當納入上古的舌頭音。這個理論我們没有必要在此重述。而流傳至今，zh/ch/sh與d/t互諧處仍多，有使人不得不認同之處。還如：

zh/ch/sh	占	詹	兆	者	執	至	壴	重	周
d/t	店	澹	逃	都	墊	臺	噎	懂	雕

下面所説的n/r同源，實在已包含在知組、章組入舌頭這個大道理之中。

n/r同源：

恁	任
n	r

匿	若
n	r

內	芮
n	r

女	汝
n	r

猱	柔
n	r

耨	辱
n	r

溺	弱
n	r

乃	仍
n	r

韻母方面我們也進行了重新組合。

序號	1	2	3	4	5	6	7
系	–i/i	a	o/e	ai/ei	ao/ou	an /en	ang/ eng /ong
開	–i	a	o e	ai ei	ao ou	an en	ang eng ong
齊	i	ia	io ie		iao iou	ian in	iang ing iong
合	u	ua	uo	uai uei		uan un	uang ueng
撮	ü		üe			üan ün	

我們將韻母分成7系，系內韻母有向其他韻母轉變的可能，从此韻母的字，可能要讀成本系其他韻母的音。這是個大致的説法。下面再過細一點説説各系的情況。1系實在可再分成兩個部分。–i/i為一部分，如：

–i	是	旨	氏	支	諡	釋
i	題	詣	祇	技	益	譯

u/ ü 為另一部分：

u	午	滸	畜	窟	汙	樞	輸	租	途	穀	古
ü	許	許	蓄	屈	於	區	俞	沮	餘	欲	居

2系比較地純，只與1系的u有少許瓜葛。如"弧"从瓜聲，"刳"从誇聲，"衙"从吾聲便是。與3系也略有跨系的情形：亞、惡；化、訛；加、賀。

3系中，e與uo有互為聲旁的情形：

e	俄	各	顆	蛇	惹
uo	我	絡	果	它	若

ie與1系有些牽連：

ie	撇	潔	節
i	敝	吉	即

ie	泄	耋	跌
–i	世	至	失

4系中(u)ei的字多有用作韻為(u)ai的字的聲旁的：

牌	卑
ai	ei

排	非
ai	ei

槐	鬼
ai	uei

快	袂
uai	ei

膾	會
uai	uei

5系ao/ou互諧：

(i)ao	道	檮	窈	莜	愀	篠	調	考
(i)ou	首	壽	幼	收	秋	攸	周	朽

又,ou與u/ü聯繫比較密切：

ou	歐	偶	鉤	驟	陬	嗾	否	揄	投
u/ü	區	遇	句	聚	取	族	不	俞	殳

6系(i)en多諧(i)an,也有相反的情形。

(i)en	音	金	甚	今	林	分	因	寅
(i)an	暗	淦	勘	含	婪	頒	煙	演

(i)en	民	今	真	艮	詵	腎	諗	濍
(i)an	眠	黔	顛	限	先	堅	念	滿

此外,合、撮亦有例:順/川;勛/員;俊/悛。

7系全是後鼻音收尾的韻。可分為三組,其互諧情況如下表：

ang	昂	肛	行(列)	抗	長	邦	龐	黄	堂	棒	央
eng	迎		行(走)	坑	棖	豐		横	瞠	奉	英
ong		工					龍				

聲調:同節。

聲母:同位和同源。

韻母:同系。

偏旁認字法,除了讀音與偏旁相同之外,主要就是這樣一些規律。當然,用這一類的規律,還是不能確切地知道究竟該讀什麽音。但有了一個譜,心裹有了一個底,記憶起來就方便多了,對鞏固記憶會有較多的幫助。

我研習古代漢語,對現代漢語語音變化曾有所注意。袁恒祺父子在其研究漢語的過程中對此類規律亦有所認識。但他們由於對語音知識比較生疏,表述有不如人意處。我現在按我的理解和歸納,表述如上。

合音詞例①

前人首先在同一個地方較多地講到合音的，要算顧炎武。他的《音論》舉出了二十幾個合音的例子，用來證明反切是古已有之的。這些例子中為大家所熟悉的有：蒺藜，茨；丁寧，鉦；奈何，那；句瀆，谷；邾婁，鄒；終葵，椎；鶻鵃，鳩；狻猊，獅；蔽膝，韠；族累，痤；壽夢，乘；等等。這類人所熟知的例子還可舉出一些。例如勃鞮為披、扶搖為飈、茅蒐為韎、於菟為虎之類。但一般總認為這類合音詞在词的總匯中為數極少，忽視了這類詞在單純雙音詞中相當普遍地存在這一事實。本文目的之一在於讓人們充分地注意這一點，從而深入地認識單纯雙音詞，即許多人稱之為聯绵詞的那一類詞。既然合音詞的存在是確鑿無疑的，我們就可以利用這一點來解釋某些似乎不好解釋的詞，解釋某些詞為什麼可以這樣解釋。古今訓詁學家都注意到了合音在訓詁學上的應用。我們的用意則在於把這個問題集中起來，舉出更多的例證來加以説明，以期對於在訓詁學上建立起一個合音的條例來，會有一些幫助。

下面就分三類來舉出例證。

甲類：

《孟子·公孫丑下》："必求龍斷而登之。"注："龍斷，謂堁斷而高者也。"按：趙岐以"堁斷"釋"斷"，以"高者"釋"龍"。他的意思，"龍斷"就是堁斷之壟，即囂塵不到的高處。但是，"斷"何以知其必為"堁斷"？又"斷"在"龍"後，用作"龍"的定語，與一般古漢語句法也迥然不同。是以後人多嫌此説未安。朱熹集注改釋"龍斷"為"岡壟之斷而高也"，語譯當是"斷裂的高岡"。孟軻的意思只在於求得登上高處，與岡壟之斷裂與否無關。今謂"龍斷"合音為巒。《説文·山部》："巒，山小而鋭。"《列子·湯問》："自此冀之南，漢之陰，無隴斷焉。""隴斷"與"龍斷"同，正當作"巒"解釋。

《國語·吴語》："三軍皆譁釦以振旅，其聲動天地。"注："譁釦，讙呼。"按：

①原載《古漢語論集》，湖南教育出版社，1985。

韋昭“釦”字無釋。今謂“譁釦”合音為“吼”。

《集韵·平聲二》:“攲𧆂,欺也。”按:“攲𧆂”訓“欺”,為“謑”之合音。《玉篇·言部》:“謑,欺也。”

《集韵·平聲四》:“痴謂之儑傪。”按:“儑傪”合音為“憨”。“儑”从“貪”聲,“貪”从“今”聲,“今”與“憨”之聲旁“敢”同屬見紐。《玉篇·心部》:“憨,痴也。”

《文選》王褒《四子講德論》:“百姓征彸,無所措其手足。”注引《方言》:“征彸,惶遽也。”《漢書·王莽傳下》:“人民正營,無所措手足。”注:“正營,惶恐不安之意也。”《玉篇·心部》:“怔忪,遑遽也。”“怔忪,懼貌。”按:“征彸”“正營”“怔忪”“怔忪”的合音都是“忡”。《詩·草蟲》:“憂心忡忡。”《説文·心部》:“忡,憂也。”

《説文·日部》:“安曩,温也。”按:“安曩”合音為“温”。“曩”“温”同屬痕部。

《方言·十二》:清躡,急也。按:“清躡”合音為“疌”。《説文·止部》:“疌,疾也。”“疾”“急”義通。

《考工記·輈人》:“是故輈欲頎典。”注:“頎典,堅刃貌。”按:“頎典”合音為“堅”。

《廣雅·釋詁》:鏅鞕,堅也。按:“鏅鞕”合音也是“堅”。

《史記·陳丞相世家》:“平謝曰:主臣。”《集解》引張晏:“若今人謝曰惶恐也。馬融《龍虎賦》:‘勇怯見之,莫不主臣。’”《漢書·王陵傳》:“陳平謝曰:主臣。”注引晉灼:“主,擊也。臣,服也。言其擊服惶恐之詞。”王先謙《漢書》補注:“蓋對主稱臣,惶恐義自見,别無他義可求。”《史記》三家注孟康曰:“主臣,主羣臣也,若今言人主也。”韋昭曰:“言主臣道,不敢欺也。”黄仲暲同志也認為“主臣”當釋為“主羣臣——主管文武百官内外諸臣并為之首”。[①]清人俞正燮作《“主臣”解》,謂“主臣”當作兩句,“主”者敬而呼其君,“臣”者將言其臣而復自審度也。要之,一為惶恐説,一為動賓説(主羣臣、主臣道),一為兩句説。按:兩句説迂曲不足取,動賓説於文義不是都合。即如主管文武百官内外諸臣并為之首一説,施之於《陳丞相世家》則可,施之於《張釋之馮唐列傳》則不可。唐曰:“主臣,陛下雖得廉頗李牧不能用也。”此“主臣”豈可釋為“主管文武百官内外諸臣并為之首”?“主臣”當以釋”惶恐”為近。但惶恐義不是來自“擊服”,也不是由於“對主稱臣”,而是出於“主臣”二字的合

①見《中國語文通訊》1982年第4期。

音。“主臣”合音為“㥳”。《方言·六》：“㥳，慚也。”此字同“䩄”，亦同於“靦”。《詩經·何人斯》：“有靦面目，視人罔極。”“主臣”猶言慚愧。“㥳”“臣”古皆在先(真)部，正如“傾典”合音為“堅”，“典”“堅”同在先部一樣。

《文選》木華《海賦》：“磊匒匌而相豗。”注：“匒匌，重疊也。”按：“匒匌”合音為“疊”，“匒”“疊”同屬合部。

《說文·攴部》：“敂，持去也。”諸注皆未得其正解。周秉鈞先生作《釋“敂”》，引同書《竹部》：“箸，飯敂也。”以證“敂”即是“箸”，云“持去當是箸的合音”。① 其說甚確。

《楚辭·離騷》：“後飛廉使奔屬。”姜亮夫校注：“《吕氏春秋》曰：風師曰飛廉。”“飛廉合音即風字。”

《列子·湯問》：“甘蠅，古之善射者。”按：“甘蠅”合音即“弓”字。

《淮南子·地形訓》：“若菌生聖人，聖人生庶人。”按：“若菌”合音即“人”字。

《楚辭·哀郢》：“凌陽侯之泛濫兮。”注：“陽侯，大波之神。”按：此句意為駕舟于泛濫的波濤之上，與“大波之神”無涉。以“陽侯”為“大波之神”，也無可靠依據。今謂“陽侯”合音即“濤”字。“陽”古屬定纽，“侯”“濤”二字，侯部蕭部旁轉。

《荀子·解蔽》：“好術者眾矣，而倉頡獨傳者壹也。”按：相傳倉頡造字，并指為黄帝史官。今謂“倉頡”合音為“切”。《詩·淇奥》：“如切如磋。”傳：“治骨曰切。”《漢書·貢禹傳》集注：“切，刻也。”故知刻治骨甲可謂之“切”。刻治骨甲以為文字叫“切”，“長言之”，即為“倉頡”，因用作造字者之名。

《穆天子傳·卷六》：“天子乃釣於河，以觀姑繇之木。”注：“姑繇，大木也。”按：“姑繇”合音即“高”字。

《楚辭·離騷》：“路不周以左轉兮。”《淮南子·天文訓》：“昔者共工與顓頊爭為帝，怒而觸不周之山。”王逸、高誘都説不周山在崑崙西北。按：不周為神話中山名，不可實指。蓋即“阜”，托名為“不周”。“不周”合音即“阜”字。

《詩·螽斯》：“螽斯羽，詵詵兮。”《釋文》引《草木疏》釋“螽斯”：“幽州謂之舂箕，蝗類也。”又引《方言》郭注：“江東呼為蚚蜢。”按：“螽斯”亦作“斯螽”，

①見《湖南師院學報》1981年第1期。

"斯"字襯音無義，意思只是"螽"。"螽"是"蚝蜢"的合音。

《爾雅·釋獸》："貗貐類貙，虎爪，食人，迅走。"按："貗貐"當為"貙"之别種，"貗貐"合音即"貙"字。"貗"與"貙"雙聲，"貐"與"貙"叠韵。

《説文·豆部》："豐，豆之豐滿者也。""一曰鄉飲酒有豐侯者。"按：此謂"豐侯"為鄉飲酒酒器。"豐侯"合音為"缶"。《説文·缶部》："缶，瓦器，所以盛酒漿。"

《古文苑》揚雄《蜀都賦》："崇隆臨柴。"章注："臨柴，猶積累也。"《文選》司馬相如《上林賦》："連卷欐佹。"注引司馬彪："欐佹，支重累也。"按："臨柴""欐佹"，合音都是累。《説文。厽部》："絫，增也。"

《爾雅·釋蟲》："蚑蟦，蛢。"按："鲅蟦"合音為"蛢"。

《楚辭·湘君》："君不行兮夷猶。"注："夷猶，猶豫也。"按："夷猶"合音為"住"、為"逗"。"夷猶"猶"逗留"。《後漢書·馬融傳》："或夷由未殊。"注："夷由，不行也。""夷猶"與"夷由"同。

《文選》宋玉《登徒子好色賦》："大夫登徒子侍于楚王。"按："登徒"合音為"都"，"登徒子"是"子都"的另一説法。《詩·山有扶蘇》："不見子都，乃見狂且。""子都"蓋古代美男子之稱。

《莊子·至樂》："莊子之楚，見空髑髏，髐然有形。"按："髑髏"合音為"頭"。《玉篇·骨部》："髑髏，頭也。"《頁部》："顱髏，頭骨。""顱髏"與"髑髏"同。

《公羊傳·昭公二十一年》："宋南里者何？若曰因諸者然。"疏引舊注："即《博物志》云：周曰囹圄，齊曰因諸是也。"按："因諸"合音為"圉"，即牢獄。于省吾《甲骨文字釋林·序》謂甲骨文"圉"字"像監禁囚徒於囹圄之中"。

宋孝武帝《丁督護歌》："願作石尤風，四面斷行旅。"按："石尤風"即今之"台風"，"石尤"合音為"台"。

乙類：

甲類是合音正例，乙類為變例。如邾鄋、令丁、丁寧之類即是。"邾鄋"即"邾"[①]，"鄋"與"邾"叠韵。"令丁"為"鈴"[②]，"令"是"鈴"的偏旁，"丁"與"令""鈴"叠韵。"丁寧"為"鉦"[③]，"丁""鉦"音同、音近，"寧"與"丁""鉦"叠韵。又如：

---

①《左傳》作"邾"，《公羊傳》作"邾婁"。

②《説文·金部》："鈴，令丁也。"

③《左傳·宣公四年》注："丁寧，鉦也。"

《漢書·谷永傳》:“滿讕誣天。”注:“滿讕,謂欺罔也。”按:“滿讕”為“謾”。《説文·言部》:“謾,欺也。”“滿”與“謾”音近,“讕”與“滿”“謾”叠韵。

《説文·𨸏部》:“附婁,小土山也。春秋傳曰:附婁無松柏。”《左傳·襄公二十四年》:“部婁無松柏。”注:“部婁,小阜。”按:“附婁”“部婁”為“阜”。“附”“部”與“阜”音近,“婁”與“附”“部”“阜”叠韻。

《方言·五》:“缶謂之瓿甌。”按:“瓿”與“缶”音近,“甌”與“瓿”“缶”叠韵。

《説文·立部》:“磊竨,重聚也。”按:“磊”與“累”音同,都在歌部。“竨”在灰部,與“磊”“累”旁轉叠韵。《説文·厽部》:“累,增也。”“增”與“重聚”義通。“磊竨”為“累”。

《詩·小毖》:“莫予荓蜂。”傳:“荓蜂,摩曳也。”按:“莫予荓蜂”,意思是不要將我牽連進去。“荓蜂”為“并”。“荓”以“并”為聲旁,“蜂”與“荓”“并”叠韵。《説文·从部》:“并,相從也。”“莫予荓蜂”等於“莫予并”,不要使得我相從。

《古文苑》揚雄《蜀都賦》:“五谷馮戎。”注:“馮戎,富盛也。”按:“馮”與“丰”音近,“戎”與“馮”“丰”叠韵。“馮戎”為“丰”。《説文·生部》:“丰,草盛丰丰也。”

《文選》司馬相如《長門賦》:“羅丰茸之游樹兮。”注:“丰茸,眾飾貌。”按:“丰茸”即“丰”,此處義為眾盛。“戎”與“丰”叠韵。

《文選》王褒《洞簫賦》:“悼悷瀾漫。”注:“《埤蒼》曰:‘啅嘐,寂静也。’‘啅嘐’與‘悼悷’音義同。”按:“悼悷”“啅嘐”為“悄”。“悼”“啅”音近“悄”。“悷”“嘐”與“悼”“啅”叠韵。白居易《琵琶行》:“東船西舫悄無言。”“悄”正作“寂静”解。

《莊子·天地》:“以謬悠之説,荒唐之言。”按:“謬悠”即“謬”,“悠”與“謬”叠韵。《説文·言部》:“謬,狂者之妄言也。”

《爾雅·釋詁》:廓、宇、穹、晊,大也。注:“廓落、宇宙、穹隆、至極,亦為大也。”按:據郭注,“廓落”即“廓”,“穹隆”即“穹”。“落”與“廓”、“隆”與“穹”叠韵。

《方言·十》:無寫,憐也。按:“無寫”為“憮”。“無”是“憮”的聲旁,“寫”與“無”“憮”對轉叠韵。《説文·心部》:“憮,愛也。”“憐”與“愛”同意。

《文選》嵇康《琴賦》:“纷文斐尾。”注:“文彩貌。”按:“斐尾”即“斐”,“尾”與“斐”叠韵。《説文·文部》:“斐,分别文也。”引《易》:“君子豹變,其文斐也。”

《後漢書·馬援傳》:“御款段馬。”注:“款猶缓也。”按:“款段”為“緩”。“款”音近“缓”,“段”與“款”“緩”叠韵。

《方言·十三》:“餳謂之餦餭。”“餳謂之餹。”按:“餳”“餦”“餹”本一音之轉。“餦餭”為“餳”,亦即“餹”。“餦”與“餳”“餹”音同音近,“餭”與它們是叠韵字。

《楚辭·湘君》:“美要眇兮宜脩。”注:“要眇,美好脩飾也。”《文選》李斯《上秦始皇書》:“佳冶窈窕趙女不立於側也。”吕向注:“窈窕,美貌。”同書張衡《南都賦》:“偠紹便娟。”按:“要眇”“窈窕”“偠紹”為“妖(媄)”或“姚”。“要”“窈”“偠”與“妖”“姚”音同、音近。“眇”“紹”與“要”“偠”同部,“窕”與“窈”旁轉叠韵。《説文·女部》:“妖,巧也。一曰女子笑貌。”《一切經音義·一》引《三蒼》:“姚,妍也。”

《史記·衛將軍驃騎列傳》:“為剽姚校尉。”《索隱》釋“剽姚”:“勁疾之貌也。”按:“剽姚”即“剽”,“姚”與“剽”叠韵。《考工記·弓人》:“則其為獸必剽。”注:“剽,疾也。”

《文選》班固《西都賦》:“卓犖諸夏。”李周翰注:“卓犖,超绝也。”“卓犖”又作“逴躒”。“卓犖”即“卓”,“犖”與“卓”對轉叠韻。《釋名》:“超,卓也。”是“卓”亦得釋為“超”。“逴躒”即“逴”,“躒”與“逴”叠韵。《匡謬正俗·六》:“逴者謂超踰不依次第。”“逴”一作“趠”。《廣雅·釋詁一》:趠,绝也。

《左傳·襄公二十七年》:“譬諸草木,吾臭味也,而何敢差池?”注:“差池,不齊一。”按:“差池”即“差”,“池”與“差”叠韵。《説文·左部》:“差,貳也,差不相值也。”

《文選》司馬相如《上林賦》:“垂條扶疏。”注引《説文》:“扶疏,四布也。”按:“扶疏”為“敷”。“扶”與“敷”音同音近,“疏”與“扶”“敷”叠韵。《詩·小旻》:“敷於下土。”傳:“敷,布也。”

《詩·椒聊》:“椒聊之實,蕃衍盈升。”傳:“椒聊,椒也。”按:“椒聊”即“椒”,“聊”與“椒”叠韵。

《爾雅·釋草》:“杜,土鹵。”按:“土鹵”為“杜”。“土”是“杜”的聲旁,“鹵”與“土”“杜”叠韵。

《漢書·晁錯傳》:“少木蒙龍。”注:“蒙龍,覆蔽之貌。”按:“蒙龍”為“冡”。“蒙”以“冡”為聲旁,“龍”與“蒙”“冡”叠韵。《説文·一部》:“冡,覆也。”

《古文苑》黄香《九宫賦》:“蹉碟皓皓以駮樂。”注:“駮樂,雜而不齊。”按:“駮”字為“駁”字之異體,“駮樂”即“駁”,“樂”與“駁”對轉叠韵。《一切經音義·十七》引《蒼頡》:“駁,不纯色也。”

《史記·項羽本纪》:“辟易數里。”《正義》:“開張易舊處,乃至數里。”按:釋“辟易”為開張變易,迂曲難讀。今謂“辟易”即“辟”,即“避”,當釋為退却。“易”“辟”同部叠韵。

《荀子·王制》:“罷不能不待須而廢。”注:“須,須臾也。”按:“須臾”即“須”,“臾”與“須”叠韵。

《後漢書·皇后紀上》:“輕薄謥詷。”注:“謥詷,言忽遽也。”按:“謥詷”為“怱”。“謥”與“怱”音同,“詷”與“謥”“怱”叠韵。

《詩·青蠅》:“愷悌君子。”箋:“愷悌,樂易也。”按:“樂易”不甚可解,實當釋為和樂。“愷悌”即“愷”,“悌”與“愷”叠韵。《説文·心部》:“愷,樂也。”《左傳·文公二十八年》:“謂之八愷。”注:“愷,和也。”

《孟子·公孫丑上》:“雖有鎡基,不如待時。”注:“鎡基,耒耜之屬。”按:“鎡基”為“耜”。“鎡”“耜”音近,“基”與“磁”“耜”叠韵。

丙類:

此類也是合音變例,但不同於乙類。乙類詞為叠韵詞,兩字音拼合起來,音與第一字同,其義或即第一字之義,或是與第一字音同、音近的另一字之義,重心在第一字上。丙類詞為雙聲詞,兩字音拼合起來,音與第二字同,其義或即第二字之義,或是與第二字音同、音近的另一字之義,重心在第二字上。

《吕氏春秋·古樂》:“筋骨瑟缩不達。”按:“瑟縮”雙聲,“瑟縮”即“縮”。

《廣韵·上平聲》:“啢嗐,大言也。”按:“啢嗐”雙聲,“嗐”與“唐”音同。“啢嗐”義與“唐”同。《説文·口部》:“唐,大言也。”

《爾雅·釋草》:“蘐,鴻薈。”按:“鴻薈”雙聲,“薈”與“暄”同屬曷部匣紐。“鴻薈”的含義等於與“薈”音近的“蘐”的含義。

《後漢書·孔融傳》:“跌蕩放言。”注:“跌蕩,無儀檢也。”按:古書中又有“跌宕”“倜儻”“�儻”“儻莽”等詞,與“跌蕩”同義,都是雙聲詞。其後一字與

"愓"音同。《説文·心部》:"愓,放也。""放愓(蕩)"即無儀檢之謂。

《方言·五》:"僉,宋魏之間謂之攝殳,或謂之度。"按:"攝殳"雙聲,"殳"與"度"音近。"攝殳"義與"度"同。

《易·夬卦》:"其行次且。""次且"亦作"趑趄"。王肅云:"趑趄,行止之礙也。"按:"次且"雙聲,"且"為 "阻"的聲旁,"次且"義與"阻"同。"行止之礙"即受阻之意。

《爾雅·釋蟲》:蠓,蠛蠓。按:"蠛蠓"雙聲,"蠛蠓"即"蠓"。

《説文·辵部》:"逶迆,斜去之貌。"按:逶,影紐。迆,喻紐。影喻喉音旁紐雙聲。"逶迆"即"迆"。《説文·走部》:"迆,斜行也。"

《方言·十二》:效烓,明也。按:《説文·火部》:烓讀若同。"效烓"雙聲,"烓"與"烔"音近。"效烓"義與"烔"同。《説文·火部》:"烔,光也。" .

《説文·匸部》:"踦區,藏匿也。从品在匸中,品,眾也。"按:"踦區"雙聲,"踦區"即"區"。"區"從品在匸中,即有藏匿義。"踦,一足也。"在"畸區"一詞中,"踦"没有實際意義。

《方言·一》:"虔儇,慧也。"按:"虔儇"雙聲,"虔儇"即"儇"。《説文·人部》:"儇,慧也。"

《廣韵·入聲》:"歠歁,不滿。"按:"歠歁"定紐雙聲,"歠歁"即"歁"。《説文·欠部》:"歁,食不滿也。"

《説文·走部》:"唐逮,及也。"按:"唐逮"雙聲,"唐逮"即"逮"。

《莊子·天地》:"鑿木為機,後重前輕,挈水如抽,數如泆湯,其名為槔。"同書《天運》:"且子獨不見乎桔槔乎?引之則俯,舍之則仰。"按:是知"桔槔"即"槔"。"桔槔"雙聲。

《文選》揚雄《甘泉賦》:"翕赫曶霍。"注:"翕赫,盛貌。"同書宋玉《高唐賦》:"巫山赫其無疇兮。"注:"赫然,盛貌。"按:是知"翕赫"即"赫"。"翕赫"雙聲。

《説文·犬部》:"猝,犬從草暴出逐人也。"段注:"假借為凡猝乍之稱。"《廣韵·入聲》:"倉猝,暴疾也。"按:"倉猝"雙聲,"倉猝"即"猝"。 .

《方言·四》:"杓繵謂之禅。"按:"杓繵"雙聲,"杓繵"即"繵",即"禪"。"繵""禪"音近。

《吴越春秋·句踐伐吴外傳》:"越王乃被唐夷之甲。"同書《王僚使公子光傳》:“王僚乃被棠銕之甲三重。”按:“唐夷”與“棠銕”同。“棠銕”定纽雙聲,“棠銕”即“鐵”。“銕”為古“鐵”字。“唐夷之甲”或“棠銕之甲”即鐵甲。

《方言·六》:“逴,蹇也。”注:“逴,跛者行踸踔也。”按:跛行謂之“逴”,亦謂之“踸踔”。“踸踔”雙聲。“踔”與“逴”同以“卓”為聲旁。“踸踔”義與“逴”同。“踸踔”又作“踸踔”“跉踔”。《莊子·秋水》:“吾以一足跉踔而行。”《釋文》引李:“跉卓,行貌。”實當作“跛行貌”。“逴”或“踔”,一作“卓”“趠”,與“跳”字之後出義相合。“跉踔而行”就是跳着上路。

本是一字,“長言之”,成為兩個音節,一則是使詞彙豐富多樣,避免單調重複。再則是為了襯足音節,使文句琅琅上口。三則是因為意義小變,有以區别於單音節詞。後者的例子如:“飛廉”合音為“風”,但不指“風”,而指“風神”。“若菌”合音為“人”,但不一般地指“人”,而指人的祖先。“貗貙”合音為“貙”,但非指“貙”,而指貙的别種。“髑髏”合音為“頭”,但不指“頭”,而指“頭骨”。“剽姚”即“剽”,意為“勁疾”,原用作官名。“駮犖”不僅如“駮”訓為雜色,也訓為“不齊”,義有擴展。“鎡基”義與“耜”同,但鎡基為金屬制,耜則或為木制。“逶迆”訓斜去之“貌”,“迆”則只訓斜“行”。“踸歁”即“歁”,但“歁”训“食”不滿,“踸歁”則為凡不滿之稱。“踔”與後世之“跳”義相同,“踸(踸)踔”則尚有幾項引申義,如行無常、波前却[①]、草暴長[②]等。

附録:

在校訂這篇文章以收入本集的時候,得辛島静志教授發來他的舊作新譯。題目是《漢文佛典的語言研究(一)》。論文中有一節是《正法華經所見語法詞彙》,其中説到“乙密”一詞未得確解,估計是“詳細,精心,仔細,周密”的意思。所説大致正確,惟没有作較多的考察,作者自己也説要作進一步地研究。同時,論文也没有説到其所以有此義的理據。因與本文有些關係,便附在這裏作些討論。

辛島教授提到的相關詞句如下:

於是賢者阿難自念言:“我寧可蒙受決例乎?”心念此已,發願乙密,

①木華《海賦》:“踸踔湛瀁。”注:“波前卻之貌。”

②《廣雅·釋訓》:“踸踔,無常也。”疏證:“踸,或作踸。《楚辭·七諫》:‘馬蘭踸踔而日加’,王逸注云:‘踸踔,暴長貌也。’暴長即無常之意。”

即從坐起,稽首佛足。(西晉竺法護《正法華經`》T09p097c28—29)

假使菩薩,乙密觀察斯一切法,欸欸修此所當行者,常住威儀禮節二事。(同上T09p107c16—180)

"發願乙密",謂心中發願,還没有公開説。從上下文知,此所發願,指請佛授決。第二例"乙密觀察",謂仔細觀察,"乙密"當是周密的意思。再看下例,這個例子稍稍長了一點:

"……願師重開講我,不偏頗也。"師乃呼一人問:"何因知此?"答曰:"是師所常道者也。我見象小便地,知是雌象,見其右足踐地深,知懷雌也,見道邊右面草不動,知右目盲。見象所止有小便,知是女人,見右足蹈地深,知懷女,我以纖密意思惟之耳。"師曰:"夫學當以意思惟,乙密乃達之也。夫簡略者不至,非師之過也。"(相傳吴康僧會《舊雜譬喻經》T04p514b07—14)

這個比丘仔細觀察,象所止有小便,知是雌象,右足踏地深,知所懷者為女,右面草不動,知其右目盲,他説他是"以纖密意思惟之耳"。師説,學當思,思維乙密方能領悟,簡略者就做不到。"以纖密意"即是"乙密",其反,即是"簡略"。以此知,"乙密"的意思就是周密詳盡。

中土經史文獻不見"乙密",但道藏中有之。後漢于吉等著《太平經》,其卷111《大功益年書出歲月戒》第179説:"有功勞賜賞,謙遜不敢盡受,益復竭盡筋力,用心乙密為大。"是説有功不居功,要更加盡力,用心細密,才是最重要的。

同卷《大聖上章訣》第180説:"天君日夜預知,天上地下中和之間,大小乙密事,悉自知之,諸神何得自在乎?""大小乙密事",大大小小的秘密的事情,"天君"都能知道。

同卷《有知人思慕與大人相見訣》第184説:

積之有歲,乃前語言:唯蒙大神,通其不足。知所辭辭大,故以貪進,受其乙密,征營門閫,不敢自息,欲得教戒,稟其不及,願得省察,不逆所言,使須戒敕。

"受其乙密",謂受其密傳。

以上佛道各三例,其義有"私密、仔細、周密、細密、秘密、密傳"各項。其核心意義為"密",其所以行文中具体意义有點差别,那是據具體上下文而變動的。可知"乙密"即"密",是合音詞,"乙""密"疊韻,屬於我們所説的丙類。

《雅》《頌》語法歧義①

0.1 對古漢語語言現象的理解,存在著許多分歧。就這個問題進行分析,指出分歧之所在,有助於將古漢語的研究推向深入。對於消除歧義,正確理解古代文獻,也會有相當的益處。

0.2 古代漢語文獻浩繁,以古漢語總體為對象,這是人們研究古漢語總的目標。但個人著手研究,如果想取得可靠的成果,似乎應先進行斷代研究,從一本一本的著作開始。筆者想從《詩經》開始,而本文則只限於從《雅》《頌》中選取材料。《雅》《頌》基本上是西周作品,有少數詩篇可能是東周的產物,但所用語言,還是和大多數《雅》《頌》作品的語言是一致的。我們有理由把它們看成西周統治階級詩歌用的語言。這比起籠統地以《詩經》語言為對象來,或許要恰當些。

0.3 理解的重大分歧是在義理方面,而多數則是詞義的不同解釋。義理的確認,有賴於推進綜合性的研究;詞義的審定,則靠編纂完備的詞典。本文對於這些,一般不加討論。除此之外,與歧義有關的許多方面,主要是詞法句法方面,我們將有所陳說。因為主要是詞法句法,所以暫且稱之為語法歧義。因篇幅限制,删去了不是直接屬於語法範圍的那些部分。直接屬於語法範圍的,也未能全部刊出。

0.4 確定是否有歧義,本文没有摻入作者自己的看法,而只是列舉注家的意見加以説明。這一則可以使歧義的表述有根有據,再則可以讓那些不同意本文看法的人能注意到説明問題的材料。作為讀者,難免要發些議論,説些感受,那就屬於主觀的東西了。

本文引得較多的注家是:毛亨、鄭玄、王肅、孫毓、孔穎達(這五家的注解

① 前賢説,語法知識在解讀古書中有用。為了驗證並説明這一點,作《〈雅〉〈頌〉語法歧義》,發表在《湖南師大學報》1982年第2期上。無人説好,也無人説壞,估計是失敗了。雖如此,我還是覺得前賢不我欺,只怕是我的文章有不到之處。在文章中,我僅僅列出歧義,而没有點明對於解讀古書的實際效用。今將全文收入集中,並針對此點作了一些補充。

均見《詩經正義》)、朱熹(著《詩集傳》)、胡承珙(著《毛詩後箋》)、陳奐(著《詩毛氏傳疏》)、馬瑞辰(著《毛詩傳箋通釋》)、吴闓生(著《詩義會通》)、黄焯(著《毛詩鄭箋平議》)。在引述這些注家的見解時,分別冠以毛、鄭、王、孫、孔、朱、胡、陳、馬、吴、黄。其中鄭、孔、朱三人,我們提到的時候要更多一些。

在本文寫作的時候,見到了高亨先生的《詩經今注》。但已來不及引述他的見解了,待以後有機會時再説。

0.5 這裏雖然只説《雅》《頌》裏的語言現象,但仍然不具備全面概括的性質。這除了與筆者的能力有關之外,文章的篇幅也不允許這麼做。

1.名　　詞

1.1 名詞與動化了的名詞,没有形態上的區別。這裏有産生歧義的可能性。

《召旻》:彼疏斯粺。(胡不自替,職兄斯引?)

毛:彼宜食疏,今反食精稗。

朱:如疏與粺,其分審矣。

毛以為"疏粺"二字動化為"食疏食粺"。朱以為此句意思是:那是疏,這是粺。"疏粺"仍作名詞看。

如毛所説,小人當食粗糲,而今反食精米,下一句説:你為甚麽不自己引退?上下句没有邏輯推理關係。而如朱説,精粗分得清,好壞甚分明,你既不是個好東西,衆人心明眼亮,你為甚麽不自己退出?這樣似乎較為順理。毛要名詞動化,不但動化,還要加上"宜""反"字,自然就比較紆曲了。不動化已説得通,語法關係單純,當取此説。

《白駒》:爾公爾侯,逸豫無期。(慎爾優遊,勉爾遁思。)

毛:爾公爾侯耶?何為逸樂無期以反也?

朱:以爾為公,以爾為侯,而逸樂無期矣。

胡:謂爾宜為公也,爾宜為侯也,何為逸樂無期以反也?

毛以為"公侯"二字仍是名詞,朱、胡以為動化。朱以為"爾公"兩字都活用,猶"命爾為公"。胡以為"爾"為主語,"公"字動化為"宜為公"。名詞活用為帶有評斷意思的動賓短語,即"能願動詞+動詞+賓語",是名詞動化的格式之一。上面毛注"彼疏"也是這樣。

幾位注家不直照字面説"你們各位公侯",而要説成"你們是公侯嗎?既不是,就不可以縱情遊樂"。或者説成"將封你們為公侯,那時就可盡情享受了"。或者説成"你們當做公侯,所以現在要特别努力"。所有這些説法,都是為了與下面兩句接茬,要"慎爾優遊,勉爾遁思"。竊以為就照字面講,"爾""公"同位,"爾""侯"同位,即此甚順。似乎是説:你們各位公侯大人,本來是可以遊樂無限的,可是你們仍然需要小心謹慎,打消退隱的念頭,"慎爾優遊,勉爾遁思"。

1.2 名詞動化常見兩種情形,一種是動賓式,一種是偏正式。在動賓式中,此名詞為賓。在偏正式中,此名詞為偏。是動賓式還是偏正式,没有特殊的標誌。

《抑》:辟爾為德。(俾臧俾嘉。淑慎爾止,不愆於儀。)

孔述毛:當法度女之所為施行之德。

吴:爾之為德,當依於法度。

"辟"訓"法",孔意為"以法度衡量",或"以法度規範",偏正式。吴釋"法"為"依於法度",正補式,實即"依法",動賓式。又,孔、吴都在前面加"當"字。兩説皆可。朱熹他們堅持訓"辟"為"君",致句意扞格。此處見得名詞動化之必要。

1.3 "動賓式"中的"賓"是一定的,但動詞是什麽,從動化了的名詞本身並不能十分確定。

《桓》:(於昭于天,)皇以間之。

朱:言君天下以代商也。

馬:天命武王為君以代之。

"君"字,朱意為武王為君於天下,而馬則為天命武王為君。前者以"君"為"為君",後者以"君"為"命君"。

所引詩句前文説:"桓桓武王,保有厥士。于以四方,克定厥家。"接下來説"於昭於天,皇以間之",都是説的"武王",故朱説為長。

1.4 或認為名詞動化了,或認為名詞還是名詞。

《賓之初筵》:賓載手仇,室人入又。

毛:手,取也。室人,主人也。主人請射於賓,賓許諾,自取其匹而射,主人亦入于次,又射以耦賓也。

鄭:賓手挹酒,室人復酌為加爵。

毛意"手"為"手取",動化。鄭釋"手仇"為"手挹",以手挹取,"手"字詞性未變。只是破"仇"為"挹",難免叫人生疑,自當以從毛為妥。從這個例子看,與其破字,不如讓名詞改性。

1.5 動詞有使動、為動等。名詞動化,也有這些特殊用法,還有意動用法。到底怎樣用,注家有時認識不一。

《公劉》:(食之飲之,)君之宗之。

毛:為之君,為之大宗也。

鄭:群臣從而君之尊之。

"君之",毛釋做"為之君",為他們為君,即孔疏所說"己身與之為君",主語是公劉。而鄭的意思是以他為君,主語是群臣。《公劉》六段,每段都以"篤公劉"開始,"公劉"做主語,占壓倒優勢。

《車舝》:(匪飢匪渴,)德音來括。

鄭:使我王更修德教,會合離散之人。

孔:覬望此女以令德善音來發教諫于王,使施行德澤,會合離散之人。

陳:言季女有此德音,是宜與我王作合也。

德音,名詞。鄭意為使修德教,使動。孔意為以德音諫,偏正式。陳意為有德音,動賓式。恐皆不合詩意,名詞有動化一科,無從解釋時,都設法使之動作。其實"德音",言道德聲聞,這裏為德音者,即是指將嫁的新娘而言。"德音來括",括者會也,是說新郎要來會新娘。全句是賓動結構,"來"為語助,助賓語提前。

1.6 名詞可以表示這個名詞所領有的事物。在具體語言中,究竟是這名詞本身,還是屬於它的那個事物,有時分不清楚。

《既醉》:(威儀孔時,)君子有孝子。

鄭:皆君子之人,有孝子之行。

朱:又有孝子以舉奠。

朱以為"孝子"就是孝子,鄭以為"孝子"是"孝子之行"。因為這裏在說"君子",不在乎他的後嗣如何。實際上,詩是說君子本身是孝子,現在用了"有"字,講不通,鄭在為《既醉》詩的作者打圓場。而朱呢,他在硬着頭皮講下去。

1.7 句中出現一個名詞,它通常表示這個名詞的全部,但也可能只表示其中的特定部分。

《桑柔》:秉心宣猶。

鄭:執正心,舉事徧謀於衆。

朱:能秉持其心,周徧謀度。

"秉持其心",範圍大;"執正心",範圍小。其實此處正確的讀法,當是"秉持其宣猶之心",如朱所説,秉持周遍謀度之心。

1.8 僅從上面的例子來看,名詞常常動化,不動化,有些地方就解釋不通。但也不可濫用這一條,致使文意繚繞曲折,不便通讀。

2. 動　　詞

2.1 動詞一般用法與使動、致動用法形式上没有區别,這裏面必然會包含一些歧義。所謂致動,也是使動的一種,不過是使動作及於自身。

《角弓》:(老馬反為駒,不顧其後。)如食宜饇,如酌孔取。

鄭:王如食老者則宜令之飽,如飲老者,則當孔取。

朱:如食之已多而宜飽矣,酌之所取,亦已甚矣。

"食""饇",鄭以為使動,朱未采用鄭説,只作一般動詞看。

關鍵是前兩句如何取喻。鄭云:"此喻幽王見老人,反侮慢之,遇之如幼稚,不自顧念;後至年老,人之遇己亦將然。"鄭由此推出結論:該當尊敬老人,"王如食老者則宜令之飽,如飲老者,則當孔取"。朱以為"老馬必僨,其駒必强。老馬不自謂老,而任駒之任,後將不勝而不顧",所以要勸人"如食之已多而宜飽矣,酌之所取,亦已甚矣"。朱的意見基本可取,以不改變動詞的一般用法為宜。

《蕩》:内奰于中國,覃及鬼方。

孔述毛:王初雖然不醉而怒在於中國。但人皆效之,此奰然惡行乃延及中國之外,至於鬼方之遠鄉。

黄:内致怨於中國,延及鬼方遠夷,亦怒之。

黄的意思,"奰"是致動用法。"奰"者,招致人民怒於己,非謂己怒於人。其説切近事理。

2.2 動詞的主動態和被動態没有區别。没有出現連帶成分的他動詞與没有連帶成分的自動詞容易混淆。語態上没有區別和形式上容易混淆常常帶來歧義。

《雨無正》:鼠思泣血,無言不疾。

毛:無聲曰泣血。無所言而不見疾也。

朱:至於憂思泣血,有無言而不痛疾者。

毛以“疾”為被動語態,朱則以為主動。為便於了解,把所討論的詩句連同上下文都引出來:“謂爾遷於王都,曰予未有家室。鼠思泣血,無言不疾。昔爾出居,誰從作爾室?”你以前從王都出逃,説你没有住的地方。現在我憂愁痛苦,淚盡血出,所説没有不被人忌恨的。你怎麽不想想,那時誰替你建筑居室? 這樣説來,語勢自然。如果改為主動説法,詩人的切責之意就要稍遜了。

《正月》:既克有定,靡人弗勝。

王:王既有所定,皆乘陵人之事,言殘虐也。

朱:及其既定,則未有不為天所勝者也。

陳:終能有定亂之日,乃今在位之人,無不乘陵,助王為亂。

“勝”字,王、陳都看成主動態,朱卻當作被動態。王、朱以為及物,陳則以為不及物。

“既克有定”,是誰定? 是甚麽定? 王肅以為是幽王;朱以為是天,是上帝;陳以為是“亂”。前文説“視天夢夢”,後句説“有皇上帝”,則中間此句也當是説天,説天既已定下來,那就無人不勝,無人能違背天意。朱説為長。

2.3 動詞牽涉的對象往往省略。對省略成分的不同理解,我們將放到後面去講。動詞牽涉到的對象没有出現,它本身的含義也可能受到明顯的影響,這裏約舉兩例。

《皇皇者華》:(駪駪征夫,)每懷靡及。

毛:每,雖;懷,和也。

孫:下章傳云:雖有中和,當自謂無所及。即是上章謂每懷靡及,每雖懷和之義也。

鄭:每人懷其私相稽留,則於事將無所及。

《國語·晉語》:周詩曰:“莘莘征夫,每懷靡及。”夙夜征行,不遑啟處,猶懼不及。

毛以為“懷和”，鄭以為“懷私”，《晉語》用“懼”釋《詩》中的“懷”，即以“懷”為“懷憂”。《晉語》所説近似。言在外奔走的使臣，常想到怕完不成任務。

《雨無正》：聽言則答，譖言則退。

毛：以言進退人也。

鄭：答猶距也……

孔述毛：若有道聽非法之言，聞則應答而受之……

朱：雖王有問而欲聽其言，則亦答之而已，不敢盡言也。

回答“不”就是“距”，回答“是”就是“受”，誠心答應，就會實行，“進用其人”；“亦答之而已”，便是被動地回答，無意盡言。鄭與孔的不同，是回答什麽的不同。毛與朱的不同，是回答態度的不同。這後一個不同，下一節還要説到。

諸説當以《集傳》為近於正。下句“譖言則退”，是説在王前聽到讒毁的話，也不諫諍辨明，全身而退。

2.4 動詞表示動作行為等。而每一動作的實施，都有一定的態度、環境、方式……這些態度、環境、方式等，在具體語言中，有説出來的，大多數情況下，是不會都説。這就會産生不同的理解。上面已經舉了態度的例子。下面再看另外兩種情形。

《抑》：相在爾室，尚不愧於屋漏。

鄭：諸侯卿大夫助祭在女宗廟之室，尚無肅敬之心，不慚媿於屋漏有神見人之為也。

朱：然視爾獨居於室之時，亦當庶幾不愧於屋漏，然後可爾。

除“相”與“室”解釋不同外，“愧”的解釋也不同。“相”與“室”的不同是詞義的不同，“愧”的不同解釋則是語法歧義。“愧”都作慚愧講，但鄭的意思是不敬不愧，朱的意思是敬而無愧。一個否定，一個肯定。一般説來，在諸位注家當中，以朱熹較為注重語法規律。

《四月》：（盡瘁以仕，）寧莫我有。

鄭：使群臣有土地曾無自保有者。

朱：有，識有也。

陳：有，相親有也。

同一個"有"字,鄭以為"保有",朱以為"識有",陳以為"親有"。詩句是說,我鞠躬盡瘁地為國做事,可無人與我相親。按朱這樣理解,較近情理。詞典裏的"有",没有保、識與親的意思,這些意義到句中才有,也許是所謂的語用意義吧。

2.5 動作往往有個趨向,趨向如不明説,就有可能作不同的理解。

《巷伯》:(豈不爾受,)既其女遷。

孔述毛:王心或將舍汝而更遷去也。

朱引王氏:亦既遷而及汝矣。

孔認為"遷去",朱以為"遷來"。"遷去",是說王對你的信任他移;"遷來",是說遷對他人的厭惡之心以就汝。揆情度理,當以釋"遷去"更為合適。

3. 代　詞

3.0 代詞在詞典裏的意義是明確的。但一進入言語,所代是甚麽,就有不明確的可能。某些臨時具有指代作用的詞也放在這裏一塊兒說。

3.1 人稱代詞所代不明

《綿》:(虞芮質厥成,文王蹶厥生。)予曰有疏附,予曰有先後。

鄭:予,我也,詩人自我也。

陳:予,我,我文王也。

這里主要問題是那個"曰"字該怎樣解釋。前面說到"文王",接下來這個"予"本當是文王才對。可中間亘着一個"曰"。看鄭下文:"文王之德所以至然者,我念之曰:此亦由(文王)有疏附、先後、奔奏、禦侮之臣力也。"這樣似乎把句子講通了。鄭是東漢末年人,歷經三國、晉以至元明各代,清人對訓詁有了長足的進步,他們認為這個"曰"是語助,無義,"予曰有疏附,予曰有先後",它的實際存在的詞彙意義只是"予有疏附,予有先後",這個"予"就只能是"我文王"了。

《維天之命》:(於乎不顯,文王之德之純。)假以溢我。(我其收之。)

鄭:以嘉美之道饒衍於我。

胡:以嘉美之道戒慎我子孫。

"我"既可是我自身,也可是"我子孫","我"本是可以表多數的。上句說"假以溢我,我其收之",下句說"駿惠我文王,曾孫篤之"。上句說"我",下句説"曾孫",知"我"與"我子孫"本有不同的説法,恐不能混而為一。

《緜》:肆不殄厥愠,亦不隕厥問。

鄭:文王見大王立塚土,有用大衆之義,故不絶去其恚惡惡人之心,亦不廢其聘問鄰國之禮。

朱:言大王雖不能殄絶混夷之愠怒,亦不損墜己之聲聞。

陳:大王赫怒整旅,至文王而不絶其所怒也。

這裏兩個厥字。前者,鄭以為指文王,朱以為指混夷,陳卻認為代太王(文王的祖父)。後者,鄭、陳都説是文王,朱則以為指太王。

《緜》有9段(章),前6章講太王,後3章講文王。所引詩句在第8章,講文王打敗混夷,混夷是文王時被擊敗的,扯不上太王。兩個厥(其)都是指文王而言。説他文王不絶棄對敵國的憤怒,也不停止對友好鄰國的聘問。在這一處,朱夫子錯了,他錯在把太王當成聖人,以為他不會有愠怒,有愠怒是混夷。把混夷被滅説成是太王德行所感,故有是誤。

3.2 指示代詞所指不明

《載芟》:匪且有且,匪今斯今。(振古如茲。)

毛:且,此也。

鄭:饗燕祭祀,心非云且而有且,謂有嘉慶禎祥先來見也。心非云今而有此今,謂嘉慶之事不聞而至也。

朱:言非獨此處有此稼穡之事,非獨今時有今豐年之慶。

陳:言不期有此而今有此。此者,指上文洽禮獲福而言。匪今斯今,言不始於今,而其見於今也。

馬:特疊句以見義,詞雖異而義則同,皆對下"振古如茲"言。

"且"都解釋為"此",指示代詞。"今"本是時間名詞,在這裏兼有一些指代作用。現將各家意見列表如下:

	“匪且”之“且”	“有且”之“且”	“匪今”之“今”	“斯今”之“今”
鄭	嘉慶禎祥	嘉慶禎祥	嘉慶之事	嘉慶之事
朱	此　處	此稼穡之事	今　時	今豐年之慶
陳	洽禮獲福	洽禮獲福	始於今	見於今
馬	今	今日之事	今	今日之事
	此日	此嘉慶之事	現在	現在這樣的嘉慶之事

權衡諸家意見,這裏兩句的意思是:不是此日方有此嘉慶之事,不是現在,才有現在這樣的嘉慶之事。“且”與“今”之所代見上表最後一行。

3.3 疑問代詞所問不明

這裏以“曷”“胡”為例。這兩個字都有“何”的意思,但在具體語言中可以有“何、何但、何其、何用、何足、何者、何時,何不”等多種意義。

《生民》:(上帝居歆,)胡臭亶時?

鄭:何芳臭之誠得其時乎?

朱:此何但芳臭之薦,信得其時哉?

陳:何其芳臭達聞於天,誠無不善者!

鄭問“為甚麽”,疑問,朱説“豈止是”,反問。陳的意思是“何等”,嗟歎程度之高:其芳香是何等好啊!以陳説為善。

《瞻卬》:(豈曰不極,)伊胡為慝?

鄭:(豈謂其是不得中乎?)反云維我言何用為惡不信也?

朱:(亦不復自謂其言之放恣無所極已)而反曰是何足為慝乎?

鄭以“何用”釋“胡”,“胡為慝”,憑甚麽是惡。朱以“何足”釋“胡”,“胡為慝”,哪裏稱得上是惡。此句連上的意思是:難道説還没有壞到頂點,那甚麽才算是惡呢?“胡”,疑問代詞做主語。

《四月》:(我日構禍,)曷云能穀?

鄭:(言諸侯日作禍亂之行,)何者可謂能善?

孔述毛:(我此諸侯日日構成其禍亂之行,)逮何時能為善?

鄭講訓詁比較坐實，把那個“云”字譯成“可謂”，其實“云”字語助無義。“曷云能穀”，實義只有“曷能穀”，意思是説，（我眾人）何時才能過上好生活？朱釋“曷”為何時，甚當。上句“構”讀成“遘”，遘禍，言遭殃。

《雲漢》：（瞻卬昊天，）曷惠其寧？

鄭：當何時順我之求，令我心安乎？

陳：天何不愛而安之？

還是如鄭那樣，釋“曷”為何時為勝。陳“何不愛而安之”，責之以理；如換成“何時惠而安之”，則期之以情。以“曷”為何不，訓詁上難以説清。

3.4 上面講“今”兼有一些指代作用。這裏舉一個臨時替代的例子：

《采菽》：平平左右，亦是率從。

鄭：能辨治其連屬之國使得其所，則連屬之國亦循順之。

朱：又言其左右之臣，亦從之而至此也。

陳：治辨左右者，言天子治乎上，諸侯治乎下，辨别不亂平平然。

“左右”一詞，鄭以為“連屬之國”，朱以為指“左右之臣”，陳以為指為政之上下。

《采菽》之詩，據清姚際恒《詩經通論》研究，所説的是諸侯朝見周王，周王賞賜他們，並給予祝福。“平平左右，亦是率從”，就當是周王的祝福。是説諸侯的左右之臣，治道嫺熟，治理從容有序，也能聽命於其主君。諸家注解，朱注近之。

4. 形容詞

4.1 一部分形容詞是講性質的，性質總屬於一定事物。有時候不確知這個事物是什麽，各人看法就可能不同。

《大東》：（或以其酒，不以其漿。）鞙鞙佩璲，不以其長。

鄭：佩之鞙鞙然居其官職，非其才之所長也。

朱：東人或與之以鞙然之佩，而西人曾不以為長。

鄭以為才長，朱以為佩長。

竊以為這幾句表達了西人説話算數這樣一個意思。或人（指西人）以之（代非酒）為酒，不以之（代漿）為漿。他們不以玉佩（之長）為長。總之没有東人説的份兒。朱説較近，鄭説甚遠。

《時邁》:(我求懿德,)肆于時夏。

鄭:陳其功於是夏而歌之。樂歌大者稱夏。

《左·宣十二年傳》引此詩孔疏:於是功業遂大。

《周禮·鐘師》注引吕叔玉:言遂於大位,謂王位也。

朱:夏,中國也。

馬:言其德遂於是大也。

什麼大?注家有五個解釋:歌大、功業大、位大、中國大、德大。這是巡視境内望祭山川羣神的祝辭。以求懿德而布陳之於中國為合適的亂辭。“夏,中國也”,此解為正。

4.2 “齊”這個形容詞,有一個與誰(或什麼)齊,在哪一方面齊的問題。

《桑柔》:民靡有黎。(具禍以燼。)

毛:黎,齊也。

孔述毛:今民或死或生,無有能齊一平安者。

陳:齊猶治也。民靡有黎,言民無有能齊之者也。

是齊平安還是齊得治,毛、陳看法不同。有注家以為,“民靡有黎”是“周餘黎民,靡有孑遺”的意思。不從毛釋“黎”為“齊”。如非從毛不可,那就也要從毛認為“齊”是齊平安。

《長發》:(帝命不違,)至於湯齊。

毛:至湯與天心齊。

《韓詩外傳》:言古今一也。

馬:詩總括相土以下諸君,謂湯之先君不違天命,至湯皆齊一。

毛以為至於湯始與天心齊,《韓詩外傳》以為自湯之祖先以至於湯,皆整齊劃一,所以説“古今一”。它講“齊”,是與湯之先世齊。馬更明白地説:其先世“至湯皆齊一”。《長發》是歌頌湯先祖的詩,自以“古今一”之説為是。

4.3 形容詞還可以加以修飾和限制,這種修飾語有出現的,有不出現的。不出現就會産生不同的理解。如:

《抑》:靡哲不愚。

毛:國有道則知,國無道則愚。

鄭:賢者皆佯愚不為容貌,如不肖然。

朱:今之所謂哲者,未嘗有其威儀,則是無哲而不愚矣。

馬：言智者無不能貌為愚耳。

吴：智者千慮，必有一失。

對於"愚"字，五家有五種看法，特定環境愚、佯愚、假哲真愚、貌愚、偶愚，雖然其中有些意思是相通的。其實，"靡哲不愚"的意思，是在亂世中，没有聖哲不裝成愚蠢模樣，以避禍殃。與鄭意略近。

4.4 形容詞可以是它自身，也可以表示它所形容的事物。一個形容詞能修飾的事物不止一端，究竟是哪一事物，形容詞本身並無明確的規定。

《桑柔》：民之罔極，職涼善背。

孔述毛：下民之為此無中和之行，主為偷薄之俗，唯善於相欺背之事。

馬：謂涼薄者善相欺背。

黄：謂人之行失其中者，主由以薄為道而工相欺背。

所引諸家都從毛訓"涼"為"薄"。但孔以"薄"為"薄俗"，馬為"薄者"，黄為"薄道"。竊以為所釋詩句用今語當如是表述：人民之所以不軌，主要是因為主政者的刻薄寡恩和反復無常。

5. 否定詞

5.1.0 否定詞如"不、無、莫、非(匪)"等，並不像後來那樣，或者像一般語法書所説的那樣，有明確的分工，它們常常混用，並且除否定意義之外，往往還有一些附加意義。這些附加意義詞典裏通常是不收的，注家解釋起來，很可能各不相同。

5.1.1 "不"字

《卷阿》：矢詩不多(，維以遂歌)。

毛：不多，多也。

孔述毛：今我陳作此詩豈不多乎？言其實煩多也。

鄭：我陳作此詩不復多也。

朱：其意若曰：是亦足以待天下之賢者，而不厭其多矣。

"不多"，毛以為豈不多，鄭以為不復多，朱以為不厭其多。《卷阿》詩10章，不算少了，結尾却説"不多"，故各家皆婉曲其説。其實"不多"就是不多，詩人謙虚其辭，不必另作他解。

《雨無正》:戎成不退(,飢成不遂)。

鄭:謂王見流於彘,無禦止之者。

孔述毛:言兵寇已成而不能禦之退之。

朱:言兵寇已成,而王之為惡不退。

"不退"之"不",鄭以為相當於"莫",意思是無人。孔述毛以為是"不能",朱仍是不,只不過主語換成了"王之為惡"。詩言戰亂已成,仍在持續,没有消退。説"無禦止之者",説"不能禦之退之",話雖不錯,却不是詩意所指。朱為"不退"另出主語,亦未免牽强其説。

5.1.2 "無"字

《皇矣》:無矢我陵,我陵我阿。

鄭:無敢當其陵及阿者。

王:汝無陳於我陵,是乃我文王之陵阿也。

孔述毛:汝密須之人無得陳兵於我周地之陵,此乃我文王之陵,我文王之阿。

鄭釋"無"為"無敢",王釋"無"約當於"勿",現在説"不要"。孔義近王,釋為"無得"。此處"無"正是表禁止的否定副詞,王、孔為是。

《伐木》:(籩豆有踐,)兄弟無遠。

鄭:(……反可以恨兄弟乎?)故不當遠之。

孔述毛:兄弟親戚無有疏遠。

鄭釋"無"為"不當",表評斷的否定。孔釋為"無有",表敘述的否定。實則當釋為"無得",表祈使的否定。言兄弟之間不得相互疏遠。

5.1.3 "莫"字

《小毖》:莫予荓蜂。(自求辛螫。)

鄭:群臣小人無敢我摩曳。

孔述毛:汝等群臣莫復於我掣曳。

孫:群臣無肯牽引扶助我。

胡:言往日之事無有掣曳使我為之者。

同一"莫"字,注家意見紛紜:無敢、莫復、無肯、無有。這里的意思是没有人拉扯我,没有人拖我下水,是我自討苦吃,自找麻煩。胡釋得之。

《行葦》:(戚戚兄弟,)莫遠具爾。

鄭：無遠無近，俱揖而進之。

朱：莫猶勿也。

陳：言王之族親，情無疏遠，皆昵近也。

鄭釋"莫"為"無遠無近"，添"無近"字。朱意為"不要"，釋全句為不要疏遠，而要親近。陳以"莫"為"無有"之"無"。《行葦》是宴請族人賓客的詩，朱、陳兩說皆通。但从下文"或肆之筵，或授之几"連貫來看，以陳說為優。陳釋本之於《漢書·文三王傳》顔注，一字未易。

5.1.4 "匪"字

《瞻卬》：（亂匪降自天，生自婦人。）匪教匪誨（，時維婦寺）。

鄭：非有人教王為亂、語王為惡者。

朱：蓋其言雖多，而非有教誨之益者，是惟婦人與奄人耳。

吴：言其不可教誨也。

鄭釋"匪"意為"不是"，朱為"無有"，吴為"不可"。此句"匪"與"時（是）維"相配搭，表達"不是……而是……"的意思。言不是師長的教誨，而是婦人的長舌所致。

《巧言》：匪其止共（，維王之邛）。

鄭：既不供其職事（，又為王作病）。

孔：非於其職廢止供奉而已（，又維與王之為病害也）。

朱：此讒人不能供其職事（，徒以為王之病而已）。

鄭釋"匪"為"不"，孔意為"不但"，朱為"不能"。鄭說為長。

5.2 否定副詞後往往跟著動詞。但如果動詞不見，否定詞等於否定詞加動詞。究竟這個未出現的動詞是哪一個，不易確定。

《靈臺》：（庶民攻之，）不日成之。

鄭：不設期日而成之。

朱：不日，不終日也。

馬：謂不限期日以成之。即下章經始勿亟也。

三家注解，"不"後面都加了動詞。"不終日"不合情理。"不設期日"與"不限期日"，意思大同，而"不設"似乎更好。

6. 顛　　倒

6.0 顛倒主要指句子成分的顛倒。不顛倒的稱為常序,顛倒的稱為倒序或變序。常序變序是以後人的眼光來衡量的。當初可能兩種次序共存,甚至變為常,常為變也説不定。所謂顛倒,也指複句間分句的顛倒。同一語言現象,注家有認為顛倒的,有認為不是顛倒的,這也是一個産生歧義的地方。

6.1 通常是主語在動詞謂語前,但也有在動詞謂語後的。

《北山》:憂我父母。

鄭:父母思己而憂。

朱:是以貽我父母之憂耳。

朱以為常序,鄭以為變序,好在這裏意思相差不大。

《伐木》:有酒湑我,無酒酤我,坎坎鼓我,墫墫舞我。

孔述毛:王有酒則湑泲之以飲我,王無酒則卒造一宿之酤酒以與我。于時坎坎然擊鼓以娱我,蹲蹲然興舞以樂我。

陳:此倒句也。我有酒則湑之,我無酒則酤之。……我為之擊鼓則坎坎然,我為之興舞則蹲蹲然。亦倒句也。

孔以為常序。陳以為倒序。其間意義差别可就不小了。《伐木》是宴請親戚、朋友、兄弟的樂歌,我坎坎然鼓,我蹲蹲然舞,其樂何如? 不是説受到了王的優待,陳説為是。

6.2 賓語在動詞之後,但也不乏在前的例。

《賓之初筵》:彼醉不臧,不醉反耻。

鄭:彼醉則已不善,人所非惡,反復取未醉者耻罰之。

朱:則彼醉者所為不善而不自知,使不醉者反為之羞愧也。

鄭以為耻不醉,朱以為不醉耻。鄭以"耻"為"耻罰",朱以"耻"為"羞愧",朱説於義為妥。相應地,朱對語法關係的分析也能為更多的讀者所接受。

《四月》:君子作歌,維以告哀。

孔:君子作此八章之歌詩,以告訴于王及在位,言天下之民可哀憫之也。

陳：作此詩歌，以告哀于君子。此倒句也。

孔以“君子”為主語，陳以為賓語。詩明說是“君子”作歌，現在要說成是詩人作歌，以告哀於君子，有生拉硬扯之嫌。

6.3 有一句倒成兩句，有兩句倒成一句的。

《小弁》：靡瞻匪父，靡依匪母。

鄭：人無不瞻仰其父取法則者，無不依恃其母以長大者。

陳：非父則無所瞻視，非母則無所依據。

鄭將“匪”提到“靡”字後來理解，但各只作一句看。陳將“靡瞻”“靡依”分別置於“匪父”“匪母”之後，各作兩句看。“靡（或無）……匪（非或不）……”，這種句式，實與“有……皆……”句式同義。鄭注較近於原義，陳注與原義也不相違。

《頍弁》：（死喪無日，無幾相見。）樂酒今夕，君子維宴。

鄭：且今夕喜樂此酒，此乃王之宴禮也。

朱：但當樂飲，以盡今夕之歡。

陳：言王能宴樂飲酒，當自今日始。

鄭當兩句看，但後一句“維”字是提到“王”之前來理解的。朱、陳都將次序顛倒過來，合兩句為一句，其意當是“君子維宴樂酒今夕”。用現代話來說，就是：君子設宴，（讓我們）今晚開懷暢飲吧。“君子維宴”本當在前，以押韻而置後。

6.4 表示時地的狀語往往在主語之前。但也有在一般狀語之後的。

《何人斯》：（及爾如貫，）諒不我知。（出此三物，以詛爾斯。）

鄭：今女心誠信，而我不知。

孔：何由汝之誠信而不使我知而令我疑也？

朱：豈誠不我知而譖我哉？

“不我知”，鄭認為是“我不知”，朱認為是“不知我”，孔認為是“不使我知”，朱、孔都認為“我”的位置是否定句中代詞賓語前置，但孔又以“知”為使動用法。鄭卻將“我”當主語看，在狀語“不”之後。竊以為朱注近乎正，但須改反問為直陳。猶如說，我們本是一根藤上的瓜，是串在一起的，然而你却誠不我知而譖我，我就只好拿出三牲來詛咒你了。

6.5 也有認為“能願動詞+動詞”組成謂語，可以變為“動詞+能願動詞”

組成謂語的。

《雲漢》:(靡人不周,)無不能止。

毛:言無止不能也。

鄭:後日乏無不能豫止。

王:無敢有不能而止者。

王的理解是常序。鄭意為"不能止無",賓語提前了。毛意為不能無止,即無以為繼的意思。"不能無止"變而為"無不能止",是將動詞提到能願動詞前面來了。《雲漢》詩是説大旱年頭,主政者愁苦焦急,祈神求雨。此處詩句説,官員們無人不賙濟災民,没有以不能為借口,止而不賙者。諸注以王為近。

6.6 顛倒是講成分位置前後互易。還有兩個成分位置相同,因而混淆不清的情形。一種是疑問代詞作賓語,居動詞之前,疑問代詞作狀語位置與此相同。

《楚茨》:自昔何為?(我蓺黍稷。)

鄭:自古之人何乃勤苦為此事乎?(我將樹黍稷焉。)

陳:自古墾田之法如是,是何為乎?(為我農夫將種蓺黍稷故也。)

鄭以"何"為狀語,陳以"何"為賓語。一般來説,用"何"做狀語,或者增字作"以何",或者動詞後有賓語。這樣才不至於誤會為賓語。從語法明晰的角度説,以陳注為宜。

另一種是時地名詞在句首,可以是主語,可以是狀語,現代漢語也有這個問題。但在辨别意義方面往往並不重要。下面的例子不然,是狀語還是主語,意義明顯不同。

《常棣》:原隰裒矣(,兄弟求矣)。

朱:積屍裒聚于原野之間。

陳:原隰相聚,高下得其宜。

朱以"原隰"為狀語,陳以為主語。"原隰裒矣"前文是"死喪之威,兄弟孔懷",後文是"兄弟求矣"。如按陳的理解,前後文都不好搭界。如用朱注,則自然好讀。

7. 語法關係種種

7.1 n1+n2

《那》:於赫湯孫。

毛:盛矣,湯為人子孫也。

鄭:於盛矣湯孫,呼太甲也。

"湯"與"孫"的關係,毛為同位,鄭為偏正,"湯孫",即湯之孫。魏源《詩古微》説:"《那》,美襄公祀成湯也。"那麽,湯孫即襄公自稱,謂湯之後裔。

《桑柔》:(好是稼穡,)力民代食。(稼穡維寶,代食維好。)

鄭:於聚斂作力之人,令代賢者,處位食禄。

王:有功力於民代無功者食天禄。

吴:力民事以代禄食而已。

"力民",鄭以為偏正,王以為正補,吴以為動賓。

"力民代食",歷來解釋不太通達。惟吴之注,可謂發聾振聵。力民事者,致力於農夫之事,農夫之事,即稼穡之事。如何致力呢?包括不誤農時,獎勵耕作,以至於取農夫之大部分收成以為己有。大概厲王規定不再由王室發給俸禄,而以此收入代替,這就是所謂的代食。食者,禄也。《國語·晉語一》説:"嗛嗛之食,不足狃也。"韋昭注:"食,禄也。"厲王以代食法打破了官員和貴族們的"鐵飯碗",可能還有其他的改革,引發了暴動。最後落得一個流放於彘的下場。

"力民"的解釋歸功於吴闓生先生,而如何致力於民事則是我私下的演繹。

7.2 np+vp

《節南山》:(弗躬弗親,)庶民弗信。

毛:庶民之言不可信。

鄭:恩澤不信於衆民矣。

朱:庶民已不信矣。

毛的意思是不可信庶民之言,動賓關係。鄭以為主語缺位,"民"理解為"於民",狀語。按朱注,"庶民"與"不信"是主謂關係。

《節南山》本身就指明了作者——家父,和作者所斥責的對象——執政大臣尹氏。所引詩句的意義也可説基本上明確。作者指出，國王不躬親處理政務，庶民就不會相信執政者所為。其間主謂關係少有疑問。

《賓之初筵》：三爵不識（，矧敢多又）。

鄭：我於此醉者飲三爵之不知。

孔述毛：我於此醉者三爵之時已自不識知。

朱：汝飲至三爵已昏然無所記矣。

陳：言凡禮三爵之後則不識德。

“三爵”與“不知”的關係，鄭以為動賓。孔、陳以為偏正，“三爵”等於説“於三爵”。朱看作兩句，順承關係。《賓之初筵》後半部分寫貴族酗酒，失禮敗德。所引詩句説，酒喝了三大碗，喝得不省人事，還敢多喝嗎？朱所表述，恰是此意。

《大明》：文定厥祥。（親迎於渭。）

宋范處義《詩補傳》：“文謂龜之兆體也，祥謂卜之吉也，文王視龜之文以定其吉祥。”

朱：文，禮，祥，吉也。言卜得吉，而以納幣之禮定其祥也。

陳啟源《毛詩稽古編》：是當時嘉禮因太姒文德而定。

據《補傳》，“文”本身構成一個分句，猶如説視文。據《集傳》，“文”是狀語。據《稽古編》，則是主語。“文”的意義，以范説為勝。語法關係以陳説為勝。是説卜之兆體決定吉祥之事。

僅就這裏所列而言，在“np+vp”格式裏，np與vp的關係已有五種：主謂、正補、賓動、狀謂和順承。

7.3 n(np)+攸+v

《緜》：（乃立冢土，）戎醜攸行。

毛：起大事，動大眾。

孔述毛：（立此社者，）為動大眾，所以告之而行也。

陳：大會同、大朝覲、大軍旅之政行焉。

《斯干》：風雨攸除，鳥鼠攸去。

鄭：其牆屋弘殺則風雨之所除也，其堅致則鳥鼠之所去也。

朱：除亦去也，無風雨鳥鼠之害。

毛、朱以為動詞謂語,n為賓語。鄭以n為定語,“攸+v”為中心詞。毛釋“戎醜”為“大眾”,“行”為“動”; 孔將“戎醜”動化,釋為“動大眾”,而以“攸行”為“所以告之而行”,實即釋“攸”為“所以”。陳以n為主語,v為謂語,以“戎醜”當“大會同、大朝覲、大軍旅之政”。表列如下:

毛、朱	鄭	孔	陳
n 攸 v	n 攸 v	n 攸 v	n 攸 v
賓 動	定 中	狀 中	主 謂

在n攸v 格式中,n是主語,v是動詞謂語,如陳之所理解。“戎醜攸行”,大事行。“風雨攸除”,風雨除。“鳥鼠攸去”,鳥鼠去。但這類主語,實際上是動詞的賓語,“戎醜攸行”,行大事。“風雨攸除”,除風雨。“鳥鼠攸去”,去鳥鼠。其實質還是賓動關係。在《斯干》篇裏,又有“君子攸芋”“君子攸躋”“君子攸寧”的話,如果也認為它們是賓動關係,就不是很妥當了。還是以說成主謂關係為宜。

7.4 a+n

《思齊》:(古之人無斁,)譽髦斯士。

毛:(古之人無厭於)有名譽之俊士。

鄭:令此士皆有名譽于天下,成其俊乂之美也。

毛以為並列,鄭以為動賓(使動)。毛傳兩句連讀,較為通達。

《玄鳥》:(武丁孫子,)武王靡不勝。

鄭:有武功有王德於天下者,無所不勝服。

孔述毛:(此武丁為人之子孫,能行其)先祖武德之王道,威德盛大,無所不勝任之也。

朱:武王,湯號。

陳:于武湯王天下之業,亦無不保任之也。

“武王”,鄭以為並列,孔、朱以為偏正,陳以為主謂。此言武丁之子孫,凡有武德且行王道者,無所不勝。鄭說近之。

《節南山》:不弔昊天(,不宜空我師)。

鄭:不善乎昊天,愬之也。

朱:既不見愍弔於昊天矣。

此句鄭以為謂語在主語前，朱以為正補。朱夫子那個時代，天豈可怨？釋"弔"為愍。而在漢時，怨一怨天也無所謂。所以鄭玄"不弔"可以釋為不善。鄭説為長。

"a+n"這一格式，照上面例子的分析，可有六解。圖解起來就是：

毛	鄭	孔、朱	陳	鄭二	朱二
a n	a n	a n	a n	a n	a n
並列	動賓	定中	主謂	謂主	正補

7.5 a+維+n

《雝》：宣哲維人，文武維后。

朱：此美文王之德。宣哲則盡人之道，文武則備君之德。

俞樾《群經評議》：文王既受命，乃使明哲者為之臣，有文德武功者為之君。

馬：猶《大學》言為人君止于仁，為人臣止於敬也。

用"維"聯繫的前後兩個部分，關係鬆散而且多樣。就從這個例子看，依朱，a是狀語，等於説在宣哲方面，在文武方面；依俞，a是（名物化）主語，n是（名詞性）謂語；依馬，反過來，a是謂語，n是主語。

"維"是繫詞。其所聯繫，一般有主謂關係。可以主在前，謂在後，也可以謂在前，主在後。比如此句，可以説成明智的是臣，有文治武功的是君；也可以説成臣明智，君有文治武功。馬説近之。但如果不扣緊語法關係講，只是説個大意，《集傳》與《評議》也大致不差。

《長發》濬哲維商。

鄭：深知乎維商家之德也。

朱：言商家世世有濬哲之君。

兩家都認為謂語在前，主語在後。但鄭以主語具備謂語的性質，朱以謂語為主語所擁有。

7.6 a或V+V

《噫嘻》：既昭假爾。

鄭：其德已著至矣，謂光被四表，格於上下也。

戴震《毛鄭詩考正》：詩凡言昭假者，義為昭其誠敬，以假於神，昭其明德以假天。

胡:謂能成其王事者,既昭其至誠以祈禱於帝矣。

“昭假”,鄭以為主謂,戴以為兩個謂語,胡以為動賓。

所注皆非是。昭假,意即招來。“昭”通“招”,假借為“格”“各”,義為來或至。凡用“昭假”,多謂昭假上帝或神靈。不用“招”而代之以“昭”,表示態度非常尊敬,心情非常虔誠。為了體現這一點,當譯昭假為請來,或請至,或敬請到來。“昭假”字面上不帶賓語時,實際上有個賓語在,那就是“上帝”或“神靈”。看例證:

(瞻卬昊天,有嘒其星。)大夫君子,昭假無贏。(《雲漢》)

百官敬請上帝來降雨救民,不遺餘力。

(天監有周,)昭假于下,保茲天子,生仲山甫。(《烝民》)

敬請上帝來茲下土,生仲山甫,保佐周王

噫嘻成王,既昭假爾,率時農夫,播厥百穀。(《噫嘻》)

成王已將你們田官請來,叫你們率領農夫播穀種植。

(允文允武,)昭假烈祖,靡有不孝,自求伊祜。(《泮水》)

敬請周公魯公下來(察看),(他們)没有不孝的子孫,並能自力求福。

昭假遲遲,上帝是祗(,帝命式于九圍)。(《長發》)

敬請上帝到來,長時間(“遲遲”,久也)向他致敬。

如果我的見解能夠成立,那就當説“昭”與“假”是動補關係。説語法史的人説先秦没有動補結構,只《尚書·盤庚》裏有個“其猶可撲滅”,那是單文孤證。現在這裏又有一個,不知道語法學史家們當如何説它。他們也許要設法説我的結論是不能成立的吧。

《敬之》:(維予小子,)不聰敬止。

鄭:不聰達於敬之之意。

朱:我不聰而未能敬也。

馬:按《廣雅》:聰,聽也。“不”為語詞。“不聰敬止”,謂聽而警戒也。

“聰敬”,鄭以為正補,實為動賓,朱、馬皆以為順承,惟朱照字面講,否定聰與敬,馬以“不”字無義,肯定聰而敬。

7.7 v(vp)+n(np)

《天作》:天作高山(,大王荒之)。

毛:天生萬物于高山。

鄭:天生此高山。

鄭以"作高山"為動賓,毛以為正補。後有"大王荒之(開闢它)"的話,鄭説為正。

《文王》:(命之不易,)無遏爾躬。

鄭:無終女身則止。

朱:故告之使無若紂之自絶於天。

"無遏"與"爾躬"的關係,鄭作正補,"(於)爾躬"是補語。朱作動賓。朱説直截。

《大明》:(肆伐大商,)會朝清明。

孔述毛:會值甲子之朝,不終此一朝而伐殺虐紂,天下乃大清明。

孔述鄭:會合兵衆,以朝旦昧爽清明之時伐之也。

朱:會朝,會戰之旦也。

"會朝",孔述毛以為動賓,孔述鄭以為正補,朱以為偏正。句言會值朝旦清明之時,與孔述毛相近。

《桑柔》:哀恫中國(,具贅卒荒)。

鄭:哀痛乎中國之人。

朱:哀此中國。

鄭以此句為謂語在前,主語在後,朱以為動賓關係。

《文王》:(永言配命,)自求多福。

毛:爾庶國亦當自求多福。

鄭:則福禄自來。

"自求"與"多福",毛以為動賓關係。鄭以為是謂語與主語的關係,猶言"多福自求而來"。此例與上例,視為動賓關係,便於接受。

"v + n"這一格式,照上面例子的分析,共得四解。即:動賓,正補,偏正,謂主。

8. 語法歧義雜例

8.0 本章再舉一些語法歧義雜例。照理説,對詞義的理解相同,才好講語法歧義,但為了説明問題的方便,我們這裏把範圍略微擴大了一點。對詞義理解基本相同或只有個别詞不大相同的,有些我們也拿來作為議論對象了。前一章也有與此相同的精形。本章語法關係的分析全用表來說明,希望這樣可以看得清楚些。

8.1 例一:

《蕩》:(天降慆德,)女興是力。

孔:汝等何為起是氣力而佐助之。

朱:乃汝興起此人而力為之耳。

吳:故女之興起甚力耳。

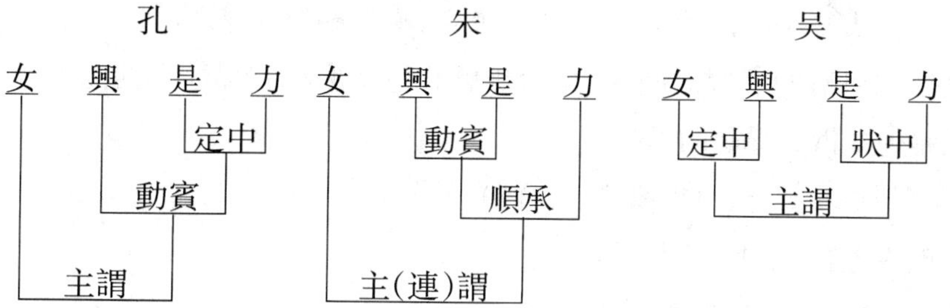

此章第一句說:“文王曰:咨,咨女殷商。”“女興是力”之“女”(汝)也就是殷商。“女興是力”,意即你殷商興起得這般强勁,或者說,你的興起是這般强勁。其所以如此,是因為“天降慆德”的緣故。用前一解釋,“興是力”是正補關係。用後一譯述,與吳同科。

8. 2 例二:

《十月之交》:(噂沓背憎,)職競由人。

孔:衆人皆主意競逐為此行者,主由人耳。

朱:專力為此者,皆由讒口之人耳。

陳:言不從天降,而主從人之競為惡也。

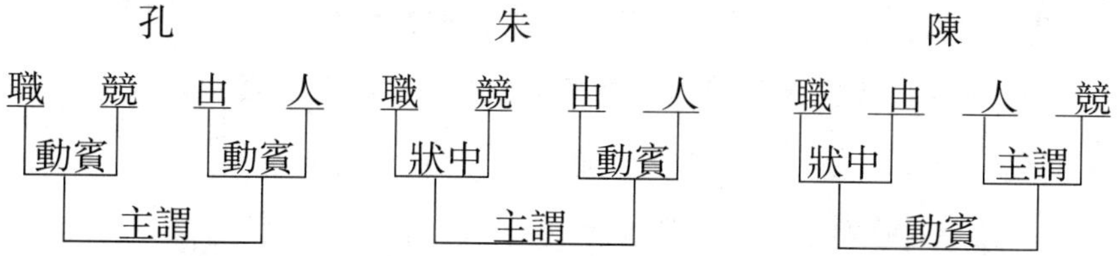

讀起來總是有點疙裏疙瘩。解決問題的關鍵是那個“職”字的意義。“職”的意思是主由,主要由於,主要原因是。這句詩連前是說,當面和協而背後却互相憎惡,主要由於任由人競相為惡。介詞結構充當謂語。如果說成主要原因是任人競相為惡,那麽,“職”就是主語,“競由人”是謂語。在此點上,孔與我的説法稍稍接近。

現在來證明"職"的意義:

無已大康,職思其居。　　傳:已,甚;康,樂;職,主也。

無已大康,職思其外。

無已大康,職思其憂。(《蟋蟀》)

不要遊樂得過份了,(為甚麼呢?)主要是由於該想到家居的事(外面的事,憂心的事)。

彼何人斯,居河之麋。無拳無勇,職為亂階。(《巧言》)

住在河邊的那個甚麼人,無拳無勇。(他怎麼會有那麼大的能量?)主要原因是他在做着暴亂的階梯。

庶人之愚,亦職維疾。(《抑》)

庶人愚蠢,主要是因為他有病。

民之罔極,職涼善背。

民眾無法無天,主要因為民俗涼薄,反覆無常。

民之回遹,職競用力。　　鄭箋:民之行維邪者,主由為政者逐用彊力相尚故也。

民之未戾,職盜為寇。(《桑柔》)

民眾没有安定,主要因為執政者為盜為寇。

8.3 例三:

《昊天有成命》:夙夜基命宥密。

鄭:早夜始信順天命,不敢解倦,行寬仁安靜之政以定天下。

《國語·周語》載叔向釋此詩:"夙夜,恭也。基,始也。命,信也。宥,寬也。密,寧也。""恭、儉、信、寬,帥歸於寧。"

朱:而其夙夜積德以承籍天命者,又宏深而靜密。

鄭:

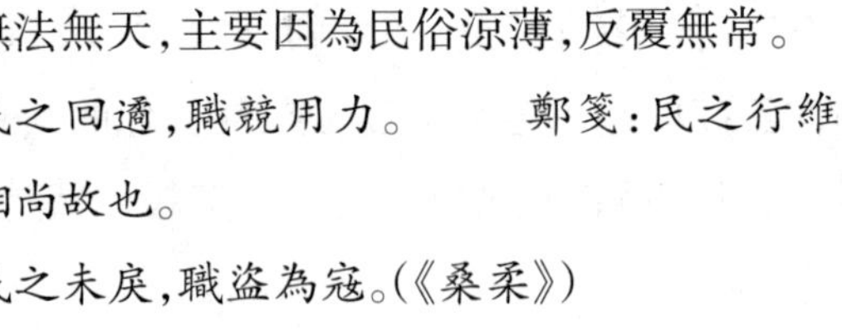

叔向:

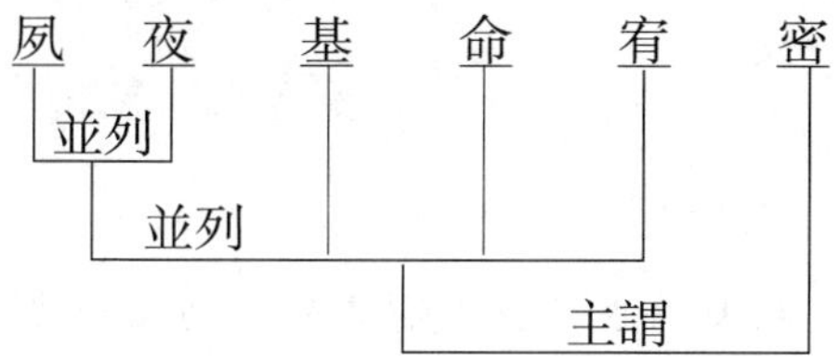

朱:

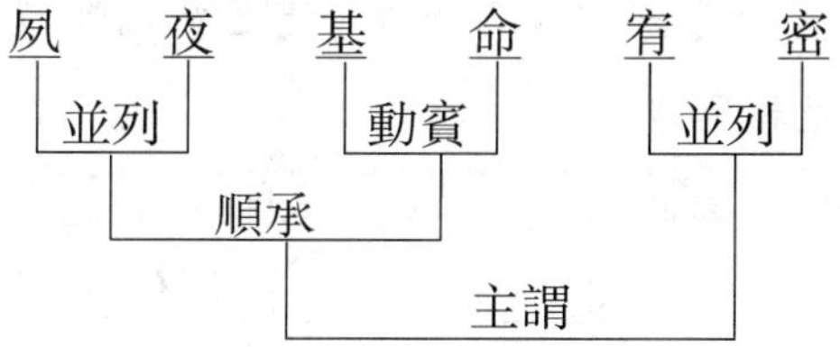

六個字的語法關係,似乎以鄭的注為最好。只是對"基命"的解釋還是用朱熹的"承籍天命"最為通達。

8.4 例四:

《我將》:我將我享,維羊維牛。

鄭:我奉養我享祭之羊牛。

孔述毛:我所美大我所獻薦者,維是肥羊,維是肥牛也。

朱:言奉其牛羊以享上帝。

鄭:

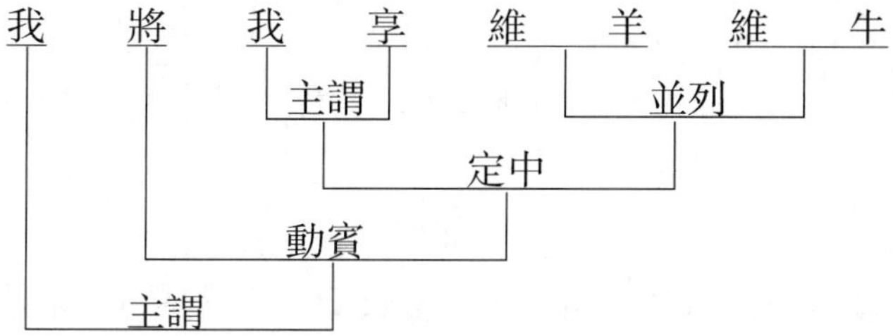

孔:

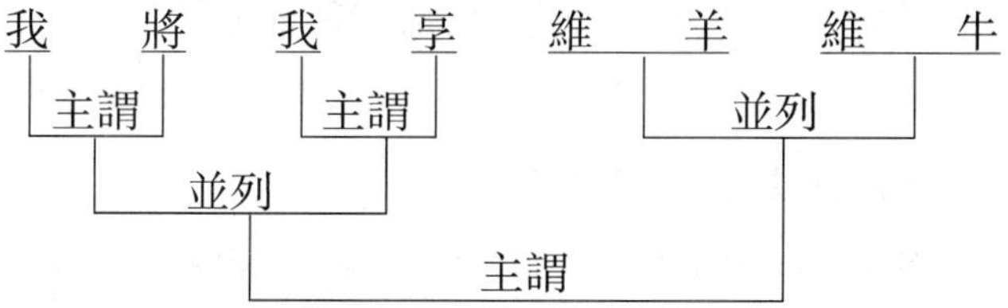

朱:

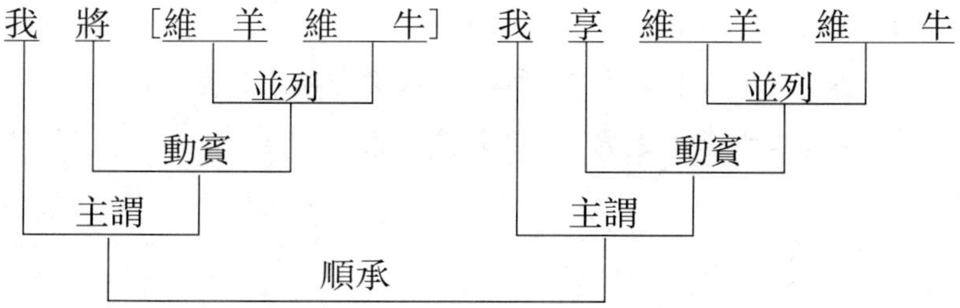

朱注最為得體。

8.5 例五:

《常武》:王命卿士,南仲太祖,大師皇父。

鄭:宣王之命卿士為大將也,乃用其以南仲為大祖者,今大師皇父是也。

孔述毛:王今命卿士南仲者于王太祖之廟,使之為元帥親兵,又命為太師之公者皇父,使之監撫軍眾。

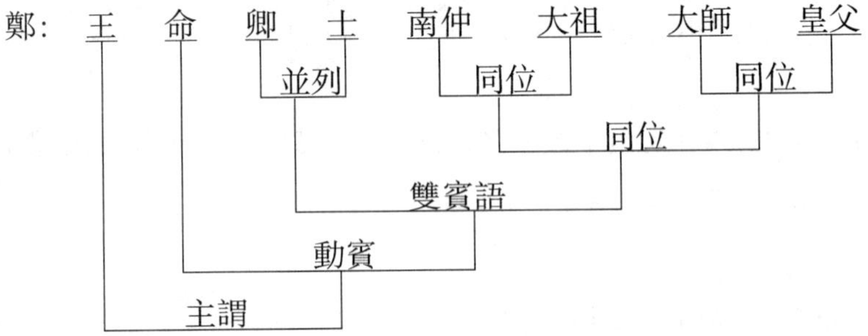

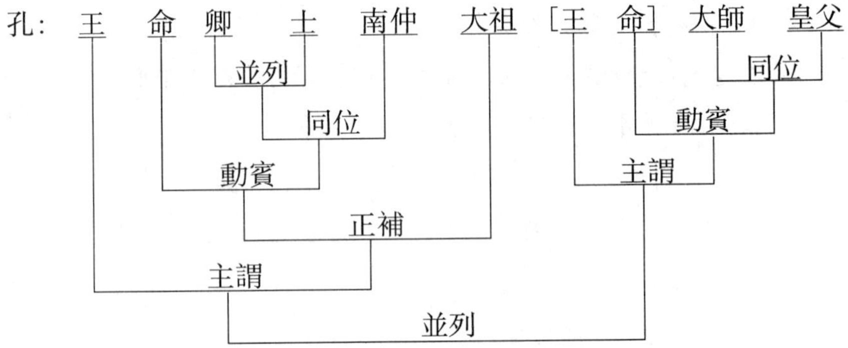

我們現在眞不知道南仲太祖和大師皇父是一個人還是不同的兩個人。如果是同一個人,鄭就分析得對,如果不是,那就得依孔了。

8.6 例六:

《賓之初筵》:匪言勿言,匪由勿語。

鄭:其所陳説,非所當説,無為人説之也,亦無從而行之也,亦無以語人也。

朱:所不當言者勿言,所不當從者勿語。

陳:不言無禮之言,不用無禮之語。

鄭:

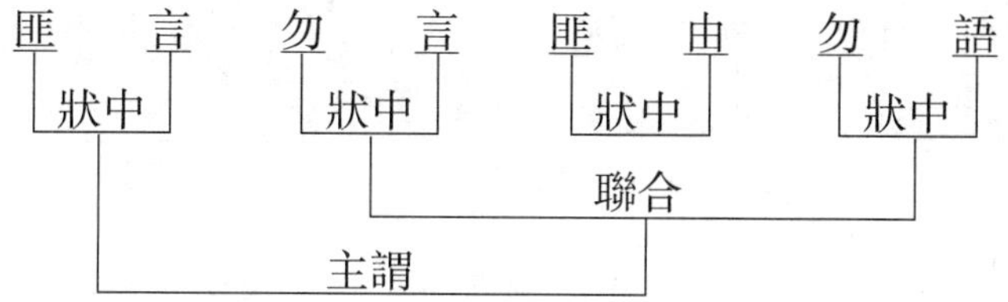

朱:

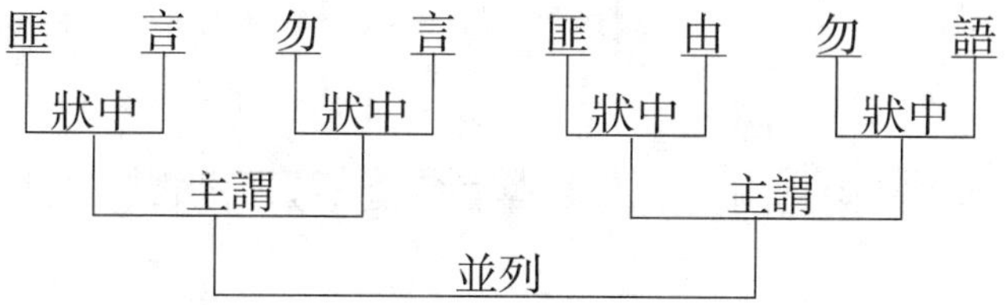

陳:

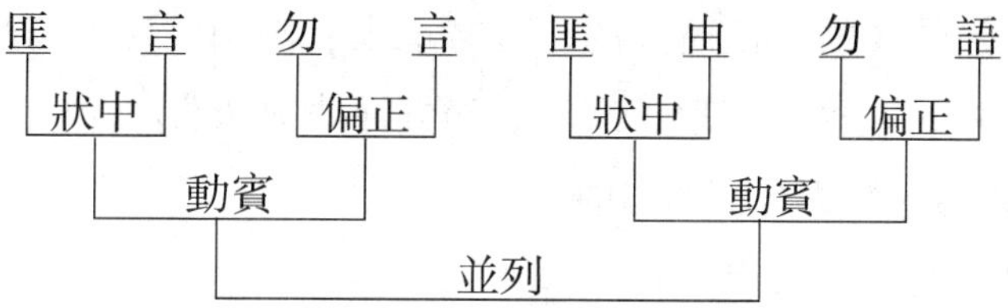

朱、陳二人都有理。但這裏主要是說不要講話,以朱說為長。

8.7

例七:《出車》:執訊獲醜,薄言還歸。

鄭:執其可言問所獲之眾以歸者,當獻之也。

孔:生執戎狄之囚可言問者,及所獲之眾,以此而來,我薄言還歸於京師以獻之也。

朱:訊,其魁首當訊問者也。醜,徒眾也。

陳:言執訊馘者眾。

鄭:

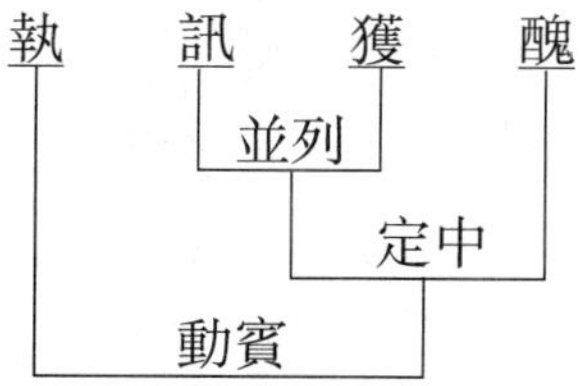

孔:

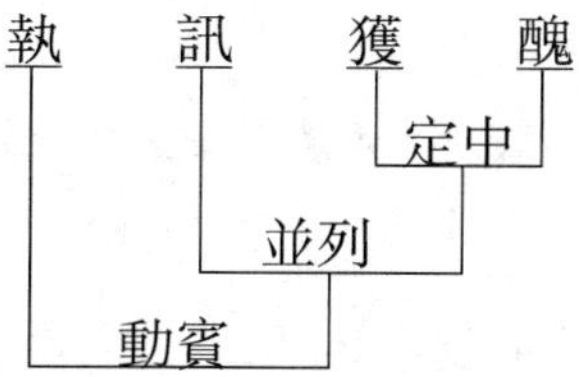

朱:
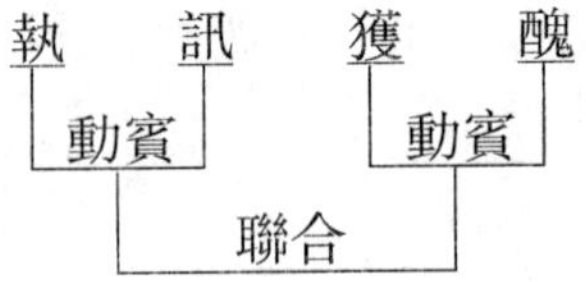

陳:
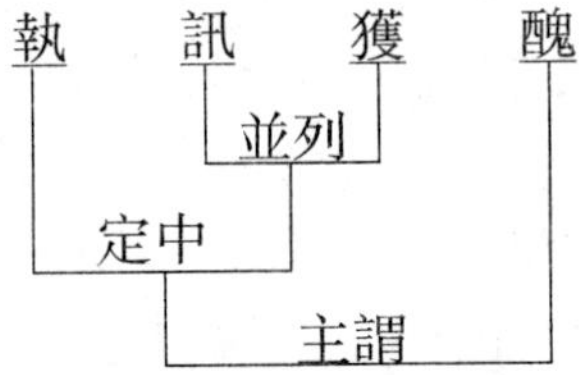

朱以“執”與“獲”兩動詞相對為文,義亦相近,故取動賓聯合式,可從。

9. 缺　　位

9.0 缺位是歧義的一個廣大的來源。這裏有兩個問題。一是缺不缺,二是缺什麼。本章一至五節講缺不缺,六至九節講缺什麼。

9.1 主語缺否,看法有不相同的。

《車舝》:思孌季女逝兮。

鄭:思得孌然美好之少女有齊莊之德者,往迎之以配幽王代褒姒也。

陳:逝,往也,謂往嫁之也。

誰逝?鄭以為是詩人為之代言的人,主語缺位。陳以為即“季女”,主語現在。

9.2 同一句話,有認為缺動詞謂語的,有認為不缺的。

《何人斯》:伊誰云從,維暴之云。

鄭:譖我者是言從誰生乎?乃暴公之所言也。

朱:既而問其所從,則暴公也。

鄭箋添一“生”字,其意當是動詞謂語未出。問其所從,即是問其所從生,朱說已明。

《吉日》:漆沮之從,天子之所。

毛:從漆沮驅禽而至天子之所。

朱:視獸之所聚,麀鹿最多之處而從之,於漆沮之旁為盛,宜為天子田獵之所也。

毛傳中“驅禽而至”為原文所無,朱並不認為這裏缺了主要動詞。他的意思似乎是:“從之於漆沮之旁,(漆沮之旁,)天子之所。”判斷句照例不用判斷詞。

“漆沮之從”,是從漆沮,不是從之於漆沮,毛說得之。

9.3 下面兩例是否缺賓語或缺雙賓語之一,注家理解不同。

《旱麓》:瑟彼柞棫,民所燎矣。

鄭:柞棫之所以茂盛者,乃人熂燎除其旁草,養治之使無害也。

黃:民所燎矣,即言燎此柞棫。

鄭以為“燎”後省“其旁草”,黃以為不省。“其旁草”詩所本無,所謂增字為訓,為後世注家所不取。

《皇矣》:(帝謂文王:)詢爾仇方(,同爾兄弟)。

鄭:仇方謂旁國諸侯為暴亂大惡者,女當謀征討之。

孔述毛:詢謀於汝匹己之臣,以問其伐人之方。

孔所說的“伐人之方”當為遠賓語,鄭的意思並沒有這個成分。

“仇方”,匹己國之方國,“詢爾仇方”謂征求友邦的意見。語法關係鄭說是,詞義解釋則非。

9.4 古漢語中介詞常常省略,介詞賓語也常省略,但也不是在所有的場合都省略。

《生民》:(不坼不副,無災無害,)以赫厥靈。

鄭:姜嫄以赫然顯著之徵,其有神靈審矣。

孔述毛:以此顯明其有神靈也。

鄭將“赫”作“以”的賓語看,孔認為“以”的賓語是“此”,缺位。孔是。

9.5 形容詞往往等於“形容詞+者”,動詞往往等於“動詞 + 者”。認為本當加“者”,那便是缺位。例如:

《思齊》:不聞亦式,不諫亦入。

鄭:不聞達者亦用之助祭,有孝悌之行而不能諫爭者,亦得入言。

孔述毛:不聞人之道說亦自合於法,不待臣之諫諍亦自入於道。

鄭在“不聞”“不諫”之後都加“者”,孔不加。

《思齊》贊文王善於修身齊家治國,據詩人的意見,這似乎是他祖母、母親的教育和妻子幫助的結果,和用人關係不大,所以宜從孔說。至於後來的注家以為“不聞,聞也”“不諫,諫也”,那是詞義的理解不同,沒有語法上的差異。

9.6 都同意主語没有出現。這没有出現的是誰或什麽,一些注家有時各持一説。

《出車》:(我出我車,於彼牧矣。)自天子所,謂我來矣。

鄭:有人從王所來,謂我來矣。

朱:(出車於郊外而)語其人曰:我受命于天子之所而來。

誰"謂"? 鄭以為"有人",朱以為"我"。朱注"語其人曰",為了遷就己説而作了增加,不可取。當如鄭説,是"有人"自天子所來,"謂我來矣",語義當是來謂我矣。

《甫田》:(a)曾孫來止,(b)以其婦子,(c)饁彼南畝,(d)田畯至喜,(e)攘其左右,(f)嘗其旨否。

鄭:成王來止,謂出觀農事也。親與后、世子行,使知稼穡之艱難也。為農人之在南田者,設饋以勸之。司嗇至,則又加之以酒食,饟其左右從行者。成王親為嘗其饋之美否,示親之也。

孔申毛:曾孫成王亦自來止,親循畎畝以勸稼穡也。君既勸之於上,民又勤之於下,農夫務事,遂以其婦之與子並來,饋饁于彼南畝之中,家盡歡樂矣。其田畯之官典田大夫既至,見其勤勞則喜樂其事矣,即教農夫以閒暇之時攘除田之左右,辟其草萊,嘗其氣旨土地和美與否也。

這裏有六句,依次編為a、b、c、d、e、f。除a、d有主語外,其餘四句主語缺位。據鄭,這四句的主語,b句是"成王",c句"成王",e句"司嗇",f句"成王"。據孔,四句的主語都是"農夫"。但e句和f句還當增"司嗇教"。揆情度理,朱説較鄭為優。唯e句主語仍當是"田官",但田官如何"攘其左右",尚有疑問,因為他不會親自辟其草萊。於是有人以為,"攘"義為"取"(見朱《集傳》),就是取其左右之食而食之,並"嘗其旨否",看是好吃不好吃。

整個句子除缺主語外,謂語也缺。缺謂語的例又如:

《大東》:或以其酒(,不以其漿)。

毛:或醉於酒。

朱:言東人或饋之以酒。

依毛,謂語是"醉";依朱,是"饋"。這個例子,我們在4.1節里分析過了。"饋"或"醉"皆非詩義。

9.7 賓語缺位的情形較謂語多,較主語少。

《公劉》:(迺裹糇糧,于橐于囊,)思輯用光。

鄭:思在和其民人,用光大其道。

孔述毛:思使民人相與輯睦,不欲戰鬥以殺傷之,用此以光顯己德于其時。

朱:思以輯和其民人而光顯其國家。

"光"的賓語,鄭以為是"其道",孔以為是"己德",朱以為是"其國家"。當時的部落或小邦,以生存和發展為要務,應該是光大"其國家"吧。

《賓之初筵》:由醉之言,俾出童羖。

鄭:女從行醉者之言,使女出無角之羖羊。

朱:醉而妄言,則將罰汝使出童羖矣。

陳:今醉之言,不中禮法,或有從而謂之。彼醉者推其類,必使羖羊物變而無角,謂出此童羖以止飲酒。

俾誰出童羖,原文不載。鄭以為"女",行醉人之言者。朱以為"醉者"。陳以為止醉者之或人。竊以為詩句是説,依從(或相信)醉者的胡話,就好比要無角羖羊長出角來一樣,無理之至。

9.8 如果主語賓語都缺,發生歧義的可能性更大,歧義也就更為多樣。

《烈文》:烈文辟公,錫茲祉福。

鄭:光文百辟卿士及天下諸侯者,天錫之以祉福也。

孔述毛:汝等有是光明文章者君人之辟公,我先君文王,賜汝以此祉福也。

孔述鄭:上天賜我文王以王天下之大福。

朱:言諸侯助祭,使我獲福,則是諸侯錫此祉福。

馬:成王即位,遍祭列祖,則祉福宜為列祖錫之。

據此五説,誰"錫茲祉福"有四解:天、文王、諸侯、列祖。"茲祉福"賜給誰,也有四解:辟公、文王、我、成王。《烈文》是周成王祭祀祖先的樂歌。"烈文辟公",指有武功能文治的先君先公。他們是賜福的主體。受賜者是我,我成王,及參與助祭的諸侯們。

9.9 後續成分不明,注家所補不定,也會有歧義產生出來。

《祈父》:(祈父,亶不聰! 胡轉予于恤,)有母之尸饔。

孔:使我所有尊母,令之陳熟食以奉父。

陳:言我從軍以出,有母不得終養,歸則惟陳饔以祭,是可憂也。

"陳饔"幹什麼?孔以為"以奉父",陳以為"以祭母"。

我以為要把"有母之尸饔"這話弄懂,把它的語法關係搞清楚,奉父、祭母的問題才得解決。"尸饔",陳熟食,陳熟食也就是祭祀。"母之尸饔",謂祭母親,之字助賓語提前。"有母之尸饔",有祭祀母親的事兒讓我憂心。詩是説,祈父,你這位大司馬呀,真不聰明,你為甚麼要把我挪轉到憂苦裏,讓我有祭母的大事掛在心?意思是讓我失去了侍奉母親的機會,連我母親死了我想祭祀都没法子做到。如果這樣説没錯,那奉父的事也就烏有了。

10. 複　句

10.0 是複句或不是複句,屬哪一類複句,在形式上有時是同一的,無法確定它們的性質。理解起來,難免分歧。

10.1 例一:

《白華》:(有扁斯石,)履之卑兮。

孔:昔嘗履之,今忽然見黜而卑,不復得履之。

朱:則履之者亦卑矣。

孔作複句看,朱作單句看。朱的意思甚為明白,孔加進去一些話,説完了又再補充,忒費精神。

10.2 例二:

《大東》:小東大東(,杼柚其空)。

鄭:小亦於東,大亦於東。

朱:東方小大之國也。

鄭以為緊縮複句,朱以為短語。詩説東方遠近大小諸國,織布機上全空了,無布可織。意思十分明白,並没有"小亦於東,大亦於東"的意思。

10.3 例三:

《正月》:謂山蓋卑,為岡為陵。(民之訛言,寧莫之懲。)

毛:在位非君子,乃小人也。

鄭:此喻為君子賢者之道,人尚謂之卑,況為凡庸小人之行?

朱:謂山蓋卑,而其實則岡陵之崇也。

三家都認為是複句，但毛以為並列，鄭以為進層，朱以為轉折。其實看成順承關係更好：說山不高，是土岡，是丘陵。山本來高，說它不高，以與下文民之訛言相接。

10.4 例四：

《思齊》：肆戎疾不殄，烈假不瑕。

孔述毛：故今大為疾害人之行者豈不止絶乎？言其止絶也。王之功業廣大豈不長遠乎？言其長遠也。

朱：故其大難雖不殄絶，而光大亦無玷缺。

孔以為兩並列問句，朱以為轉折複句。竊以為當是兩並列直陳句：所以大災重病不能絶止之，盛大的福祉不會離棄之。《文選·劉琨〈答盧諶〉》："武烈文昭。"張銑注："烈，盛也。"《禮記·曾子問》："不旅不假。"鄭讀"假"為"嘏"。嘏，福也。

11. 後　語

11.0 在比較和分析各注家語法分歧的時候，得到了一些深刻的印象。把這些印象寫出來，叫做後語。因為只是一些印象，不敢稱為小結。

11.1 第一個印象是，通過歧義鑒別，對語法歧義之所在有了一個切實的了解。有了這一了解，就能在此基礎上，取其較為優勝的說法，因而對文本的了解也就深入了，並可由此擇善而從。也可能對前人之注不盡滿意，於是在前人的基礎上，會逼着思維去産生新的語法分析和新的解釋。這就有了幾分創造的意思在内了。

11.2 具體的語法分析，必然要受到詩的整個篇章的制約。而詞義的確定和發現，有時甚至對於語法解析有着決定的意義。意義不同，往往會決定語言現象的格調和模式。

11.3 臨到語法分析的現場，往往有意想不到的格式和格調出現。千頭萬緒，應接不暇。分析者要臨亂不慌。要習常識變。所謂常，就是常規，就是名詞做主語、賓語，動詞通常做謂語，動詞加名詞，多半是動賓關係，形容詞可做謂語，常做定語，等等，要適應這一點，習慣這一點。與此同時，要看到變化，要善於識别它們，例如名詞動化，動詞、形容詞的名物化，動詞的使動、意動用法，名詞做狀語，補語不用介詞，形容詞帶賓語，賓動結構，等等。

常占百分之六七十,變占百分之二三十。問題多半出在不能識變之上。雖然只有百分之二三十,功夫就是要花在這上面。

11.4 古今漢語不同,古今漢語又有相同的地方,而且可能是基本方面。如果注家把古漢語解釋得繚繞曲折,理解起來如同理解外族語言,那可能是不對頭了。解釋過頭,是注家一病。古之人猶今之人,其語言一定是通達可讀的,即使是《尚書》和《詩經》裏面《雅》《頌》的語言也是如此。

李錦文《古漢語語法基礎》序①

學術界前輩為人作序，對於這書所討論的内容多有很深的造詣，往往乘機發揮一通與此書有關的宏論，不似目前某些序言專以溢美為事。我是一個平庸膚淺的人，對於學問包括古代漢語語法在内没什麼研究，而對前輩素多仰慕，所以要在此冒昧地説些不成熟的話。倘得不見笑於大方，是為大幸。

古漢語語法書，《馬氏文通》是一種寫法，楊樹達《高等國文法》是又一種寫法。可不可以説，《高等國文法》奠定了後來通行的古漢語語法書寫作的框架呢？我没有把握。現在常見的三大塊寫法，實詞、虚詞、句法特點，我也未能確切地説出究竟是從哪一本書開始的。能夠肯定的是，三大塊大致是以了解現代漢語語法（或語法現象）為前提的。凡古今一致的從略，不同於今的則從詳。這樣的安排，大家都能同意，至少我没有聽人説過反對意見。大局已定，作者們就在這三大塊裏做文章，這裏包括敍説的簡練、用語的斟酌、提法的修補、次序的調整、例子的精選，以及詳略的確定。如果作為教材配有文選的話，還要反復推敲與文選的配合、練習的安排。没有哪一本書、哪一個人能把這些工作全部做得盡善盡美。這裏面天地廣闊，大有作為。以為有了三大塊，古漢語語法書就没有什麼可寫的了，那是誤解。古漢語教材出了了一種又一種，古漢語語法書寫了一本又一本，仍然有人買，仍然有人讀，據此大致可以斷定，這些書是在逐步向盡善盡美方向接近。總的來説，是一本更比一本强。李錦文先生現在奉獻給讀者的這本書，是衆多的這類書中的新的一本，我們會以追求善美的心情來閱讀它，會以對於寫作艱苦的體諒來品評它。作者是一個普通教師，和我們一樣是個凡人，並没有超凡入聖的非非之想，只是在盡力做著自己力所能及的事。

話又説到另一方面。作為一門學問來説，我們不可以滿足于現有的格

①此文把《〈雅〉〈頌〉語法歧義》的主題概括為三大項，並提出了思考的方向。

局,總得有所嘗試,有所更新。我也曾就此做過一些思索和探討,迄今未能得出什麼成果。事情没有那麼容易,本在預料之中。一個普通人,用不多的功夫就能創新,那個"新"也太容易"創"了,也就不足為貴了。不過,我總算搜集到了若干有啟發意義的語例,或許至少不是徒勞無益的。

我們的例子是從《詩經》中找出來的:

假哉天命。(《文王》)

鄭箋:堅固哉,天為此命之。

陳奐《詩毛氏傳疏》:蓋言天命之于商孫子,亦堅固也。

"天命"這是個n(np)+v(vp)格式,鄭玄以為是主謂關係,而陳奐理解為天之命,偏正關係。n+v還可能是其他關係。

庶民弗信。(《節南山》)

毛傳:庶民之言不可信。

鄭箋:恩澤不信於民矣。

朱熹《詩集傳》:庶民已不信矣。

毛、朱的意思,"庶民"都是主語,區別在於:朱把它看成是施事主語,毛則視為被陳述的對象。鄭以為主語缺位,將"民"理解為"於民",作狀語。

三爵不知。(《賓之初筵》)

鄭箋:我於此醉者飲三爵之不知。

孔穎達《正義》述毛:我於此醉者三爵之時已自不識知。

朱熹:汝飲至三爵已昏然無所記矣。

陳奐:言凡禮三爵之後則不識德。

"三爵"與"不知"的關係,鄭以為動賓,孔、陳以為狀中,朱看做兩句,順承關係。

同樣是n+v,或是主謂(其中又有主語是施動者和被陳述兩類),或是定中,或是狀中,或是動賓,或是兩個謂語的連續。可能性有五六種之多,在具體語言環境中到底屬於那一種呢?以哪一種理解最為合適呢?一種格式如果窮盡一切可能,語法關係總計究竟有多少呢?所有這些關係何者為常,出現頻率最多?何者為變,僅是偶而一見呢?對於這些問題,恐怕誰都没有現成的答案。如果假以時日,逐項研究,不也能開拓出一片領域來嗎?

假如把這裏所説的類比於普通語法書所説的結構或短語的話,那麼,我們也可以討論類比於句子這一級的語言實例。先從簡單的開始。

執訊獲醜,薄言還歸。(《出車》)

鄭箋:執其可言問所獲之衆以歸者,當獻之也。

孔穎達《正義》:生執戎狄之囚可言問者及所獲之衆,以此而來,我薄言還歸於京師以獻之也。

朱熹《集傳》:訊,其魁首當訊問者也。醜,徒衆也。

陳奐《傳疏》:言執訊馘者衆。

我們把注意力放在"執訊獲醜"四個字上面。鄭、孔都看成動賓關係,但鄭的賓語只有一個,孔則有並列的兩個。朱是兩個動賓結構並列。陳以"執訊獲"為主語,"醜"為謂語,圖解如下:

鄭　箋:
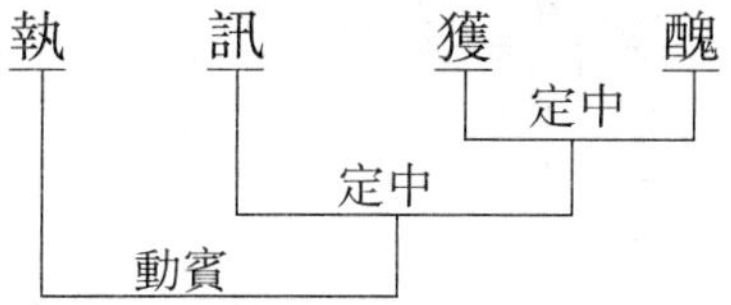

孔正義:
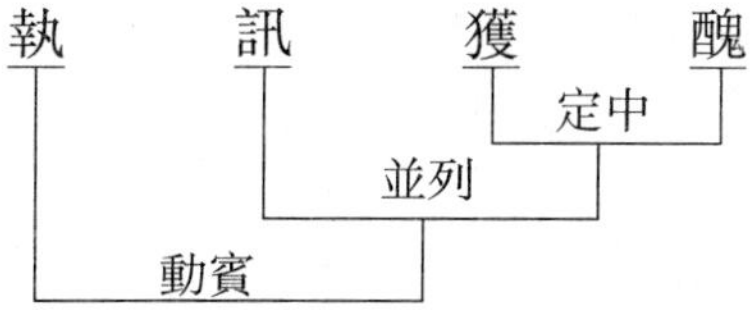

朱集傳:
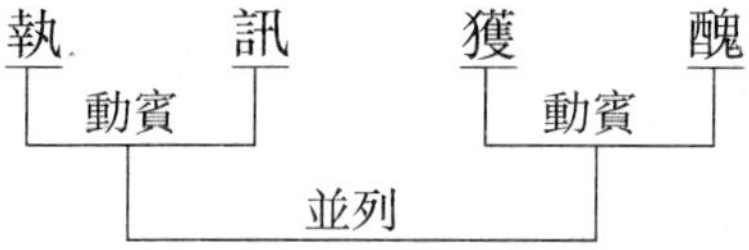

陳　疏:
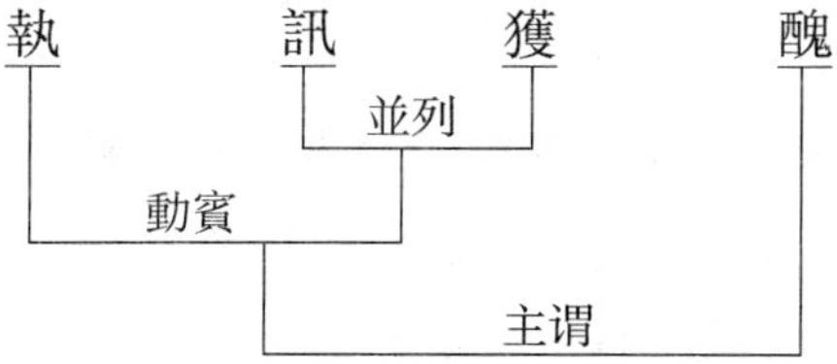

現在的解釋多與朱熹相同,而鄭、孔、陳也自有他的道理,至少可以看出理解的多樣性。下面的例子是另一情形:

王命卿士,南仲大祖,大師皇父。(《常武》)

鄭箋:宣王之命卿士為大將也,乃用其以南仲為大祖者,今大師皇父是也。

孔述毛：王今命卿士南仲者于三太祖之廟，使之為元帥親兵，又令為太師之公者皇父，使之監撫軍衆。

都認為是兩個單句，鄭作順承關係看，孔作並列關係看。“王命”之後接連五個名詞，其間關係，除“大師”與“皇父”同位兩家看法相同外，其餘均不相同。表列如下：

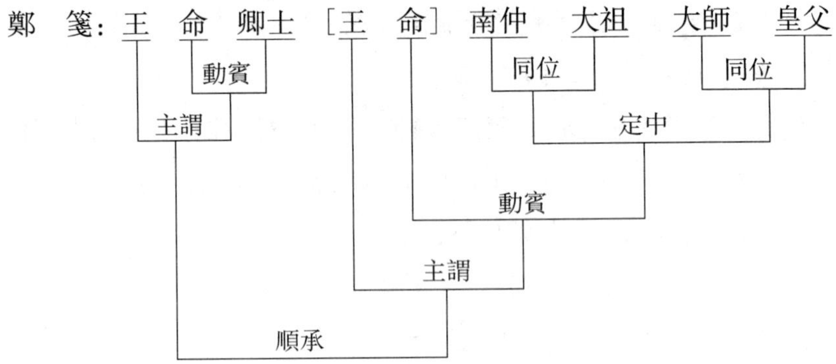

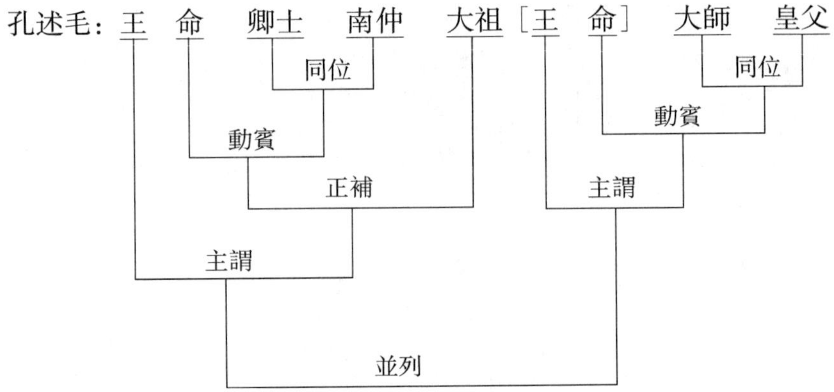

夙夜基命宥密。（《昊天有成命》）

鄭箋：早夜始信順天命，不敢解倦，行寬仁安静之政，以定天下。

叔向：夙夜，恭也。基，始也。命，信也。宥，寬也。密，寧也……恭、儉、信、寬，帥歸於寧。（見《國語·周語》）

朱熹：而其夙夜積德以承籍天命者，又宏深而静密。

鄭玄釋“基命”為“始信順天命”，狀中關係。宥、密兩詞都動化，解為行寬仁安静之政。叔向的理解，六字為五事，而以後一事安定為歸宿。但在語法分析上，仍當五事並列。朱釋“夙夜”為“夙夜積德”，時間名詞動化，釋“基”為“承籍”，“基命”是動賓關係。“宥密”並列形容詞短語作謂語。按叔向

的解説,五項並列,不必圖示。鄭、朱所理解的語法關係如下表:

鄭　箋:

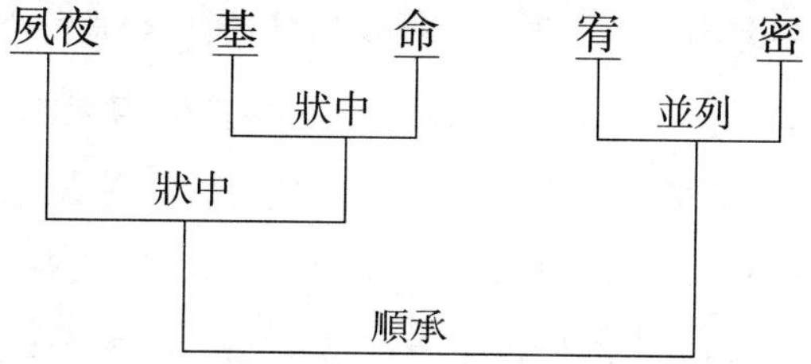

朱　傳:

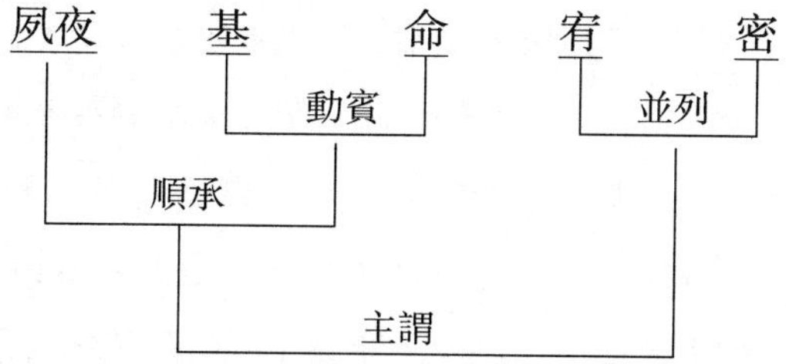

像前面説的n+v那一類的格式是有限的,如v1+v2,n1+n2,v+n,a+n,a+v等等。而類似於這裏三個例子所説的格式到底有多少,恐怕就無法窮盡。在這些無盡的格式中,能不能理出若干種有類型意義的格式?在這些理出來的格式中,可不可以弄清楚哪種語法關係的理解最適合於某一具體語境?這就更為複雜,工作更加艱巨,而它研究的領域也就更其廣闊了。

下面我們再找一個幾乎無人不談的項目來討論,這就是省略。我們想换個説法,叫做缺位。仍然從《詩經》的《雅》《頌》中舉例:

匪鶉匪鳶,翰飛戾天;匪鱣匪鮪,潛游於淵。(《四月》)

鄭箋:非鵰鳶能高飛,非鯉鮪能處淵,皆驚駭辟害爾。

朱熹:鶉鳶則能翰飛戾天,鱣鮪則能潛逃於淵,我非是四者,則亦無所逃矣。

鄭的意思:不是鳥能高飛,魚能深處水底,而是它們受了驚駭逃避禍害,無主句。照朱的看法,主語是"我"。

漆沮之從,天子之所。(《吉日》)

毛傳:從漆沮驅禽而至天子之所。

朱熹:視獸之所聚,麀鹿最多之處而從之,於漆沮之旁為盛,宜為天子田獵之所。

毛傳中"驅禽而至"為原文所無。"驅禽"以詩意加上,便於理解。"至"字詩行中未見,屬於缺位。朱不認為這裏缺了動詞。他的意思是:"從之於漆沮之旁,(漆沮之旁為)天子(田獵)之所。”判斷句照例不用判斷詞。

缺位的另一問題:缺是缺了,但不知所缺是什麽。例如:

(a)曾孫來止,(b)以其婦子,(c)饁彼南畝,(d)田畯至喜,(e)攘其左右,(f)嘗其旨否。(《甫田》,為便於稱説,分句前加上序號)

鄭箋:成王來止,謂出觀農事也。親與後、世子行,使知稼嗇之艱難也。為農人之在南田者,設饋以勸之。司嗇至,則又加之以酒食,饟其左右從行者。成王親為嘗其饋之美否,示親之也。

孔穎達申毛:曾孫成王亦自來止,親循畎畝以勸稼穡也。君既勸之於上,民又勤之于下,農夫務事,遂以其婦之與子並來,饋饁于彼南畝之中,家盡歡樂矣。其田峻之官典田大夫既至,見其勤勞則喜樂其事矣,即教農夫以閒暇之時攘除田之左右,辟其草萊,嘗其氣旨土地和美與否也。

所引原詩六句,除a、d兩句有主語,其餘四句主語缺位。據鄭,b、c、f三句主語是“成王”,e句是“田畯”,即司嗇。據孔,四句主語都是“農夫”。如果要規規矩矩補齊,e、f句前還要加“田畯教”,整個句子成為兼語式,不但缺主語,缺第一個謂語動詞,並缺兼語。

下面是真正缺兼語的例:

由醉之言,俾出童羖。(《賓之初筵》)。

鄭箋:女從行醉者之言,使女出無角之羖羊。

朱熹:醉而妄言,則將罰汝使出童羖矣。

陳奐:今醉之言,不遵禮法,或有從而謂之。彼醉者推其類,必使羖羊物變而無角,謂出此童羖以止飲酒。

俾誰出童羖,原文不載。鄭以為“女”,行醉人之言者。朱以為醉者。陳以為止醉者之或人。

思輯用光。(《公劉》)

鄭箋:思在和輯其人民,用光大其道。

孔穎達述毛:思使民人相與輯睦,不欲戰鬥以殺傷之,用此以光顯己德于其時。

朱熹:思以輯和其人民而光顯其國家。

“光”的賓語,鄭以為是“其道”,孔以為是“己德”,朱以為是“其國家”。

缺位不缺位，什麽情况下算缺，什麽情况下不算，如果要爬梳出一個條理來，就非下一番研究功夫不可。肯定缺了位，所缺的是什麽，看從哪些地方、用什麽方法來推斷，才能確切地補出。這裏有没有規律可言，有些什麽樣的規律，等等，都值得用氣力去搜討。通常所説的承前省、蒙後省、泛指省之類，拿到上面的例子裏去套，就顯得很不夠用，恐怕只能算是對這個問題的初步認識。

如上所説，"結構""句子""缺位"，也有了三大塊，姑且叫它做新三塊。新三塊像不像是語法，我們滿有理由懷疑。如果説是，那也不是語法規律的説明，而是憑藉結構規律對難懂的語言進行釋讀，或許可以叫做釋讀語法。這個術語能不能成立，我不敢説是充滿信心。如果真有人按照本文所説的去研究，我也不能保證他一定成功。這裏只大略地記録下一個想要對語法學作些研究的人曾經有過的思考的痕跡，如此而已。真心想在古漢語語法方面打下可靠基礎的求知者，還是應當回到原來三大塊那裏去，還是應當先讀李錦文先生所寫的《古漢語語法基礎》這一類的書。

1989年5月12日

佛典中疑難詞語考釋例説①

這裏説疑難詞語,未包括宗教教義方面的名詞術語,只是指譯經中構成語言障礙的那些一般性詞語。這樣的詞語頗多,如果不弄懂,就難以透徹了解佛經的内容。詮釋這一類的詞語,對於漢語史研究,對於辭書編纂,也是一項基本工作。我從上個世紀九十年代開始,致力於佛典中疑難詞語的考釋,現將基本做法舉例縷述於下。

一、利用古注

例如【秏】:

論未志端,焉能識世之事乎? 視不睹秏,孰能見靈魂之變化乎?(吴康僧會《六度集經》T3n152p51b21)②

"秏"當音毛。意思與"無"同。《漢書·高惠高后文功臣表》:"故逮文景四五世間,流民既歸,戶口亦息,列侯大者至三四萬戶,小國自倍,富厚如之。子孫驕逸,亡其先祖之艱難,多陷法禁,隕命亡國,或亡子孫,訖於孝武之年,靡有孑遺,秏矣。"孟康注"秏"字:"秏音毛,無有毛米在者也。"師古曰:"孟音是也,而解非也。孑然,獨立貌,言無有獨存者,至於秏盡也。今語猶謂'無'為'秏',音毛。"[1][p528]

古書中不乏在"無"這個意義上使用"秏"的適例。後世還時有所見,例如:"爭於奢侈,室廬、輿服僭於上,無限度。物盛而衰,固其變也。自是之後,孝武内窮侈靡,外攘夷狄,天下蕭然,財力秏矣!"[2][p120a] 現代漢語方言廣東話説"無"為"冇",上聲[3][p224];長沙話説"無"為"冐",去聲[4] [p141],唯福州話表示"無"這個意思的詞仍念毛,讀陽平,研究者以為是"無"字的俗寫[5] [p128]。這些都是古謂"無"為"秏"而音毛的遺留。

①本文原載《湖南師大學報》2003年第4期,有修訂。

②本文佛經用大正新修大藏經。T表示卷数,n表示大正藏編號,p表示頁碼,abc分别表示上中下三欄,abc後的數字表示行數。

這裏訓“秏”為“無”，文理豁然貫通。此處議論説，人的原始，“自本無生”。又説，“止欲空心”，“還神本無”。接下來就説，你如果看不到“無”的存在，那就見不到靈魂的變化。順理成章。

二、翻檢辭書

例如【綩綖】：

(1)為於國中央施高座，隨次轉下施座，中有黃金座、白銀座、琉璃座、水晶座。座皆有雜色文繡綩綖，座間皆雜種香花，座上皆施雜寶交露之蓋，中外周匝皆燒名香。(後漢《道行般若經》T8n224p472a3)

(2)斯果之甘，猶苑中果，斯地柔軟，如王邊綩綖矣。(吴《六度集經》T3n152p10b27)

(3)黎庶之女，苟以華色，處在深宫，臥即綩綖，蓋以寶帳，衣天下之名服，食天下之貢獻，故女貴也。(吴《六度集經》T3n152p10c20)

“綩綖”，現今出版的大型辭書未收，而慧琳《一切經音義》出“綩綖”為詞條者數處，釋“綩”為夾衣，釋“綖”為冠上覆。非是。唯11卷18頁右，釋“綩綖”云：“於遠反，下以旃反。假借字也。若取字義，即乖經意。案：綩綖，地褥也。”[6][p435]此處在注音之後，批評了逐字為解之誤。然後直釋為“地褥”。“地褥”約當於現在的地毯。第2例中的“綩綖”正是此物。《道行般若經》句中之“綩綖”當是坐褥，第3例的“綩綖”則為臥褥。

從上例我們已經知道，對字書中所給出的釋義，應當有所分析。特別是對近人所著辭典，更不可盲從。例如“本二”，按丁福寶《佛學大辭典》，是“比丘在家時之妻也”。[7][p843]這話只説對了一半，實際上，出家前已婚，出家後男女雙方互為“本二”。參看拙著《佛經續釋詞》199頁“本二”條。

儘管如此，查檢辭書字典，仍是一項不可或缺的辦法。

三、與中土文獻對勘

例如【引負】：

爾時梵志，心懷惶怖，流汗拭垢，無所歸趣，即自引負，寄顔無所，便於佛前，心懷敬伏，求索出家。”(吴《撰集百緣經》T4n200p256a18)

中土文獻也有用“引負”的例。《三國志·蜀志》卷44：“……濟失誓不至，故(姜)維為魏大將鄧艾所破於段谷，星散流離，死者甚眾。眾庶由是怨讟，而隴已西亦騷動不寧,維謝過引負,求自貶削,為後將軍,行大將軍事。”[8][p1065]“引負”接於“謝過”之後,同時並説,知“引負”與“引咎”同意,意思是承擔責任,承認自己有過錯。這一解釋,施之於佛經,同樣文從字順。

對勘有時可能仍然得不到滿意的結果。

例如【雅步】:

不肯學問,咨受經法,唯以愚伴迷惑之衆,以為徒類,嗜酒博戲,高抗華飾,放恣情欲,嘘天雅步,不以孝順,修德經心,當用立身,身犯衆惡。(西晉《生經》T3n154p97a23)

“嘘天”意即向天吹氣。“嘘天雅步”似是傲氣沖天的樣子。但如此模樣,為何用上“雅”步二字?經查,西晉《四不可得經》云:“貪嫉邪見,不孝父母,不順師友,輕易尊長,反逆無道,希望豪富,謂可永存,譏謗聖道,以邪無雙,嘘天推步,慕於世榮,不識天地表裏所由,不别四大因緣合成,猶如幻化。”(T17n770p706c21)“雅步”作“推步”。

到底是“雅步”還是“推步”?或者二者都不是?

陸雲《大安二年夏四月大將軍出祖五羊二公於城南堂皇被命作此詩》(六章其三):“華旗飛藻,鳴鸞振路。騑騑駟牡,嘘天載步。”[9][p699]

佛典中的“雅步”“推步”,此作“載步”。《詩經》有“載馳載驅”的説法,陸雲本意是説駿馬昂首噴氣,馳驅奔騰。限於韻腳,不説“載馳”,也不説“載驅”,而説“載步”。至於《生經》中為什麽要説成“雅步”,還是不十分明白。有可能是譯經者不太懂何以會用“載步”的道理,改為“雅步”。但仍覺不妥,又改而為“推步”。“雅步”“推步”均未得其精要。不過,他要表達的意思,我們還是能夠懂的。對勘在這裏雖然没有讓問題涣然冰釋,但也有助於理解經文的要義。

四、從佛經本身求解

例如【鬼村】:

佛經中出現“鬼村”字樣的地方甚多,如東晉《摩訶僧祇律》:

汝等亦可少做事業,舍諸緣務,從今日不聽自手斫斷種子,傷破鬼村。(T22n1425p339a15)

此詞可於佛經本身中求解。上引經文,接下來就作解釋説:“鬼村者,樹木草;壞者,斫伐毀傷。斫伐毀傷者,波夜提。”為什麼樹木草叫做“鬼村”呢?佛經中也有解釋,姚秦《大莊嚴論經》卷三説:“佛説諸草木,悉是鬼神村。我等不敢違,是以不能絶。”(T4n201p269c3)據經意,樹木草等,是鬼神聚居之處,出家人不得有意傷害它們。

所謂從佛經本身求解,有時較為複雜。

例如【經行】:

(1)有一美人,經行山中,從崎至崎,顧見石間土室中有一比丘,長鬚髮爪,狀類如鬼。(吴《義足經》T4n198p176a3)

(2)不久睡眠,尋起經行,而修行道。(苻秦《僧伽羅刹所集經》T4n194p130b25)

(3)迦葉于中食後林間經行,心自念言:年少沙門今日受食,還歸樹下,我當往彼而看視。(劉宋《過去現在因果經》T3n189p684b14)

(4)經行之人獲五功德。云何為五:一者堪任遠行;二者多力;三者所噉食自然消化;四者無病;五者經行之人速得禪定。(姚秦《出曜經》T4n212p755a8)

從(1)我們知道“經行”的漢字原義在佛典中仍然存在。“經行”就是行走,句中所説美人是隨王來到山間遊覽的。我們從(2)知道“經行”可以是指一種修行方法。從(3)明瞭“經行”是道俗都採用的。經中所説迦葉那時還没有加入佛門。從(4)懂得“經行”的好處。由以上四句再加上别的這裏未引用的語句,就能對“經行”有個全面的瞭解。除了别的意義外,“經行”指一種修煉方法,在曠野露地,主要是在山林樹間經常性地行走,以加强體力,提高修行效果。

五、從衆多的使用同一詞語的語句中歸納

例如【敢】:

“敢”有“凡”義,“凡是”的“凡”。這是從佛經語料衆多實例中歸納得出的結論。下面是這些例證中的一部分:

(1)須菩提知舍利弗心所念,便語舍利弗言:“敢佛弟子所説法、所成法,皆持佛威神。”(後漢《道行般若經》T8n224p425c14)

“敢佛弟子所説法”,就是“凡”佛弟子所説法,後文還有“皆”與之配合使用。

但也有單獨用的，下一例就是。

(2)時諸臣吏各共議言："今此國王，敢來乞者，尋即施與，不能逆人。"(西晉《生經》T3n154p91c12)

(3)又彼人民敢目所睹，但見好喜，可意所敬，一切衆民，悉得念佛三昧之定。(西晉《持心梵天所問經》T15n585p20c4)

"敢目所睹"，凡眼睛能看到的事物。

(4)不當毀念，求於無想。所以者何？敢可所念，悉為無想。(西晉《佛說魔逆經》T15n589p115a28)

"敢可所念"，凡所念也。"敢"單音；"敢可"，雙音。

(5)工言巧辭，娛樂音聲，樗蒲六博，敢可天下，目所睹者，亦復曉了。(西晉《度世品經》T10n292p636a24)

"敢可天下，目所睹者，亦複曉了"，凡天下眼睛所看到的，也都明白。

歸納義項是第一步，第二步更要尋索其所以有此義的理據。朱慶之教授寫有一篇《"敢"有"凡"義及其原因》的論文。他對"敢"有"凡"義的原因作了如下的表述：一方面，在"敢有犯者，罪皆直死"一類的組合中，"敢"無疑會受到"皆"的詞義"沾染"；另一方面，"敢有犯者，罪皆直死"等還會受到像"凡有貌像聲色者，皆物也"一類組合的"類比"的影響。同時，"敢有"這種特殊的組合又有可能另外受到同屬一個關聯場的"所有"的類比的影響。這樣，"敢"有"凡"義的語句便出現了。[10][p46]

在論證"敢"有"凡"義時，我只引用了支讖和竺法護，朱慶之教授還引用了支謙、竺律炎、無羅叉的譯經作為證據。我對這些譯者略微作了一下考察，便產生了一點猜測。從支讖東漢桓帝末年開始譯經到晉懷帝永嘉二年(308年)竺法護譯事大致終結，其間約140年。此後偶有用例，大抵是出於仿照前人或前譯。就是說，大致說來，只有這140年間，有五位譯者有時用"敢"表"凡"義。譯師支讖是月氏人。支謙祖父是東漢靈帝時入中國籍的月氏僑民。竺律炎雖是印度人，但朱慶之教授從中取例的《摩登伽經》是他與支謙合譯的，打上了月氏後裔支謙的印記。再一個譯師，就是通曉36國語言文字的竺法護，別看他姓"竺"，他本是世代居於敦煌的月氏僑民，由於他8歲時跟隨竺高座出家，才改姓"竺"。我很懷疑以"敢"為"凡"或許遺留有月氏語的痕跡。五位之中只有無羅叉是于闐人，也沒有一個熟悉月氏語的合譯者，他或許也曾深受月氏語的影響吧。

歸納之後,如果再加上與中土文獻比勘,那結論自然更為可靠。

例如【委厄】:

馳趣樹下,了無所見,窮困斯澤,饑渴委厄。樹神人現,問梵志曰:"道士那來?今若行耶?"(後漢《中本起經》T4n196p157a4)

道遇惡賊,悉見劫奪,皆失財業,貧窮委厄,無以自活,才得濟命,盡力奔走,今歸尊者,給侍左右。(西晉《生經》T3n154p726b5)

一處"委厄"與"饑渴"連用,一處與"貧窮"連用,讀者已能仿佛得其大意。再看《分别功德論》:"問二神曰:'今者委厄,誰能為救?'二神答曰:'唯有世尊善能救厄。'曰:'今為所在?'答曰:'近在祇洹。'"(失譯,T25n1507p41a11—12)

前文說"委厄",後文單說"厄",知"委厄"為"厄"的雙音表達形式。倘用後世的話來說,當是"困厄"。

《宋書·列傳第四十四·鄧琬》:"顧命重臣,悉皆誅戮,驅逼王公,幽辱太后,不逞之徒,共成其釁。京師諸王,並見囚逼,委厄虎口,思奮莫因。身義兼家國,豈可坐視橫流?今便欲舉九江之眾,馳檄近遠,以謀王室,於諸君何如?"[11][p1057]

"委厄"用如動詞,猶言"遭厄"。

《晉書·列傳第三十二·劉琨》:"及其在者,鬻妻賣子,生相捐棄,死亡委危,白骨橫野,哀呼之聲,感傷和氣。"[12][p1680]

點校者於"死亡委危"出校記云:"宋本、毛本、殿本及《御覽》三二〇引、《册府》四二九'危'作'厄'。然'委危''委厄',詞皆晦澀。"[12][p1701]以佛經及《宋書》觀之,則"委厄"是。

六、以經證經

例如【杌】:

佛經有前人譯了,後人又譯的情形。類似的故事或說法,有在此經中說過,彼經中又再說的。這就為以此證彼或以彼證此提供了條件,看下面的例子:

時他國有犯罪者,國政杌其手足,截其鼻耳,敗舡流之。(吴《六度集

經》T3n152p6c14)

杌,“樹無枝”(《集韻·没韻》)[13][p1416],義亦通“蘖”,“刊餘木”。(《集韻·迄韻》)[13][p1400]。經中不能以此二義為解。《六度集經》中這個故事説,一位王太子辭讓王位而遁隱山林。在逃遁中救了一個被斷了手足的罪人。而太子婦與此罪人私通,謀害太子。太子得有神佑,未被害死,獲救後,成了他國國王。太子婦背着無手足人到此國求乞,為王所知,於是她受到了報應。在元魏吉迦夜共曇曜譯的《雜寶藏經》中有一個類似的故事。在敍述太子夫婦第一次見到無手足人時,《雜寶藏經》這樣措辭:“是時王子見一被刖無手足人。”(T4n203p458c14)《六度集經》中的“杌”,《雜寶藏經》作“刖”。以此知《六度集經》中的“杌”借作“刖”用。“杌”“刖”同聲,韻亦相近。“國政杌其手足”,宋、元、明三本,“杌”均作“刖”。

例如【無諍】:

這是同經異譯的例子。後漢《道行般若經》:“法中終不共諍。”(T8n224p425c16)其中“不共諍”,吴《大明度經》作“無諍”,前秦《摩訶般若鈔經》作“不諍”,姚秦《小品摩訶般若波羅蜜》作“不相違背”,宋《佛母出生三法藏般若波羅蜜多經》作“無所違背”。統觀五者,知“不共諍”或“無諍”或“不諍”,與字面義無爭鬥、不爭吵不是一回事,當從後譯釋為“不相違背”或“無所違背”。用現時的話來説,就是没有矛盾,不相衝突。①

又如【後後】:

玄奘譯《解深密經》:“若緣無量如來法教,無量法句文字,無量後後慧所照了,為一團等作意思惟,非緣乃至所受所思,當知是名緣無量總法奢摩他毗鉢舍那。”(T16n699a19—22)其中“後後”不可解。元魏求那跋陀羅譯《深密解脱經》此句作:“菩薩諸佛如來説無量法、無量名字、無量章句、無量上上智慧,樂説辯才,作一段思惟,是名無量差别觀奢摩他毗婆舍那法。(T16n675p675c14—16)由是知“後後”的意思是“上上”。

《解深密經》:“五者為令法身得成滿故,攝受後後轉勝妙因。”(T16n699a28—29)《深密解脱經》此句作:“為得成就法身,證上上勝勝因。”(T16n675p675c22—23)這再次證實了“後後”意即“上上”。又可證“轉”作副詞用,表示程度之甚。《解深密經》的“轉勝”,《深密解脱經》作“勝勝”,勝而又

①又,“無諍”作為佛學術語,意思是驅除煩惱之智,與這裏所釋不同。

勝,勝上加勝。

七、揣摩文例。

例如【二一】:

(1)如優婆夷為多比丘二一,為多比丘尼二一,為多式叉摩尼二一,為多沙彌二一,為多沙彌尼二一,為多出家二一,為多出家尼二一,若為一出家尼故,作房舍、溫堂、涼堂、合霤堂、重閣、一重舍、平覆舍,遣使詣比丘所白言:"大德來,我為一出家尼故,作房舍、溫堂、涼堂、合霤堂、重閣、一重舍、平覆舍,大德來,作入舍供養。"有如是事,聽去七夜。(姚秦《十誦律》T23n1435p174a21-28)

像這樣一口氣説七個"二一",差不多的格式,在《十誦律》第24卷中共有6處。就事論事,實在找不出"二一"的確切含義,得想别的辦法。經過揣摩,我們發現,佛經在依次列舉數目字的時候,往往從多到少,而且可以不再舉出數位後面的單位或成分。讀者理解,須得聯繫前文思考。如:

(2)佛言:"從今後受具足已應誦二部毗尼,若不能誦二部者應誦一部。若複不能者,應誦五線經,若複不能者,應誦四三二一。"(東晋《摩訶僧祇律》T22n1425p448a16)

如果五線經都不能誦,那就誦四線、三線、二線、一線經吧。

(3)時跋提釋子往阿那律所語言:"我母已聽我出家,我等今可且複自停,更在家七年,五欲極意共相娛樂,然後出家。"阿那律報言:"七年極遠,人命無常。"跋提複言:"若不能七年者,寧可六年,若五四三二一年,在家五欲自娛耶?"阿那律報言:"一年極遠,我不堪忍,人命無常。"跋提言:"若不堪一年,可七月中五欲自娛耶?"阿那律報言,七月極遠,我不堪忍,人命無常。"跋提言:"若不堪七月,可六五四三二一月共相娛樂耶?"阿那律言:"一月極遠,我不堪忍,人命無常。"(姚秦《四分律》T22n1425p91a7-17)

跋提的意思是,如果七年不行,那麽,六年怎麽樣,或者五年、四年、三年、兩年,那怕是一年也好,可以嗎?如果七個月都不行,那就六個月、五個月、四個月、三個月、兩個月、一個月,如何?

(4)昔阿育王弟善容出城遊獵,入深山中,見諸梵志裸形暴露,以求神仙,勞神苦體,以獲梵福。服食樹葉,其精進意勇猛者,日服一葉,劣軟弱日服七葉,或有服六五四三二一。食七葉者服七合水,六者六合,五合三二一,亦復如是。若不得水,七過吸風,六者六吸,五者五吸,四三二一,亦複如是。(姚秦《出曜經》T4n212p641a10-17)

"或有服六五四三二一",是說有服六葉的,有服五葉的,有服四葉的,有服三葉的,有服二葉的,有服一葉的。"五合三二一,亦復如是",是說食五葉者服五合水,食四葉者服四合水,食三葉者服三合水,食二葉者服二合水,食一葉者服一合水。"四三二一,亦複如是",是説四者四吸,三者三吸,二者二吸,一者一吸。

(5)若比丘知是物向比丘僧,自求向己,尼薩耆波夜提。若向三二一,突吉羅,若比尼薩耆波夜提。(姚秦《十誦律》T23n1435p59c14)

"若向三二一,突吉羅",意思是如果知道這東西本來是送比丘僧團的,卻求得向别的三人,或者兩人,或者一人,得突吉羅罪。

(6)或得典領作四域王,若三二一,若作帝釋,乃至得作他化自在王。(北涼《大方等大集經》卷22,T13n397p162a19)

"若三二一",意思是或者作三域王,或者作二域王,或者作一域王。

這樣一比照,我們可以推知,《十誦律》所説的"多比丘二一",就是多個比丘,兩個比丘,一個比丘之意。"多比丘尼二一",就是多個比丘尼,兩個比丘尼,一個比丘尼之意。餘以此類推。此處實在是一種不定數的表達法。這樣的推論,由於有了劉宋《薩婆多部毗尼摩得勒伽》中下面的話而更得到證實:

(7)問:頗有犯事僧作羯磨,即以此事眾多比丘若二若一得作羯磨耶?

答:有。云何比丘犯罪僧作羯磨,若比丘尼僧與比丘作不禮拜羯磨,不共語羯磨,不供養羯磨。眾多二一比丘亦如是。(T23n1441p566a13-16)

前面問話説"眾多比丘若二若一",答話説"眾多二一比丘",意思都是"多個比丘或兩個比丘,或一個比丘",所指完全相同。

八、比照非漢文佛典

例如【丹枕】：

爾時，長者各賜諸子等一大車。其車高廣，眾寶莊校，周匝欄楯，四面懸鈴。又于其上，張設幰蓋，亦以珍奇雜寶而嚴飾之，寶繩絞絡，垂諸華纓，重敷綩綖，安置丹枕。(姚秦《妙法蓮華經》T9n262p12c21)

這裏說車上的裝飾，最後講到“丹枕”，令人不解，為什麼突然會講到臥具。辛島靜志教授的《妙法蓮華經詞典》告訴我們，在Kern Najio 校刊本(75頁第8行)中，相對應的梵文詞是“lŏhitopadhāna”，意思是紅坐墊。[14][p58]“丹枕”這個難題由此而得到解決。

又例如【發大莊嚴】：

這一短語曾經許多人用力，試圖作一合理解釋，終難如人意。武漢《語言研究》發的一篇文章，通過梵漢對勘，作出了全新的解釋，讀者不能不考慮這一解釋的正確性。

“發大莊嚴”意思是：發宏大的願心，度脫無數的眾生，已經度脫了，卻又沒有眾生得到滅度。有如是的心願，有如是的認識，就叫披上了大鎧甲，或者叫做披大功德鎧，披宏誓鎧。有了這種武裝，便可以勇猛精進，發憤而度無量眾生，可以不因此而受到任何傷害。這種情形，鳩摩羅什謂之“發大莊嚴”，梵文原本是 saṃnāha-saṃnaddhaḥ / mahā-saṃnāha-saṃnaddhaḥ，英文叫做armed with the great armour 。[15][p98]

當然，我們知道，漢文佛典有些時代較早，還在許多非漢文佛典之前。又因漢文佛典保存較為完整，其價值非他種文字的佛典所可比並。當我們對他種文字的佛典還是一知半解的時候，還沒有透徹瞭解和完全掌握的時候，便貿然用來議論漢文佛典之是非和漢語語詞的源頭，尤當十分謹慎。辛島教授著有《漢文佛典的語言研究(二)》一文，論文明確地指出：“在漢語裏可以解決的問題應該在漢語裏解決，不必提到梵文材料，把問題弄複雜。”[16][p51]我很贊成他的這些話。

參考文獻

[1]班固. 漢書[M]. 北京：中華書局，1962.
[2]司馬光. 資治通鑒[M]. 上海：上海古籍出版社，1987.

[3]白宛如.廣州方言詞典[K].南京:江蘇教育出版社,1998.

[4]鮑厚星等.長沙方言詞典[K].南京:江蘇教育出版社,1993.(該書1998年第2版表述略有不同,此所不從。)

[5]北京大學中國語言文學系語言學教研室.漢語方音字彙(第二版)[K].北京:语文出版社,1989.

[6]慧琳,希麟.正續一切經音義[K].上海:上海古籍出版社,1986.

[7]丁福寶.佛學大辭典[K].上海:上海書店,1991.

[8]陳壽.三國志[M].北京:中華書局,1982.

[9]逯欽立.先秦漢魏晉南北朝詩上册[G].北京:中華書局,1983.

[10]朱慶之."敢"有"凡"義及其原因[J].古漢語研究,1989(2).

[11]沈約.宋書[M].北京:中華書局,1974.

[12]房玄齡.晉書[M].北京:中華書局,1974.

[13]丁度.集韻[K].北京:中國書店,1983.

[14]辛島靜志.妙法蓮華經詞典[K].東京:創價大學國際佛教學高等研究所,2001.

[15]張幼軍."莊嚴"一詞梵漢對勘[J].語言研究,2006(1).

[16]日本禪籍俗語言研究會.俗語言研究[J].1998,5.京都:日本花園大學禪文化研究所,1998.

《敦煌俗文學語彙溯源》序①

研究古漢語詞彙,我以為有三個熱點。或者我的説法不準確,不能叫三個熱點,而只是我接觸得較多、較為注意的三個方面:一是理論探討,二是新詞新義的確認,三是一組組的常用同義詞、類義詞使用時限研究。

理論建樹方面,我們幾代人都在辛勤工作,付出了很可寶貴的努力。行家都在説要理論啊,沒有理論指導不行啊! 可是,除了介紹了一些西方詞彙學理論並嘗試運用於漢語詞彙實際之外,成系統的中國自己的東西尚不多見。要説沒有進步,也不合於事實。但一個高水準的理論出來,除了努力,還要時間,讓我們翹首以待吧。在第二個領域裏,應當説是成果多多。我揀權威的説。一個是張相先生的《詩詞曲語辭匯釋》,一個是蔣禮鴻先生的《敦煌變文字義通釋》。前者用例釋的方法(不是用考據的方法),主要在唐宋以下的詩詞曲這個範圍内(不是在先秦兩漢的典籍範圍内),揭示出了大量的新詞新義,這無疑一項開創性的工作。在張先生出書的同時,我的老師朱居易先生作《元劇俗語方言例釋》,其成就與張先生相類。蔣禮鴻先生寫的書,以敦煌變文這個新領域為研究範圍,但不是例釋,而是通釋,上貫下連,使得這項成果具有了史的價值,因而就有了更重大的意義。我近十年來,在佛經詞語研究上做些事情,始終以這幾位先生為榜樣,"高山仰止,景行行止"。終以才疏學淺,東施效顰,常見笑於大方之家。但也算給人以真面目,較之貨色不多而又遮遮掩掩者,似乎略勝。阿Q精神囉!

還有第三個方面,時限研究。這屬於史的範疇。但從已見的成果看,其中還有不少詞義方面的真知灼見。工作的難度,或許不亞于理論建樹。但又實在得多,可資憑信的東西也多得多。在經過好幾位知名學者的宣導之後,已有可觀的成果面世,相信會有累累碩果接踵而至。陳秀蘭博士的《敦煌俗文學語彙溯源》,大體上屬於這一熱點的範圍,其出發點和預期目的都

①原載陳秀蘭《敦煌俗文學語彙溯源》,岳麓書社2001年版。收入本書時有修訂。

是詞義演變的歷史。只是它不以常用詞為研究內容,而以近代"出土"的敦煌俗文學語詞為對象,包括常用詞和非常用詞。這裏也不乏詞義闡釋,尤其值得注意的,陳博士在書中同樣看重理論概括。如果承認我上面所説三點,那麼,陳博士這部書是以第三點為主,三者兼而有之。這種屬於熱點的著作,能夠得到讀者的重視,是可以預期的。

陳博士的這項研究的意義,還在於强調佛經詞語對於研究詞彙的重要性。不少學者都説過這一點了,陳博士則用實際工作來作説明,説明這樣做會富有成效,相當一批詞語,能夠從佛經中找到源頭。説得好固然重要,做得好尤其重要。我也認為,如果把出現在佛典中的某些詞語考慮進去,有些説法就會更加全面。例如在談到"疾、速、迅/快、駛"這一組詞時,發表在《中國語文》上的文章認為:"駛"常用作定語和謂語,"'駛'更多地用於'風、雨、雪'一類自然現象","'駛'多見於詩賦等典雅文學作品中"。我們在佛典中就看到了許多不利於這些結論的用例。文章在論及"駛"有"快"的意義時,舉了14個例子,我們也來舉14個。

(1) 如河流駛疾,往而没大海。人命亦如是,逝者不復還。(東漢曇果共康孟詳《中本起經》T4n196p160c6)

"河流駛疾",理解為河中水流迅疾,"駛疾"是謂語。理解為河水流得快,"迅疾"是補語。

(2) 佛時盛渴,告阿難曰:"爾取水,吾欲飲之。"曰:"屬有五百乘車過,其水盛濁,不可飲。"又重敕曰:"吾渴尤甚,爾駛取水來。"至再三。(吴康僧會《六度集經》T3n152p42c2)

"爾駛取水來",你快取水來,"駛"是狀語。

(3) 學者亦如是。隨善知識,則日精進,精進者,得道駛。隨惡知識,則日懈怠,懈怠者,是為長没也。(西晉竺法護《生經》T3n154p108a26)

"得道駛",得道快,"駛"是補語。

(4) 菩薩即曰:"是則世法,而有此難,一切衆生皆有斯患。人命速駛,猶山水流,宿夜逝疾,難可再還。老亦然矣,不亦苦哉!(西晉竺法護《佛説普曜經》T3n186p503a5)

"速駛",形容詞動化,過得快。

(5) 爾時偷蘭難陀比丘尼語外道尼言:“汝當補治……”彼答言:“今是雨時,不可得作。須雨時過當作。”比丘尼言:“今當駛作,不得待後。”彼言:“我不能作。”比丘尼瞋言:“短壽,噉酒糟驢,汝敢不作?”(東晉佛陀跋陀羅共法顯《摩訶僧祇律》T22n1425p517c17)

“駛”作狀語。

(6) 今此山水甚深極廣。長流駛疾。多有所漂。其中無船。亦無橋梁而可度者。我於彼岸有事欲度。當以何方便令我安隱至彼岸耶。(東晉瞿曇僧伽提婆《中阿含經》T1n26p779c11)

“駛、疾”同義連用作補語。

(7) 復見身内,一切風起,遍滿身内,從毛孔出,漸漸廣大,駛速飄疾,遍滿三界,化為金雲,入火光果中。(姚秦鳩摩羅什《禪密要法經》T15n613p266c23)

“駛速飄疾”,“飄”是動詞謂語,前有“駛、速”連用作狀語,後有“疾”作補語。

(8) 是梵志言:“雖貴價我已與貿。”諸梵志復言:“汝駛往取是翅彌樓染欽婆羅來! 莫令我等立木榜治汝。”是梵志即時怖畏。(姚秦弗若多羅共羅什《十誦律》T23n1435p52b19)

“駛往”,快去。“駛”,狀語。

(9) 諸弟子中有大憂愁者,有舉手哭者,有躄地者,皆言:“佛取涅槃,一何駛哉!”(姚秦弗若多羅共羅什《十誦律》T23n1435p445c23)

諸弟子所說,“佛取涅槃”,主謂詞組作主語,“駛”作謂語。

(10) 有比丘在佛後,刺刺脚不能行。諸居士見,語言:“大德,佛去已遠,何不駛行?”答言:“刺刺我脚不能行。”(劉宋佛陀什共竺道生《五分律》T22n1421p147a10)

“何不駛行”,為什麼不快走?

(11) 比丘經行時,有上座在前者,當白:“不得摇身行,不得大駛駛,不得大低頭,縮攝諸根,心不外緣。當正直行,行不能直者,安繩。”(劉宋僧伽跋摩《薩婆多部毗尼摩得勒伽》T23n1441p604b18)

“駛駛”還是“駛”,“不得大駛駛”,不要走得太快了。“駛駛”,謂語。

(12) 如牧牛人數牛。云何數牛? 黠了牧牛人,手執杖門柱上坐,驅

牛出時,打牛駃出,以完而數,一二三四五,如是至十。(蕭齊僧伽跋陀羅《善見律毗婆沙》;T24n1462p747c21)

“駃”為“駛”字異體,“駃出”,疾出。

(13)若奴安徐去,比丘語言:“汝如是寬行,郎主當捉得汝。”奴聞比丘語,即便駛去,比丘犯重罪。(蕭齊僧伽跋陀羅《善見律毗婆沙》T24n1462p739a23)

“駛去”,快速離去。

(14)釋天梵天四天王等得聞如是最後教已,愁苦不樂,為憂箭所射,啼哭流淚,極大號叫,作如是言:“婆伽婆入槃涅槃,一何駛哉!修伽陀,入般涅槃,一何駛哉!世間眼滅,世間盲冥,一何疾哉!”(高齊那連提耶舍《大悲經》T12n380p964b5、6)

前文用“槃”,後文用“般”,前文用“駛”,後文用“疾”,“般”亦“槃”也,“駛”亦“疾”也。

總計14例,能肯定是謂語的4例,30%不到。没有作定語的例。這樣,我們就不好説“駛”常用作定語和謂語。14例没有1例用於風、雨、雪一類自然現象。例(7)雖然講“風起”,但那不是自然風起。至於多見於“詩賦等典雅文學作品”,也不能這麼説。除了例(1)或者算是類似於詩,其他都與典雅毫不相干。有些甚至是很粗俗的。如例(5),“短壽,噉酒糟驢,汝敢不作?”短命鬼,吃酒糟的蠢驢,你敢不作(,看我揍你)!總之,《中國語文》上那篇有影響的文章,關於“駛”的三點説法,没有一條不可商酌。原因不在粗心,相反,他們非常謹慎,所説的話有充分的文獻依據。只是因為没能照顧到佛典語料,他們的結論就顯得不那麼全面了。

陳秀蘭博士出自“名門”,是川大培養出來的真正的博士。川大是我國卓有成效的漢語史博士培養基地之一。那裏人才輩出,令人豔羡。我如果年輕,也想到川大或者類似的學校去讀讀博士,感受那裏的學術氛圍,接受嚴格的科研訓練——是真正讀博士,不是眼下媒體炒作得沸沸揚揚的那樣,實際上只是“鍍”博士,拿一篇文章順順當當地去弄一個學位,名片上可以印一個博士頭銜。可惜年歲大了,辦不到了。

《解深密經》語法釋讀①

前賢以為,要讀懂古書,一要知詞義,二要知語法。詞義萬有,不好掌握。而語法就那麼幾條,似乎很好解決。其實不然,要能運用語法知識釋讀古籍,洵非易事。今以《解深密經》為例,説明語法在釋讀佛典中的意義,如果真想讀懂佛經,就決不可置語法於不顧。

《解深密經》是印度瑜伽行派和中國法相宗的基本經典之一,唐玄奘譯,5卷。異譯本有3種,其中北魏菩提流支《深密解脱經》(略稱魏本)與本經最為接近。《解深密經》收入《大正藏》第16册,編號676。我們引用時,保存了電子文本的頁碼、欄目和行數。先出原文,次加標點,再作解説。為了能讀懂例子,做了一些注脚。不看注也能看懂的讀者,可將它們忽略過去。

1. 名詞謂語

原文:滅諸煩惱災橫纏垢。遠離眾魔過諸莊嚴。如來莊嚴之所依處。(p688b14—16)

標點:滅諸煩惱、災橫、纏垢,遠離眾魔,過諸莊嚴,如來莊嚴之所依處。

解説:"滅諸煩惱……遠離眾魔,過諸莊嚴"②,述説如來之所居。"如來莊嚴之所依處",如來所依止的美妙聖潔之處。此句為如來所居的名詞性謂語,猶如説"為如來莊嚴之所依處"。

原文:一切菩薩正所求智得佛無二住勝彼岸不相間雜。如來解脱妙智究竟證無中邊。(p688b25—26)

標點:一切菩薩正所求智,得佛無二③,住勝彼岸,不相間雜。如來解脱妙智究竟④,證無中邊⑤。

①在這個題目之下所説,本是提供給一個學術會議的論文。收入本書的時候略有更動。

②莊嚴:美妙聖潔。參李維琦《佛經詞語匯釋》402頁,湖南師範大學出版社2004年版。

③無二:言成佛之道唯一無二。

④究竟:終極的,最高的。

⑤無中邊:没有中也没有邊,言佛地廣大平等。

解說："正所求智"，即是所求正智。"妙智究竟"，即是終極妙智。"一切菩薩正所求智"，名詞謂語句，按常規，當於其前加"擁有"，方能成為動詞謂語句。"如來解脫妙智究竟"也缺動詞，加"獲得了"，可以改變謂語的名詞性質。

原文：二隨煩惱所染汙時。諸無功用作意。及心任運轉中所有作意。是名捨相。(p699b26—28)

標點：二隨煩惱[①]所染汙時，諸無功用作意；及心任運轉中[②]所有作意。是名捨相。

解說："無功用"，《佛光大詞典》解釋："即不加造作，自然之作用。亦即不假借身、口、意而任運自在之道。"可以簡單地說，就是純任自然的意思。據這裏"亦即……"的說法，"任運轉"為"無功用"的另一表述。

"諸無功用作意"，意思是各種純任自然的思考。作意，本是起意的意思，此處當作思維、思考講。本經卷二說："如理作意，無倒思惟。"(p693a23)"思惟"與"作意"相對為文。"作意"即是"思惟"。"作意"，藏文作"yid la byed pa"，從事意識(活動)。丁福寶《佛學大辭典》引《俱舍論四》，"作意"，"謂能令心驚覺"。雖有所本，但只是個別場合特定的意義，而不是通義。今所不取。

"心任運轉中所有作意"，按我的理解，就是在純任自然中所有的思考。

"諸無功用作意"，與"心任運轉中所有作意"兩句所說實同。同說"作意"，一說"諸"，一說"所有"，同義。一說"無功用"，一說"心任運轉"，也同義。只是語法格式不同，一用動賓詞組作定語。一用方位詞組作定語。我們注意到，兩個詞組都是名詞性質的，在這裏都起一個名詞謂語的作用，意思就是純任自然，不假思索，不作人為干預，而能達到佛的一定境界。

這裏所引《解深密經》文，魏本作："煩惱不染於心；自然思惟，自然隨順彼法修行。是名奢摩他捨相。"(T16n675p676a20—21)由此可以證知，"作意"可有"思維"義。玄奘用名詞謂語來表達的格式，菩提流支則是用動詞謂語來表達。外國人來譯，反而比較合於漢語習慣，而本國人來譯，反而較多

①二隨煩惱：這裏指昏沉與掉舉(動搖)。

②心任運轉中：即自由思維時。

地保留了原文的某些意味。

圓測《解深密經疏》釋云：

> 問：無功用及任運轉，有何異耶？答：行相相似。但初成就，不作功用，名無功用。復淳熟時，任運轉故，故名任運。如《成唯識》第六卷中行捨中說平等正直無功用住，約初中後三時差別，無別行相。此亦如是。(《續藏經》21冊，318頁)

圓測以為"諸無功用作意"，"心任運轉中所有作意"，二者不同在於階段不同，一個是初成就時，一個是淳熟時。其根據是《成唯識論》，那裏說到"初中後"三時差別。但《成唯識論》只說到"無功用住"的三時差別，而不是把無功用看成初成就時的狀態，另又加一個淳熟時的狀態。就算是說階段性，那就又有問題，《成唯識論》說三時差別，圓測這裏，為何只有兩個差別？

2.補語/正補構詞

原文：彼諸菩薩由是因緣此分圓滿。而未能令隨所獲得。菩提分法多修習住。心未能捨諸等至愛及與法愛。(p703c06—08)

標點：彼諸菩薩，由是因緣，此分圓滿，而未能令隨所獲得菩提分法，多修習住，心未能捨諸等至①愛，及與法愛。

解說：同為玄奘所譯的《瑜伽師地論》，此處作："彼諸菩薩由是因緣此分圓滿。而未能令隨所獲得菩提分法多修習住心。未能捨諸等至愛及與法愛。"(T30n1579p729b10—13)為所誤導，以為"心"當屬上，作"住心"，"住心"者，安住於道之心。然下文有："彼諸菩薩，由是因緣，此分圓滿，而未能令無相作意，無缺無間多修習住。"(p703c19—21)"住"字處句斷。魏本作："雖滿彼分，如菩提分，而猶不能如實修行，心不能捨三昧愛法。"(T16n675p680b08—09)"心"字下屬。故知當標點如上。

劉宋求那跋陀羅譯《雜阿含經》："獨在靜處。精勤修習。住不放逸。"(T02n0099p003b10)"多修習住"，猶之乎"精勤修習，住不放逸"，"住"作補語，如同說"持之以恒"。

---

①等至："三昧"的意譯，"定"的別名。

原文:謂諸菩薩能善了知涅槃樂住。堪能速證而復棄捨。速證樂住無緣無待發大願心。(p704c28—p705a01)

標點:謂諸菩薩能善了知涅槃樂住[1],堪能速證;而復棄捨,速證樂住[2];無緣無待發大願心。

解說:"涅槃樂住"即是涅槃之樂,"速證樂住"即是迅速悟入菩提之樂。"樂住"為一詞,基本意義是快樂,"樂"後加"住",正補結構,言此樂為持久不失之樂。正如"念住",亦是一詞,基本意義是念,念頭。加"住"構詞,言此念定于一處,持久不失。

3. 動賓/賓動

原文:四者到彼岸清淨。五者見佛供養承事清淨。六者成熟有情清淨。七者生清淨。(p704c12—14)

標點:……四者到彼岸清淨;五者見佛供養承事清淨;六者成熟有情清淨;七者生清淨……

解說:"成熟",不及物動詞,後帶賓語"有情"(眾生),使動用法,使眾生成熟,意思就是教化之,使之成熟。

原文:一者極淨善根所集起故。二者故意思擇力所取故。三者悲滑濟度諸眾生故。(p704c23—24)

標點:一者極淨善根所集起故,二者故意[3]思擇力所取[4]故,三者悲滑濟度諸眾生故……

解說:"所"作賓語提前標誌,亦為定語標誌。"極淨善根所集起故",集起極淨善根之故。"故意思擇力所取故",取故意思擇力之故。

原文:於此覺了者。謂即於此作證法中諸解脫智。廣為他說宣揚開示。(p700b11—12)

---

①樂住:持久不移的快樂。

②樂住:參魏本,知此"樂住"言覺悟之樂持久不失。

③故意:等於說有意。

④取:義同於得。

標點:"於此覺了"者,謂即於此作證法中諸解脱智,廣為他説,宣揚開示。

解説:"説"和"宣揚開示"的實際賓語,是上句中的"諸解脱智"。

原文:如眩翳人眩翳眾相。或髮毛輪蜂蠅巨勝。或復青黄赤白等相差别現前。(p693a27—28)

標點:如眩翳[①]人眩翳眾相,或髮毛輪,蜂蠅巨勝[②];或復青黄赤白等相差别[③]現前。

解説:"發毛輪",謂視毛髮如車輪。"蜂蠅巨勝",以巨勝為蜂、蠅。在常規語法理念上,後者可認為是意動。有一種觀點認為,此言眼中出現幻覺,看到各種幻相,有髮毛、輪(如輪旋轉)、蜂、蠅、巨勝等相。琦疑何以幻象獨舉此數様,而不及其他?又經中毛、輪連用者不少。毛輪者,謂幻毛髮以為輪之輪,為不存在之物,故往往與水月、龜毛、空花、兔角等並舉。由是知"毛"與"輪"決非平等排列之物。如按我的解釋,似乎順理成章。

4.介詞/介詞結構中的語法關係

原文:彼由獲得身心輕安為所依故。即於如所善思惟法。内三摩地所行影像。觀察勝解捨離心相。(p698a08—10)

標點:彼由獲得身心輕安、為所依[④]故,即於如所善,思惟法;内三摩地[⑤]所行影像[⑥],觀察勝解;捨離心相[⑦]。

解説:於,用如"以",介詞。這裹表示"思惟"之所憑藉。楊樹達《詞詮》謂:於,"與'以'同義。"首舉《韓非子·解老》中的例:"慈,於戰則勝,以守則固。"[⑧]又:"觀察""勝解"兩動詞連用。勝解,謂很好地、透徹地理解。"觀察勝解"的對象在前,即"内三摩地所行影像"。

①眩翳:眼睛發花,目有障膜。下"眩翳",用如動詞,指視物不明,若有障隔。

②巨勝:亦作巨藤,黑芝麻。

③相差别:指對各種顏色混淆不清,以青為黄,以黄為赤等。

④為所依:主語為"身心輕安",承前省。

⑤内三摩地:内心安靜。三摩地,梵語samādhi音譯,心止於一處不令散亂的安靜狀態。

⑥所行影像:所出現的現象。

⑦舍離心相:超脱精神形式。

⑧《詞詮》381頁,上海古籍出版社1986年版。

原文：彼諸菩薩由是因緣此分圓滿。而未能於微細毀犯。誤現行中正知而行。(p703b28—p703c01)

標點：彼諸菩薩，由是因緣，此分圓滿，而未能於微細毀犯誤現行中，正[①]知而行。

解説："微細"修飾"毀犯"，"毀犯"限制"誤"，言微細毀犯之誤。再用以修飾"現行"。參本經《分別瑜伽品》："第二地中，對治微細誤犯現行障。"(p702a02—03)

原文：若於其外五種妙欲諸雜亂相。所有尋思隨煩惱中。及於其外所緣境中縱心流散。當知是名外心散動。(p701c20—22)

標點：若於其外五種妙欲[②]諸雜亂相、所有尋思[③]隨煩惱[④]中，及於其外所緣境中，縱心流散，當知是名外心散動。

解説："……雜亂相"和"……隨煩惱"二者並列。全句言於雜亂相和隨煩惱中，於所緣境中，縱心流散，這就叫外心散亂。

原文：復次勝義生。如是於我善説善制法毗奈耶最極清淨。意樂所説善教法中。諸有情類意解種種差别可得。(p695b09—11)

標點：復次，勝義生，如是於我善説、善制法[⑤]，毗奈耶[⑥]，最極清淨、意樂所説善教法[⑦]中，諸有情類意解種種差别可得[⑧]。

解説："我善説、善制法""毗奈耶""最極清淨、意樂所説善教法"，三者並列。

圓測引一説，謂善説法即經藏，善制法即論藏，毗奈耶無疑是律藏，以為

①正：凡言"正"，皆謂依佛之見，是正確無誤的。

②五種妙欲：即五欲：美麗的色相、動聽的聲音、芬芳的香氣、可口的飲食、快意的肉體接觸。

③尋思：謂尋思五欲。

④隨煩惱：隨逐六根本煩惱(貪、嗔、癡、慢、疑、惡見)而起的煩惱，有忿、恨、覆、惱、嫉、慳、誑、諂、害、憍等多種。這裏借用作隨逐五欲而生的煩惱。

⑤善説、善制法：善説之法與善制之法。善説之法，所説的善法。善制之法，如意所(控)制的善法。

⑥毗奈耶：梵語 vinaya 的音譯，意思是調伏，指佛家的戒律。

⑦最極清淨、意樂所説善教法：最極清淨法的意樂所説善教法。意樂所説善教法，所宣教的善法，此法為宣教者所樂意使用。

⑧此句意思是：眾生可得理解種種差别。

這裏是説三藏。其言曰:“善説即三藏中素怛纜藏,善制法者,是達摩藏,毗奈耶者,即毗奈耶。”(《續藏經》21册,274頁)

今按:三藏並舉時,《解深密經》是這樣表述:“有三種:一者契經,二者調伏,三者本母。”(p708c12—13)以“善説法”表示經藏,以“善制法”表示論藏,玄奘本經此外並無此表示法。且玄奘他經似亦所無。不僅玄奘,其他譯家之譯亦所未見。獨此處如此表示,難以叫人相信其真。魏本相應之處説:

我善説法中,善如意法中,善毗尼法中,善清淨法中,清淨法中,不錯[1]依種種性,説種種法相,成就第一義。(T16n675p672a04—06)

我説三者並列,其實是四者並列:善説法,善制法,毗奈耶,善教法。而魏本則為五者並列,把我的第四項拆成兩項:善清淨法,清淨法。由是知圓測之論,亦只是一説,未成定論。

圓測疏經,多借權威之論(如《成唯識論》)或公認的無可爭辯的説法(如此處)以套解經文,使人百口莫辯。圓測究竟是高僧,且與玄奘有師徒關係,故不可無視其説,但亦不可依賴其説,以為他説的都能得經旨。

原文:若於分別所行遍計所執相。所依行相中假名安立以為色蘊。或自性相或差別相。假名安立為色蘊生為色蘊滅。及為色蘊永斷遍知。或自性相或差別相。是名遍計所執相。(p696b15—19)

標點:若於分別所行、遍計所執相所依行相中,假名安立,以為色蘊,或自性相,或差別相;假名安立,為色蘊生,為色蘊滅,及為色蘊永斷遍知,或自性相,或差別相:是名遍計所執相。[2]

解説:“於……中”是一個介詞結構,這結構的內部語法圖解如下:

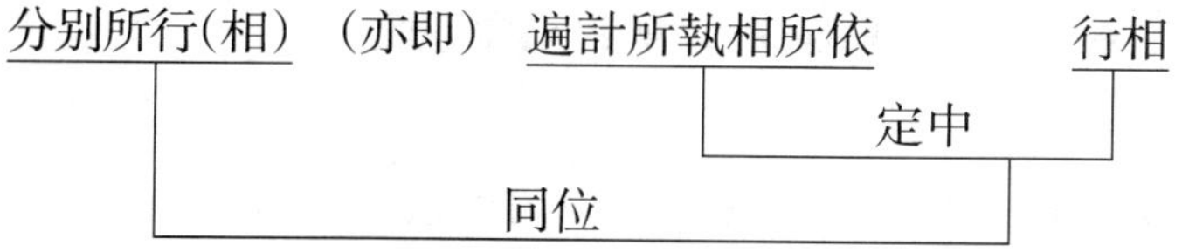

[1]不錯:謂正確地。

[2]此句大意為:有分別的現行境界,亦即遍計所執性(虛妄分別性)所依據的現行相狀(現象),於此中假託一個名詞,立以為物質,此物質或無自性或有自性,立以為物質之始、物質之終,以及物質之永斷、遍知,此物質始、物質終、物質之永斷、遍知,或有自性,或無自性,如果這樣,那就是遍計所執性。

永斷,是説永斷煩惱。遍知,即全知,是永斷的前提。

5.詞序/語序

原文:如是若有眾生是愚夫類是異生類。未得諸聖出世間慧。於一切法離言法性不能了知。(p689b14—16)

標點:如是[①],若有眾生,是愚夫類,是異生類[②],未得諸聖出世間[③]慧,於一切法,離言法性,不能了知。

解說:"如是"是謂語,主語為"……於一切法,離言法性,不能了知"。魏本此處作"凡夫眾生,未得聖人出世間智,亦復如是。"(T16n675p666b20)那裏主語在前,謂語在後,正常語序。

原文:菩薩學事略有六種。所謂佈施持戒忍辱精進靜慮慧到彼岸(p705a06—07)

標點:菩薩學事略有六種:所謂佈施、持戒、忍辱、精進、靜慮、慧到彼岸。

解說:這裏是說六種波羅蜜。按梵文,本說佈施-波羅蜜、持戒-波羅蜜,忍辱-波羅蜜、精進-波羅蜜、禪定-波羅蜜、智慧-波羅蜜。漢譯將其中的短橫去掉了,成為佈施波羅蜜……智慧波羅蜜,或佈施到彼岸……智慧到彼岸。這樣譯有點不合漢語習慣。學習者要問:這"布施"等與"波羅蜜"或"到彼岸"究竟是何種語法關係?是偏正,是動賓,是主謂,抑或是同位?把"到彼岸"加於六度之上,形成偏正關係,才像道地的漢語。"佈施波羅蜜"可譯為"到彼岸的佈施",或者讓語法關係更為明瞭,譯為"藉以到彼岸的佈施",餘五度皆仿此。我這樣說,不是要把已為族人所習慣的六波羅蜜的譯法改成我所主張的樣子,決無此意。只是說,理解起來當如此。

原文:觀自在菩薩復白佛言。世尊。何因緣故。施設所餘波羅蜜多。但有四數佛告觀自在菩薩曰。善男子。由前六種波羅蜜多為助伴故。(p705b10—13)

---

①是:指代前文已出現的"如其所見,如其所聞,堅固執著,隨起言說"。

②異生類:有別于聖人之生類,即是凡夫。

③出世間:一切生死之法為世間,不生不滅之涅槃為出世間。

標點:觀自在菩薩復白佛言:"世尊,何因緣故,施設所餘[1]波羅蜜多,但有四數?"佛告觀自在菩薩曰:"善男子,由前六種波羅蜜多為助伴故。"

解説:本當説(所餘波羅蜜多)"為前六種波羅蜜多之助伴",倘照直理解,前六種波羅蜜為助伴,那就錯了。賓語的定語,往往有提到動詞前面的情形。下面是又一例。

原文:無罪過者。謂於如是波羅蜜多無間雜染法離非方便行。(p706a02—03)

標點:"無罪過"者,謂於如是波羅蜜多,無間雜染法,離非方便行[2]。

解説:本來的意思是遠離無間雜染法的非方便行。經文將賓語的定語提到"離"的前面,就叫人一時難以捉摸了。

①所餘:猶如説其他,謂于六波羅蜜之外。

②非方便行:無善巧方便的行為。

瑜不掩瑕[①]

——《中國佛籍譯論選輯評注》訓詁得失

近日讀到一本書,名叫《中國佛籍譯論選輯評注》[②],是專門評注古代佛典中與翻譯理論有關的文字的。那些評,我不大關心,而對注,也就是訓詁方面,頗有興趣。於是乎拿來一觀。一看,出乎我的意料。兩位作者,一位有漢翻英的著作問世,一位是留過洋的哲學博士,本以為他們對古東西較為生疏,卻不料他們有真本事,那些如同天書一樣的佛典,他們居然能讀懂,並且非常之專業,連不大好弄的訓詁學術語也用得非常貼切。下面是該書8頁所作的一個注:

> 考文以征其理者,昏其趣者也;察句以驗其義者,迷其旨者也——兩句互文。從考文察句來征驗義理者,都會迷失旨趣。即不能單從文字表面來理解佛旨。

我以為這樣注解古書,實在難能可貴。他們正確地用上了"互文"這條規則,扣緊了詞語説解,而且如實地作了意義概括。能有這樣的功夫,注個什麽古籍,自然不在話下。因此我要説,這本書是一本有價值的好書,打個比方,是塊色彩鮮亮的美玉。然而瑜不掩瑕,失誤之處或不盡人意之處,時或有之。還是古人説得好:"觀衆君子之文,信美矣;然古人云:瑜不掩瑕,忠也。其有詞或不典,將與衆評之,若何?"[③]

這部書的注解,我不滿意的地方有四點:第一,解釋没有落到實處,知其然而不知其所以然。不能給人以較多的益處。第二,難注之處未注。因為無"根"可據。第三,注錯的也有。其中有未顧及全文,語法理解不當,代詞代錯,古書生疏,望文生義,原文本有疑問而又未下苦功鑽研各項。第四,校

①原分載於《勵耘學刊》總第8、第9輯。

②朱志瑜、朱曉農著,清華大學出版社2006年版。

③五代王定保《唐摭言·進士歸禮部》記李昂語。

勘未精包括校對欠細。下文按照原注順序，一一道來。

渾漫 3頁注："指佛旨不明。"

説是"佛旨不明"，嫌其籠統，没有指明此詞的確切意義。今按：渾漫，原謂雜亂無章。晉葛洪《抱樸子·雜應》："余究而觀之，殊多不備，諸急病其尚未盡，又渾漫雜錯，無其條貫，有所尋按，不即可得。"渾漫、雜錯同義連用。又指模糊不清。元顧瑛《草堂雅集》卷四《王待御所藏商尊商鼎商爵》："此爵何年出商邑，定知神物護飄零。苔侵寶骨斑渾漫，土蝕蒼銅色絶腥。""斑渾漫"，斑斑點點，模糊不清。此例雖晚，但以《法句經序》中用"渾漫"一詞觀之，則是早有其義。

斯以難繼 未專注，但4頁"唯昔藍調、安侯世高、都尉、弗調譯胡為漢，審得其體，斯以難繼"注，比勘及之。注説："……《安玄傳》只言：'世稱安侯、都尉、佛調三人傳譯，號[①]為難繼。'"給人印象，好像"斯以難繼"便是"號為難繼"。其實，"斯以難繼"，謂以此難繼。此者，"審得其體"也。

為文則喪其卒成之致，為旨則忽其始擬之義矣。若率初以要其終，或忘文以全其質者，則大智玄通 8頁注："謂想要玄通頓悟，就要從一開始體驗終旨，忘記文字的桎梏而保全實質。否則就會失最終的大義，忽略初始的旨意。道家得意忘言之謂。"

這樣注釋似乎已與原意相近。但總覺得不很切合，今試加討論。

(1)玄通：注以"玄通頓悟"釋之。"玄通"没有解釋，而加"頓悟"為説。又似乎以"頓悟"釋"玄通"。玄通，本謂通於幽妙之理。此詞首見於《老子》："古之善為士者，微妙玄通。"這裏指通達佛理。"頓悟"與"漸悟"相對，指開悟的速度，句中毫無討論開悟速度之意。唐張説《般若心經贊序》説："知心無所得是真得，見一無不通是玄通。"(T33n1712j01p555a27[②])亦頗得其精要。

(2)卒成之致：注以"最終的大義"釋之。漏了一個"成"字，應當説是寫成後全文(經)所表現出來的意致。不是説將其中的大義若干序之以數，這是最終的大義。原文意義並非如此。

(3)始擬之義：注以"初始的旨意"釋之，把"擬"字漏掉了。應當説是當作者開始寫作時所想要表達出來的主旨。

①"號"，引文原誤作"好"，今逕自改正。

②T表示大正藏册數，n表示大正藏為佛經編的序號，j表示卷數，p表示頁碼，a、b、c分別表示上、中、下欄，其後數字，表示所在行數。

(4)率初以要其終：注以"一開始體驗終旨"釋之。把"率初"當作時間狀語來看待。"體驗終旨"的説法，也不大流利。其實，"率初"是對"始擬之義"言，不忽略"始擬之義"。"要其終"是對"卒成之致"而言，不失去"卒成之致"。率初與要終是兩事，不是一事。此句當脱胎于《易·繫辭》："《易》之為書也，原始要終以為質也。"孔穎達疏："原窮其事之初始……又要會其事之終末。"這裏"率初"，謂遵循初衷。

(5)道家得意忘言之謂：這是溝通佛、道的説法，不可為訓。"得意忘言"出《莊子·外物》："言者所以在意，得意而忘言。"謂既已領會其意旨，則不再需要表意之言詞。這裏是説透過言辭領略意旨，而不要為言辭所束縛。

居可知也　未注。《易·繫辭下》："噫，亦要存亡吉凶，則居可知矣。"孔穎達疏："或此卦存之與亡，吉之與凶，但觀其中爻，則居然可知矣。"居然，猶顯然。

務今　9頁注："疑為'務令'之誤。見呂澂(1979:59)。"

"務令婉便"中的"務令"，本不誤。《道行般若經》所載道安序，以及《出三藏記集》所載此序，皆如此作。《道行般若經》的"務令婉便"，在大正藏8册425頁中欄15行，《出三藏記集》中的在大正藏55册47頁中欄22行。

如已　未出專注。但9頁在注"因本順旨，轉音如已，敬順聖言，了不加飾也"的時候，把"如已"説成"而已"。注説："道安此處提到東漢末年最初的譯經是死板的直譯：照本順原意，字字對應，轉音而已，全然不加修飾。"

"如"以音近可通"而"，但佛籍中没有這樣的用法，無例可證。我的理解，"如"是動詞，後面賓語隨文而異。"已"是語氣助詞，没有實義。佛經中"如已"這樣用法的我們查到4處，包括《道行經·序》在内。

晉道安《道行經·序》：

> 佛泥曰後，外國高士，抄九十章，為《道行品》。桓靈之世，朔佛齎詣京師，譯為漢文。因本順旨，轉音如已。敬順聖言，了不加飾也。(T8n224j01p425b08—10)

文中"轉音"是翻譯或譯文的意思。"轉音如已"，譯文如同原本。

元魏瞿曇般若流支《正法念處經》：

> 善時鵝王復以偈答：
>
> 於山園林中　曠野寂静處
>
> 無放逸寂静　能斷於魔縛

放逸入地獄　　或墮畜生中

復生於餓鬼　　放逸癡心故

……爾時牟修樓陀，聞鵝王説一切偈頌，憶念如已。……我當為此放逸大臣。説十一法答難法門，破此魔眾。(T17n721j59p348a15—b01)

"憶念如已"，回憶鵝王偈頌如上所述。

唐辯機《大唐西域記·記贊》：

像運之興，斯為盛矣，法師妙窮梵學，式賛深經，覽文如已，轉音猶響。敬順聖旨，不加文飾，方言不通，梵語無譯，務存陶冶，取正典謩。(T55n2087j52p946c28—p947a03)

"覽文如已"，看他的翻譯文字如大家所見。

北宋知禮《觀無量壽經疏妙宗鈔》：

《釋論》第十五云：有人常供養天，其人貧窮，一心供養。滿十二歲，求索富貴。天愍此人，自現其身，而問之曰："汝求何等？"答："我求富貴，欲令所願皆得。"天與一器，名曰德瓶。而語之言："所須之物，從此瓶出。"其人如已，應意所欲無所不得。(T37n1751j04p219a13—a18)

"其人如已"，那個窮人如"天"所示，要什麼東西就從瓶子裹去取。

論空特巧　10頁注："所論為空，所持(觀點)妙巧。特，宋元本作'持'。"校"特"為"持"，是。《道行般若經》所載道安《序》作"持"。但注者以為，"論空"與"持巧"主謂詞組並列，則非。"論空"，動賓詞組，討論或議論虛空。"持巧"，猶以巧，用巧妙的方法。整句意為：用巧妙之法論述"空"。萬事因緣和合而生，無實體可言，這一觀念稱為"空"。萬物本有，怎麼説是空呢？説不清楚，這裏説能以巧法論空，那是傳譯之善。

煥爾　10頁注："煥發。"

"煥爾"猶"煥然""煥若"，明顯的樣子，副詞作狀語。釋為"煥發"，那就是動詞了。"煥爾"所在的句子為："二家所出，足令大智煥爾闡幽。"是説兩位譯家的譯本完全能闡明般若大智的幽隱深義。

支讖全本，其應亦然。何者？抄經刪削，所害必多。委本從聖，乃佛之至誠也　10頁注："支讖全譯佛經，(按説)也應該如此(即加以刪削)。為什麼(他全譯)呢？(原來)譯經刪削，害處多多。跟從原本，佛祖怎麼説就怎麼譯，那也是佛祖的至要告誡。"

原文的“然”，注譯為“如此”，没錯。但“如此”是如什麼呢？這就是語用學的所謂指别(deixis)了。其所指别，一般應該是緊接此處的前文。前文説：“二家所出，足令大智煥爾闡幽。”支讖全本亦然，也就是同樣能使般若智慧幽隱處得到明顯的闡述。現在注者以為“如此”“即加以删削”，加以删削，照我們漢文的習慣，就不能叫做全本了。

而從約必有所遺，於天竺辭及騰，每大簡焉　於12頁出注頗詳，不備引。總之注者的意思，此句當作“而從約必有所遺於天竺，義辭及反騰處，每大簡焉”。義辭即義説，相當於中國古代文學中的亂辭。反騰，就是説了又説，即重複。此處讀不通，注者欲加三字(義、反、處)，使之通達可讀。注者又出吕有祥的意見，以供讀者參考：“吕有祥，頁95[①]：而從約必有遺於天竺辭，及騰每本蘭焉。”或加三字，或改兩字，一般人缺乏這種勇氣。孔子教導説：“於其所不知，蓋闕如也。”我還是尊重蓋闕之義。

但這個地方似乎也不是無路可走。如果要我標點，我想這樣標點：而從約必有遺於天竺辭，及騰，每大簡焉。騰是謄寫，轉抄，引申有傳譯的意思。佛典中就有騰、譯連用的例：

> 故魏晉之後，騰譯鬱蒸，制録討論，居然非一。或以數列，或用名求，或憑時代，或寄參譯。各紀一隅，務存所見。(唐道宣《大唐内典録》T55n2149j10p338a11—14)

“騰譯”，即傳譯、翻譯。“及騰，每大簡焉”，待到翻譯出來，就往往過於簡單了。“大”，即後世的“太”字。

稱　15頁注：“套裝義，喻重複。”

“稱”字所在句：“而嫌其丁寧，文多反復稱。”説這個“稱”字意思是套裝，而且比喻重複，苦思不得其解。“套裝”不就是配套的服裝或成套的服裝嗎？可能香港話還有别的意思吧？[②]但對此書“精心審閲”的清華大學的徐夢非先生可能是大陸人，也許竟是北京人，莫非在他的話裏，“稱”也可有套裝的含義？莫知就裏，姑從蓋闕。“稱”實在只是説的意思，“反復稱”即反復説。

---

①這樣引别人的話，不見書名，不見出版社，亦不見出版年月，本文作者感到困惑。所引大概出自吕有祥《出三藏記集釋譯》，臺灣佛光出版社，1996。

②經反復琢磨，若有所悟。或者注者將“稱”讀成“稱身”的“稱”，稱身的衣服之一是套裝，所以説“稱”有套裝義。而套裝的穿著，必在莊重的場合，也許加在褻衣或便服之上，所以可説是“喻重複”。如果真是這樣，那未免有點離譜了。

再則,“稱”字之後又有“稱”字,“稱即命慧常”,此“稱”想是多餘,非關作者本人,乃校者之失。

祇　15頁注:“通‘祗zhī’,敬義。”

此字本作“祗”,是恭敬的意思,如果中華的本子作“祇”,似乎蘇晉仁等人的點校功夫猶有不足。所注含有“祇”字的句子見於大正藏55册80頁中欄,分明是“祗”字不誤。注者所據本不確,當作些校勘才是。如果原本是“祇”,譯注者只當説是誤字,不可説“通”,其形易混,並不是其義可“通”。

前出《十三事》中起室與檀越議,《三十事》中至大姓家及綺紅錦繡衣及《七姻緣法》,如斯之比,失旨多矣　此句見於16頁,由兩個標點之間有多達19字以及没有出注這兩點看來,似乎還没有被人讀懂。今試言之。此句當標點如下:

前出《十三事》中,起室與檀越議,《三十事》中,至大姓家,及綺紅錦繡衣,及《七姻緣法》,如斯之比,失旨多矣。

這個句子的構造很特别,也很有趣。這裏主要説翻譯三部經的情況。敍述譯第一部經的時候,把話説全了。待到談譯第二部經的時候,有了省略,而到第三部,省略了又省略,超出常軌,叫人摸不着頭腦。但看清了這些承前的省略,理出脈絡,仍然可懂。試用括弧將省略了的補出,就一目了然了。

前出《十三事》中,起室與檀越議,(出)《三十事》中,至大姓家,及綺紅錦繡衣(議),及(出)《七姻緣法》(中),(與檀越或綺紅錦繡衣議,)如斯之比,失旨多矣。

出,翻譯。中,指翻譯過程中,“出《十三事》中”,實在是指在翻譯《十三事》的時候。“起室”,起於室,指從居處走出。這樣,我們就可以將全句的意思説清楚了:前時在譯出《十三事》的時候,離開住所去與施主商議;在譯出《三十事》的時候,到大戶人家去與著綺紅錦繡者商議;在譯出《七姻緣法》的時候,或與施主,或與着綺紅錦繡者商議:像這般做法,就會失去佛經的旨意。我悟出了這句話的意思,願公開出來與同道共議共享。

若以文應質,則疑者衆　27頁注:“謂譯經太過文飾,則懷疑的人多。”

以質應文,則悦者寡　同頁注:“謂譯文太過質樸,則喜歡的人少。”

這兩注都可商酌。在這兩句前邊有一句:“於是静尋所由,以求其本,則知聖人依方設訓,文質殊體。”此句重在“依方設訓”,依據不同的品類,實行不同的訓導方式,當質則質,當文則文。這就是“文質殊體”的緣故。倘若當質,卻用文去應對,而當文,卻用質去應對,受衆就會懷疑或不喜。注之所釋,泛而不切。

辭樸而義微,言近而旨遠　27頁注:“謂譯文太過質樸(這裏指完全按原文直譯,不加刊削文飾,會使佛義隱晦不顯,語言形式上接近原文,而實際意義上反而離原文遠了)。”

此注也忽略了前面一小句,“是以化行天竺”。全句作:“是以化行天竺,辭樸而義微,言近而旨遠。”化行天竺的,不是譯文,而是原文。這裏説佛經原文文辭樸實無華,而意義微妙;語言近於大衆,而意旨深邃,深入淺出。現在把“朴”説成是“完全按原文直譯”,把“義微”説成是“佛義隱晦不顯”,把“言近”説成是“語言形式上接近原文”,把“旨遠”説成是“實際意義反而離原文遠了”,怎麽可以體會成這個樣子呢? 依據如此理解,把“辭樸而義微,言近而旨遠”的意思概括為“謂譯文太過質樸”,奈何? 奈何?

由此三注,我們就想到道安對真理的接近。道安説:“考文以徵其理者,昏其趣者也;察句以驗其義者,迷其旨者也。何則? 考文則異同每為辭,尋句則觸類每為旨。考辭則喪其卒成之致,為旨則失其始擬之義矣。”[①]道安告訴我們,翻譯要顧及全文,不可以詞句單獨之意為意。注釋古書又豈可不顧及前文後文? 我們的語用學,“言必稱希臘”,生吞活剥地談外國,殊不知4世紀的中國,早就在實際上有語用學的萌芽了。

彬彬　22頁注:“文、質兼備。”

《論語·雍也》:“質勝文則野,文勝質則史,文質彬彬,然後君子。”何晏集解引包咸曰:“彬彬,文質相半之貌。”彬,《説文》八上作“份”,解云:“文質備也。”引《論語》作“文質份份”。這是注之所本。然而,看上下文,發覺此注不妥。全句和下文如下:

> 其日[②]檢校譯人,頗雜義辭,龍蛇同淵,金鍮共肆者,彬彬如也。和憮然恨之,余亦深謂不可,遂令更出。

既然是“龍蛇同淵,金鍮共肆”,好壞、真假混做一處,怎麽能説是文質兼

①見本書8頁所輯《道行經序》。

②日,注者所輯文原作“人”,今徑改。

備的君子境界呢？既然是文質兼備，法和為何要痛感遺憾、為何道安也覺得很是不行，要譯人重來呢？按通行説法解詞，不顧上下文義，正如道安所説，考文察句，昏迷其旨趣了。

那麽，"彬彬"究應何解？

《後漢書·馮衍傳》附子豹傳"道德彬彬馮仲文"，李賢注："《論語》：'文質彬彬，然後君子。'鄭玄注：'彬彬，雜半貌也。'"[①]朱熹《論語集注》"雍也"篇"文質彬彬"注："彬彬，猶班班，物相雜而適均之貌。"據此，"彬彬"似可釋為"相雜的樣子"。

正義起盡 23頁注："注釋詳解。"

注者以"注釋"當"正義"。"正義"是注釋的一種，這裏作動詞，意思就是注釋。所注不誤。注者以"詳解"當"起盡"，似乎解"起盡"為詳盡，恐非。"盡"猶"止"，"起盡"，起止也。"盡"釋為"止"，有中土文獻為證：

> 自漢歷初起，盡元鳳六年，三十六歲而是非堅定[②]。(《漢書·律曆志》)

盡元鳳六年，止於元鳳六年。

"正義起盡"，謂從起到止，從始至終，作了注解。起止，依時間言，便是始終，始末。道安所言"起盡"，都不出如是解釋。即如本書22頁所輯《阿毗曇序》中有"至於事須懸解起盡之處，皆為細其下"之句，"懸解起盡"，謂了悟始末。又例如：

> 四阿含，四十應真之所集也。十人撰一部，題其起盡，為録偈焉。懼法留世久，遺逸散落也。(道安《增壹阿含經》序 T2n125p549a21—23)

在佛典中，"起盡"又常有生起、消滅的意思，與道安所説"起盡"不是一回事。例如：

> 何等為生？何等為死？意滅為生，意起為死。要當先知是因緣。當那得分別知因緣所從起盡？事在四對。(支曜《小道地經》[③] T15n608p236c14—17)

"當那得分別知因緣所從起盡"，大意是：應當怎樣才能得知因緣從何生起，因何消滅？

---

①《後漢書》1005頁，中華書局，1965。

②《漢書》978頁，中華書局，1962。

③《小道地經》相傳為後漢支曜譯，不確。此經譯出大概不會早於西晉。

饑虛在往　23頁未出注。

饑虛,猶言渴求、仰慕,如饑之欲飽,虛之欲實。在往,以往。此指以前“思存想見”之《鞞婆沙經》。“饑虛”用例如:

(白淨王夫人)若玉女寶,德本清淨。前五百世為菩薩母,釋種飢虛,宿夜望待,應往降神受彼胞胎。(西晉竺法護《普曜經》T03n0186j01p486a25—27)

阿難,爾時八萬四千夫人及女寶,並久不見大善見王,各懷飢虛,渴仰欲見。(東晉瞿曇僧伽提婆《中阿含經》T1n26j14p517a19—21)

眾生飢虛甘露之味,憂彼不得度脫者。以修行之法,使彼覺一切有為行,皆悉無常、苦、空,一切法無我,涅槃為第一樂。(苻秦僧伽跋澄《僧伽羅刹所集經》T4n194j02p132c18—21)

如今我觀一切菩薩。及四部眾諸尊神天並來會者,見此菩薩於大眾中而師子吼。又且眾人飢虛於法來甚久矣。今時難遇,欲有所問。若見聽者,乃敢發言。(姚秦竺佛念《最勝問菩薩十住除垢斷結經》T10n309j4p996a20—24)

“饑虛”的另一意義是饑餓,例:

菩薩坐樹下,六年已滿,形體羸瘦。今當使世間人,奉轉輪王食,補六年之飢虛。(後漢竺大力共康孟詳《修行本起經》T3n184j2p469c11—13)

二賢　26頁注:“指山賢、僧伽先。”

“二賢”載於《三法度經序》。此序前文提到兩個人,前一個是《三法度經》作者,後一個是《三法度經》的訓釋者。所以這裏以“二賢”統稱之。今按:“山賢”當作“世賢”。呂澂《中國佛學源流略講》第四講説:這部經“應該是屬於犢子系賢冑部的著作。可以從三個方面來刊定:第一,作者。婆素跋陀,意譯為‘世賢’(刻本誤作‘山賢’),即是犢子系賢冑部的祖師……”

懷佩　26頁《三法度經序》:“雅翫神趣,懷佩以遊。”“懷佩”未出注。

古人以佩玉為君子之服。這裏是説僧伽提婆有君子之美德,未得人賞識,有君子之才能而未得施展。《楚辭·離騷》:“何瓊佩之偃蹇兮,眾薆然而蔽之?”又《九章·悲回風》:“撫佩衽以案志兮,超惘惘而遂行。”

分德　26頁注:“弘揚小乘。”

所謂“分德”，是指把自己所修功德貢獻出來，分佈於世。小乘大乘，均可説“分德”。支謙譯《維摩詰經》説：

如是童子，菩薩以應此行便有名譽，已有名譽便生善處，已生善處便受其福，已受其福，便能分德，已能分德便行善權，已行善權則佛國淨。(T14n474j01p520b16—19)

《維摩詰經》是公認的大乘的重要經典。

注解如果説“這裏指弘揚小乘”，那就是對的，但還没有説出“分德”的本來意義。

怎麽知道“分德”就是我們所説的那個意思呢？原來鳩摩羅什也譯了《維摩詰所説經》，在使用“分德”的地方，使用了“回向”一詞。(T14n475j01p538b29)而“回向”的意思，在多讀佛經的人那裏是明確的，回轉自己所修的功德，以趣向于衆生，正與“分德”同義。將這裏所説的“分德”的意思，套到所有用“分德”之處，都能切合無間。

殆兼先典　26頁注：“幾乎窮盡以前的譯經。”

此注誤在對“兼”字的理解。《論語·先進》：“由也兼人，故退之。”朱熹集注：“兼人，謂勝人也。”這裏是説，《三法度經》的翻譯可能勝過了以前的譯經。因為以前的譯經或“文過其意”，或“理勝其辭”，而此譯經“文不害意，依實去華，務存其本”。如果將“兼”譯成“窮盡”，那麽，一部《三法度經》的翻譯，怎麽能“窮盡”以前所有的譯經呢？

幸復詳其大歸，以裁厥中焉　26頁注：“希望能詳細瞭解其大要，以審定其中心主旨。”

對“厥中”的理解有偏差。語出《論語·堯曰》：“堯曰：‘咨，爾舜！天之歷數在爾躬，允執其中。四海困窮，天禄永終。’”朱熹《集注》解釋：“此堯命舜而禪以帝位之辭。……允，信也。中者，無過不及之名。四海之人困窮，則君禄亦永絶矣。戒之也。”

晚出《尚書·大禹謨》：“人心惟危，道心惟微，惟精惟一，允執厥中。”孔穎達疏“允執厥中”：“信執其中正之道。”

據孔、朱兩位注家的意見，“中”指中正之道，不偏不倚，無過無不及。而不是“中心主旨”。

高座　27頁注：“即印度的高僧。”

此說不確。説法、講經、説戒、修法時，設置一個較通常席位為高之床座。此座多寬一二平方米，高30~50公分。高座指此。這裏指居高座的僧人。有時約與我們現在所説的學術會議的主講人相當。没有疑問，這類僧人學問較多，地位較高，是"高僧"，但不一定是"印度的"高僧，即此童壽(亦即鳩摩羅什)，他是龜茲人，非印度籍。

要 未出注。但在30頁注中以副詞"還"與之相當。注文如下："較而尋之，要不足以為異人別出也——經過比較研究，還不足可以認定為其他人的另一個譯本。"以"還"釋"要"，未得其正解。如果"還"是為翻譯語氣所需要而加，並非用來釋"要"，那麼，也就是此詞缺而未解。這類"要"字，王雲路、方一新《中古漢語語詞例釋》認為它的意思是必須、應當。[①]可供參考。竊以為王、方所釋亦非本就有的意義。它本來的意思是"要之""要言之""簡言之"。即如此句，其意若曰：比較研尋，(可以引出多種意見，)要之，不足以認為是他人譯的别本。為了證明我們這一看法，再從佛典中引一些例子：

> 爾時其婦以恐怖故，即還食之。既還食已，瞋恚便息。其夫於後續復劫盜，為王所得，即治其罪。治賊之法，要斷其命，合婦生埋。(後漢[②]失譯《大方便佛報恩經》T3n156j05p153b04—07)

治賊之法多多，要言之，是斷其性命。

> 其諸弟子雖未即得應真道者，要其壽終，皆生天上。(吴康僧會《六度集經》T3n152j8p50b02—04)

雖未得道，而受益不一而足，要之，他們壽命終了，都會生於天上。

> 一切眾生，聞我所説，信受思惟，當知其人必不空聞，要得解脱。(東晉法顯《大般涅槃經》T1n07j3p204a14—15)

我説教的受眾必不空聞無益，要之，都會得到解脱。

> 彼於其中受極重苦，啼哭唤呼，心悶臥地，終不得死，要令彼惡不善業盡。(東晉瞿曇僧伽提婆《中阿含經》T1n26j12p505a02—03)

惡人受種種罪，求死不得，説也説不完，要之，受罪受到惡業除盡。

這一類"要"，以及"要當""要須"起初都有"要之""要言之"或"簡言之"的意義，用得久了，此義消失，就只有應當、必須的意義了。

---

①《中古漢語語詞例釋》431~433頁，吉林教育出版社，1992。

②此經時代未能確定，但總不會早於西晉。

頓轡重關　35頁注:"勒馬韁,設關卡,比喻努力把握佛意。"

頓,停頓。轡,馬韁。頓轡,止馬停車。重關,險要的關隘。頓轡重關,是説在險阻面前止步。《晉書·王鑒傳》:"揚旍盧龍之嶺,頓轡重塞之表。"[①]"重塞",指重鎮。此處"重關",比喻悟道的難關。

虚關　36頁注:"秦王扣其虚關——謂姚興向羅什討教。"

"虚關"到底是什麽意思,看注不得明白。虚關,猶玄關,入道的法門。向他扣問入道的法門,當然是向他請教了。

匠伯　未專出注。注中涉及,但讀者仍不明其具體意義是什麽。36頁注文:"匠伯陶其淵致——指鳩摩羅什系統地講解他的至深佛學。"

"匠伯"出自《莊子·人間世》:"匠石之齊,至乎曲轅。見櫟社樹,其大蔽牛,絜之百圍,其高臨山千仞,而後有枝。其可以為舟者旁十數。觀者如市,匠伯不顧,遂行不輟。"

"匠",做工的師傅,"匠石",名叫石的木工師傅。"匠伯","伯"是"伯叔"的"伯","匠伯",猶如説老師傅。序中的"匠伯",亦即老師傅,當然是指鳩摩羅什。

祇洹　36頁注:"案'祇洹'疑應為'祇園'……"

祇樹給孤獨園,佛陀長時間在此説法。此園為太子祇陀與給孤獨長者所贈,太子贈送樹林,地皮則是給孤獨長者從太子處購得,以贈佛陀,園以此命名。祇樹給孤獨園簡稱祇園,又簡稱祇洹。祇洹是祇樹的音譯,"祇樹"即祇陀的樹林,梵語Jeta-vana,"祇"是je的音譯,"洹"是van的音譯。"祇園",取首字末字以為簡稱,"祇洹"取首音以為簡稱,簡稱方式不同,而欲混而一之,以為某當做某,非是。

是以隨出其論,隨而正之　37頁注:"於是一面翻譯《大智釋論》,一面校正《大智經》,即《般若經》的譯本。

"是以"等於"以是",因此。不是"於是"。"隨……隨……"這種格式是前後相繼,而不是同時並舉。意思是《釋論》的譯文一出,緊接著就以梵本校之。

良由後生虚己懷薄,信己情篤故也　37頁注:"這都是因為那幫年輕和尚肚内空空,太相信自我了。"

"虚己懷薄",自我謙虚之心無多,並不是説腹内空空,没有學問。

---

①《晉書》1890頁,中華書局,1974。

未詎多也 38頁此語,未出注。“未詎多也”,未曾多也。序中說:“真若荒田之稼,芸過其半。”這樣的比喻,“未詎多也”,從未說過頭。“未詎”作“未曾”講,又例如:

《列子》卷二:

遂與商丘開俱乘高臺。於衆中漫言曰:有能自投下者,賞百金。衆皆競應。商丘開以為信然,遂先投下,形若飛鳥揚於地,肌骨無毀。范氏之黨以為偶然,未詎怪也。

“未詎怪也”,未曾怪也。從沒有感到駭怪。《列子》年代,至今未定,如果沒有發現“未詎”更早的用例,可以考慮在僧叡之前的時代,尚有為《列子》書補充內容的可能。

梁鍾嶸《詩品》卷三:

借使二媛生於上葉,則玉階之賦,紈素之辭,未詎多也。

“未詎多也”,未曾多也,從不算多,恰如其分。

《南史·高爽傳》:

孫抱為延陵縣,爽又詣之。抱了無故人之情。爽出從縣閣下過,取筆書鼓云:“徒有八尺圍,腹無一寸腸。面皮如許厚,受打未詎央。”……抱善吏職,形體肥壯,腰帶十圍,爽故以此激之。[①]

“受打未詎央”,受打未曾盡,還要不斷地挨打。

佛典中此外也有用例。梁僧佑《弘明集》卷二:

是以古之乘虛入道,一沙一佛,未詎多也。(T52n2102j02p11b11—12)

佛多得數不清,一粒沙子一位佛,這樣說不為過。“未詎多”,未曾多。

我們這裏以為“未詎”猶“未曾”,為歸納所得,施於含“未詎”之句,意得通達。而清人早已注意此詞語,以為詎通作遽,迅疾也。未、遽連用,蓋欲減緩否定語氣。今摘録其言如下,以供參考:

《古音略》曰:夜未央。注:“未渠央也。”渠,本作詎。《說文》:“詎,猶豈也。”《字林》:“未知詞也。”言未便至夜分也。……吴旦生曰:升菴引“渠”作“詎”,則未、詎二字連用,何義?余按:左思《魏都賦》:“其夜未遽,庭燎晰晰。”《南史》高爽《題鼓》詩:“面皮如許大,受打未遽央。”《野

①《南史》1769頁,中華書局,1975。

客叢書》云:"今渠字多作平聲用,然《庭燎》詩注:渠,其據切。當呼遽,謂夜未遽盡也。(清吴景旭《歷代詩話》卷三"未渠央"條)

雅質 38頁注:"即'質'。'雅質'偏義,'雅'無義。"

説"雅質"的意思只是"質",是所謂的偏義複詞。但偏義複詞"雅質"不能只有一處,古書中有多處這樣的用法,才能使人相信。無論是佛典還是中土文獻都没有發現第二例,這就不能叫人放心。今謂,雅質,頗質也。雅,副詞,不是"文雅"的"雅"。張相《詩詞曲語辭匯釋》:"雅,猶頗也,又為發語辭。蘇軾《廬山五詠》詩:'博士雅好飲,空山誰與娱?'雅好飲,猶云頗好飲也。黄庭堅《花光仲仁出秦蘇詩卷》:'雅聞花光能畫梅,更乞一枝洗煩惱。'雅聞,猶頗聞也……"①

這種用法佛典中亦有例,而且時代亦早于張先生所引的北宋詩。

次起禮十方諸佛,更請師云:雅願大德授我某甲菩薩戒。(隋智顗《菩薩戒義疏》T40n1811p0568a29—b02)

雅願,甚願也。

時提婆菩薩自執師子國來求論義。謂門者曰:幸為通謁。時門者遂為白。龍猛雅知其名,盛滿鉢水。命弟子曰:汝持是水示彼提婆。提婆見水,默而投針。弟子持鉢懷疑而返。(唐玄奘《大唐西域記》;T51n2087j10p929a27—b03)

雅知,頗知也。

……而龍猛風範,懍然肅物,言談者皆伏抑首。提婆素挹風徽,久希請益,方欲受業。先騁機神。雅懼威嚴,昇堂僻坐,談玄永日,辭義清高。(同上,T51n2087j10p929b10—b13)

雅懼,頗懼也。

擿幽旨 40頁注:"揭示深邃的意旨。"出詞條時,"擿"字後注音tì。按這樣注音,意思是剔除,挑剔。不對。此處此字與"摘"同,謂摘取,選取。選取而後揭示,本也相通,但不可念tì。

譬如御車,摘取芭蕉之樹一葉,謂之為堅,在手即微。次第擿取,至其根株,無一堅固。(西晉竺法護《修行道地經》T15n606j04p210c20—22)

前用"摘取",後用"擿取","擿"即是"摘"。

---

①張相《詩詞曲語辭匯釋》160頁,中華書局,1953。

邊情諂詖 40頁注:“偏激之情邪僻險惡。詖bì,邪僻。”

前文説翻譯有錯,把“不來相”譯為“辱來”等,接下來就説這樣譯是“邪僻險惡”,前譯者開創新途,容或不當,還不至於行為邪僻,用心險惡。知此解不合常理。“邊”,佛經中常謂過或不及為“邊”,也説增加或減損為“邊”,總之是不正確。邊情,指譯文中不正確的情況。

《説文(三上)·言部》:

> 諂,問也……《周書》曰:‘勿以諂人。’”段玉裁注:“《立政》文。按此偁《周書》説假借也。《立政》:‘勿用諂人,其惟起士。’此諂正憸之假借。《心部》曰:‘憸,詖也。……’依今音訓,問,則魚窆切;諂人,則息廉切。

按段説,“諂”通“憸”,而“憸,詖也。”《説文(三上)·言部》:“詖,……古文以為頗字。”由是知“諂”“憸”“詖”皆可有偏頗義。然則“諂”“詖”二字同義連用,並非邪僻險惡。文中“邊情諂詖”,意思是譯文中不正確之處,偏邪不正。

《漢語大詞典·言部》:釋“諂詖”:

> 險佞;奸邪。唐寒山《詩》之一五〇:“俗薄真成薄,人心箇不同,殷翁笑柳老,柳老笑殷翁,何故兩相笑,俱行諂詖中。”《華嚴經·世主妙嚴品》:“衆生諂詖不修德,迷惑沉淪生死中。”澄觀疏:“偈云諂詖,即諂佞也。”

寒山詩説兩人互相取笑,也不至於是險佞奸邪。特別與“佞”無關。《華嚴經》説眾生不修德,沉迷不悟,也不好説他們個個花言巧語,阿諛逢迎。兩例“諂詖”只當是偏邪不正的意思。

淪湑 43頁注:“相率淪喪。”

《詩經·小雅·雨無正》:“若此無罪,淪胥以鋪。”王引之《經義述聞》卷六“淪胥以鋪”條,釋“淪胥”為“相率”,“淪胥以鋪”,謂“相率而入于刑,入于刑則病苦”。其解可從。朱用舊注之説。

豈徒則悦而已 43頁注:“哪里衹[①]光是一時高興而已。”

注以“衹光是”譯“徒”,似乎是以“一時”釋“則”,非是。或者不解其意,含混過去,“一時”只是據意而加。今謂:“則悦”為一詞,不宜强行分解。《詩經·國風·草蟲》:“陟彼南山,言采其蕨,未見君子,憂心惙惙。亦既見止,亦既覯止,我心則説。”“則説”即“則悦”,古人多有節取古書中兩字以為雙音詞

①原文“衹”誤作“祇”,徑改。

者，而不顧其中一字之原意。"則悅"的意思只是"悅"。

法師于秦語大格，唯譯一往，方言殊好，猶隔而未通　44頁未出注。此句難解，當出注。

(1)大格：猶如說大致，大要，大略。此處作動詞用，言大致明瞭，知其大要，或大略懂得。"大格"作"大致、大要、大略"解的例：

問：無得財施何如無得法施？有得財施亦作此問。答：財、法不二，則無得財施與無得法施無有優劣。但無優劣，優劣義則法施為勝，財施為劣也。有得法施亦勝，有得財施(亦勝)，大格如此也。(隋吉藏《金剛般若疏》；T33n1699j03p108b29—c04)

"大格如此"，大致如此也。

大小乘義，乃優劣懸殊，如來制立，大格相似。小乘則七方便伏，苦忍斷之。大乘三十心伏，初地斷也。(隋吉藏《淨名玄論》T38n1780j05p888c12—15)

"大格相似"，謂大致相似，大略相似。

眞宗九會四分，彰其大格，現文若此，具本難彰。(唐澄觀《大華嚴經略策》T37n1737j01p703a19—20)

"彰其大格"，顯其大要。

(2)唯譯一往：《大正藏·出三藏記集》作"唯識一法"，(T55n2145j10p75a29)當據以校正。"唯識一法"，就是只懂得秦語一途。

(3)秦語：通行于秦境内的漢語。其地位與現時所說的"普通話"類似。

(4)方言：此方語言，單獨說，即指當時的漢語。與"秦語"相對而言，謂通行于長安地區的漢語。如果可以打比方，與今時的道地的北京話的地位相當。

校競　44頁"進欲停筆爭是，則校競終日，卒無所成。"未出注。

"校競"當作"挍競"，謂計較，爭執。中土文獻有"校競"。《隋書·獨孤羅傳》：

諸弟見羅少長貧賤，每輕侮之，不以兄禮事也。然性長者，亦不與諸弟校競長短。(《隋書》1789頁，中華書局，1973)

"校競"，即佛籍中的"挍競"。

傷手　44頁"退欲簡而便之，則負傷手穿鑿之譏。"未出注。

“傷手”的意思是受損傷。這裏指經義受損。

若譯而可削,恐貽患於傷手。今傳而必本,庶無譏於溢言。(唐玄奘《大般若波羅蜜多經》T5n220 p01a27—29)

玄奘此處用“傷手”,與僧叡用的“傷手”意義相同。那裏説“簡而便之”這裏説“譯而可削”。那裏説“負……譏”,這裏説“貽患”。

謂般若正智不可以偏見取,取則傷手害實。(南宋善月《佛説仁王護國般若波羅蜜經疏神寶記》T33n1706p287c14—15)

此例更晚一些,意思還是受損。

“傷手”有“受損”義,當與佛經中常言“執緩則傷手”“犯鋒傷手”有關。“執緩則傷手”例如:

譬如拔菅草,執緩則傷手(劉宋求那跋陀羅《雜阿含經》T02n99p364a23)

自無 49頁“散眾微於自無之境”,未出注。

吴康僧會《六度集經》説:“有本自無,因緣成諸。盛者必衰,實者必虚。”(T03n152pp23a05)“有”自“無”來,“自無”即“有”。“有”,指現實存在的客觀世界。

愔愔然 49頁“愔愔然覆美稱之實”,未出注。

“愔愔然”,幽深的樣子。後漢蔡琰《胡笳十八拍》:“雁飛高兮邈難尋,空腸斷兮思愔愔。”(《樂府詩集》卷59)後人的用例,如《范文正公集附録》:“嘖嘖雀噪屋,愔愔蛛網門。”“愔愔然覆美稱之實”,全句是説,佛經美妙的内容,被幽深的文字形式所覆蓋。

承華天哲 49頁“承華天哲,道嗣聖躬”,未出注。

是説太子天生聖哲。承華,謂承華門,太子宫門,因以為太子的代稱。《文選》陸機《贈馮文羆遷斥丘令》:“閶闔既闢,承華再建。”李善注引《洛陽記》:“太子宫在太宫東薄室門外,中有承華門。”

妙度淵極,特體明旨,遂讚其事 49頁未出注。

(1)妙度,謂神妙的由此岸到彼岸的智慧。

西晉無羅叉《放光般若經》:“爾時尊者舍利弗……諸優婆塞、優婆夷,俱白佛言:‘唯,世尊! 般若波羅蜜者,是菩薩摩訶薩之最大度、上度、妙度、無上尊度,唯世尊辯才之度無與等者。’”(T08n221p10b20—25)

(2)特體,《舍利弗阿毗曇序》原本作“持體”,當據以校正。持體,是說把握住佛法的本質。

(3)讚,通贊,助也。常訓。

討其繁重,領其指歸 50頁注:“批評譯文的繁複,歸納領會到主旨大意。”

討,謂删除,不是“征討”的“討”。《禮記·禮器》:“君子之於禮也,有直而行也,有曲而殺也,有經而等也,有順而討也。”鄭玄注:“討,猶去也。”

鑽訪 51頁“招學鑽訪”,未出注。

“鑽”,宋本元本明本皆作“讚”,作“讚”是。《文選》王巾《頭陀寺碑文》:“於是馬鳴幽讚,龍樹虛求。”李善注:“《周易》曰:‘幽贊於神明而生蓍。’王弼曰:‘幽,深;贊,明也。’”“明”,意即闡明,解釋。

“訪”的意思是探求。《晉書·儒林傳序》:“於是傍求蠹簡,博訪遺書。”

“招學贊訪”,廣招學眾,來解釋經的文字,探求經的意義。

所以省者息心玄門 51頁未出注。

看一下我們在下面所引佛經,才好知道這話是什麼意思:

> “息心自省”者云何?息心而自省己。所謂省己者,戒、聞、施慧。是為妙法。(姚秦竺佛念《出曜經》T04n212p689b23—24)

用來省悟自身的,是在佛法中息心靜慮。而省悟的内容是戒慧、聞慧、施慧。這句話是説竺道生在注解《勝鬘經》之後,就以佛法修身養性,“至大明四年。孝武皇帝以其師習有承,勅出為都邑”,到這個時候才以皇命出來做地方官。此句當後屬,而不當如選本那樣,以之屬前,綴于“時人以為文廣義隱”之後。

玄門,指佛法。

鑽仰 52頁“研味鑽仰,愈不可測”,未出注。

鑽仰,以崇敬的心情深入探求。語出《論語·子罕》“鑽之彌堅,仰之彌高。”

牽課羸恙 58頁注:“牽引徵用弱病之體,即拖著病體。”

釋“牽課”為“牽引徵用”,後帶賓語“弱病之體”,難以接受。“即拖著病體”,近似。

“牽課”本指徵收(賦稅)。《宋書·武帝紀》:

凡寰衛貢職，山淵採捕，皆當詳辨産殖，考順歲時，勿使牽課虛懸，睽忤氣序。庶簡約之風有孚於品性，惠敏之訓無漏於幽仄。（122頁，北京：中華書局，1974；此件後稱《審貢賦詔》）

稍後，有了勉力或勉力而為的意思，可能與徵收賦稅之難而又不得不收有些關係。《梁書·徐勉傳》：

今之所敕，畧言此意。正謂為家以來，不事資産。既立墅舍，以乖舊業，陳其始末，無愧懷抱。兼吾年時朽暮，心力稍殫，牽課奉公，畧不克舉。其中餘暇，裁可自休。（385頁，北京：中華書局，1973）

"牽課"與疾病字連用，是説於病中勉力而為，有帶病堅持之意。例如《宋書·謝莊傳》：

稟生多病，天下所悉。兩脅癖疾，殆與生俱。一月發動，不減兩三。每至一惡痛來逼心，氣餘如綖。利患數年，遂成痼疾，吸吸惙惙，常如行屍。恒居死病而不復道者，豈是疾痊？直以荷恩深重，思答殊施，牽課尫瘵，以綜所忝。（2171頁，北京：中華書局，1974；此件後稱《與大司馬江夏王恭箋》）

謝莊的病可能比較嚴重，有殘疾和癆病。僧佑只不過是病弱，但都是以有病之軀勉力而為。

一音振辯，應乎群有之境　55頁注："謂用語言來傳播一切萬有的學説。"

"音"當然可以説是"語言"，但回避了"一音"的"一"。如果不是佛籍，説"群有"是"一切萬有"也過得去。當我們考慮到這裏是有學問的僧人的撰著的時候，這樣解釋就不太合適了。"一音"，是指佛的音聲。

佛以一音演説法，衆生隨類各得解。（鳩摩羅什《維摩詰所説經》T14n475p538a02）

"群有"，許多的"有"，各種各樣的"有"。"有"指有因有果，是果報的意思。佛經有"三有""九有""二十五有"的説法，不能一一説解。

三復九思　58頁"三復九思，事取實録"，未出注。

三復九思，是説反復多次查證判斷。三復，謂多次重複，處事謹慎。典出《論語·先進》"南容三復白圭"。九思，出於《論語·季氏》："君子有九思：視思明，聽思聰，色思温，貌思恭，言思忠，事思敬，疑思問，忿思難，見得思義。"

這裏泛指不厭其煩地查考。

秉牘凝翰 58頁注:"拿著經書,凝視毛筆。"

"凝"没有凝視的意思。"秉牘凝翰",是説拿著(供寫字用的)木片寫成文辭。凝,凝成,形成。《書·皋陶謨》:"撫於五辰,庶績其凝。"傳:"凝,成也。"

鹿輪 59頁"鹿輪轉眼,體制區分",未出注。

鹿輪,64書之一。西晉竺法護《普曜經》敍述64書,首標梵、佉盧,鹿輪列在31種(T3n186p498b11—12)。"鹿輪轉眼",是説鹿輪等文字一轉眼即成為過去。猜想僧佑挑選出鹿輪書來説,是要和"轉"眼相配搭。"鹿輪"與"轆轤"音近,而"轆轤"是一種外形似輪盤可轉動不息的機械。

龍鬼八部 59頁"龍鬼八部,字體殊式",未出注。

後世稱"天龍八部",這八部是:一天、二龍、三夜叉、四幹闥婆、五阿修羅、六迦樓羅、七緊那羅、八摩睺迦。句意是説,這些護佛法有功的各界,它們也有各種不同的文字。

西方寫經,雖同祖梵文,然三十六國往往有異,譬諸中土猶篆籀之變體乎 60頁注:"這裏僧佑把印度、西域文字差别,比作漢字字體演變。案此類比大體不錯。"

今謂此注最後一句可删。僧佑以為"西方"即指36國,《漢書·西域傳》所説的三十六國,本就不妥。當時的西域,在今新疆境内,部分在今哈薩克斯坦、吉爾吉斯、烏兹别克、阿富汗境内。而廣義的西域則指原"西域"以西的更廣大的地區。現在假定,這個廣義的西域,也許有祖梵文而寫經的,但決不可能"同祖梵文"。我們當世發現了有吐火羅文書寫佛經的古跡,但没有聽説有吐火羅文祖于梵文之説。即算是祖于梵文,也不好説它們的區别"猶篆籀之變體"。我們可以説西班牙語、葡萄牙語、法語、意大利語、羅馬尼亞語從拉丁語派生出來,但不可以説西班牙語、法語、羅馬尼亞語等的區别,如同漢語之有篆、籀等書體不同一樣。

傍生八體,則有仙龍雲芝;二十四書,則有揩草鍼殳 60頁未出注。

我判斷注家的高低,當然看他注得准不準確,也看他能不能迎難而上。如果避難就易,或許知道的多注,知之甚少或者根本不知的就不注,因為他自己就没有讀懂。這樣就不算高明。比如此處,除"八體"有詞典可查外,多處難懂需要加注,然而不注,這不是一個負責任的辦法。我們現在來作評,懂就懂了,没有懂也不藏拙,實事求是。我來試著就此作些解釋,以就教于二位朱教授和廣大讀者諸君。

(1)八體:老八體謂大篆、小篆、刻符、蟲書、摹印、署書、殳書、隸書。見漢許慎《說文解字序》。新八體謂古文、大篆、小篆、隸書、飛白、八分、行書、草書。見唐張懷瓘《書斷》。這是轉述,並無新意,是所謂的傳習性注解。

(2)仙龍雲芝:以動物龍、植物芝形容筆勢、筆意和字體的姿態。所謂“仙龍”,以寫其靈動。所謂“雲芝”,以狀其瑞麗。

(3)二十四書:未聞。可能僧佑以梵邦既有64書,則中土可有24書,只言其多,未必就鑿實有24種書體。這24書,當包括八體在內。

(4)揩草鐫殳:“揩”當為“楷”。“草”謂草書。“鐫”通“鈐”,指印章上的字,即摹印。“殳”即殳書,寫在兵器上的字。

(所以名半字者,義未具足,故事體半偏……所以名滿字者,理既究竟,故字體圓滿……)**故半字惡義,以譬煩惱,滿字善義,以譬常住** 61頁注:“這個‘故’字用得不是地方。中文裏要麼不用關係詞,結果意思得讓人去猜,比如‘你去我也去’,不知道是表示條件(只要……),還是表示假設(如果……),還是並立(……同時……),還是什麼别的;要麼濫用關係詞,這裏的‘故’就實在不明不白。按佛教所生而言,生煩惱者為半,生善者為滿。生善者中,生世善者為半,生出世善者為滿。出世善中,出小乘之行者為半,大乘者為滿。《涅槃經》中的半字為煩惱言説的根本,滿字是一切善法的根本。”

佛經中常有賦予某些語言現象以某種意義的情況。下面是字母發音各有意義的例:

> 佛告文殊師利:一切諸法入於字母及陀羅尼字。文殊師利,如説“阿”字是出無常聲。説長“阿”字是出離我聲。説“伊”字出諸根聲。説長“伊”字出疾疫聲。説“憂”字出荒亂聲。説長“憂”字出下眾生聲。説“釐”字出直軟相續聲。説長“釐”字出斷染遊戲聲。説“梨”字出相生法聲。説長“梨”字出三有染相聲。……(梁僧伽婆羅《文殊師利問經》T14n468p498a07—b08)

> 諸音響中,出種種聲。唱“阿”字時,諸行無常,出如是聲。唱“伊”字時,一切諸根門户閉塞,出如是聲。唱“優”字時,心得寂定,出如是聲。唱“咽”字時,諸六入道皆證知故,出如是聲。唱“嗚”字時,當得渡

於大煩惱海，出如是聲。唱"迦"字時，當受諸有業報所作，出如是聲。唱"佉"字時，教拔一切煩惱根本，出如是聲。唱"伽"字時，十二因緣甚深難越，出如是聲……（隋闍那崛多《佛本行集經》T03n190p704a18—c13）

上例都以為字母發音有特定的意義。與這種情況相仿，佛經又有多處說到文字的構造形式具有特定的意義。他們將文字的構件稱為"半字"，將文字的完形稱為"滿字"。認為"半字惡義"，"滿字善義"。為什麼半字譬諸煩惱呢？因為半字"義未具足"，"字體半偏"。為什麼滿字譬諸常住呢？因為"理既究竟"，"字體圓滿"。在僧佑看來，這裏明明有因果關係，用"故"字理所應當。而注者卻在這裏大發其議論，說"這個'故'字用得不是地方"。還借題發揮，連帶說到漢語"不用關係詞"，"意思得讓人去猜"。真是"辛辛苦苦幾十年，一下回到解放前"。1949年前，外國人說漢語是單音節語，沒有形態變化，是低階語言。新中国成立以後，我們批評這種看法，認為語言無所謂優劣，無所謂高級低級，能表情達意就好。中國人民站起來的同時，漢語也取得了立於世界語言之林的平等地位。批評者認為，說漢語是劣等語言，是為了說中華民族是劣等民族，是為侵略者張目。隨著國力的增强，國際地位的提高，有的人甚至認為漢語是世界上最好的語言，並預言21世紀將是漢語的世紀。持這種看法的不乏大師和名家。而我輩常人，仍然以為，語言無所謂優劣，漢語不好說是世界上最優秀的語言，哪一種語言都不能這麼說，但漢語是世界上最有影響的語言之一，有越來越多的人學習它，這是不容爭辯的事實。而按我們的注家的意見，漢語是肯定不如人了，這是我們所不能認同的。

兩位注家都有很好的外語根底，他們當然不會不知道一門新興的學科，語用學(pragmatics)。這門學科是對話語怎樣在情境中獲得意義的研究。注家以為"你去我也去"不知道是表示條件，是表示假設，還是表示並立，還是其他什麼。我們肯定地回答說，只要把這話放到情境中去，其義自顯，無煩你脫離語境來做或此或彼的質詢。

讀者諸君看到這裏，有人會要說我節外生枝，怎麼討論起漢語的優劣來？我以為節外生枝的不是我。如果"故"字確實用錯了，那是僧佑的事，他已經故世，你怎麼批評他也不會還口。可他們卻無緣無故扯到"中文"當用關係詞不用，而不當用的卻“不明不白”地用上了。把個别作家可能的語病(?)栽到整個漢語頭上來，我不得不作些回應。不然的話，會有人説“秦無人”了。

若高不絶山阜，跛羊淩其顛；深不絶涓流，孺子浴其淵 69頁注：“(主峰)高(是因為)不拒絶(拱抱的)眾山阜，(没了那些山阜，主峰就不會高，)跛腳羊就都能爬上山頂；(溝壑)深(是因為)不拒絶眾多的小溪流，(没了那些溪流，溝壑就不會深，)小孩都能在那裏洗澡。”

問題是：兩個含有“没了”的括弧裏的話是從哪里來的呢？是注釋者想出來的，作不得數。如果去除這兩個括弧裏的話，語氣就難貫通，話不成話了。(主峰)高(是因為)不拒絶(拱抱的)眾山阜，跛腳羊就都能爬上山頂；(溝壑)深(是因為)不拒絶眾多的小溪流，小孩都能在那裏洗澡。再者，“溝壑”的意思是山溝，有没有水還説不定，怎麼可以在那裏洗澡呢？

《孫子兵法·行軍》：“絶山依谷”，杜牧注：絶，過也。張預注：絶，越也。歷程的越過，與相比較而超過，義得引申。“高不絶山阜”，謂高不超過山阜。連帶説到水深，“深不絶涓流”，謂其深没有超過細流。

而竺道祖僧祐王宗寶唱李廓法上靈裕等諸録。述著眾經並云。朱士行翻此 90頁未出注。

當標點為：“……等諸録，述著眾經，並云：朱士行翻此。”

録：指眾經目録一類的書。晉道安著《綜理眾經目録》，梁僧祐著《出三藏集記》，梁寶唱著《經目》，北魏李廓著魏世《眾經目録》，北齊法上著齊世《眾經目録》，隋靈裕著齊世《三寶記》。唯王宗及其著述，未聞。

房審梭勘支敏度録，《高僧傳》出經後記，諸雜别目等，乃是無羅叉、竺叔蘭等三人詳譯 90頁未出注。

當標點為：“房審梭勘支敏度録，《高僧傳》，出經後記，諸雜别目等，乃是無羅叉、竺叔蘭等三人詳譯。”

房，按《中國佛籍譯論選輯評注》標點體式，當於下作横線，費長房自稱。梭，當作校。審校勘，言精審地校勘。

支敏度録，謂晉僧支敏度所著《譯經録》。

出經後記，當指各重要譯經之後所載“出經後記”，非《高僧傳》之“出經後記”，梁慧皎《高僧傳》没有“出經後記”。

經録所載，無得稱焉 106頁注："以前經録中所記載的，都好極了。"

《論語·泰伯》："泰伯，其可謂至德也已矣。三以天下讓，民無得而稱焉。"這是注"無得稱焉"為"都好極了"之所本。"稱"的意思稱道，讚揚。為什麼"三以天下讓"，人民對他没有什麼可值得稱揚的呢？既無可稱道，又為什麼説他是"至德"呢？何晏《集解》引王肅："其讓隱，故民家無得而稱言之者，所以為至德也。"就是説，他不要君位是不圖利，而人民不知情，是他不要名，所以説是"至德"。並不是"無得稱焉"就是好極了。

孔子在另一個地方説："齊景公有馬千駟，死之日，民無得稱焉。伯夷叔齊餓于首陽之下，民到於今稱之。"(《論語·衛靈公》)這裏"民無得稱焉"就不是好話，而是説，雖然他富有，但無德可言，人民説不出好話來。倒是伯夷叔齊，人民到現在(孔子時代)還稱頌他們。

如果注家的注是正確的，以前經録所載都好，那麼，後面就不應當又説有許多經譯得不好。後面的文字説："厥斯以降，輕靡一期，騰實未離，講悟蓋寡。"又説："習俗生常，知遇難改。雖欲徙[①]轍，終陷前蹤"，"梵僧執葉，相等情乖，音語莫通，是非俱濫"。這還談得上所譯"都好極了"嗎？

由此可知，"無得稱焉"用的是它的本義，意思是没有什麼好説的。如果這樣説没錯，那又怎麼解釋後文"斯何故耶？諒以言傳理詣，惑遣道清，有由寄也"？這話是解釋前文"翻譯之功，誠遠大矣"的，並不是解釋"無得稱"的。正因為把翻譯之功錯看成是"前録所載無得稱焉"之功，才有"都好極了"的解釋。

遂有僥倖時譽叨臨，傳述逐轉，鋪詞返音列喻，繁略科斷，比事擬倫，語跡雖同，校理誠異 107頁注："此處羅新璋斷句為：'遂有僥倖，時譽叨臨，傳述逐轉，鋪詞返音，列喻繁略，科斷比事，擬倫語跡雖同，校理誠異。'"

這裏没有告訴我們，羅新璋這樣斷，句意是什麼。也没有説明注家為什麼不取羅説，也没有説明注家如此斷句，句意當是怎樣。我前文説過，即使我不是注者，只是來評論注家注得正確與否，也不想藏拙，懂就懂了，不懂不裝懂。我的意見，當如下標點：

> 遂有僥倖時譽，叨臨傳述，逐轉鋪詞，返音列喻，繁略科斷，比事擬倫，語跡雖同，校理誠異。

---

①徙，注本誤作"徒"，今據原文徑改。

於是就有人仗著當時有點名氣，僥倖地參與了翻譯事業，遣詞隨文而變，設喻反復回環，斟酌繁簡，比擬事類，雖然語言没有差錯，而計較起來，義理確乎與原意不合。

如果注家不嫌棄，不妨將自己所理解的意義也寫出來，以便切磋。現在注家不説，就没有辦法讓我們的理解深入一步。説到這份上，乾脆將我已經放棄了的一條補寫到此。

(寶重故防深，)**功高故校廣**　43頁注："軍功高因而領軍多，兵營大。校——軍營名稱。"

我的朋友釋宗舜教授説："這是典型的望文生義。其實功高，是指《大品經》的功德高，所以在校量(較量，比較)功德的時候，分析廣闊。也就是從各個方面，用各種比喻，來説明《大品經》比别的經殊勝。這是佛經常用的方式，與'軍營'何干？"

我回言：此條"我未加議論，不是承認其正確，而是因為我自己没有恰當的解釋。續藏經(《大智度論疏》卷24)説：'所以慇懃囑累者，以寶重故防深，所以校量廣濶者，以功高故校廣，一切大乘諸經皆爾，非但一部而已。'這一説法，當然較朱注為勝，但功高何以就較量廣闊？仍然不能服衆。你説：'在校量(較量，比較)功德的時候，分析廣闊。'那'分析'二字，是增加字，亦所不安。我曾考慮讀'校廣'為'效廣'，'功高故效廣'，是説德高就影響大。釋"效"為功效、效用。但終因此説無據，没有寫出。"

宗舜進而解釋道：

> 關於"功高校廣"，因倉促回信，没有説清。這個詞，其實涉及的就是佛教的義理問題。所謂校，就是校量，比較。校廣，即廣闊(大量)地比較。我只要抄兩個舊釋，先生當即明白何以功高即當廣校。
>
> 【校量】(術語)又曰較量。校、較雖通，而以校為本。《廣韻》曰："較，又古孝切，音教，與校通，比較也。"比量物之多少曰校量。
>
> 【校量數】(術語)欲讚歎任何之功德，先假舉一大功德，使知其分量，而後以之況知其他功德之更大也。天臺嘉祥謂之格量數，慈恩謂之校量數。法華經隨喜功德品之所明者，其一例也。
>
> 《大品般若》，稱為般若之淵藪，《金剛經》所謂，受持一四句偈的功德，勝過用恒河沙等珍寶佈施。這就是"校量"功德。這是用一件事物

來校量，還不能算多。佛經中，還會舉各種功德很大的事情來説，然後説，受持《大般若經》的功德，比這些這些都要大。這就是“校廣”。先生問：“但功高何以就較量廣闊？”是為了凸顯此經勝過他經。我前信所説未周，拘泥于按照原詞序解説，其實直解釋成“功高故廣校”，前句解釋作“寶重故深防”，當無問題。

宗舜是佛門中人，他對經的理解自强於我們這些外行。本來這一條我打算“藏拙”，隱而不言。想了一想，還是老實一點，公之於眾。這並不妨礙我繼續求真。大凡裝做對佛經什麼都懂的人，或者竟有許多不明白的地方。我的文章到此為止。但對《中國佛籍譯論選輯評注》的研讀，還將繼續，以求得讀佛籍能力的提升，活到老，學到老。

郭譯十首農事詩商榷①

郭沫若《青銅時代》載有《由周代農事詩論到周代社會》一文，這篇文章對周代十首農事詩作了訓解和翻譯。其中訓詁有諸多可商之處，今録若干條於下。

一、《噫嘻》篇“既昭假爾”

《噫嘻》篇郭氏有兩次解釋和翻譯，另一次見於《雄雞集》。兩次互有得失，大致説來，詩的前四句以《青銅時代》的譯文近於正確，後半部分則以《雄雞集》為長。認為“昭假”一定是昭假神靈，代詞“爾”只能用於複數，“私”借為“耜”，這些都有人提過異議，我們也認為這樣説法與語言事實不符，但也不想追加質疑了。這裏只説那個“既”字。我們從譯文中可以看出郭氏對“既”的理解。《青銅時代》譯《噫嘻》篇前半首説：

> 啊啊，我們的主子周成王既已經召集了你們來，
> 要你們率領著這些農夫去播種百穀。

譯文“既”與“已經”連用，實作“已經”解，這是對的。但《詩經》中“既”還有關聯作用，譯文似乎没有充分注意到。“既”常常用於表時從句中，後面出現主句。從句還帶有條件、原因的意味。如：

> 未見君子，憂心忡忡；
> 既見君子，我心則降。（《出車》）

“既見君子”是時間從句，也是“我心則降”的原因和和條件。

和這類情況相近，大多數帶“既”的從句則表示推理，後面的主句表示結論。翻譯起來，成為“既然已經……那就……”的格局。如：

> 既阻我德，賈用不售。（《谷風》）
> 既取我子，無毁我室。（《鴟鴞》）

①這是1986年的文章，忘記發表在甚麼地方了。這裏據油印件録入。

上句可譯為:既然已經認為我德性不良,那就象做生意東西賣不出一樣(無人過問)了。下句可譯為:既然已經奪走了我的子女,那就不要再毀壞我的房室。

在《噫嘻》篇譯文中,認為"既"純粹表時,恐不妥當。這裏的"既"帶有强烈的申述理由的意味,理由一直延伸到"播厥百穀",其後全是推理得出的結論。原詩不長,抄録如下:

噫嘻成王,既昭假爾,率時農夫,播厥百穀,駿發爾私,終三十里,亦服爾耕,十千維耦。

總起來看,全詩只是一個複句,意思是:啊,(各位田官,)成王既已召集你們來率領農夫播種,那就趕快大面積耕種私田,也大規模耕種公田吧!

《詩經》中的"既"用於前分句中,後分句也有表示疊加的。因為與剛才討論的問題無關,上文没有提及。茲舉一例:

覯閔既多,受侮不少。(《柏舟》)

二、《臣工》篇"嗟嗟臣工"

"臣工"是什麽人? 郭沫若以為是"耕作的人們","臣"作"奴隸"解,"工"作"做工"解。但"臣"在《詩經》中既有臣僕的意義,又有"君臣"之"臣"的意義。如《泮水》"矯矯虎臣"。《詩經》中兩個"工"字,除這裏的"臣工"外,就是《楚茨》的"工祝致告"。那個"工"當"官"講,"工祝"即"祝官",所以馬瑞辰《毛詩傳箋通釋》釋"臣工"為"群臣百官",引《小爾雅》:"工,官也。"《堯典》"允釐百工",《史記》作"信飭百官"。證"工"即"官"。馬説可從。為討論方便計,先把前四句都引下來:

嗟嗟臣工,敬爾在公。王釐爾成,來咨來茹。

《詩經》中凡言"敬",都指有身份的人。如《雨無正》:"凡百君子,各敬爾身。"《抑》:"慎爾出話,敬爾威儀。"《敬之》:"敬之敬之,天維顯思,命不易哉!"這裏"敬爾在公"的,也不應當是低賤的人。下文説王賜你們以成法,遇事按成法進行謀劃商度。"釐"通"賚",譯為賜,"成"通"程",譯為成法。"來咨來茹",馬瑞辰、陳奂都説"猶是咨是茹",即謀之度之。照這樣理解,這正好是對群臣百官説的話,要他們敬慎從事,按照王所製成法進行謀度,各盡自己的職責。

三、“將受厥明”

同篇“於皇來牟，將受厥明，明昭上帝，訖用康年。”其中“將受厥明”一句，鄭箋：“大受其光明”，朱熹《集傳》：“可以受上帝之明賜。”馬瑞辰《通釋》解為“將且受厥成”，“古以年谷豐熟為成”，引《爾雅·釋詁》：“明，成也。”舊注當以《通釋》之説為優。郭沫若破“受”為“抽”，破“明”為“芒”，譯此句為“將要抽穗了”。破字苦無書證，特別是把“受”講成“抽”，很難讓人想通。今疑此句當與下文連貫起來解釋，是説將要接受明昭上帝所賜予的豐收。“將受厥明”連前後文似當作如下理解：

於，皇來牟將受厥明昭上帝迄用康年。

“迄用”，猶給與。“迄”通“乞”，“用”與“以”同。“康年”，猶豐收。類似的句式如：

“胡不相畏，不畏於天?”（《雨無正》）言何不畏於天。

“以似以續，續古之人。”（《良耜》）言以之嗣續古人。

“無矢我陵，我陵我阿，無飲我泉，我泉我池!”（《皇矣》）言無陳兵于我陵阿，無飲于我泉池。

“四方之綱，之綱之紀。”（《假樂》）言四方之綱紀。

本處所引詩句似可譯為：啊，美好的小麥良種！（我們）就將接受到光明（普及四方）的上帝所賜予的豐收年成。

四、《豐年》篇“萬億及秭”

毛《傳》：“數萬至萬曰億，數億至億曰秭。”《正義》説：“毛以億云及秭，萬下不云及億，嫌為萬個億，故辯之也。知然者，以億言及秭，則萬與億亦相累，但不可再言及耳。”據此，“萬億及秭”的意思是積萬個萬而至於億，積億個億而至於秭。今謂“秭”字從禾，是表示禾的多少的量詞。《儀禮·聘禮》注及《説文》都説秭為二百秉（割禾滿一把為秉）。“萬億及秭”即“及萬億秭”，積聚到了一萬億秭，極言其多。必言“萬億及秭”者，兩字一頓，使音節和諧。如果用“及萬億秭”，則不好在“萬”字後一頓。這是古人講究音韻修辭，重視音頓的好例。出於音頓和押韻的需要而調整詞序的例子，又如：

①篤生武王。（《大明》）

②伴奂爾游矣，優游爾休矣。(《卷阿》)

③維彼不順，自獨俾臧。(《桑柔》)

④德音無良。(《日月》)

例①"篤"，形容詞，本當在"武王"前，作"武王"的定語。例②"伴奂""優游"原應在"爾"之後，修飾動詞"游"與"休"。例③後一句的順序，在調整之前該是：俾自獨臧。例④的原意是没有好的德音，"無良德音"。

郭澤此句為"屯積著整千整萬整十億石的糧"，是意譯，不知郭氏對"秭"的理解如何。不過他用"整千整萬整十萬"這樣的詞語，顯然有積累疊加之意，似乎是從毛《傳》。

五、《載芟》篇"侯主侯伯，侯亞侯旅，侯强侯以"

郭氏以為主、伯、亞、旅是王、公卿、大夫。周代以農立國，文王及其祖先大概親自種過田。武王以下各王，貴為天子，已不親自耕種，只耕一下耤田，做個樣子。《載芟》中的"主"親身芟柞耕耘，應當不是周王，而是姬姓的一個大家族主。如果"主"是王，下文"婦"便是后。王后送飯，史實無征。"思媚其婦，有依其士"，漂亮的婦人啊，可愛的男子。如果這婦人是指王后，于文亦甚不得體。"主"既不是王，相應地，伯、亞、旅也不是公卿、大夫，而是長子、諸子以及眾晚輩。

"强"，相沿都認為是"自治其田、復有餘力治人之田"的人。"以"釋為"用"，謂雇傭之人。釋"强"是，釋"以"恐非。《用禮·遂人》："以彊予任甿。""彊"即此"侯强"之"强"，指有餘力之人。古"予""余"通，"余"又與"餘"通，是"予"亦得通"餘"，蓋謂餘夫。《孟子·滕文公上》注："餘夫者，一家一人受田，其餘老少尚有餘力者。"《周禮》的意思是：使强力者和餘夫都有事可做，發揮農民的潛在勞力。"彊""予"都兼代其所修飾的中心詞，用如名詞。《詩經》中的"以"，即《周禮》中的"予"，"予""以"得相通。馬瑞辰説："予即與也，與猶以也。"《載芟》詩是説，參加農耕的有這個家族中所有男勞力，和能動員來的全部强力者和餘夫。

郭沫若説："以與强為對文，應當讀成騃或駘，即是不强的人。"先假定"以"的意義與"强"相對待，然後去找一個音近、意義也近的字，説是它的假借，這種方法有它的弱點，不可輕信。况且"騃"，《説文》："馬行仡仡也。""仡佐”是勇壯的樣子，不可説是“不强”。《方言》説：“㑲，騃也。”那是後起的借字。駘，《説文》：“馬銜脱也”。《廣雅》説：“駑，駘也。”那也是後起義。用後來才有的意義去説解早期的文獻，不足為憑。即使早有這類意義，“㑲”與“駑”同勞動力不强也不能劃等號，所以郭説不能算是定論，還可以商酌。我們前面的看法，也未敢説是定論，只是許多意見中的一種，拿出來供商酌時參考。

六、“有厭其傑，厭厭其苗，綿綿其麃。”

這也是《載芟》篇裏的詩句。鄭箋：“傑，先長者。厭厭其苗，衆齊等也。”孔疏：“有厭然而特茂者其傑立之苗也，厭厭然而長大者，其齊等之苗也。於是農人則緜緜然用其力麃芸之。”

郭沫若是這樣譯的：

先出土的沖得多高呵！

苗條真是聰駿可愛呵，不斷地還在往上標呵！

今謂“厭”是飽滿之意，這裏指苗壯，充滿生機。“有厭”與“厭厭”大致相同。不同的是前者是附加詞，言其程度深，後者是重言詞，兼言其數量多。郭譯“有厭”為“衝得多高”與原意相去未遠，中句譯法則實難令人接受，不知禾苗如何能聰明俊俏（“駿”疑“俊”之誤）。“麃”通“穮”，本義是耘禾，這裏作名詞用，指已耘之禾。“綿綿”，茂密的樣子，郭譯為“不斷地”，還没離“譜兒”。而譯“麃”為“往上標”，就大概是按方言來理解古詞語了。湖南活講泥水飛濺或水從管中迸射而出為“標”，往上躥也叫“標”，字又作“飆”。四川樂山話大概也是這樣吧。没有什麽能夠證明古代詩中的“麃”，便是當今方言中的“標”。這裏起主要作用的或許是聯想，不足為據。

七、《良耜》篇“畟畟良耜”

畟畟，毛《傳》：“猶測測也。”鄭箋：“農人測測以利善之耜……”郭沫若本此譯“畟畟良耜”為“堅利的好犁頭呵”。《説文》：“畟，治稼畟畟進也。”《爾雅·釋訓》：“畟畟耜也。”舍人曰：“畟畟，耜入地之貌。”今按：“畟”從“夂”，許説“進”，舍人説“入”，是為得之。畟、測同音，古當讀與“則”同。則，古文作“𠟭”，从以刀刻鼎。刀刻鼎與耜入地相類。測水深淺也應當有所刻度。畟、則、測，其為同源字可知。

八、"其鎛斯趙"

同篇又有"其鎛斯趙"的話。趙,毛《傳》:"刺也。"陳奐《詩毛氏傳疏》以為當读"掉",意思是長。[1]胡承珙《毛詩後箋》則釋為利。此句與"其饟伊黍""其笠伊糾"並列,似乎"趙"不當是動詞,所以胡、陳都解為形容詞。但陳只證明"趙繚"是長貌,未見得"趙"即是長。胡只證明"趙"可解為刀鋒,未證明其為鋒利。而涵泳詩句,仍當以陳説為是。或謂"趙"為"超"之借字。《穆天子傳》:"天子北征趙行。"注:"趙,猶超騰。""超騰"是踴躍迅疾之意。詩是説鋤頭揮舞,快捷向前。"斯"是代詞,複指鎛。郭氏諸説皆不從,譯此句為"男子們的鋤頭加勁趙(平聲)起來了。""趙"讀平聲未聞。這裏大概又在用方言詞,其字或當作"翹",意為高舉。

九、《甫田》篇"倬彼甫田"

傳統的解釋,"甫田"是"大田"。"甫"既釋"大","倬"就不便照《説文》再訓"大",而改訓"明"。用"明"修飾"田",或許是説陽光充足吧。其實,"倬"借為"逴",意思是遠,這裏指遥遠廣大。從《説文》釋此"倬"為"大"是恰當的。"甫"是"圃"的本字,甲文象長有莊稼的田。"甫田"連用,是指長有莊稼的土地。"倬彼甫田"可釋為"那遼闊的莊稼地"。土地廣大,從這上面每年可收取成千上萬的穀物("歲取十千")。這土地可能是奴隸主國家所有,也可能是大奴隸主私有。郭沫若從舊注釋"甫"為"大",並認為據此"足以斷定土地依然屬於公有"。實則土地私有公有,據此尚難確知。

十、"攸介攸止"

同篇"今適南畝,或耘或耔,黍稷薿薿,攸介攸止,烝我髦士。"郭譯後兩句:

為了要求神,為了要休息。把一切壯健的男子漢都集攏起來了。

郭以"介"為"丐",意思是求。但"求"不見得就是"求神"。而且,這裏的目的和行為之間並没有明顯的必然的聯繫。林義光《詩經通解》説這裏的"介"假

---

[1]《荀子·赋》:"長其尾而鋭其剽者邪? 頭銛達而剽趙繚者邪?"楊倞注:"趙讀為掉。掉繚,長貌。"

為“愒”。為了便於理解，就説它是“歇”的借字，亦無不可。“攸介攸止”句式與“爰居爰處”略同。介、止義近，居、處義近，攸、爰也相近。《甫田》詩是説：今年我到向陽的莊稼地裏去，（看到）有人在除草，有人在壅土，莊稼長得挺茂盛。於是停下來休息，召集我出色的田官（髦士）來進行鼓勵。[①]

十一、“以穀我士女”

同篇又有“以介我黍稷，以穀我士女”之句，郭譯：

> 求收成好，求我們男男女女大家都有飯吃得飽。

後一句譯得不對。本意是用（黍稷）來養活我的男女勞力，不是“求”他們有飯吃。譯文憑空添了一個“求”字。“我”屬於領格。與“士女”並非同位，是奴隸主口吻，不是站在人民大衆立場上説話。

十二、《大田》篇“既種既戒”

郭譯：“已經把種籽選好了，已經把家具也弄好了。”疑“家”是“農”的誤字，這裏講耕種，與家具無涉。

十三、“俶載南畝”

《大田》篇“俶載南畝”，郭譯為“今天開始去耕向陽的田土”。“俶載”，鄭玄讀作“熾菑”，意為耕地翻草。王肅釋“俶”為“始”，“載”為“事”（見《毛詩正義》引），郭譯從之。《詩》言“俶載”者三：

> 有依其士，有略其耜，俶載南畝，播厥百穀。（《載芟》）
>
> 畟畟良耜，俶載南畝，播厥百穀。（《良耜》）
>
> 以我覃耜，俶載南畝，播厥百穀。（《大田》）

凡言“俶載南畝”，前必説耜之利與良，知“椒載”必與良耜利耜有關。釋為“始事”，泛而不切。今謂“俶載”猶“深耕”。深耕需得良耜，必如是解，詩文方能銜接緊密。

《公羊傳·隱公九年》：“何異爾？俶甚也。”何休注以為“俶甚”“猶太

---

①收本文入此集的時候，我意欲作新的解釋。以“介”為“丐”，“丐”亦有給予義。“攸介攸止”，謂賞賜已畢。“烝我髦士”，也未必是對優秀的田官説話，而是説，要對所見的耕種中表現好的人有所獎勵，或將進而用之。

甚”。此“俶”修飾形容詞，表示程度。《詩經》中除“俶載”外，“俶”字還有兩處。一處在《既醉》篇中：

君子萬年，介爾昭明，昭明有融。高朗令終，令終有俶。

毛《傳》：“俶，始也。”毛以為善終必有善始，所以釋“俶”為“始”。後來注家多從毛說。惟鄭箋訓“俶”為“猶厚也”。訓“俶”是，其訓“令終有俶”為“既始有善令，終又厚之”則非。“俶”蓋借為“篤厚”之“篤”。“介爾昭明，昭明有融”，與“高朗令終，令終有俶”，句式有相同處，即後句對前句末二字作補充說明。“介爾昭明”，何種程度之“昭明”？“有融”之昭明。“高朗令終”，何種程度之“令終”，“有俶之令終”。“有融”“有俶”皆附音形容詞，一言“昭明”之盛，一言“令終”之厚，而皆謂程度之高之深。“俶”義與《公羊傳》合。

歷來注家對《既醉》的詮釋都為韻腳所蒙蔽，似乎還没有誰像我們這樣解釋過。所引《既醉》詩韻腳情形如下：

既醉以酒，爾殽既將。
君子萬年，介爾昭明。

昭明有融，高朗令終。
令終有俶，公尸嘉告。

其告維何？籩豆靜嘉。
朋友攸攝，攝以威儀。

按韻腳論章，就應如此。融、終相押，俶、告相押。而按意義來說，就當像我們那樣標點。“介爾昭明”與“昭明有融”為一複句，“高朗令終”與“令終有俶”為一複句，甚至可以說“介爾”一直貫到“有俶”，言賜給你非常高明的性能與非常好的結局。“公尸嘉告”自成一句，屬下不屬上。

用韻與意群通常一致，也有不一致的時候。例如：

九月築場圃，十月納禾稼。
黍稷重穋，禾麻菽麥。（《七月》）

圃、稼為韻，穋、麥為韻。形式上是兩個句子，實際應當連讀。“禾稼”是總名，“黍稷……”是分說。“納禾稼”就是納“黍稷重穋，禾麻菽麥”。這類同一用韻單位並非獨立句組的情形尚多，當得專文申論。

現在再回到我們討論的“俶”字上來。《詩經》中另一處“俶”字在《崧高》篇中，《崧高》説：

申伯之功，召伯是營。有俶其城，寢廟既成，既成藐藐。

毛《傳》：“俶，作也。”其意蓋借“俶”為“築”，於“有”字無釋。這裏是説召伯為申伯大興土木，城牆築得高高，寢廟也修得很美。此“有俶”與《既醉》中“有俶”詞性相同，義亦相通，指城牆高厚。前面已説“是營”，即所謂“經之營之”，自然包括築城在内，後文不當再言“作”城，毛説偶誤。

綜上所述，知“俶”借為“篤”，形容詞，可修飾名詞，意為高厚，可修飾形容詞，表程度之過與甚，移以修飾動詞，當可表動作之深。“俶載”即厚事，“載”借為事。厚事者，深耕也。李奇注《漢書·蒯通傳》：“東方人以物臿地中為事。”師古曰：“事音側吏反，字本作傳。《周官·考工記》又作菑，音皆同耳。”知“載”“事”“傳”“菑”皆謂以耜插地，就是耕田。

自毛《傳》誤以“俶”與“終”相對為文，釋“令終有俶”之“俶”為“始”，王肅遂據此更釋“俶載”之“俶”為始。其後皆從肅説，一訛再訛，郭氏亦未深考，宜正之如上。

十四、《信南山》篇“是烝是享”

郭譯：“有的是蒸，有的是烹。”把“是”當成判斷詞來譯，與漢語發展史實不合。

先秦漢語中“是”作為判斷詞是極個别的情況，通常它充當近指代詞。“蒸”“享”義為進獻。“是烝是享”，這些進，這些獻，即進這些，獻這些。“是”代上文已出現過的清酒、騂牡、血膋。本詩第四章：“中田有廬，疆埸有瓜，是剥是菹，獻之皇考。”“是剥是菹”亦即剥是菹是，製作這些瓜與蘆菔，把它們做成酸菜。郭譯“是剥是菹”，也没有把“是”的代詞性質譯出。本詩末章還有“祀事孔明，先祖是皇”兩句，郭譯為：“敬神的儀式是多麼堂皇呵，祖宗是多麼光輝呵！”後一句同樣譯得不對。“是”並非判斷之詞。“是皇”即“皇是”，讚揚這個。“是”代“祀事孔明”。“皇”有美義、大義，這裏用如動詞。三處五個“是”，全都没有正確譯出。由此知郭氏對於這類虚詞，翻譯時未加深究。

十五、《楚茨》篇“楚楚者茨”

“楚楚”，毛《傳》：“茨棘貌。”只説是蒺藜刺的樣子，没有説是它的甚麽樣子。《蜉蝣》篇：“衣裳楚楚。”毛《傳》：“鮮明貌。”《賓之初筵》：“籩豆有楚。”毛《傳》：“楚，列貌。”由此可知，“楚楚”是分明地、整齊地排列的樣子。疑“楚”源於“疋”，都以“疋”為聲符。疋窗麗廔闓明，所以有鮮明分明的意思，連帶而有排列整齊的意思。郭譯“楚楚”為“條暢”，缺乏根據。又“楚楚者茨，言抽其棘”為互文，意為拔除楚楚之茨棘。郭氏兩句分譯：“很條暢的蒺藜，它老是在抽它的刺。”

蒺藜學名 Tribulus terrestris，果實由五個小乾果合成，每果具有長短兩種刺。照譯文理解，似乎是茨莖“老是在抽它的刺”。

十六、“神保是饗”

詩《楚茨》中“神保”，歷來説法不一。錢鍾書以為：“神保者，降神之巫也。”引《楚辭補注》及《書齋夜話》為説。結論是：“神保、神、尸，一指而三名，一身而二任。”（《管錐編》一）“神保是饗”，神保享受這個。郭譯這一句為：“神靈是要保佑的。”好象只譯了“神保”。下面“神保是格”，郭同樣譯為“神靈是要保佑的呵”，只多一“呵”字，似乎“是格”二字也没有顧及。

十七、“卜爾百福……”

同篇：“卜爾百福，如几加式。既齊既稷，既匡既勑。永錫爾極，時萬時億。”

卜：通付，給與。百：等於説全。如：猶合乎，按照。几：法。稷：速，敏捷。匡：端正。勑：堅固，始終如一。極：極大的福。時：是，代詞，複指“極”。這幾句的大意是：按照法式，給你全福。你敬慎、敏捷、端恭、始終不懈，（所以神）長期賜給你無數的、極大的福。

郭氏譯文如下：

> 要給你一百種的幸福呵，一分一釐也不周轉。
>
> 祭神已畢，神意再宣：
>
> 永遠保佑你到盡頭，福分讓你有十萬八千。

像這一類遠離詞句翻譯的地方，簡直無法與譯者去計較訓詁上的得失。又如"爾殽既將，莫怨具慶"，通常解釋為：你的殽饌盡好，没有人挑剔，大家都來慶賀。譯文卻説：

你們都請就席啦，别嫌棄啦！

那裏，好得很呵！

這樣的譯法，使我們想起作者在譯《卷耳集》時所説的話來。《卷耳集》序文説："我的譯述方法，不是純粹逐字逐句的直譯。我譯得非常自由，我也不相信譯詩定要限於直譯。"又説："所有一切古代傳統的解釋，除略供參考之外，我是純依我一人的直觀。"那是文學，允許想像和主觀發揮。這裏是歷史，應有所不同。所以《由周代農事詩論到周代社會》一開首就説："這些詩對於西周的生産方式是很好的啟示"，"因此我更要費些功夫，來盡可能客觀地、實事求是地，對於它們作一番檢點。"因為有言在先，前面八首詩都譯得比較謹慎。《楚茨》這一首，基本上還是謹慎的，只是偶爾情不自禁地流露出一點《卷耳集》的味道來，形成了與十首詩譯文整體不相協調的情况。

十八、《七月》篇"一之日觱發"

郭沫若説：

又詩的"一之日"云云，"二之日"云云，向來的注家都在"日"點讀。講為"一月之日""二月之日"。但講來講去總有地方講不通。而且既有"四月秀葽"，又有"四之日"，何以獨無一月二月三月，而五月至十月何以不見"五之日"至"十之日"呢？這些都是應有的疑問。一句話歸總，分明是前人讀錯了。我的讀法是"日"字連下不連上。"一之""二之""三之"，也就是現今的"一來" "二來""三來"了。

"一之""二之"當"一來""二來"講，古書没有先例，人們不易接受。況且"一來""二來"等多為列舉理由，申述事項。郭譯的那些"一來""二來"等根本構不成申述，連單純列舉都談不上。比如第一章"觱發""栗烈""于耜""舉趾"，可分為兩組，前兩項一組，後兩項一組。顯而易見，兩組之間不能形成並列。就是在同組之内主要也是先後相繼的關係，説是並列，就很勉强了。按郭的見解推論，這裏的詩義應當是這樣：

五月流火，七月發寒衣。（為什麽發寒衣？）一來風吹得辟裏拍拉響，二來冷得牙齒戰，三來天天要拿鋤頭，四來天天要跑路。

一二兩點倒與發寒衣有關係。但七月份就這樣冷，恐怕是冷早了些。三四兩點與發寒衣搭不上界，拿來與一二兩點並列，風馬牛不相及。再則末章一開始就是"二來"，"二之日鑿冰沖沖"。沒有"一來"，哪裹来的"二來"？"一來""二來"地數下去，前面當有一個總冒，或者後面跟一個結語。此詩譯文末段列舉二來三來四來，前既無總冒，後又無結語，無始無終，難以卒讀。

沒有别的法子，我們還得回到傳統的注釋那裏去。不過我們也不想沿襲這首詩雜用周正、夏正的説法。這裏只是用的一種曆法，它不説十一月、十二月、一月和二月，而分别用"一之日""二之日""三之日""四之日"來代替。"四之日"代二月，和"四月秀葽"的"四月"並不重複。普通語言説是代替，用修辭學的名詞來説，便是借代。借代的作用之一是避重，免得老是一個説法，以增加語言的吸引力。至於為什麽要用"一之日"等來替代，可能與已用過的曆法和將採用的曆法有些關係，也不排除别的可能性，這有待於進一步的研究和考察。

詩中確實沒有出現三月的字樣，但三月是有的。它不叫"三月"，而叫"蠶月"。用"蠶月"代"三月"倒是有理由可説，"蠶月"是養蠶之月，而且"蠶""三"音近。

《〈後漢書·酷吏列傳〉今注今譯》審讀劄記

某年月日,有出版社囑余審讀《後漢書》譯注稿若干,作審讀劄記。其一部分已交付出版社,似乎略有採用。今其稿已不存。另一部分,就是本文,没有交付,得以保留。今略加點校,存于集中。點校時,參考了已出版的《後漢書今注今譯》(岳麓書社,1998)。

【原文】成其不橈之威。

【譯文】獲得不屈不撓的威名。

不橈,謂剛正不屈。《荀子·榮辱》:"義之所在,不傾於權,不顧其利,舉國而與之不為改視,重死持義而不橈,是士君子之勇也。"不屈不撓,謂頑強奮鬥,堅持不懈,不達目的不止。譯者以"不橈"混同於"不屈不撓",未協。

【原文】重文橫入。

【注】此言用法嚴刻,致使冤枉入獄。重,深。文,法律條文。橫,枉。

所注是。"重,深"之解本之於賢注。然"深文"何以有"用法嚴刻"的意思,猶未達一間。深文,謂制定或援用法律條文從細從嚴,使無罪者有罪,有罪者得重罪,以至於死罪。《史記·酷吏列傳》:"(張湯)與趙禹共定諸律令,務在深文,拘守職之吏。"現今作注,宜"重文"二字連在一起注。

【原文】枹鼓不鳴董少平

【注】擊鼓是為了鳴冤,意謂董宣執法嚴明,無人鳴冤。

"枹鼓",中華書局版《後漢書》,虛受堂本《後漢書集解》都如此作。譯本改"枹"為"桴"。在鼓槌這個意義上説,二字本通。但何以棄彼就此,必有所據。

"擊鼓是是為了鳴冤",這話放在這裏,有些欠妥。看下面兩例:

《漢書·王莽傳》:"惟設此壹切法以來,常安六鄉巨邑之都,枹鼓稀鳴,盜賊衰少。"

《漢書·張敞傳》:"(偷長)置酒,小偷悉來賀。且飲醉。偷長以赭汙其衣裾。吏坐里閭閱出者,汙赭輒收縛之。窮治所犯,或一人百餘發,盡行法罰。由是枹鼓稀鳴,市無偷盜。"

由此知除了鳴冤鼓,還有報警鼓。下一例改用"桴鼓",其為報警鼓則一。

荀悦《漢紀·宣帝紀三》:"由此桴鼓希鳴,世無偷盜。"

《酷吏列傳》講董宣摧勒豪强,並不是説從此無人鳴冤,而是説從此無人報警,不受强梁欺凌。

又,譯本"枹"作"桴",注音fú,但未釋義。讀者仍不知道"桴"是什麽。

【原文】時同刑九人,次應及宣。

【譯文】當時同時受刑的有九人,第二個就應該是董宣。

次,譯成第二個。實際上這裏是依次的意思。原文是説,已輪到殺董宣了,到了最緊要關頭,再遲一點就被砍了。正在此時,皇帝使人騎快馬來宣詔寬宥(光武馳使騶騎特原宣刑),所謂刀下留人指的就是這種情況。與"第一個"或者"第二個"没有關係。

與《後漢書》作者范曄同時代的劉義慶,作《世説新語》,其中《捷悟》篇用到的一個"次",顯然就是依次。可知其時"次"已有依次的意思。

> 人餉魏武一杯酪,魏武噉少許,蓋頭上題"合"字以示眾。眾莫能解。次至楊脩,脩便噉,曰:"公教人噉一口也,復何疑?"

【原文】艾綬。

【注】即禄綬。為二千石官員所佩之印綬,為銀印緑綬。

"禄綬"是什麽意思,注了還是不得明白。或者"禄"是"緑"的誤字,緑綬,緑色的綬。綬是絲帶,本用以系於官印的紐上。印是印,綬是綬,以為"綬"便是"印綬",這裏是"銀印緑綬",恐非。董宣死後,皇帝才賜給艾綬,知是一種恩寵,生前董宣做二千石的官時並没有得到。據賢注,緑綬何以叫"艾綬",因顔色如艾,故得此名。

【原文】(樊曄)與光武少遊舊。

【譯文】他與光武帝年青時交遊甚久。

釋"舊"為"久",本無不是。但"遊舊"似當作為一個詞來看,即(早年的)交遊。

《梁書·陸杲傳》:"高祖在田,與琛遊舊。"

《南史·列傳第四十七》:"梁武在西邸,與約遊舊。"

【原文】遊子常苦貧，力子天所富。

【譯文】出外旅行的人常為貧困所苦，勤勉勞作的人靠天致富。

“遊子”與“力子”相對為文，當不是“旅行的人”，而是遊蕩的人。和後來唐詩宋詞裏所説的“遊子”也不一樣。《酷吏列傳》講吏之酷，不近人情，但也多有講他們壯烈、廉潔和治績的地方。所引兩句歌詞，實是講樊曄治理有方，不勞動的人貧窮，勞動者則能致富。“天所富”，言天富之，不是説“靠天”吃飯。

【原文】寧見乳虎穴。

【譯文】寧願出現在産虎的洞穴。

李賢注：“乳，産也。”譯文據以譯“乳虎”為“産虎”。然而，可説“産婦”，那是指生孩子的婦人，而“産虎”易誤會成動賓結構，産生老虎。而實際所指應是産小虎的母虎。在為“乳虎”作注時，説是“正在哺乳期間的母虎”，意思没錯，但以“乳”為哺乳期間，亦不妥。章懷已注明，“乳”即是生産的意思。

【原文】章習嚴氏《春秋》，經明教授。

【譯文】李章研習《嚴氏春秋》，頗有造詣，招徒傳授。

原文“經明”，譯者以“頗有造詣”與之對應。大概只是估摸著這樣説。

本書《魏應傳》：“應經明行脩，弟子自遠方至，著録數千人。”

“經明”與“行修”相對，（對）經書明瞭（已全面掌握），行為（經修治而）高尚。只怕還有不甚了然的地方，再舉一例。

本書《周防傳》：“師事徐州刺史蓋豫，受古文《尚書》，經明，舉孝廉，拜郎中，撰《尚書雜記》三十二篇，四十萬言。”

可知“經明”多指能通一經，李章通嚴氏《春秋》，周防通古文《尚書》。通一經之後，或授徒，或著書，或進而為官。這些比較過細的情況，不是“頗有造詣”所能表達。

【原文】時趙、魏豪右往往屯聚。

【譯文】當時趙、魏一帶的豪門大族往往聚會。

“屯聚”是集結力量，很可能就是武力的集結和訓練，是各自屯聚，並非各個豪右到一起來“聚會”。

本書《李固傳》：“時泰山盜賊屯聚歷年，郡兵常千人追討不能制。”

又《盧芳傳》：“其中有駮馬少伯者，素剛壯，二十一年，遂率種人反叛，與匈奴連和,屯聚青山。”

這兩例是叛賊武力集結。

同書《王常傳》:“又詔常北擊河間、平陽,平諸屯聚。”

又《馮異傳》:“又南下河東,成皋以下十三縣及諸屯聚,皆平之。”

這兩個“屯聚”實指地方武裝割據集團,但就其形式來説,還是武力的集結。“屯聚”一詞,《史記·吴王濞列傳》已有例:“田禄伯曰:‘兵屯聚而西,無佗奇道,難以就功。’”

【原文】為在所害。

【譯文】成為當地一害。

正確地把“在所”譯為“當地”。但“在所”何以有“當地”的意思,如果讀者要細究,那就不明其所以然了。今按:在所,猶所在。《史記》《漢書》《後漢書》皆有例。

《史記·平准書》:“郡不出鐵者,置小鐵官,便屬在所縣。”

《漢書·平帝記》:“募汝南、南陽勇敢力士三百人,諭説江湖賊成重等二百餘人皆自出,送家在所收事。”

《後漢書·光武帝紀下》:“詔益、涼二州奴婢,自八年以來自訟在所官,一切免為庶人,賣者無還直。”

“在所縣”,其地所在的縣。“家在所”,其家所在的地方。“在所官”,所在地的官府。其中《後漢書》例,楊樹達先生《積微居讀書記》已經提到,認為“在所”應作“所在地”講,其説甚是。

【原文】遂殺縣中尤無狀者數十人。

【譯文】便殺掉縣中幾十個特别壞的人。

以“特别壞的”對譯“尤無狀者”,為什麼“無狀”就等於“壞”呢?建議出一個注解。凡注譯,必得增人知識,使人可以由此知彼。如果讀了此處翻譯,到别的地方碰到“無狀”,以為也是“壞”的意思。這種使人懵懂的作法,應儘量避免。我認為“無狀”就是不像樣,不具備應具備的那種狀態。至於什麼樣,什麼狀態,視語境而定。

《史記·夏本紀》:“(舜)行視鯀之治水無狀,乃殛鯀於羽山以死。”

“治水無狀”,是説治水不像有效治水的樣子,實際是説治水無方。

《史記·項羽本紀》:“諸侯吏卒異時故繇使屯戍過秦中,秦中吏卒遇之多無狀。”

“遇之無狀”是説不像應當對待辦公差的人那樣對待，也就是侮辱、虐待或打罵他們。

《史記·屈原賈生列傳》：“賈生自傷為傅無狀，哭泣歲餘，亦死。”

“為傅無狀”，賈誼為梁王傅，梁王墜馬死，誼自責“為傅無狀”（因而悲傷），是説未盡到為傅應盡的職責，意思就是不稱職。

《漢書·翟方進傳》：“丞相、御史請遣掾史與司隸校尉、部刺史並力逐捕，察無狀者。”

“察無狀者”，謂監察那些追捕不像樣的人，就是不認真追捕或追捕無能的人。（從劉攽説）

《後漢書·廉範傳》：“會薛漢坐楚王事誅。故人門生莫敢視，範獨往收斂之。吏以聞，顯宗大怒，召範入，詰責曰：‘薛漢與楚王同謀，交亂天下，範公府掾，不與朝廷同心，而反收斂罪人，何也？’範叩頭曰：‘臣無狀，愚戇，以為漢等皆已伏誅，不勝師資之情，罪當萬坐。’”

廉範收斂老師薛漢的屍體，遭到皇帝的譴責，廉範説“臣無狀”，説他不像聰明人那樣，不懂得避禍。

至於“無狀”意思與“壞”略同，除本例外，還有他例。

《後漢書·章帝紀》：“詔書既下，勿得稽留，刺史明加督察尤無狀者。”

“尤無狀者”，正是特别壞的人。本意是説，最不像樣的人，無惡不作，無善可言的人。這個地方李賢注：“無狀，謂其罪惡尤大，其狀無可寄言，故言無狀。”

【原文】善為辭案條教。

【譯文】善於寫作文書條例。

賢注：“辭案，猶今案牘也。”據此注，“辭案”當譯為“公文”，用“文書”似乎也過得去，但“文書”多指文字圖籍，書籍文章，故略有不安。“條教”譯“條例”，漏了一個“教”字。“條教”當指教諭的條令或條文，不是泛指條例。用“條教”的例如：

《史記·張丞相列傳》：“以讀書為吏，至潁川太守。治潁川，以禮義、條教、喻告化之。”

《後漢書·李膺傳》：“尋轉蜀郡太守，以母老乞不之官。”賢注：“謝承《書》

曰：'出補蜀郡太守，脩庠序，設條教，明法令，威恩並行。'"

《後漢書·史弼傳》："父敞，順帝時以佞辯至尚書、郡守。"賢注："《續漢書》曰：'敞為京兆尹，化有能名，尤善條教，見稱於三輔也。'"

兩處與"化"連在一起説，一處置於"脩庠序"之後，"明法令"之前，可以證實我釋"條教"為教諭的條令或條文之不虚。

【原文】(周紆)先問大姓主名。

【譯文】首先詢問大姓的名字。

"主名"與"名字"不同義。"主名"是當事者，或為首者，或二者兼而有之。周紆這裏是問豪姓為頭的而兼有案件在身的人。當事者、為首者各舉一例：

《史記·扁鵲倉公列傳》："詔召問所為治病死生驗者，主名為誰？"

《漢書·趙尹韓張兩王傳》："翁歸輒召其長吏，曉告以奸黠主名，教使用類推跡盜賊所過抵，類常如翁歸所言，無有遺脱。"

【原文】而怨隙有素。

【譯文】而怨恨的時間已久。

"有素"，即素有，素所具有。句言素所具有的怨仇才是真正的怨仇，竇家要報的是這一類，而不是偶有的、秉公執法而帶來的嫌隙。

《三國志·魏志·卷十九》："李壽，男子也，凶惡有素，如今備衛在身，趙雖有猛烈之志，而彊弱不敵，邂逅難制……"

"凶惡有素"，是説兇惡為李壽素所具有，由來已久。

【原文】決曹。

【注】主管罪法、事務的官員。

賢注："《續漢志》曰：'決曹，主罪法事。'"譯注者似乎將賢注讀為"決曹，主罪法、事"。這樣讀大概本於《經籍籑詁》，其入聲《九屑》説："決曹，主罪決事。"(後漢黄昌傳注)我們知道《經籍籑詁》多有訛抄，需查對原文。查原文，不是"主罪決事"，而是"主罪法事"。李賢明説是據《續漢志》。《續漢志》也就是附在《後漢書》後面的"志"，具體來説就是《百官志》。《百官志》説："尉曹主卒徒轉運事，賊曹主盜賊事，兵曹主兵事……"由此我們明確了"主罪法事"是主罪法之事。那麽，主管罪法之事又是什麽呢？看下面兩個句子：

《漢書·于定國傳》："于定國……其父于公為縣獄史，郡決曹，決獄平，羅文法者，於公所決，皆不恨。”

《後漢書·郭陳列傳》：“太守寇恂以弘為決曹掾，斷獄至三十年，用法平，諸為弘所決者，退無怨情。”

可能決曹所主管的罪法之事，就是協助主管官員據法為囚徒定罪。

【原文】後乃密遣親客至門下賊曹家掩取得之。

【譯文】後來秘密派遣親近的門客到門下賊曹家乘其不備而取得了車蓋。

原文“門下”，譯文還是“門下”，又另無注解，讀者仍不知道“門下”是什麽意思。那就查詞典。《漢語大詞典》為“門下”列7個義項：1.謂在某人的門庭之下。2.食客，門客。3.門生；弟子。4.官名。5.見“ 門下省 ”。6.猶閣下。7.猶門第。

這幾個義項一個都不適合。既然詞典裏没有相應的解釋，就只好不譯了。

今謂“門下”還有一個辭書未列的義項，那就是：（郡或縣）府屬（機構或官員）。

《史記·項羽本紀》：“於是籍遂拔劍斬守頭。項梁持守頭，佩其印綬。門下大驚，擾亂。籍所擊殺數十百人，一府中皆慴伏。”

“門下”指會稽郡府下屬的所有官員，與下文“一府中”相呼應。

《後漢書·陸續傳》：“續幼孤，仕郡戶曹史……刺史行部，見續，辟為別駕從事。以病去，還為郡門下掾。”

其人本為郡府屬戶曹的一名“幹事”，然後又因病回郡府做一名佐助的官吏。

《漢書·薛宣傳》：“惠自知治縣不稱宣意，遣門下掾送宣至陳留，令掾進見，自從其所問宣不教戒惠吏職之意。”

薛宣的兒子薛惠做縣令，他老子赴陳留郡太守任過此，不問政事。薛惠知道父親不滿意自己的治績，不好親自開口問，就打發縣府裏一個普通“幹部”找機會去問個明白。此“門下”為縣府的門下。下例同。

《後漢書·朱儁傳》：“儁以孝養致名，為縣門下書佐，好義輕財，鄉閭敬之。”

《後漢書·黃香傳》：“（香）年十二，太守劉護聞而召之，署門下孝子，甚見愛敬。”

“署門下孝子”，與上述4例“門下”略有不同，是說贈他一個“孝子”的徽號，因贈者是一郡的太守，所賜只限郡內這個範圍，所以就說“門下孝子”。

還讀“門下賊曹”，時黄昌為宛縣縣令，就當是宛縣所轄賊曹的主管官員。

【原文】鴻都。

【注】東漢宫門名。其内置學及書庫。

此條當連“文學”為注，出詞條“鴻都文學”。原文兩言“鴻都文學”，意義不全同。一言置於鴻都門的一個文教機構，有藏書，有學校，教學繪畫和詞賦，有創作。按現今説法，當名鴻都門文學院。一言這個機構裏的教學、管理、創作人員，猶如現今説“教授”。“奏罷鴻都文學”，是前一個意義。“為鴻都文學樂松、江覽等三十二人圖像立贊”，其中的“鴻都文學”是第二個意義。

【原文】中尚方。

未出注，譯文仍是“中尚方”。

“尚方”為官署名，職責是為宫廷製造器物。《晉書·職官志》：“少府統材官校尉，中、左、右三尚方。”其中“中尚方”主寶玩器物的製備和宫内營造等。

【原文】贊。

【注】文體名。文體的一種，内容兼有褒貶。

所注欠穩妥，也不夠全面。當作：文體名。用於讚頌人物等，多為韻語。史書在人物傳記之後多附有“贊”，概括其生平，有褒也有貶。這裏指的是用於褒揚的讚語。

【原文】蟬蜕滓濁

【注】蟬蜕，本指蚱蟬脱的殼，比喻解脱。滓濁，指污穢的東西。

【譯文】就像蟬從污穢中脱殼出來。

此句脱胎於《史記·屈原賈生列傳》“蟬蜕於濁穢”，正義曰：“蜕音税，去皮也。又音他臥反。”“蟬蜕”可指“蟬脱的殼”，但這裏是指蟬脱皮殼而升為成蟲。又如《後漢書·逸民列傳》：“然而蟬蜕囂埃之中，自致寰區之外，異夫飾智巧以逐浮利者乎！”

“蟬蜕囂埃之中”，猶《陽球傳》的“蟬蜕滓濁”，亦猶《史記》的“蟬蜕於濁穢”，“蜕”都是動詞。譯文正確地譯為“就像蟬從污穢中脱殼出來”。如果再加上“上升為成蟲”就更好。返觀注中所說“比喻解脱”,顯然不再合適。

【原文】或鳥篆盈簡。

【譯文】有的在簡册上寫幾個鳥篆字體。

漏了一個“盈”字未譯,“盈”是滿,和“幾個”也相衝突。“簡”也未必即是“簡册”。所寫的是鳥跡一樣的字,而不是“字體”。建議改譯為:有的在簡牘上寫滿鳥跡一樣的古文字。

【原文】或筆不點牘。

【譯文】有的不會寫字。

“筆不點牘”,是説筆没有在簡牘上作點劃。就是没有寫字。没有寫字可能是不會寫,可能是會寫而没有寫。譯文肯定是不會寫。只怕這樣肯定也不是有根有據的事。

【原文】辭不辯心。

【譯文】説話言不達意。

“辭不達意”本是一句現成的話,現在改説成“言不達意”,因為原文是“辭”,所以改説。讓我來譯,寧願不改。這句關鍵的地方是“辯心”何以可换成“達意”,需要出注。這個注應當是:“辯:明,明瞭。”根據如下:

《管子·五輔》:“大夫任官辯事。”尹注:“辯,明也。”

《墨子·兼愛中》:“天下之士君子,特不識其利,辯其害故也。”

【原文】形圖丹青。

【注】丹青:中國古代繪畫中常用之色。此處即圖像。

【譯文】畫出圖像。

意譯未為不可。但我以為像這一類的譯注本,還是儘量扣緊字句講為好。“形圖丹青”,謂其形以丹青圖之,就是用丹青畫出他的形象來。以為“丹青”“即圖像”,未安。

【原文】垂象圖素。

【注】圖素:圖像。素:白色絲絹,古代用作繪畫材料。

【譯文】為他們畫出圖像。

譯得正確。但“圖素”並不是“圖像”,用現在的話來説,相當於“畫布”。“垂象圖素”,存留形象於畫布上,當然就是(為他們)畫出圖像了。

【原文】假手請字,妖僞百品。

【譯文】請人代筆，弄出許多假文章，妖異怪謬，形形色色。

我體會譯者的意思，“請人代筆”對譯“假手請字”。“弄出許多假文章”對譯“妖僞百品”，“許多”譯“百品”，“假”譯“僞”。可是還有一個“妖”没有著落，又加上“妖異怪謬”，猶恐尚有未盡之意，再續以“形形色色”。“形形色色”，謂“百品”也。

我體會原文的意思是，寫文章假手於人，請人代筆，怪異虛僞，不一而足。

【原文】蓋簡落狐貍。

【注】簡：撿。落：衰敗，飄零。

【譯文】這只不過是撿只死狐貍。

這裏是酷吏陽球的話。為了理解方便，把他的話全文引在下面：“臣無清高之行，横蒙鷹犬之任。前雖糾誅王甫、段熲，蓋簡落狐貍，未足宣示天下。願假臣一月，必令豺狼鴟梟，各服其辜。”

因為“簡”“撿”二字，在普通話裏同音，便認定“簡”通作“撿”，是個誤會。寫《後漢書》的范曄生活在1500多年以前，而所寫的是1800多年以前的事。那時候“簡”無通“撿”之理。“簡”在山攝産韻，二等字，以n為韻尾；“撿”在咸攝琰韻，三等字，以m為韻尾。而且“撿”在中古之前（含中古）並無拾取義，這是斷然無疑的。

“簡”同“闌”（《墨子·備城門》孫貽讓《閒詁》引畢注），“闌”謂攔阻（《戰國策·魏策三》：“又況於使秦無韓而有鄭地，無河山以闌之，無周韓以間之，去大樑百里，禍必由此矣。”是“闌”有“攔”義之證）。“落”假借為“絡”（朱駿聲《説文通訓定聲》云），“絡”有捆綁義（《楚辭·招魂》：“秦篝齊縷，鄭綿絡些。”王逸注：“絡，縛也。”）。“簡落”者，攔縛也，猶今語抓捕。

這樣解釋，本之於《漢語大詞典》，我只是加了一些根據，説明這個詞何以有抓捕的意思。但為什麼兩字都不用本字，難以解釋。

今謂“簡落”，猶如説“揃落”，剪除的意思。

南朝梁·裴子野《明帝誅諸弟論》：“借使叔仲有國，猶不失配天；而他人入室，將七廟絶祀：曾是莫懷，甘心揃落。”（見嚴可均輯《全梁文·卷五十三》）

古書中有“簡落”連用的，如庾信《周大將軍聞喜公柳遐墓誌》：“松長風遠，地厚泉寒，書埋簡落，琴覆弦寬。”（《庾子山集》，四部叢刊本）那裏的“簡落”是書簡墜失，與這裏的“簡落”無關。

【原文】時中常侍王甫、曹節等奸虐弄權，扇動外内。

【譯文】這時中常侍王甫、曹節等奸邪暴虐，把持權柄，在朝廷内外進行煽動。

除譯“弄權”為“把持權柄”略有不當外，似乎也過得去了。可是講“煽動”，必有煽動誰，煽動誰幹什麽這樣兩項。看例句：

《後漢書·楊震傳》：“中常侍樊豐，及侍中周廣、謝惲等，更相扇動，傾摇朝廷。”

又《孫程傳》：“（李）閏、（江）京並遷中常侍，江京兼大長秋，與中常侍樊豐、黄門令劉安、鉤盾令陳達，及王聖、聖女伯榮，扇動内外，競為侈虐。”

又《袁紹傳》：“常侍張讓等，滔亂天常，侵奪朝威，賊害忠德，扇動姦黨。”

	煽動誰	幹什麽
楊傳：	互相煽動	傾摇朝廷
孫傳：	煽動内外	競為侈虐
袁傳：	煽動奸黨	？

袁傳似乎缺一項，但這一項已隱在前文之中，即“滔亂天常，侵奪朝威，殘害忠德”。返觀《陽球傳》的譯文，似乎缺了兩項：既不知道煽動誰，也不知道煽動誰幹什麽。再審視原文，一項是明確的，即“扇動外内”，鼓動宫内宫外他們可能鼓動的人。“外内”本是鼓動物件，譯者把它變成了鼓動的地點。另一項如袁傳，隱含在前文之中，譯注者没有把它揭示出來。

【原文】擊斷非法。

【譯文】不按法律規定處理案件。

“擊斷”是一個詞，譯為處理案件，大致不錯。但欠準確。此詞當出注，釋為治獄、決囚、斷案，不是一般的處理案件。

《史記·范雎蔡澤列傳》：“今太后擅行不顧，穰侯出使不報，華陽、涇陽等擊斷無諱，高陵進退不請。”參考後出的“擊斷”，知是治獄斷案之意。有注家以為是專權，恐非。當時專權的是太后和穰侯，華陽等人只是輔佐，還没有可能做到“專”。

《漢書·刑法志》：“及至孝武即位，外事四夷之功，内盛耳目之好，徵發煩數，百姓貧耗，窮民犯法，酷吏擊斷，姦軌不勝。”“擊斷”承上“犯法”而言，故知是决囚斷案。加上我們正在討論的“擊斷非法”,此詞的解釋應無疑義。

《漢書·王莽傳》:“於是附順者拔擢,忤恨者誅滅,王舜、王邑為腹心,甄豐、甄邯主擊斷,平晏領機事,劉歆典文章,孫建為爪牙。”甄氏所主,亦當是獄訟之事。

斷獄決訟,要當一言定案,少有反復,引申有專輒的意思。如:

《明史·歸有光傳》:“大吏令不便,輒寢閣不行,有所擊斷,直行己意,大吏多惡之。”

還不要等到明代,漢時即已有專輒義:

《漢書·劉向傳》:“大將軍秉事用權,五侯驕奢僭盛,並作威福,擊斷自恣,行汙而寄治,身私而託公。”“擊斷自恣”,就是任由己意獨裁專斷的意思。

治獄擊斷,多所刑殺,尤其是酷吏的“擊斷”,更是濫殺無辜,所以此詞往往帶有貶義。

劉克莊《後村集·賀新郎(戊戌壽張守)》:“不要漢庭誇擊斷,要史家編入循良傳,春腳到,福星現。”在劉克莊詞裏,“擊斷”簡直就是酷吏殘虐的代名詞了。

《漢語大詞典》出“擊斷”詞條,釋為打斷,那就是一個短語。而把專斷、決斷作為這個詞的主要意義,恐有不妥。所引劉克莊詞,以為“擊斷”是“果敢、堅決”的意思,未敢點頭稱是。

【原文】隨其罪目,宣示屬縣。

【譯文】依據他的罪名,向所屬各縣展示。

我想將“依據”改為“連同”,似乎更貼近原意。

《酷吏列傳》譯注者我不認識,他或者是碩學宿儒,或者是青年俊乂。他對原文精義的把握,總體來説值得稱道。即如《論》《贊》的體會,確有難度而把握得當。我上面的意見,或者僅是商酌之辭,或者本無定論,亦有吹毛求疵為意見而意見之處,僅以為開展思路,供采擇參考之用,未敢必是。

《後漢書》訓詁條劄

2003年,因為某種緣故,讀了幾個月的《後漢書》。《後漢書》本有章懷太子李賢注。近人湖南長沙王先謙作《後漢書集解》,網羅頗豐。在古典譯現代的熱潮中,又有《後漢書今注今譯》[①]問世,這就更便於現代人接受了。經過前修時賢的不斷努力,仍不能説《後漢書》已無剩義。我邊讀邊記,這記的有是前人所未明的,有是前人不必明而今人頗為昏糊的。加起來怕有好幾萬字。今將這些斷斷續續零零星星的劄記條理成若干類,名之曰"條劄"。

一、歷史

"朱暉上便宜,陳密事,肅宗嘉納之,報以詔書曰:'惟今所言,適我願也。生其勉之!'"注曰:"生,儒生。"(《朱暉傳》)

朱暉是光武同學的兒子,與顯宗明帝同輩,是章帝的叔伯輩,而稱之為"儒生",有悖常情,此"生",義當是先生。《史記·儒林列傳》:"言《禮》自魯高堂生 。"司馬貞索隱:"云'生'者,自漢已來儒者皆號'生',亦'先生'省字呼之耳。"

"鄧彪,字智伯,南陽新野人,太傅禹之宗也。"譯"太傅禹之宗也":"是太傅鄧禹的祖先。"(《鄧彪傳》)

鄧禹與鄧彪父親鄧邯是同輩人,都對光武中興有功。鄧禹死于永平元年(58年),鄧彪死於永和五年(94年)。後死者怎麼可以是早死36年的人的祖先? 這裏是誤解了"宗"字。"宗"有宗族義,"太傅禹之宗也",是太傅鄧禹的同宗人,都是新野鄧姓人。

《易·同人》:"同人于宗,吝道也。"孔穎達疏:"和同於人,在於宗族,不能

①章惠康、易孟醇主編,岳麓书社1998年版。本文中說"注",指此注。說"譯",指此譯。李賢注則明指為"賢注"。

弘闊,是鄙吝之道。”

就在《後漢書》中亦不乏其例,如《光武帝紀》:“軍中分財物不均,衆恚恨,欲反攻諸劉。光武斂宗人所得物,悉以與之,衆乃悦,進拔棘陽。”“宗人”,同宗人,也就是上文的“諸劉”。

“夫如是,然後可以用天性,究人理,興頓廢,屬斷絶,網羅遺漏,拱柙天人矣。”譯“拱柙天人矣”:“達到人類和自然的統一。”(《仲長統傳》)

“人類和自然的統一”,這是現今流行的新的天人合一説。仲長統可没有這樣的高度。《昌言》原本趙宋時已佚,人們從《後漢書》本傳知道了仲長統的學説。又從《全後漢文》和類書《群書治要》《意林》中輯得《昌言》中若干遺文,更多地瞭解到仲長統的見解。關於天人關係的看法,仲長統有如下一些論述:

> 昔高祖誅秦、項,而陟天子之位,光武討篡臣,而復已亡之漢,皆受命之聖主也。蕭、曹、丙、魏、平、勃、霍光之等,夷諸吕,尊大宗,廢昌邑而立孝宣,經緯國家,鎮安社稷,一代之名臣也。二主數子之所以震威四海,布德生民,建功立業,流名百世者,唯人事之盡耳,無天道之學焉。然則王天下、作大臣者,不待於知天道矣。所貴乎用天之道者,則指星辰以授民事,順四時而興功業,其大略也。吉凶之祥,又何取焉?故知天道而無人略者,是巫醫卜祝之伍,下愚不齒之民也。信天道而背人事者,是昏亂迷惑之主,覆國亡家之臣也。”(《全後漢文》)

> 故審我已善,而不復恃乎天道,上也;疑我未善,引天道以自濟者,其次也;不求諸己,而求諸天者,下愚之主也。今夫王者,誠忠心於自省,專思慮於治道,自省無愆,治道不謬,則彼嘉物之生,休祥之來,是我汲井而出水,爨灶而火燃者耳,何足以為賀者耶?故歡於報應,喜於珍祥,是劣者之私情,未可謂大上之公德也。(《群書治要》卷四十五)

由是我們知道仲長統以人事為本,不相信所謂天道,不贊成天人合一説。而譯文以為他有“人類和自然統一”的思想,顯然是不合實際的。

“詳觀時蠹,成昭政術。”譯:“詳細觀察當時弊端,成為顯揚政治的方法。”(《王充王符仲長統列傳·贊》)

成、昭，當時認為是明君的代表。句意謂詳觀時弊，是明君治政的方術。

《三國志·蜀志·張嶷傳》：“親以周公之才，猶有管蔡流言之變；霍光受任，亦有燕蓋上官逆亂之謀。賴成昭之明，以免斯難耳。”

成，指周成王，雖有流言，仍信任周公不疑。昭，指漢昭帝，能辯察群小對輔政首席大臣霍光之誣。

《陳文紀·徐陵〈答王僧辯書〉》：“成昭之德，自古希儔，沖質之危，何代無此？”

《魏書·李順傳》：“援繩契以論蹤，援成昭而比盛。”

二、官制

“尚書張林奏言：‘又宜因交阯、益州上計吏往來，市珍寶，收采其利。’”注：“計吏：執掌計簿的官吏。”譯：“還可以跟交阯、益州諸郡執掌計簿的官吏往來，買賣珍珠寶貝，以獲取利益。”（《朱暉傳》）

讀了注和譯，仍然不能明瞭“計簿”是什麽，當出注：“計簿：登記戶口、賦稅、人事的簿籍。”原文“計吏”之前有“上”字，譯文没有著落。當時每年各郡都得派計吏到戶部，報告地方財政收支帳目。此“計吏”謂之“上計吏”。他們來戶部謂之“來”，他們回各自的原單位去，謂之“往”。交阯（今越南）益州（今雲南）出産珍珠美玉之類的珍寶，趁他們往來之際，買一些珍寶到洛陽來，從中謀利。不是説朝廷與這兩個郡的計吏往來。

“初為縣功曹，奉檄詣從事，從事因安致書於令。”譯：“他初任縣功曹時，捧著官方文書去拜見從事，從事通過袁安送給縣令。”（《袁安傳》）

“初”是説當初，譯文未明。據譯文，似乎是袁安送文書給從事，從事通過袁安把這文書再送到縣令手裏。有誤會。本是説袁安代縣上送文書到郡裏的辦事人員那裏去，那辦事員托袁安帶封信給袁安所供職的縣的縣令。

接上文，**“安曰：‘公事自有郵驛，私請則非功曹所持。’辭不肯受。從事懼然而止。”譯“懼然而止”：“從事驚慌，没有叫他送信了。”**

帶封信給他的官長輕而易舉，他卻辭不肯帶，並講出一番道理來，這時從事覺得驚訝，不是驚慌。“懼然”即“瞿然”，驚顧的樣子。李賢有注。

"張俊者，蜀郡人，與兄龕並為尚書郎……郎朱濟、丁盛……共私賂侍史，使求俊短，得其私書與敞子，遂封上之，皆下獄，當死。……廷尉將出穀門，臨行刑，鄧太后詔馳騎以減死論。"(《袁安傳》)

所節録的話，"尚書郎""侍史""穀門"皆當出注。"穀門"李賢已出注，云"洛陽城北面中門也"。知此"穀門"，猶後世推出午門斬首之"午門"，其外蓋行刑之地。岳麓書社以簡體字排古籍，書"穀門"作"谷門"，又不作注，使人莫解。

孝廉中之年輕有才者，宫中選以為郎官，謂之"尚書郎"，多有為皇帝左右而接觸機密者。侍史是美貌有才的少女，她們是罪官家屬中没入官府為奴婢的人，亦有機會獲得常人所不能獲得的資訊。

《周禮·天官塚宰》："酒人：奄十人，女酒三十人，奚三百人。"注："……古者從坐男女，没入縣官為奴，其少才知以為奚，今之侍史官婢，或曰奚宦女。"

《後漢書·鍾離意傳》："詔太官賜尚書以下朝夕餐給、帷被、皂袍及侍史二人。"注引蔡質《漢官儀》曰："尚書郎，入直臺中官。供新青縑白綾被，或錦被，晝夜更宿。……尚書郎伯使二人，女侍史二人，皆選端正者。伯使從至止車門還。女侍史絜被服，執香爐燒燻，從入臺中給使，護衣服也。"

看這兩個注，對於侍史和尚書郎可以有個初步的瞭解。所謂"臺"，指朝廷，禁中。

"玄少為縣功曹，時豫州刺史周景行部到梁國，玄謁景，因伏地言陳相羊昌罪惡，乞為部陳從事，窮按其奸。景壯玄意，署而遣之。"注："部：領，擔任。"譯"乞為部陳從事，窮案其奸"："請求派自己去擔任陳國的從事，徹底查究他的邪惡"。(《橋玄傳》)

從事是州郡長官自辟的僚屬。既是陳國的從事，那他就要受制于國相，不可能再去查辦羊昌的罪惡，所以知道他不是去擔任陳國的從事。而是刺史手下巡查、約束乃至處置陳國事宜的從事，這樣他才有權查辦羊昌的案子。這裏的"部"，與"行部"的"部"意思相同。

當時周景是豫州刺史，豫州下轄潁川、汝南、梁國、沛國、陳國、魯國6個單位。潁川143萬人口，汝南人口210萬，梁國只有43萬人，陳國有154萬人。橋玄當時只是梁國一個縣的功曹(相當於一個主任科長),請求當刺史麾下監察陳國國事的助理,徹辦陳相羊昌,所以就有"景壯玄意"這樣的描述。

晉陶潛《晉故征西大將軍長史孟府君傳》:"太尉潁川庾亮,以帝舅民望,受分陝之重鎮武昌,並領江州,辟君部廬陵從事。下郡還,亮引見,問風俗得失。對曰:'嘉不知。'"《陶淵明集》逯欽立注:"部廬陵從事,委任廬陵郡從事。"逯注恐非。文明説"下郡還",廬陵不是其官署所在。他的日常辦公地應在江州或者武昌。"辟君部廬陵從事",是説庾亮薦舉任命孟嘉做督察廬陵郡事的助理。

《後漢書·戴就傳》:"戴就……仕郡倉曹掾。揚州刺史歐陽參奏太守成公浮臧罪,遣部從事薛安,案倉庫簿領,收就於錢塘縣獄。"

"部從事",聽命于刺史、協助刺史在州内行使巡查、處置乃至法辦下屬權力的幕僚。"部"不是擔任的意思,也不是委任的意思。

三、辭書不載

穆上書梁冀:"穆伏念明年丁亥之歲,刑德合於乾位《易經》龍戰之會。其文曰:'龍戰於野,其道窮也。'謂陽道將勝而陰道負也。今年九月天氣鬱冒,五位四候連失正氣,此互相明也。"譯後一句:"這就是彼此的明顯的證明。"(《朱暉傳》附孫穆)

此譯文"明顯"兩字衍出。且不論。以"互相"為"彼此",通常如此理解。要追究一下,"彼"是什麽,"此"是什麽。"彼"是如何證明"此","此"又是如何證明"彼"。追究起來,就不好回答。原來早在那個時候,"互相"就已有用為"他相"的了,就是説,"此互相明",此明之也。"此",指"今年九月天氣鬱冒,五位四候連失正氣"。"之"指"謂陽道將勝而陰道負"。"他相"例又如《史記·司馬相如列傳》:"柴池茈虒,旋環後宫,雜遝累輯,被山緣谷,循阪下隰,視之無端,究之無窮。於是玄猿素雌,蜼玃飛鸓,蛭蜩蠼蝚,蟖胡豰蛫,棲息乎其間,長嘯哀鳴,翩幡互經。"正義曰:郭云:"互經,互相經過。"晉郭璞説"互相經過",承前"棲息乎其間"而言,"其間"就是上面已説到的"後宫""山""穀""阪""隰",而"經過"也是經過這些地方,"互相經過",實際是説經過這些"山""谷""阪""隰"等處。所以"互相"當是"他相"。

《隋書·音樂志》:"壽隨百禮洽,慶與三朝升。惟皇集繁祉,景福互相仍。""景福互相仍",猶言景福仍之。句式與《詩·樛木》"福履將之""福履成之"略同。

早在那時,"互相"又有用為"共相"的。《後漢書·申屠蟠傳》:"及瓊卒,歸葬江夏,四方名豪會帳下者六七千人,互相談論,莫有及蟠者。""互相談論",意即共相談論。不是説你談論我,我談論你。又如:

《魏書·高閭列傳》:"歷代為邊患者,良以倏忽無常故也。六鎮勢分,倍衆不鬬,互相圍逼,難以制之。""互相圍逼",謂共同圍堵。

《隋書·煬帝紀》:"區宇之内,盜賊蜂起,劫掠從官,屠陷城邑。近臣互相掩蔽,隱賊數不以實對。""互相掩蔽",謂近臣共同掩蓋真相。

以前我們只知道"相"有他相和共相,不知道"互相"也有相同的語法功能。不過,這一類的功能,到後世就漸漸消亡了。

"此所謂禍福之會,分功之時。"注:"分功之時:有功無功之時。"(《崔駰傳》)

賢注:"《史記》蔡澤説范雎曰:'君獨不觀夫博者乎,或欲大投,或欲分功。今君相秦,坐制諸侯,使天下皆畏秦,此亦秦分功之時也。'"

跟隨賢注,去看《史記·范雎蔡澤列傳》:

> 此四子者[1]功成不去,禍至於身,此所謂信而不能詘,往而不能返者也。范蠡知之,超然辟世,長為陶朱公。君獨不觀夫博者乎?或欲大投,或欲分功,此皆君之所明知也。今君相秦,計不下席,謀不出廊廟,坐制諸侯,利施三川,以實宜陽。決羊腸之險,塞太行之道,又斬范中行之塗,六國不得合從,棧道千里,通於蜀漢。使天下皆畏秦,秦之欲得矣,君之功極矣。此亦秦之分功之時也。如是而不退,則商君、白公、吴起、大夫種是也。

索隱曰:"言夫博奕,或欲大投其瓊以致勝,或欲分功者,謂觀其勢弱,則投地而分功以遠救。事具《小爾雅》也。"博奕之事難明,撇開它不説。單就史實言,所謂"分功之時",是説大功告成,為有功者安排一個結局的時候。所謂結局,或被殺,或自行引退。似乎也可能包括享受榮華富貴。如果只理

①謂商鞅車裂,白起賜死,吴起肢解,大夫種被殺。

解“分功”二字,那就是大功告成,為有功者安排一個結局。這是《蔡澤列傳》裏的“分功”。再查《後漢書》裏的“分功”。除正在討論的“分功”之外,還有:

《公孫述傳》:“今東帝無尺土之柄,驅烏合之衆,跨馬陷敵,所向輒平。不亟乘時與之分功,而坐談武王之説,是效隗囂欲為西伯也。”統一天下為全功,搶占一部分地盤,是為分得一份功。

《祭遵傳》:“昔高祖大聖,深見遠慮,班爵割地,與下分功。著録勲臣,頌其德美。生則寵以殊禮,奏事不名,入門不趨。死則疇其爵邑,世無絶嗣,丹書鐵券,傳於無窮。”此“分功”,謂分享成功之果。

若以《後漢書》而論,則“分”為動詞,義為分得、分享。“功”是功勞,努力的結果。“禍福之會,分功之時”,如同現在我們説的“既是挑戰,也是機遇”。“分功之時”即建立一份功業的機會。這與《史記》的“分功”略有不同,那個“分功”,應當另立義項。

“彼之蔚蔚,皆匈詈腹詛。”注:“蔚蔚:憂傷貌,通鬱鬱。”(《仲長統傳》)

李賢原注:“‘蔚’與‘鬱’古字通。”《後漢書·張衡傳》:“愁蔚蔚以慕遠兮”,中華書局校勘記按:“《文選》‘蔚蔚’作‘鬱鬱’。”然則“蔚蔚”即是“鬱鬱”,所注是。

《漢語大詞典》為“鬱鬱”列6個義項:1.茂盛貌。2.繁多貌。3.美好貌。4.煙氣升騰貌。5.憂傷、沉悶貌。6.幽暗貌。注者選擇了第五個義項,憂傷貌。

把這個意思套進文句中去,頗覺不安。所引文連同前後文成一個完整意思的文字如下:

> 角知者皆窮,角力者皆負,形不堪復伉,勢不足復校,乃始羈首係頸,就我之銜紲耳。夫或曾為我之尊長矣,或曾與我為等儕矣,或曾臣虜我矣,或曾執囚我矣,彼之蔚蔚,皆匈詈腹詛,幸我之不成,而以奮其前志。

(勝者)或是我的長輩,或是我的同輩,或者曾以我為臣,或者曾經俘虜過我,(失敗者)未能得志,心有不甘,心裏在詛咒勝利者,希望他們事敗,得以遂其以前稱雄稱霸的志願。如果把“蔚蔚”釋為憂傷,説失敗者憂傷難過,希望勝者事敗,雖也挨得上邊,但終究難説愜心貴當。今謂“鬱鬱”還有一義——不得志、不稱意的樣子，為詞書所未收，今試舉例：

《史記·淮陰侯列傳》："何曰：'……必欲爭天下，非信無所與計事者。顧王安所決耳。'王曰：'吾亦欲東耳，安能鬱鬱久居此乎？'"

《史記·魏其武安侯列傳》："灌孟年老，潁陰侯彊請之，鬱鬱不得意，故戰常陷堅，遂死吴軍中。"

《漢書·景武昭宣元成功臣表·秺侯商丘成》："坐為詹事侍祠孝文廟醉歌堂下曰：'出居，安能鬱鬱！'大不敬，自殺。"

《後漢書·梁統傳》："竦生長京師，不樂本土，自負其才，鬱鬱不得意。嘗登高遠望，歎息言曰：'大丈夫居世，生當封侯，死當廟食，如其不然，閑居可以養志，詩書足以自娱，州郡之職，徒勞人耳。'"

用這一義項解釋"鬱鬱"亦即"蔚蔚"，當是"意難開解，心不得甘"的意思。

"豈緊自謂必合道衷，心焉憤邑，聊以藉手。"章、易主編譯注本作"豈系自謂必合道衷，必焉憤邑，聊以借手。"譯："並不是認為一定合乎事理之正，只不過是心情憤懣抑鬱，姑且借助典籍編寫成書。"（《應奉傳》附子劭）

譯注本以為"緊"便是"繫"，簡化成"系"，誤。"心"作"必"，想是書寫或録入致誤。又徑以"借"代"藉"。

此文的前文是："其二十七，臣所創造。"既是他應劭所創，必不是"借助典籍編寫成書"。當然寫書要借鑒前人，但不可以説是"借助"典籍"編寫"成書。"藉手"二字，王先謙《集解》引惠棟曰："成二年《左傳》云：'若苟有以藉口，而復於寡君，君之惠也。'服虔云：'今河南俗謂治生求利，少有所得，皆言可以藉手矣。'"

揣摩文意，參以惠棟解釋，"心焉憤邑，聊以藉手"句意謂：心裏充滿了鬱積起來的創意，姑且借助於寫作發表出來。藉手，猶言作為憑藉，作為工具。

句中"憤"，猶《論語》"不憤不啓，不悱不發"之"憤"。"邑"或即"悒"，與"憤"連用同義。

"吏民希見使者，人懷喜悦，怨德美惡，莫不自歸焉。"譯"莫不自歸焉"："没有不得到表達的"。（《張禹傳》）

“自歸”作為一個詞,多用來表示自來領罪的意思,有時約當於投案。

《史記·韓王信列傳》:“漢使柴將軍擊之,遺信書曰:‘陛下寬仁,諸侯雖有畔亡而復歸,輒復故位號,不誅也。大王所知。今王以敗亡走胡,非有大罪,急自歸!’”“急自歸”,趕快自來領罪。

《史記·張丞相列傳》:“錯為內史,門東出不便,更穿一門南出。南出者,太上皇廟堧垣。嘉聞之欲因此以法錯擅穿宗廟垣為門,奏請誅錯。錯客有語錯,錯恐,夜入宮上謁,自歸景帝。”“自歸景帝”,自來向景帝領罪。

《史記·衛將軍驃騎列傳》:“右將軍蘇建盡亡其軍,獨以身得亡去,自歸大將軍。”“自歸大將軍”,自來向大將軍領罪。

下面兩例“自歸”,等於説投誠,投降。

《史記·秦始皇本紀》:“西周君走來自歸,頓首受罪,盡獻其邑三十六城,口三萬。”

《史記·秦始皇本紀》:“鄭伯茅旌鸞刀,嚴王退舍。”集解引何休《解詁》:“茅旌鸞刀,宗廟所用也。執宗廟器者,示以宗廟血食自歸。”

以上全用《史記》例。《漢書》亦有例,《後漢書》自來領罪例尤多。此外,“自歸”又有投奔的意思,見於《後漢書》和《三國志》注:

《後漢書·張宗傳》:“及大司徒鄧禹西征,定河東,宗詣禹自歸。”“宗詣禹自歸”,張宗投奔到鄧禹那裏。

《後漢書·袁術傳》“廬江太守劉勳”注引《魏志》:“勳字子臺,琅邪人,與太祖有舊。為孫策破後,自歸太祖,封列侯。”[①]“自歸太祖”,謂投奔到曹操那裏。

《張禹傳》裏“莫不自歸焉”的“自歸”,用以上三義(投案、投降、投奔)作釋,皆不合。自當參考三義,另立一義,以與語境相稱。此義項似可表述為:自來向……申述,表達歸誠之意。

“賞賜殊特,莫不沾洽。”注:“沾洽:雨澤霑足。這裏引申為普施恩澤。”譯:“賞賜優厚,無處不受到章帝的恩澤。”(《張酺傳》)

注“沾洽”,以文言注文言。“霑足”本於《詩經·信南山》:“既霑既足,生我百穀。”《漢語大詞典》釋“沾洽”為“普遍受惠”,對比相應的譯文“普施恩澤”,顯然是“受”,不是“施”,譯文就已改為“受”。

①按:此非《魏志》本文,而是注引《魏略》的話。

涵泳文意,蓋謂賞賜特殊,極其豐厚。"沾洽"言雨露(恩澤)豐足。而"莫不"言其程度之甚。此義與拘泥於字句者說不清楚。"莫不"之為用,前文多有總說其類之詞,然後才說"莫不"如何如何。如:

《詩經·湛露》:"豈弟君子,莫不令儀。"前一句說平和樂觀的君子,總說其類,後一句才說其中没有人不具備尊貴的威儀。

《後漢書·章帝紀》:"天下聞之,莫不悽愴。""天下",猶如說天下人,是總說。

但如果前面没有總說,就可能包含有程度之甚的意思。如:

《詩經·時邁》:"右序有周,薄言震之,莫不震疊。""莫不震疊",没有不震驚畏懼的,實際上是說,甚是震驚,極可畏懼。是對上一句"薄言震之"的重複和强調。

《後漢書·蔡邕傳》:"初邕在陳留也,其鄰人有以酒食召邕者。比往而主以酣焉。客有彈琴於屏,邕至門,試潛聽之,曰:'憘!以樂召我,而有殺心,何也?'遂反。將命者告主人曰:'蔡君向來,至門而去。'邕素為邦鄉所宗,主人遽自追而問其故。邕具以告。莫不憮然。彈琴者曰:'我向鼓絃,見螳蜋方向鳴蟬,蟬將去而未飛,螳蜋為之一前一卻。吾心聳然,惟恐螳蜋之失之也。此豈為殺心而形於聲者乎?'邕莞然而笑,曰:'此足以當之矣。'""莫不憮然",没有不驚怪的。然而前文没有總說之辭,實在是說程度之甚,猶如說主人極為駭怪。

《三志·魏志·蔣濟傳》:"往者大臣秉事,外内扇動,陛下卓然自覽萬幾,莫不祗肅。""莫不祗肅",没有不恭敬嚴肅的,卻含有極其恭敬嚴肅的意思。

此等涵泳功夫當為訓詁學家所必備。

四、修辭

"行違於道則愧生於心,非畏義也。事違於理則負結於意,非憚禮也。"譯"負結於意"為"憂愁凝聚"。(《朱暉傳》附孫穆)

"負"與"愧"相對為文,"負"也是"愧",指負疚。句意是:負疚之情結聚在心意之中。

"夫如是,然後可以用天性,究人理,興頓廢,屬斷絶,網羅遺漏,拱柙天

人矣。"注:"拱:兩手合圍。柙:檻。天人:天和人。拱柙天人:即指人為和自然的合一。"譯"拱柙天人矣":"達到人類和自然的統一。"(《仲長統傳》)

我以為"拱柙天人"中的"天",是仲長統所説的"天道","指星辰以授民事,順四時而興功業","人"指人理,亦即人情。"拱柙",《漢語大詞典》釋為"拱揖示敬",又存另説,説是"隱括"的意思。我覺得兩説可信度都不高。"拱"倒可説是"拱揖",那"柙"呢?可釋為"示敬"嗎?至於"隱括",也無從知悉何以可作此解。還是來看李賢注:"拱,執也。柙,檻也。柙音下甲反。""檻"是關野獸的籠子,"柙"也是。名詞也用作動詞,就是關野獸,捕捉野獸。據李賢的意思,這兩個字,猶如我們現在説抓捕。可天道與人情,如何能抓捕呢?這要看整個句子才能明白。整個句子是説:"用"天性,"究"人理,"興"頓廢,"屬"斷絶,"網羅"遺漏,"拱柙"天人。"用"與"究"義近,且互為補充;"興"與"屬"義近,且互為補充。由此推論,"拱柙"與"網羅"當亦近義,且互為補充。"網羅"這裏是網羅無遺,盡得其所遺漏;"拱柙天人",也就是盡得其天理與人情,臻于完美。這裏用的修辭手法是所謂互文見義。

參本文"歷史"條。

"陽(侯)〔平〕之族,非不盛也。"譯:"陽平的家族並不是不興盛。"(《崔駰傳》)

"陽平"無注,讀者就不知道這是一個什麼樣的家族。李賢無注,可能他認為讀者都讀過《漢書·王莽傳》,就没有必要再出注了。或者覺得王莽這樣的赫赫有名的人物,他們是陽平侯一家,不消再説。

《漢書·王莽傳》:"後三年,宣帝崩,太子即位,是為孝元帝,立太孫為太子,以母王妃為倢伃,封父禁為陽平侯,後三日,倢伃立為皇后。"元帝即位,立劉驁即太孫為太子,以太子母為皇后,封皇后父王禁為陽平侯。

《漢書·孝元王皇后傳》:"及成帝立,復以元舅陽平侯王鳳為大司馬大將軍。"是知王禁的長子王鳳襲父爵,繼為陽平侯。王家十侯五大司馬自此始。王莽是孝元王皇后弟弟的兒子,也就是王鳳的侄兒,終於篡漢自立。王家這一夥人,崔駰稱之為"陽侯之族"。宋人劉攽著《東漢書刊誤》,以為"陽侯"當作"陽平",中華書局版從之,因而有"(侯)〔平〕"那樣的排版法。意思是説,"侯"是錯字,當更正為"平"。而在崔駰當時,或本是"侯"字不誤。稱"陽平侯"為"陽侯",並没有越出古人行文省稱的規矩。但作注者宜出注:

"陽侯之族:即陽平侯之族,指王鳳、王莽他們一家子。王鳳父親王禁封陽平侯,王鳳襲父爵,也曾稱陽平侯。"

"或糜折金綵,令廣分寸;或斷截眾縷,繞帶手腕。"譯:"有人浪費金色的彩綢,使衣服增加微小的尺寸;有人剪斷縷縷絲線,繞纏在手腕上。"(《王符傳》)

王先謙《集解》引沈欽韓曰:"蓋采勝五色繒,辟兵、續命縷之類。"此注之所以必要,是為了解釋糜折金綵、斷截眾縷的緣由。作為一種裝飾,藉以避邪避兵,得以長命百歲。没有這個注,就不知道那時人為什麽要這樣做。

此處本傳文字,《潛夫論》原作:"或裂拆繒綵,裁廣數分,長各五寸,縫繪佩之。或紡綵絲而縻,斷截以繞臂。"據此,"令廣分寸",謂裁之使寬數分,長五寸(然後縫製彩繡而佩之)。這樣的表達,如果承認它是正當的,那就也當是省略的修辭法。

"步驟之差,各有云設。"注:"云設:説法和設置。"(《崔駰傳》)

"云設"即是"設","云"不為義,我們叫做襯音助詞,是一種修辭手法。這個問題王引之他們早就解决了。《經傳釋詞》説:"云,語中助詞也。《詩·雄雉》曰'曷云能來',《四月》曰'曷云能穀',《瞻卬》曰'人之云亡','云',皆語助也。"《漢語大詞典》没有考慮這種"語中助詞",無法解釋"道之云遠,曷云能來"(《詩經·四月》)裹的兩個"云"字。"云亡"《大詞典》解釋為"逃亡",没有説"云"是什麽意思。於是碰到"云遠"和這裹的"云設"就不知道該如何解釋了。這一類的"云"字,在《後漢書》裹的表現,除"云設"外,再舉數例:

《馮衍傳》:"'死生有命,富貴在天'。天下存亡,誠云命也。""誠云命也",即"誠命也","云"不為義。此"云",居名詞前。

《班固列傳》:"子實秦人,矜誇館室,保界河山,信識昭襄,而知始皇矣。惡睹大漢之云為乎?夫大漢之開原也……""云為",為也。"云"居動詞前。

《應劭傳》:"今大駕東邁,巡省許都,拔出險難,其命惟新。臣累世受恩,榮祚豐衍,竊不自揆,貪少云補,輒撰具《律本章句》《尚書舊事》《廷尉板令》……凡二百五十篇。""貪少云補",求得(對於時政)稍有補益。"云"居動詞"補"前。

《陳龜傳》:"臣無文武之才,而忝鷹揚之任,上慙聖明,下懼素餐。雖殁軀體,無所云補。""云"在"所""補"之間。按《大詞典》編者之意,或將出"云補"詞條,注云:"補益。"

《崔駰傳》:"古者陰陽始分,天地初制,皇綱云緒,帝紀乃設。""緒",猶如說建立。"云"只是湊足一個音節。

《張衡傳》:"蓋聞前哲首務,務於下學上達,佐國理民,有云為也。朝有所聞,則夕行之。立功立事,式昭德音。"這裏又有一個"云為",編詞書者亦不會因而列出詞條"云為"。

又:"蹶白門而東馳兮,云台行乎中野。"賢注引《爾雅》曰:"台,我也。"我行於中野前加"云"字,顯然也是語助無義。

《皇甫嵩傳》:"是猶逆阪走丸,迎風縱棹,豈云易哉?""云"居形容詞前。

由上各例,知"云"多在動詞之前,也有在名詞、代詞、形容詞之前的。因為只是襯音,在理論上可以處於任何詞類之前或後。《漢語大詞典》"云"字條無襯音助詞義項,講其他助詞,亦無漢魏六朝例,得此一條,可"少云補"了。

"永言國傴,甘心彊詖。"注:"永言:長久談論。"譯:"竇氏專權,使國家面臨危迫,心甘情願受到强暴邪惡的人的怨恨。"(《朱樂何列傳·贊》)

賢注:"詖,佞諂也。竇憲兄弟奢僭上傴,敞冒死切諫,是甘心於彊詖之人也。"

今注以"詖"為邪僻,不取賢説,是。而以"永言"為"長久談論",則非。賢以"冒死切諫"當"永言"二字,這裏有一個修辭手法在内,需要作些説明。

《詩經·下武》:"永言配命,成王之孚。""永言",猶如説長久地。"配命",本義是説合乎天命。"永言配命",長久地合乎天命。《後漢書》這裏説"永言",則是歇後,亦即"配命"。但這裏"配命"已不用本義,而是配上性命的意思,所以賢注用"冒死切諫"來詮釋。把"永言國傴,甘心彊詖"兩句,用在原文中有脈絡可尋的話來解釋,就是:對於權力上傴國君的竇氏兄弟,何敞敢於拼命向皇帝進諫,心甘情願應對强暴邪惡的人,死而無悔。

"棨戟即為斧鉞。"譯:"棨戟即是斧鉞。"(《郭躬傳》)

"棨戟即為斧鉞",意思是官府即有殺人權。既没有出注,譯又等於没譯。"棨戟",覆以生絲的或帶漆的木戟,指官府的儀仗。因以"棨戟"代官府。所謂官府,縣衙及其以上。"斧鉞",處死人的兵器,因以代殺人權。

"所舉有道之士,可策問國典所務,王事過差,令處煖氣不效之意。"譯後一句:"讓他們解釋暖氣失調的原委。"(《陳寵傳》)

譯"暖氣不效"為"暖氣失調",也可說是大致不差。但看不出譯者對原文有深入的瞭解,因為没有把這話的實質向讀者表達出來。在所引文之前,有文如次:"頃季夏大暑,而消息不協,寒氣錯時,水湧為變。天之降異,必有其故。"然後才是"有道之士"那些話。那就是説,讓這些"有道之士"來審察的,當是"季夏大暑,而消息不協,寒氣錯時,水湧為變"這些反常氣象的緣故。文中只用了"暖氣不效"四個字代表了"季夏大暑……"十六個字的意思。這種情況或者説是承前省略,或者説是以部分代整體。譯注者如何表達這層意思呢? 建議出個注,同時在翻譯用詞方面加以考究。比如説,把"讓他們解釋暖氣失調的原委"一句,改成"讓他們審察陰陽不調氣候反常的緣由"。如果這樣譯,實在不可以與拘泥於字句的人所能討論的了。

"安定俗鄙庶孽,而符無外家。"注:"無:不可。通'毋''勿'。"譯:"安定的習俗是鄙視小妾所生的子女,而王符不可承認外祖父母家。"(《王符傳》)

"符無外家",所要表達的意思是:王符是小妾所生。小妾所生,為什麽無外祖父母家呢?《集解》引惠棟説:"禮:妾子為君母之父母、從母服小功。而所生之父母無文,是無服也。蓋妾賤,妾子不以所生之父母為外祖父母,且無服也,故云無外家。"小老婆所生的兒子,為嫡母的父母和姨媽服五個月的喪服,而生母的父母,亦即外公外婆禮無明文,也就是説不服喪服。所以説"無外家"。

竊以為"無外家"應出一注,像這裏所説。而翻譯就只説王符是小妾所生就可以了。以"無"為"不可",且通"毋"和"勿"這類説法,與理解文本無關。

五、典故

"夫將相大臣,均體元首,共輿而馳,同舟共濟。"注:"體,連結,親近。"譯

“均體元首”為“將相大臣都親近皇帝陛下”。(《朱暉傳》附孫穆)

《書·皋陶謨》:“帝曰:‘臣作朕股肱耳目。’”又說:“股肱喜哉,元首起哉,百工熙哉!”“將相大臣,均體元首”,蓋本於此。“體元首”,為元首之一體,謂將相大臣是皇帝的手足耳目。

“非所以導‘在醜不爭’之義。”注:“導:教。醜:通儔,同類。”(《張禹傳》)

“在醜不爭”,語出《孝經·紀孝行章第十》:“事親者居上不驕,為下不亂,在醜不爭。居上而驕則亡,為下而亂則刑,在醜而爭則兵。三者不除,雖日用三牲之養,猶為不孝也。”似當注明。

“協準臒之貞度兮,同斷金之玄策。何天衢於盛世兮,超千載而垂績。”注:“衢:四面暢通的大道。天衢,語出《周易·大畜·上九》:‘何天之衢,亨。’意為何等暢通的天上大路,亨通。”(《崔駰傳》)

《易》中“何天之衢”的解釋,歷來是難點所在。趙宋時的程夫子傳其師說,以為“何”是衍文。又有人以為“何”為“行”之誤。王船山《周易稗疏》認為“何天之衢”義同於《莊子》的“負雲氣”。[①]新出馬王堆帛書《周易》作“何天之瞿”,有人釋“瞿”為兵器,說是“手持天賜的兵器”。吾師宋祚胤先生著《周易譯注與考辨》(湖南人民出版社,1987),他將“何天之衢,亨”譯為:“為什麼天這樣廣大,通達無礙。”引朱熹《周易本義》的說法,作為自己翻譯的根據。朱熹說道:“‘何天之衢’,言何其通達之甚也。”接著駁高亨先生之說:“高亨《周易古經今注》以‘何’為‘荷’,訓之為‘受’,疑‘衢’當讀為‘休’。說‘何天之衢,即荷天之休’。論據是‘瞿、句、休聲系相通。’這種解釋,實在令人難以置信。但李鏡池《周易通義》,卻都基本上照抄了。”

宋師教我們古典文學,於先秦古籍能倒背如流,又寫得一手道地的文言文,對古典文學中的語法現象有精細的闡釋。文革時期發憤讀馬列著作,《反杜林論》與《唯物主義與經驗批判主義》尤所精熟,於是起而著述,書中多

①宋·程頤《伊川易傳》:“予聞之胡先生曰:‘天之衢亨’,誤加‘何’字。”

宋·林栗《周易经传集解》:“‘何’當為‘行’字之誤也。”

清·王夫之《周易稗疏》:“‘何天之衢’,舊於‘何’字皆置不解。若以為贊歎之辭,則與‘之衢’二字文義不相通。足知‘何’亦‘負何’之‘何’。負天之衢者,猶《莊子》所謂負雲氣、背青霄也。凡經文‘何’字,皆上聲。”

有創見。他是我的有學問的老師之一。他在這裏棄用高亨先生之説,我支持。高先生的假借之説,亦即估摸義理當是如何,就轉彎抹角找一個音同音近的字來溝通,此法不可為訓。但高先生于古籍較為熟悉,對於義理的估量,頗多精當之處,故其説常能為人所接受。宋師于李鏡池竟也照抄高説,以為不可理解。其實高先生的長處之一就是能估量文義,這種估量的作用不可小覷,這是他的假借説仍有人信服的緣故。

宋師棄高説而用朱説。朱以"何"為甚辭,言其程度之甚。師以"何"為問辭,問原因如何。雖小異而大同。《後漢書》注譯者直取朱説,解為"何等暢通的天上大路。"然"何天衢"與"協准獲"相對為文,"何"當是動詞,去聲,即後來寫成"荷"的那個字。"荷天之衢",亦即承擔著天道。"衢",與"道"同義。

《荀子·大略》:"上好羞則民闇飾矣,上好富則民死利矣,二者亂之衢也。"楊倞注:"衢,道。"

《文選·王延壽〈魯靈光殿賦〉》:"荷天衢以元亨,廓宇宙而作京。敷皇極以創業,協神道而太寧。"張載注:"衢,道也。"

《文選·潘安仁〈閒居賦〉》:"傲墳素之長圃,步先哲之高衢。"張銑注:"衢,道也。"

其中《靈光殿賦》例,本就是據《易》為説。也可證"何"當讀為"荷"。

"何天之衢",意思是承擔著天道,而承擔著天道(的實施),亦猶後世的"奉天承運"。"奉天承運"雖是後世才有的措辭,但那説法,應該是早就有了的。《周易》時代説"何天之衢",漢代又可説成"承天"。

《説文解字敍》:"於時漢代,聖德熙明,承天稽唐。"王筠注:"承天者,奉天承運也。"同時也用"何天之衢"這樣的話:

荀悦《漢紀·高祖四》:"征亂伐暴,廓清帝宇,八載之間,海内克定,遂何天之衢,登建皇極。上古已來,書籍所載,未嘗有也。"漢人荀悦將"何天之衢"與"登建皇極"並提,可以窺知他對《周易》此句的理解,與"何等暢通的天上的路"無關。

這樣説來,"何天衢于盛世",當是説劉秀奉天承運登上了帝位,這時天下已統一,堪稱盛世。而不是如譯文所説:"他們處於盛世有何等通暢的天上大道"。

“《易》稱‘備物致用’，‘可觀而有所合’。故能扶陽以出，順陰而入。”注：“可觀而有所合：語出《易·序卦》，意思是可以受人觀瞻，而後上下融合。”（《崔駰傳》）

李鼎祚《周易集解》：“序卦曰：‘可觀而有所合，故受之以噬嗑。嗑者，合也。’崔憬曰：言可觀政於人，則有所合於刑矣。故曰可觀而有所合。”

韓康伯注：“可觀則異方合會也。”

《序卦》言六十四卦次序何以如此。為什麼觀卦之後有合（噬嗑）卦呢？崔憬以為政法合一，有政可觀，則其政必合於法。韓康伯以為，文物有可觀者，則他方之人必來會齊觀。一著眼於“政”，一著眼於“文”。施之於本文，謂有才可觀，則必合於上之需要，讓他出仕。“合”是君臣遇合之“合”，並不是說上下融合。

“有始有極，爰登其質。”注：“爰：語首助詞。登：取。質：本體。《易·繫辭下》：‘原始要[1]終’，以為質也。”譯：“有發端便有終極，只是取其本質而已。”（《崔駰傳》）

對《繫辭》原文的理解，以司馬光說的最為恰當。《温公易說》于“易之為書也原始要終以為質也”說曰：“易以窮物之終始為本質。”崔駰引《易》，沒有照抄原文，但其意當與原文不殊。照此理解，“有始有極，爰登其質”，意思是推其原始，究其結果，這樣就可以形成關於事物本質的見解。“登”，當訓為“成”。《詩·崧高》：“王命召伯定申伯之宅，登是南邦，世執其功。”毛傳：“登，成也。”鄭玄箋：“成法度於南邦。”

“臣聞德以旌賢，爵以建事，‘明試以功’，《典謨》所美。”注“明試以功”：“即明以功而試。”譯“明試以功”：“勞績以試用顯著。”（《張禹傳》）

所注難明其意，所譯難當其理。

《尚書·堯典》：“敷奏以言，明試以功，車服以庸。”偽孔傳：“敷，陳。奏，進也。諸侯四朝，各使陳進治理之言，明試其言以要其功，功成則賜車服以表顯其能用。”孔疏曰：“各使自陳進其所以治化之言，天子明試其言以考其功，功成有驗，則賜之車服，以表顯其有功，能用事。”據此，“明試以功”，謂以

①譯本“要”誤作“有”。

其績效明其言之實否,試其言之是否。

又,《典謨》無注。《典謨》指《書》中的《堯典》《舜典》《大禹謨》《皋陶謨》等篇,借代《尚書》。

六、指代

"上交不諂,下交不黷。"譯:"交接上層的朋友不奉承獻媚,交接下層的朋友不同流合污。"(《朱暉傳》附孫穆)

上,當是指地位高於自己的人;下,當是指地位低於自己的人。

"(永為河東太守,恢隨之官,閉戶精誦,不交人物。)後永以事被考,諸弟子皆以通關被繫,恢獨皦然不汙於法。"譯文:"後來焦永因事被審查,他的諸多弟子都因與他交結,有牽連而被囚禁,樂恢獨因一身清白,没有玷污法令。"(《樂恢傳》)

聯繫前文恢"不交人物"來看,所說的"通關"不是與焦永"交結",而是與他人交通串連,牽涉到犯法。

"不汙於法",不為法所玷污。意思是他一身清白,未因違法而受玷污。"於"在這裏表示被動。不是"没有玷污法令"。這裏順便說到"語態",本應歸到下一個項目裏去。

"錮人於聖世,尹不忍為也。"注:"尹:誠,實在。"(《袁安傳》)

這時袁安為河南尹,"尹"是袁安自稱。

"君王法天,刑不可以委曲生意。"譯:"君王以天為法則,刑法不可以輾轉曲折另生別意。"(《郭躬傳》)

"法天",謂效法天,效法天的什麼呢?《漢書·禮樂志》:"王者承天意以從事,故務德教而省刑罰。"未出注,讀者難曉其意。

七、語態、施受

"冀蒙留恩,託備冗官。"注:"托:委任。備:準備。"譯"托備冗官":"委任為冗官"。(《張酺傳》)

如果直譯,“托備”當是被託付充數為。備,充任,充數為。晉袁宏《後漢紀·靈帝紀中》:“吾世受國恩,又備宰相,安得拱默哉!”“備宰相”,充任宰相,充數為宰相。

到了後世,“託備”等於是“備”的雙音形式,意思還是充任,充數為。

《晉書·王廙傳》:“廙奏《中興賦》,上疏曰:‘臣託備肺腑,幼蒙洪潤,爰自齠齓,至於弱冠,陛下之所撫育。恩侔於兄弟,義同於交友,思欲攀龍鱗附鳳翼者有年矣。”

北宋·王安石《臨川集(卷五十八)·賀生皇子表》:“臣託備蕃維,叨承睿獎,不顯亦世,家實與於榮懷,於萬斯年,心敢忘於慶賴。”

南宋·朱松《韋齋集(卷十一)·謝宮觀啟》:“偶給劄於玉堂,遽飛纓於蓬渚。叨塵郎選,託備史官。”

“(太守)(葛)興子嘗發教,欲署吏,棱拒執不從。”注:“教:文體的一種,為上對下的告諭。署:攝官,指代理、暫任某種官職。”譯:“葛興的兒子曾經發佈告諭想代理官職,韓棱拒絕執行。”(《韓棱傳》)

譯文將前兩句連在一起說,好像是興子發佈一個告示,裏面說他想代理官職。注明說“教”是上對下的告諭,猶如說教戒民眾之令,怎麼又可以說到發佈告示的人自己想代理官職?留意原文中“嘗”與“欲”二字。“嘗”是說過去,“欲”是說未來。就是說,中了風的太守的兒子冒出來管事,過去發佈過教戒之令,現在又想要委任吏員,遭到主任科長(?)韓棱的堅決抵制。

“署”有攝官的意思,同時又有委任的意思。《後漢書·劉永傳》:“遂招諸豪傑沛人周建等,並署為將帥。”“署為將帥”,委任為將帥。

何以知道這裏“署”是委任而不是攝官?葛興這個兒子敢於發佈教令,看來是一個有發號施令欲望的人,豈是甘心做代理吏員的角色?大概他想分得老子所有的部分權力,取得人事大權吧。

“後仕本郡吏,太守坐法誅,故人莫敢往,恢獨奔喪行服,坐以抵罪。”譯“坐以抵罪”:“因而被處罰以抵償太守的罪責。”(《樂恢傳》)

《史記·高祖本紀》:“殺人者死,傷人及盜抵罪。”抵罪,謂因犯罪而受到相應的處罰或判刑。不是說“抵償太守的罪責”。

“或有踽踖比伍，轉相賦斂；或隨吏追赴，周章道路。”譯前一分句：“有的禍及鄉里，反復徵收賦稅。”（《陳寵傳》）

李賢注：“《説文》曰：‘踖，小步也。’言踽身小步，畏吏之甚也。”如依李賢，就不是“（官府）禍及鄉里”，而是鄉里小民害怕官吏。為什麼怕呢？因為他們又要以此為由向百姓另行收取錢財。“踽踖比伍”與“周章道路”相對為言，為什麼在道路上驚慌恐懼呢？因為要他們與吏人一起去追捕逃犯。

“鄰舍比里，共相壓迮，或出私財，以償所亡。”譯：“左鄰右舍，互相壓逼，有的拿出個人的財物，償給逃亡的人。”（《陳寵傳》）

句意是説，有的鄰舍人家，大家擠出一點錢財來，補償失主被掠的財物。不是“償給逃亡的人”。“償”的意思是賠償、補償，對於犯罪逃亡者，大家並不欠他什麼，談不上“償”。如果是逃犯，當説“亡者”，不當説“所亡”。“所亡”，謂所亡失的財物。

八、詞例

“彼與草木俱朽，此與金石相傾。”譯“與金石相傾”為“跟金石同時並存”。（《朱暉傳》附孫穆）

關鍵是那個“傾”字不好譯。李賢注：“此謂厚也。老子曰：‘高下之相傾。’”《淮南子·天文訓》“天傾西北”高注：“傾，高也。”“高下相傾”，自下言之，故曰“厚也”。“天傾西北”，自地言之，故曰“高也”。仿此，“金石相傾”，自人言之，當可曰“堅也”。如果此説可以成立，則宜譯為“與金石同堅”。

“是時河南尹王調、洛陽令李阜與竇憲厚善，縱舍自由。”譯“縱舍自由”：“行為放縱不檢點”。（《樂恢傳》）

《漢書·張敞傳》：“敞為人敏疾，賞罰分明，見惡輒取。時時越法縱舍，有足大者。”

《酷吏列傳》也説到張敞：“是時張敞為京兆尹，素與延年善。敞治雖嚴，然尚頗有縱舍，聞延年用刑刻急，廼以書諭之。”

《漢書·朱博傳》：“其治左馮翊，文理聰明，殊不及薛宣，而多武譎，網絡張設，少愛利，敢誅殺。然亦縱舍，時有大貸。”師古曰：“縱，放也。舍，置也。貸謂寬假於下也。音吐戴反。”

由此三例,可知史書中的“縱舍”指寬縱罪犯,不加懲治。但《漢書》裏講“縱舍”,是褒詞,是説寬嚴結合,不純以嚴厲的法制為治。《後漢書》這裏講“縱舍自由”,是任意寬縱,不講法度,貶義。

“妻每諫恢曰:‘昔人有容身避害,何必以言取怨?’”譯“容身避害”:“為了安身而避開禍患”。(《樂恢傳》)

容身,(為了活命或固位而)偷安。例如:

《漢書·卷六十六贊》引《鹽鐵論》:“車丞相履伊吕之列,當軸處中,括囊不言,容身而去,彼哉彼哉!”

《漢書·朱雲傳》:“雲數上書,言丞相韋玄成容身保位,亡能往來。”

《漢書·王嘉傳》:“臣嘉、臣延材駑不稱,死有餘責,知順指不迕可得容身須臾,所以不敢者,思報厚恩也。”

“方今之宜,上以義自割,下以謙自引。”注“割”字:“用刀截斷,此處指割斷與貴戚的私情。”(《樂恢傳》)

《三國志·蜀志·卷十四》引郤正論姜維:“姜伯約據上將之重,處羣臣之右,宅舍弊薄,資財無餘,側室無妾媵之褻,後庭無聲樂之娱,衣服取供,輿馬取備,飲食節制,不奢不約,官給費用,隨手消盡,察其所以然者,非以激貪厲濁,抑情自割也。直謂如是為足,不在多求。”

《三國志·吴志·卷七》注引《吴書》:“悌父向,歷四縣令,年老致仕。悌每得父書,常灑掃整衣服,更設幾筵,舒書其上,拜跪讀之。每句應諾畢,後再拜。若父有疾耗之問至,則臨書垂涕,聲語哽咽。父以壽終,悌飲漿不入口五日。權為作布衣一襲,皆摩絮著之,强令悌釋服。悌雖以公議自割,猶以不見父喪,常畫壁作棺柩象,設神座於下,每對之哭泣,服未闋而卒。”

據此兩例,則割者,制也,謂節制,抑制,《蜀志》例,謂節制常人可能有的“欲”,《吴志》例,謂節制孝子超常的“情”。《後漢書》謂帝當自我抑制對於皇親過份的“恩”。

“夫政在大夫,孔子所忌;世卿持權,《春秋》以戒。聖人懇惻,非虚言

也。"譯"聖人懇惻"為"聖人為此而深感憂傷。"(《欒恢傳》)

《後漢書·安帝紀》:"京師尚若斯,何以示四遠?設張法禁,懇惻分明,而有司惰任,訖不奉行。"

《後漢書·黄瓊傳》:"復拜瓊為太尉,以師傅之恩,而不阿梁氏,乃封為邡鄉侯,邑千戸。瓊辭疾讓,封六七上,言旨懇惻,乃許之。"

由例知,"懇惻",猶今語"懇切",誠懇殷切。與"憂傷"無關。

"竇憲因是風厲州郡迫脅,恢遂飲藥死。"譯文:"竇憲氣焰更加淩厲,對州郡進行逼迫威脅,欒恢就服毒而死。"(《欒恢傳》)

"風厲"一詞,不是片語,不是"氣焰淩厲"。也不是對州郡進行迫脅,而是州郡對欒恢進行迫脅,迫脅欒恢服毒而死。

《漢書·百官公卿表》:"三條,二千石不卹疑獄,風厲殺人,怒則任刑,喜則淫賞,煩擾刻暴,剥截黎元,為百姓所疾。"

"風"讀作"諷",謂以委婉之辭暗示。

晉袁宏《後漢紀·章帝紀上》:"竇后誣言欲咒詛。上信之,出貴人姊妹於丙舍,使小黄門蔡倫考之。竇后諷厲考者,皆致以巫蠱事送暴室。"

"厲"謂鼓勵、聳恿。"風(諷)厲",暗示聳恿。"風厲州郡迫脅",暗示聳恿州郡長官迫脅(欒恢)。"風厲殺人",暗示聳恿(下屬)殺人。"諷厲考者",暗示聳恿考者(羅織罪名)。

"牧守無良,或出中官,懼逆上旨,取過目前。"注:"中官:朝廷裏面的官。取過:犯錯誤。"譯:"況且地方長官不好,有的出自於朝官,他們害怕違抗皇上的旨意,在皇帝眼前犯錯誤。"(《陳龜傳》)

《漢書》和《後漢書》中的"中官",指宦官。

《漢書·高后紀》:"諸中官、宦者令丞,皆賜爵關内侯,食邑。"師古曰:"諸中官,凡閹人給事於中者,皆是也。宦者令丞,宦者署之令丞。"

《後漢書·順帝紀》:"二月丙子,初聽中官得以養子為後,世襲封爵。"

《後漢書·和熹鄧皇后紀》:"又詔中官近臣,於東觀受讀經傳,以教授宫人,左右習誦,朝夕濟濟。"

《後漢書·天文志》:"大將軍何進,令司隸校尉袁紹,私募兵千餘人,陰跱雒陽城外，竊呼並州牧董卓，使將兵至京都，共誅中官。對戰南北宫闕下，死者數千人。”

“所歷郡縣，皆見稱紀。”注：“稱紀：與法度準則相符合。”（《周榮傳》）

“見稱紀”，謂可稱道，可紀述。意思就是值得贊許。大致與“見稱”相當。

《後漢書·陳寵傳》：“寵歷二郡三卿，所在有跡見稱。”

“有跡見稱”，謂有政績可以稱道，值得贊許。

晉·袁宏《後漢紀·卷二十三》：“（陳寔）長子紀，字元方，小子湫，字季方，皆以儒業德禮稱紀。”

“稱紀”，為人所稱贊。

“恕心用則可以寄枉直矣。”注：“枉直：曲與直，比喻是非好壞。”譯：“具有寬恕的心腸，就可以寄寓自己的是非觀了。”（《郭躬傳》）

“寄”，寄託，託付。“枉直”，用如動詞，判斷是非曲直。“寄枉直”，謂以判斷（訟事中）是非曲直之權託付之。和是非觀没有關係。

《東坡全集·賜宰相吕公著乞罷相位除一外任不許批答》：“以卿篤於愛君，必能建長久之策；澹然無我，可以寄枉直之權。”這雖是後人的文字，但也可推知“寄枉直”之含義。

“恂設購賞，遂斬虜帥。”注：“購：重賞徵求。”譯：“李恂設立重賞以徵求勇士，於是斬殺了敵人的首領。”（《李恂傳》）

購，所注是。但“購”，往往是用來表示懸賞購求凶仇或敵酋之身首，少有言徵求勇士者。

《史記·張耳陳餘列傳》：“秦滅魏數歲，已聞此兩人，魏之名士也。購求：有得張耳千金，陳餘五百金。”

《史記·東越列傳》：“吴王濞反，欲從閩越，閩越未肯行，獨東甌從吴。及吴破，東甌受漢購，殺吴王丹徒，以故皆得不誅，歸國。”

《史記·陳豨列傳》：“上曰：‘陳豨將誰？’曰：‘王黄、曼丘臣，皆故賈人。’上曰：‘吾知之矣。’迺各以千金購黄、臣等。”

《後漢書·魯恭傳》:"是時東州多盜賊,羣輩攻劫,諸郡患之。恭到,重購賞,開恩信,其渠帥張漢等,率支黨降。"賢注:"説文曰:'以財相賕曰購'"

《後漢書·寇恂傳曾孫榮》:"逐臣者窮人跡,追臣者極車軌。雖楚購伍員,漢求季布,無以過也。"賢注:"《史記》曰:"楚人伍奢為平王太子建太傅,費無忌譖殺奢。奢子員,字子胥,奔呉。楚購之:得伍員者賜粟五萬石,爵執圭。季布為項羽將,數窘漢王,項羽滅,高祖購季布千金,敢舍匿罪三族。"

這裏的"購賞",是説以重賞購求虜帥之頭,所以下文就説,"遂斬虜帥",不是招募勇士。

"子豫後坐縣書誹謗,廖以就國。"譯:"後來兒子馬豫因投書誹謗而獲罪,馬廖因此被遣回自己的封國。"(《楊終傳》)

李賢注:"縣音懸。"知"縣書"即是"懸書"。而"懸書"不是譯文所理解的"投書",是把意思寫好,張貼出來,初不知是誰所寫。看《説苑》所記,就知道"懸書"是怎麼回事了。

漢·劉向《説苑·復恩》:"推從者憐之,乃懸書宮門曰:'有龍矯矯,頃失其所。五蛇從之,周徧天下。龍饑無食,一蛇割股,龍反其淵,安其壤土。四蛇入穴,皆有處所,一蛇無穴,號於中野。'文公出見書,曰:'嗟! 此介子推也。'"

晉文公没有給曾割股肉給他吃的介之推以應得封賞,介之推的隨從寫這樣一個"懸書",張貼于宮門之上,為介之推鳴不平。馬廖的兒子寫這樣一份懸書則是誹謗某人,讓眾多的人知道其事。後查得是馬豫所為,連累到他的父親也受到處分。到了我們這個時代,曾經有一些年頭,大字報為患,如果要查源頭,這種"懸書"大概可算得是較早的了。不過大字報是誰所寫,通常並不隱去。"懸書"卻不具姓名,是所謂無頭告示。

九、古今異同

"順帝即位,拜光禄大夫,遷將作大匠,損省經用,歲息四五千萬。"注:"經用:經常的費用。"

《漢書·食貨志》:"於是大司農陳:臧錢、經用、賦税既竭,不足以奉戰士。"師古曰:"陳,謂列奏之。經,常也。既,盡也。言常用之錢及諸賦税,並竭盡也。”

據《食貨志》,錢有“臧錢”(國庫儲存)和“經用”之别。“經用”是常用之錢,謂已列支的錢。值得注意的是,唐時顔師古已混二者為一。後世所説“經用”,實在就是經費,無所謂庫存和列支。以下各例,都如此。

《後漢書·鄧皇后紀》:“舊太官、湯官經用,歲且二萬萬。”

《後漢書·五行志》:“大司農經用不足,殷斂郡國,以給軍糧。”

《後漢書·朱暉傳》:“是時穀貴,縣官經用不足,朝廷憂之。”

《史記·平准書》:“山海天地之藏也,皆宜屬少府。”《索隱》引韋昭:“少府,天子私所給賜經用也。公用屬大司農。”

“時齊殤王子都鄉侯暢奔吊國憂,上書未報。侍中竇憲遂令人刺殺暢於城門屯衛之中,而主名不立。”注“主名”:“君主的名號。”(《何敞傳》)

主名,謂當事人。這裏指兇手和背後的主使人。

《史記·扁鵲倉公列傳》:“詔召問所為治病死生驗者幾何人? 主名為誰?”這裏“主名”,指生者為誰,死者為誰,仍是當事人的意思。

《漢書·遊俠傳》:“一旦真令至,君復單車歸為府吏。涉刺客如雲,殺人皆不知主名,可為寒心。”這裏“主名”,殺人的當事人,亦即兇手。

《後漢書·郎顗傳》:“又恭陵火災,主名未立,多所收捕,備經考毒。”注:“立猶定也。時考問延火者姓名未定也。”這裏的“主名”,謂放火的當事人,“未立”,未定。我們正在解釋的是“主名不立”,和這裏的“主名未定”意思相同。不過那裏是指殺人犯,這裏是指縱火犯。

“倫深憾之。”譯文:“蔡倫為此深深地感到遺憾。”(《何敞傳》)

“憾”的另一義是怨恨。

《國語·齊語》:“山澤各致其時,則民不苟;陵阜、陵、墐、井、田、疇均,則民不憾。”韋昭注:“憾,恨也。”

《後漢書·皇甫嵩傳》:“又中常侍張讓,私求錢五千萬,嵩不與,二人由此為憾。奏嵩連戰無功,所費者多。其秋征還,收左車騎將軍印綬,削戶六千。”“為憾”,猶結怨。

這裏“倫深憾之”,謂蔡倫深恨何敞。

“及竇氏誅，以老病上還樞機職”。注：“機職：機要的職位。”譯：“鄧彪以年老多病之故，上疏要求還機要的官職”。(《鄧彪傳》)

注和譯似乎没有注意到那個“樞”字。其實“樞機”應該連在一起，意思是關鍵性的、極其重要的。具體就是指上文已提到過的“為太傅，録尚書事”。太傅是一等公，爵無出其右者。“録尚書事”，實際上就是我們現在所說的内閣閣揆，相當於總理大臣。而“機要”是機密的要務，並不是這裏的意思。

《漢書·劉向傳》：“今王氏一姓乘朱輪華轂者二十三人……依東宫之尊，假甥舅之親，以為威重。尚書、九卿、州牧、郡守，皆出其門。筦執樞機，朋黨比周。”

“筦執樞機”，是説掌管最關鍵性的、極其重要的部門。

《漢書·張湯傳》附子安世：“職典樞機，以謹慎周密自著，外内無間。”張安世主管著最關鍵性的、極其重要的政務。

《漢書·匡衡傳》：“今長安天子之都，親承聖化，然其習俗無以異於遠方郡國。來者無所法則，或見侈靡而放效之，此教化之原本，風俗之樞機，宜先正者也。”匡衡認為，首都的風氣是最關鍵性的，極其重要的。

“鄧太后以殤帝初育，欲令重臣居宫内。詔禹舍宫中……每朝見，特贊，與三公絶席。”注“特贊”：“特地稱讚。”(《張禹傳》)

“每朝見”，都“特地稱讚”，於事理不合。“贊”有佐助義。如：

《儀禮·鄉射禮》：“樂正適西方，命弟子贊工遷樂於下。”鄭注：“贊，佐也。”

《左傳·閔公二年》：“以此贊國，擇利而為之。”杜注：“贊，助也。”

又有引導義：

《國語·周語上》：“太史贊王，王敬從之，王耕一墢，班三之，庶人終於千畝。”韋昭注：“贊，導也。”

《漢書·蕭望之傳》：“會病，不及賓贊。”師古曰：“贊導九賓之事。”宋祁曰：“注文‘贊導九賓之事’，當云‘贊導九賓之禮也’。”贊、導連用，贊亦導也。

則此“贊”，蓋謂扶掖、先導，猶今語搀扶陪侍。

“乃上疏薦青三世死節，宜蒙顯異。”注：“顯異：顯赫和奇特。”（《張酺傳》）

“顯異”多與表彰、旌表同義。

《漢書·張良傳》：“武王入殷，表商容閭，式箕子門，封比干墓，今陛下能乎？”師古曰：“商容，殷賢人也，里門曰閭。‘表’謂顯異之。”據顏師古的意思，“表”的意思是顯異，反過來説，“顯異”的意思就是表。

《後漢書·江革傳》：“由是鄉里稱之曰江巨孝”。賢注引華嶠《書》曰：“臨淄令楊音高之，設特席顯異巨孝於稠人廣衆中，親奉錢以助供養也。”

此“顯異”也就是表彰。原始意義當是顯其特異非凡，慣用為表彰。

十、今無相應

“奉憲之吏，莫適討捕。”注“莫適（dí）”：“没有指的。”譯“莫適討捕”：“没有按照確定的目標去進行拘捕和討伐。”（《何敞傳》）

今注是根據李賢注：“適音的。謂無指的討捕也。”而“無有指的”被譯成“没有按照確定的目標”，都有誤會。賢注“指的”，意思是“物件”，“無指的討捕”，没有討捕的物件。但賢注亦有可議，見下例：

《漢書·李廣利傳》：“康居聞漢已破宛，出郁成王與桀。桀令四騎士縛守詣大將軍。四人相謂：郁成，漢所毒。今生將，卒失大事。欲殺，莫適先擊。上邽騎士趙弟拔劍擊斬郁成王。”師古曰：“適，主也。無有主意先擊者也。音丁歷反。”

《後漢書·臧洪傳》：“自是之後，諸軍各懷遲疑，莫適先進，遂使糧儲單竭，兵衆乖散。”

《三國志·魏志·卷十四》：“宜聖智所當早聞。外以經意，則形際自見。或恐朝臣畏言不合而受左右之怨，莫適以聞。”

《三國志·吴志·卷八》注引《吴録》：“漢祖定天下，過齊，求孟嘗後，得其孫陵、國二人，欲復其封。陵、國兄弟相推，莫適受，乃去之竹邑，因家焉。”

據這些例子，我們得知，“莫”是無指代詞，意思是没有誰。在“莫”之前，已有兩個以上的選項。《漢書》例前面已有“四騎士”。《後漢書》例前面是“諸軍”。《魏志》例前已出“或”，而《吴志》例前已見兄弟二人。而“適”當如顏注，音丁曆反，主也。接下來釋為“主意”，而“主意”，以今語為准，是名詞，實際上是動詞。不好翻譯。我們順著顔注,就説是"打定主意"吧。"莫適先擊",意思便是四個騎士中,没有誰打定主意首先擊殺(郁成)。"莫適先進",没有哪支軍隊打定主意首行進擊。"莫適以聞",朝臣(複數)或恐招左右之怨,没有誰打定主意報告上來。"莫適受",謂兄弟倆没有誰打定主意接受(封賜)。

以這樣的解釋來解釋擬釋的詞句,那就是諸執法之吏,没有哪一個打定主意來討捕(殺人兇犯)。如果按李賢的解釋,没有追捕的物件,那就與前文"主名不立"的意思相重了。

"莫適"當與《詩經》"誰適"密切相關。《詩經·河廣》:"自伯之東,首如飛蓬。豈無膏沐? 誰適為容?"朱集注:適,音的。主也。言我髮亂如此,非無膏沐可以為容。所以不為者,君子行役,無所主而為之故也。

十一、多義遴選

"故能挾幼主之斷。"譯文:"所以能協助年幼的君主作出正確的決斷"。(《朱樂何列傳·論》)

"挾"有釋作"協助"的可能。但這裏不是。這裏的"挾"猶如説憑藉。

《漢書·食貨志》:"銅畢歸於上,上挾銅積以御輕重。錢輕則以術斂之,重則以術散之。貨物必平。"

《漢書·汲黯傳》:"内懷詐以御主心,外挾賊吏以為重。"

"貴清静者,以席上為腐議;束名實者,以柱下為誕辭。或推前王之風,可行於當年;有引救敝之規,宜流於長世。稽之篤論,將為敝矣。"注:"稽:停留,拘守。"譯"稽之篤論,將為敝矣":"如果拘泥於某一種深奥的理論,將會造成弊病。"(《王符仲長統列傳·論》)

"稽"有停留的意思,但這裏是"考"的意思,類似的句式如:

《漢書·律曆志》:"稽之於古今,效之於氣物,和之於心耳,考之於經傳,咸得其實,靡不協同。"

《漢書·禮樂志》:"故制雅頌之聲,本之情性,稽之度數,制之禮儀。"師古曰:"稽,考也。"

《漢書·賈誼傳》:"臣謹稽之天地,驗之往古,按之當今之務,日夜念此至孰也。" 師古曰:"稽,考也。"

《後漢書·章帝紀》:"朕咨訪儒雅,稽之典籍,以為王者生殺,宜順時氣。"

所引譯文當作:"如果用確當無誤的理論來考察,這些說法就將是有毛病的了。"

"臣小人,貪見明時,不能即時自引,惟陛下哀臣,令得喘息漏刻。"譯:"我是小人,看得見明亮時貪圖享受,不能在當時自我引退,只有陛下憐憫我,使我得以有時間透一口氣。"(《梁節王暢傳》)

"貪見明時",謂希望長久看到聖明的時代。明時,政治清明的時代。

三國·魏·曹植《求自試表》:"志欲自效於明時,立功於聖世。"

"自引",不錯,有自我引退的意思。但這裏是自裁、自殺。

《後漢書·陳寵傳》:"昔考成皇帝以妖星守心,移咎丞相,使賁麗納說方進,方進自引,卒不蒙上天之福。"李賢注:"成帝時,熒惑守心,議郎李尋奏記丞相翟方進曰:'唯君侯盡節轉凶。'方進憂,不知所出,有郎賁麗善為星,言大臣宜當之。上乃召見方進,賜養牛、上尊酒,令審處焉。方進即日自殺。"

《後漢書·虞詡傳》:"詡坐論輸左校。防必欲害之,二日之中,傳考四獄。獄吏勸詡自引,詡曰:'寧伏歐刀,以示遠近。'"虞詡被冤獄,寧願被殺,而不自殺。

"喘息漏刻",喘息片刻,活一小段時間。譯為"有時間透一口氣",與原意不符。

"十二月陽氣上通,雉雊雞乳。"譯:"十二月陽氣向上升騰,野雞求偶,雞下蛋。"(《陳寵傳》)

譯"雞乳"為雞下蛋,本之於《漢語大詞典》"乳"的第六個義項:"鳥獸等產卵、產子。《禮記·月令》:'(季冬之月)鴈北鄉,鵲始巢,雉雊雞乳。'"可是,這裏是講時令節候,到了陰曆(即夏曆)十二月,雁北飛,鵲築巢,野雞叫求偶,大致如此。可雞下蛋一定要選在十二月麼?所以知道,"乳"在這裏不是下蛋,而是孵小雞。古人以為十二月正是孵小雞合適的時候。

宋·衛湜《禮記集説·卷四十六》:"嚴陵方氏曰:'……"乳"則孚乳之謂也。'"又引馬氏曰:"……雞,木畜也,麗於陽而後有形。"

衛湜所引兩家,都解"乳"為孵。方作"孚",即孵。馬説"有形",蛋未有雞形，只孵出小雞，才能“有形”。

十二、類似於術語

“自帝即位以後，頻遭元二之厄。”注：“元二：元年二年。”（《陳寵傳》）

《漢語大詞典》有“元二”詞條，第一個義項是“元年、二年”，注者即取第一眼所見到的這個意義。再往下看，第二個義項：“謂一元之中，有天地二厄，即陽九與百六。後因以指災年，厄運。”

“元二之厄”可取《大詞典》第二義項。宋·張世南《游宦紀聞·卷七》：“蓋太乙數中，專考陽九、百六之數。以四百五十六年為一陽九，二百八十八年為一百六。陽九，奇數也，為陽數之窮。百六，偶數也，為陰數之窮。大抵歲運值之，終有厄會。”

《後漢書·鄧騭傳》李賢注：“元二，即元元也。古書字當再讀者，即於上字之下為小‘二’字，言此字當兩度言之。後人不曉，遂讀為‘元二’。或同之‘陽九’，或附之‘百六’，良由不悟，致斯乖舛。”

李賢不從陽九、百六之説。他所説的“元元”，即百姓、庶民。“元二之厄”，即元元之厄，百姓、庶民的災難。

“竊見尚書僕射胡廣，體真履規，謙虚温雅，博物洽聞，探賾窮理。”注“體真”：“包容本原。真：本性，本源。”（《張禹傳》）

以“真”為“本性，本源”，當是取道家之説。《漢書·楊王孫傳》：“欲臝葬，以反吾真。”顔注：“真者，自然之道也。”“體真”，以真為體。即以自然之道為其心性。“體”當釋為心性。

《楚辭·天問》：“舜服厥弟，終然為害；何肆犬體，而厥身不危敗？”王逸注：“言象無道，肆其犬豕之心，燒廩，寘井，欲以殺舜，然終不能危敗舜身也。”《文選·楊修〈答臨淄侯箋〉》：“非夫體通性達，受之自然，其孰能至於此乎？”兩例“體”字，都是心性的意思。

時代與《後漢書》較近的文獻，有魏收的著述：“益不欲多，利不欲大。唯居德者畏其甚，體真者懼其大。道遵則群謗集，任重而衆怨會。”（見《北齊書·魏收傳》，亦見嚴可均輯《全北齊文》）“體真者”，當也是指以自然之道為其心性的人。

後來道家著述多有用上“體真”的，如元·趙道一《曆世真仙體道通鑒續·邱處機》：“伏聞先生，體眞履規，博物洽聞，探賾窮理，道沖德著，有古君子之遺風，抱眞上人之雅操。”簡直有本之於《後漢書》的跡象。

“或以謀姦合任為業，或以遊博持掩為業。”注：“任：放縱，不拘束。持掩：古代賭博的一種。”（《王符傳》）

李賢注：“合任，相合為任俠也。”《潛夫論·敘述篇》：“洛陽至有主諧合殺人者，謂之會任之家。”“會任”，即此“合任”。據汪繼培《潛夫論》箋注，“諧合殺人”，謂受錢代擔殺人罪名，與受害人家屬私了，或以人頂凶。則“會任”或“合任”的意思是受錢代擔罪責。與“相合為任俠”義相近。

李賢注：“掩，謂意錢。”意錢，後人多以為即是猜枚。把瓜子、蓮子或黑白棋子等握在手心裏，讓人猜單雙、數目或顏色，猜中者為勝。“掩”是這類賭博，“持”就是動詞，進行這種賭博。

十三、通假

“忠字正甫，與同郡范滂為友，俱證黨事得釋，語在《滂傳》。”注：“證：勸諫。”（《袁安傳》）

查《范滂傳》，與袁忠有關的只有這樣一句：“滂以同囚多嬰病，乃請先就格，遂與同郡袁忠爭受楚毒。”稍後此事得以緩解，中常侍王甫來處理，讓這些所謂的黨人恢復了自由。據此史實，則“證”當讀為“正”，謂因（暫時的）正確處理黨事而獲得釋放。《太玄·從》：“人不攻之，自然證也。”司馬光集注：“‘證’當作‘正’。”

“參差同量，坏冶一陶。”注：“坏：未燒制的土器。冶：此處指已燒制過的器物。陶：製作陶瓦器。”譯：“使參差不齊的標準同一，使未燒制的和已燒制的土器一同製成陶器。”（《崔駰傳》）

已燒制的便已是陶器，如何又與土坯一起燒製成為陶器？問題出在釋“冶”為“已燒制過的器物”上。既沒有根據，又不合事理。在古人詩文中，“坏冶”多當作未成器之物，並不是未燒制和已燒制的合稱。

宋·王安石《臨川集·次韻酬宋玘》：“久知坏冶成天巧，豈與人間共一陶？”

宋·楊萬里《誠齋集·除直秘閣謝宰相啟》:“某敢不仰慙坯冶,俯策罷駑? 旅力既愆,雖乏適時之用;桑榆非晚,益堅報國之忠。”

而“冶”究應如何解釋,李賢注已作了提示。賢注:“坏,土器之未燒者。郭璞注《爾雅》曰:‘坏胎,物之始也。’”賢既已注“坏”字,而又引郭璞注《爾雅》,明《後漢書》本文當作“坏胎”,或當讀作“坏胎”。坏胎是物尚未成為物之初始狀態。照這樣理解,那“冶”就是“胎”的借字。

“夫任一人則政專,任數人則相倚。政專則和諧,相倚則違戾。”注:“倚:依賴;倚仗。違戾:違背;違反。”(《仲長統傳》)

相互依賴,不自作主張,應該不會有不協調的情況發生,不至於“違戾”。其所以違戾,互相扯皮,矛盾不斷,就不是互相倚賴,而是因為各有主見,政出多門,互相牽制的緣故。《尚書·盤庚》:“恐人倚乃身,迂乃心。”孫星衍《尚書今古文注疏》謂:“倚,同掎。”據此,“倚乃身”,為牽扯你的身體,使不能居於正位。施于《後漢書》本文,謂任用數人為政,没有一個為主的,就會互相牽制,不能劃一。

“茍目能辨色,耳能辨聲,口能辨味,體能辨寒温者,將皆以修潔為諱惡,設智巧以避之焉,況肯有安而樂之者邪?”譯:“如果眼睛能辨認顏色,耳朵能辨聽聲音,嘴巴能辨嘗味道,身體能辨知冷暖,都將把修身好潔作為回避惡人的辦法,這是採用聰明巧妙的辦法來回避呢,何況有人肯安樂於自潔之道呢?”(《仲長統傳》)

關鍵是那個“諱惡”怎麼解釋。這個詞在這裏的意思當是憎惡,不是“回避惡人”。

《詩·周南·螽斯序》“不妬忌則子孫衆多也”漢·鄭玄注:“忌,有所諱惡於人。”《釋文》:“惡,音烏路反。”

《舊唐書·劉蕡傳》:“至於上之所忌,時之所禁,權倖之所諱惡,有司之所奪與,臣愚不識。”

明·陸樹聲《清暑筆談》:“處治安之世而戒以危亡,履盛滿之勢而戒以知止,當嗜慾之熾而戒以節忍,則諱惡其言而不之信。”

“以修潔為諱惡”,把高尚純潔看成討厭可惡的東西,想方設法逃避它,哪里還有人肯安于修潔樂於為之呢？現在把“諱惡”説成“回避惡人”，整個句子就彆扭起來，難於通讀了。

十四、異于常義

“所舉有道之士，可策問國典所務，王事過差，令處煖氣不效之意。”譯後一句：“讓他們解釋暖氣失調的原委。”（《陳寵傳》）

譯“處”為“解釋”，雖然大致不差，但只是以意猜度，無所根據。今謂當譯為審度或辨察。清·王引之《經義述聞·通説上》：“‘處’之為居，為止，常訓也；而又為審度，為辨察。《大戴禮·文王官人篇》曰‘聽其聲，處其氣’，謂審其氣也。《吕氏春秋·有始覽》‘察其情，處其形’，謂審其形也。《魯語》‘夫仁者講功，而智者處物’，謂辨物也。”

“羸弱疾病之家，懷憂憒憒，易為恐懼。”注：“憒憒：憒恨不平貌。”（《王符傳》）

病人家裏，耽憂得很，容易産生恐懼。不好説是“憒恨不平”。《潛夫論》原文作“憒憒”，那就是憂愁的樣子。漢·焦贛《易林·訟之升》：“憒憒不悦，憂從中出。”如依《後漢書》本傳，“憒憒”的意思當近於鬱結貌。《論語·述而》“不憤不啟，不悱不發”何晏集解引漢·鄭玄注：“孔子與人言，必待其人心憤憤，口悱悱，乃後啟發為説之。”“心憤憤”，謂心意鬱結欲求其解。

“且南方暑濕，障毒互生。”譯：“且南方炎熱而潮濕，瘴氣和毒氣交互發生。”（《楊終傳》）

“互生”猶如説“群生”，叢生。“互”猶“群”也。

《後漢書·班超傳》：“超還至於寘，王侯以下皆號泣，曰：‘依漢使如父母，誠不可去。’互抱超馬腳不得行。”

《後漢書·種暠傳》：“順帝末，（暠）為侍御史。時所遣八使光禄大夫杜喬、周舉等多所糾奏。而大將軍梁冀，及諸宦官互為請救，事皆被寢遏。”

《後漢書·蔡邕傳》：“又特詔問曰：‘比災變互生，未知厥咎。朝廷焦心，載懷恐懼，每訪羣公卿士庶，聞忠言而各存括囊，莫肯盡心。”

參楊樹達先生《詞詮》“互”條。

"躬自菲薄，廣訪失得。"譯："陛下自我貶責，廣泛尋找政事中的失誤和所得。"(《楊終傳》)

"失得"有時表示失與得，有時只表示失，猶之乎"得失"往往表示失一樣。

《後漢書·杜林傳》："古之明王，深識遠慮，動居其厚，不務多辟。周之五刑，不過三千。大漢初興，詳覽失得，故破矩為圓，斲彫為樸，蠲除苛政，更立疏網，海内歡欣。"這是"失得"指失與得的例。以下各例，就只是説失。

《漢書·谷永傳》："臣幸得備邊部之吏，不知本朝失得，瞽言觸忌諱，罪當萬死。"

《後漢書·鮑永傳》："臣聞聖人理國，三年有成。今陛下始踐天位，刑政未著，如有失得，何能致異？"

《後漢書·王符傳》："而符獨耿介，不同於俗。以此遂不得升進。志意蘊憤，乃隱居著書三十餘篇，以譏當時失得，不欲章顯其名，故號曰《潛夫論》。其指訐時短，討讁物情，足以觀見當時風政，著其五篇云爾。"

十五、待全

這是我私下立的一個名稱。那個詞本身具有一定的意義，但没有充足，必待語境而得完全，才可知道它的全部意義。這樣的詞，我稱之為待全詞。這只是虛擬，究應如何稱呼，敬以期於方家。

"萬姓廓然，蒙被更生。"譯："萬民都輕鬆無憂，蒙受再生的恩德。"(《楊終傳》)

"廓然"，怎麼就是"輕鬆無憂"呢？似當出注闡明。按：廓然，空無的樣子。

《漢書·東方朔傳》："今世之處士，魁然無徒，廓然獨居。上觀許由，下察接輿，計同范蠡，忠合子胥，天下和平，與義相扶，寡耦少徒，固其宜也。"

《漢書·揚雄傳》："墨客降席再拜稽首曰：'大哉體乎！允非小子之所能及也。廼今日發矇，廓然已昭矣。'"

後漢·竺大力共康孟詳譯："菩薩自知，已棄惡本，無婬怒癡，生死五陰，諸種悉斷，無餘災孽，所作已成，智慧已了，明星出時，廓然大悟，得無上正眞道，為最正覺。”

相傳吴·支謙譯《撰集百緣經》：“（舍利弗）於王舍城，昇高樓上，見城内人節慶聚會，便自思維：斯等蠢蠢，百年之後，廓然歸無。作是念已，即下高樓，外道法中，出家求道。”

各例中當以吴譯佛經例最合於我們的解釋。其他各例，《東方朔傳》，無伴的樣子。《揚雄傳》無疑的樣子。漢譯佛經例無他雜慮的樣子。依此類推，《後漢書》例當謂無遣罪之憂慮。

“一日即位，天下曠然，言其法度素定也。”譯“天下曠然”：“天下安定光明。”（《翟酺傳》）

“曠然”，猶“廓然”，空無的樣子。“天下曠然”，言天下無動亂，譯“天下安定”，是。“安定”後再著“光明”二字，恐無所據。“曠然”，猶如説無復動亂，天下安定，又如：

《後漢書·梁統傳》：“今遭值陛下神聖之運，親統萬幾，羣物得所，憲兄弟姦惡既伏辜誅，海内曠然，各獲其宜。”

《後漢書·張純傳》：“臣伏見陛下受中興之命，平海内之亂，脩復祖宗，撫存萬姓，天下曠然，咸蒙更生，恩德雲行，惠澤雨施，黎元安寧，夷狄慕義。”

《後漢書·班彪傳》：“故成王一日即位，天下曠然太平，是以春秋愛子，教以義方，不納於邪。”

“曠然”尚有他義，但都是“無……的樣子”。

《漢書·鮑宣傳》：“孫寵、息夫躬不宜居國，可皆免以視天下。復徵何武、師丹、彭宣、傅喜，曠然使民易視，以應天心。”此言無復舊觀。

《漢書·馬援傳》：“高祖赦蒯通，而以王禮葬田横，大臣曠然，咸不自疑。”此言無復疑懼。

《後漢書·申屠剛傳》：“此天所以譴告王者，欲令失道之君，曠然覺悟，懷邪之臣，懼然自刻者也。”此言不再蒙昧無知。

《後漢書·東平憲王蒼傳》：“帝報書曰：‘丙寅所上便宜三事，朕親自覽讀，反覆數周，心開目明，曠然發矇。”謂無復昧於事實。

“又政之為理者，取一切而已。非能斟酌賢愚之數，開盛衰之教也。”注：

“一切：一時權宜，非根本辦法。”(《仲長統傳》)

此據當本之于王先謙《集解》：“一切，猶權宜也。”然王亦有所本，下文自見。《史》《漢》中的“一切”關乎我們所討論的主題的，大致可歸為兩類。一類的意思是：不論情況條件一刀切。例如：

《史記·李斯列傳》：“秦宗室大臣皆言秦王曰：‘諸侯人來事秦者，大抵為其主游間於秦耳，請一切逐客！’《索隱》：“‘一切’，猶‘一例’，言盡逐之也。言‘切’者，譬若利刀之割，一運斤，無不斷者。解《漢書》者以‘一切’為‘權時’義，亦未為得也。”

司馬貞第一個批評了為《漢書》作注的顏師古，以為把“一切”講成“權時”，“未為得也”。但司馬之説亦未盡然，顏説也有説得對的地方。

《史記·太史公自序》：“民倍本多巧，姦軌弄法，善人不能化，唯一切嚴削為能齊之，作《酷吏列傳》第六十二。”

《漢書·平帝紀》：“吏在位二百石以上一切滿秩如真。”師古曰：“一切者，權時之事，非經常也。猶如以刀切物，苟取整齊，不顧長短縱横，故言一切。”漢以“石”計俸，但非實數，比如二千石不過120斛。平帝令秩滿如真，就是給個實數，二千石，就給兩個十百。“一切秩滿如真”，自兩百石到一萬石，都給實數，一刀切。顏注説“權時之事”，不對；但説“如以刀切物”，“不顧長短縱横”，並没有錯。

《漢書·丙吉傳》：“望氣者言長安獄中有天子氣，於是上遣使者分條中都官詔獄繫者，亡輕重一切皆殺之。”這就是真正意義上的一刀切了。

另一類的意思是：不合於“經”，只切合一時一事。“一切”，猶之乎“切一”。

《史記·貨殖列傳》：“皆非有爵邑奉禄，弄法犯奸而富，盡椎埋去就，與時俯仰，獲其贏利，以末致財，用本守之，以武一切，用文持之，變化有槩，故足術也。”“以武一切”，用武力來處理偶發事件，只對一時一事而言，而其常態，還是以文為主，所謂“以文持之”。

《漢書·禮樂志》：“今俗吏所以牧民者，非有禮義科指，可世世通行者也。以意穿鑿，各取一切，是以詐偽萌生，刑罰無極，質樸日消，恩愛寖薄。”師古曰：“苟順一時，非正道。”“各取一切”，謂各自只取那切合一時一事的權宜之計。

《漢書·路温舒傳》:“是以獄吏專為深刻,殘賊而亡極,媮為一切,不顧國患。此世之大賊也。”如淳曰:“媮,苟且也。一切,權時也。”

這兩例“一切”的權宜、權變義,甚為明顯,注《史記》者以為注《漢書》者有失,也不是一句完全正確的話。

《漢書·循吏列傳(龔遂)》:“臣聞治亂民猶治亂繩,不可急也。唯緩之,然後可治。臣願丞相御史且無拘臣以文法,得一切便宜從事,上許焉。”“得一切便宜從事”,謂處理政務可以用權宜之法方便行事。可以不按現成的法規命令辦。

照這樣歸納,一個義項是一刀切,一個義項權宜行事,各行其是。那麽,我們正在討論的“取一切而已”的“一切”,到底適合於哪個義項?“非能斟酌賢愚之數,開盛衰之教”,這樣的當政者是不講原則從權呢,還是不顧實情而一刀切呢? 好像都有一點,但都不全是。我傾向認為,這樣平庸無能的統治者,實在不可能是通權達變的人。這種人昏庸保守,聽其自然,無可無不可。如果説是“一刀切”,那就“切”在無能辦事,無志成事上面。

《淮南子·泰族訓》:“今商鞅之啓塞,申子之三符,韓非之孤憤,張儀蘇秦之從衡,皆掇取之權,一切之術也。”從這個例子看,“權”即“一切”。但如果“權”後用頓號,“皆掇取之權、一切之術也”,那二者就是並列關係,所取的是兩樣,即是“權”,不合於“經”,同時又不論情況如何一刀切。假如我們認同後一解釋,那麽,“一切之術”就是指的不顧實際一刀切,如商鞅啟塞,就專務啟塞,申韓法術就全任法術,張蘇縱横,就只知縱横。如果這樣,那這個“一刀切”就“切”在偏激片面上了。

本來“一刀切”只是處事方式,思維方法,至於“一刀切”的内容應是各各不同。本文所舉例,《李斯傳》例“切”在逐客,《太史公自序》例“切”在嚴刻無情,《平帝紀》例“切”在各級吏俸,《丙吉傳》例“切”在殺詔獄囚。所以,我們説的“切”在無力辦事,無志成事,應該也是可以成立的。

“詔‘敢不之官,上妻子從者名。’”譯:“詔書上説:‘如膽敢不到官上任,即將其妻室兒女都列入協從者的名單上。’”(《陳禪傳》)

“上……名”,或“上名”,把名單報上來。至於報上來做什麽,視情況而定。

《漢書·張敞傳》:“敞到膠東,明設購賞,開羣盜,令相捕斬除罪。吏追捕有功,上名尚書,調補縣令者數十人。”

這裏是説將追盜有功的官吏的名單報上來,以備候補縣令。

《漢書·王莽傳》:“將為皇帝定立妃后,有司上名,公女為首,公深辭讓,迫不得已然後受詔。”這裏是説把王莽的女兒的名字報上去,以定妃后。

《後漢書·順帝紀》:“夏五月丁醜,詔:幽、並、涼州刺史,使各實二千石以下至黄綬,年老劣弱不任軍事者,上名。嚴敇障塞,繕設屯備。”這裏上名,是把年老劣弱不任軍事的官員,從太守到尉丞的名單報上來,準備汰除替换。

《陳禪傳》裏的上名,是把陳禪的妻兒和他的從屬的名單報上來,聽候處置。

“政令垢翫,上下怠懈,風俗凋敝,人庶巧偽,百姓囂然,咸復思中興之救矣。”注:“囂然:憂愁的樣子。”(《崔駰傳》)

“囂然”,猶“囂囂”。《詩·車攻》:“之子于苗,選徒囂囂。建旐設旄,搏獸于敖。”毛傳:“囂囂,聲也。”言眾口喧嘩之聲。

《詩·十月之交》:“無罪無辜,讒口囂囂。”高亨《詩經今注》:“囂囂,衆口讒毀貌。”

釋“囂然”為“憂愁的樣子”,本於《漢書》顏師古注。《漢書·王莽傳贊》:“是以四海之内,囂然喪其樂生之心,中外憤怨。”注:“囂然,衆口愁貌也。”顏注同樣據“眾口”説事,認為是眾人之口愁歎的樣子,並不是單獨説“憂愁貌”。由此可知,解釋“囂然”,不可置“眾口”於不顧。至於“眾口”如何,則隨文而異。“百姓囂然”,當謂眾百姓之口紛紛抱怨,對政局不滿。

《三國志·魏志·高棠隆傳》:“近漢孝武乘文景之福,外攘夷狄,内興宫殿,十餘年間,天下囂然。”

“天下囂然”,謂天下人眾之口譁然轟動,擾攘不安。

十五、語義

“夫使為政者,不當與之婚姻,婚姻者,不當使之為政也。如此,在位病人,舉用失賢,百姓不安,爭訟不息,天地多變,人物多妖,然後可以分此罪矣。”譯後一句:“出現這些情況以後,就可以按此分別治罪了。”(《仲長統

傳》)

譯“分此罪”為“按此分別治罪”。“此”修飾“罪”,不可能是“按此”;“分”譯成“分別治”,增加了動詞。

“此罪”謂任人唯親的罪過。句意謂:“在位病人,舉用失賢,百姓不安,爭訟不息,天地多變,人物多妖”,這六項分擔了任用有裙帶關係的人執政而造成的不良後果。直截了當地說:這六項是任人唯親的惡果。

《夢溪筆談·謬誤》:“包孝肅尹京,號為明察,有編民犯法,當杖脊。吏受賕,與之約曰:‘今見尹,必付我責狀,汝第呼號自辨:我與汝分此罪,汝決杖,我亦決杖。’既而包引囚問畢,果付吏責狀,囚如吏言,分辨不已。吏大聲訶之曰:‘但受脊杖出去,何用多言?’包謂其市權,捽吏於庭,杖之七十。特寬囚罪,止從杖坐,以抑吏勢。不知乃為所賣,卒如素約。小人為姦,固難防也。”文中“分此罪”,也就是分擔此罪的意思。這雖是後人的話,但也可知我們的前人對此語的理解如是。

“牧守無良,或出中官,懼逆上旨,取過目前。”注:“取過:犯錯誤。”譯“取過目前”:“在皇帝眼前犯錯誤。”(《陳龜傳》)

“目前”,《後漢書》都是說時間,不是說空間。他書亦多如此。

《趙壹傳》:“安危亡於旦夕,肆嗜慾於目前。奚異涉海之失柂,積薪而待燃?”

《左慈傳》:“操曰:‘一魚不周坐席,可更得乎?’放乃更餌鉤,沈之須臾,復引出,皆長三尺餘,生鮮可愛。操使目前鱠之,周浹會者。”“目前鱠之”,謂“即時”做成菜肴。曹操方與眾人聚會,不可能“當場”烹飪。

“取過目前”,參考《三國志》的說法,意思是只圖眼前過得去:

《三國志·吳志·駱統傳》:“方今長吏親民之職,惟以辦具為能,取過目前之急,少復以恩惠為治,副稱殿下天覆之仁,勤恤之德者。”

“橋公識運,先覺時雄。”譯:“橋玄遠見卓識,在當時的英雄中率先覺醒。”(《李陳龐陳橋列傳·贊》)

識運,謂知曉政局時勢,文中即預言“天下將亂”。譯者誤以原文為“識遠”,所以譯成“遠見卓識”。“先覺時雄”,謂橋玄說曹操“安生民者其在君乎”，率先認定曹操會有安民之功，堪稱雄傑。不是説橋玄本人率先覺醒，是“時雄”。

“故葛屨履霜，敝由崇儉，楚楚衣服，戒在窮賒。疏禁厚下，以尾大陵弱；斂威峻罰，以苛薄分崩。斯《曹》《魏》之刺，所以明乎國風；周秦末軌，所以彰於微滅。”譯“周秦末軌，所以彰於微滅”：“周秦最終的内亂，是用來表明兩個朝代處在衰亡中。”（《王充王符仲長統列傳·論》）

“周秦”句，是照應“疏禁厚下……以苛薄分崩”的。是説周代末年，尾大不掉，所屬各國紛紛獨立稱王；秦代末世，煩刑峻法，統治殘酷，於是天下解體：這表明了這兩個朝代的滅亡的日子到了。中間插入了“斯《曹》《魏》之刺，所以明乎國風”，就使粗心的讀者看不到文章的思路了。“末軌”猶如末路，末年。它們的滅亡，與内亂多少有些關係，但作者認為，它們之所以被消滅，一是因為“尾大陵弱”，一是因為“斂威峻罰”的緣故，與内亂無關。

“與其有事，則褰裳濡足，冠掛不顧，人溺不拯，則非仁也。當其無事，則躧纓整襟，規矩其步，德讓不脩，則非忠也。”譯文：“及其有事，則撩起衣裳浸濕腳，掛起帽子也不顧。人家溺于水中而不去救，則是不仁。當他無事的時候，則手持脖子上的帽帶，整齊胸前的衣服，步子走得規規矩矩。道德謙讓不修養，則是不忠。”（《崔駰傳》）

這裏第一個使人不滿意的地方，是在“不顧”與“規矩”之後用句號。文本是説有事的時候如何如何，就不是仁，中間怎麼可以用句號呢？文本又説無事的時候如何如何就是不忠，中間也用不得句號。這錯源自中華書局標點本《後漢書》，他們就是這樣斷句的。

“與其有事”譯為“及其有事”，恐非。“與”猶“如”，言如其有事。

王念孫《讀書雜誌·漢書第七·藝文志》：“‘漢興，魯申公為詩訓故，而齊轅固、燕韓生皆為之傳。或歎春秋采雜説，咸非其本義。與不得已，魯最為近之。’師古曰：‘與不得已者，言皆不得也。三家皆不得其真，而魯最近之。’念孫案：既言咸非其本義，則無庸更言皆不得其真。余謂：與者，如也。〔《廣雅》與，如也。説見《釋詞》〕不得已者，必欲求其本義也。言三家説詩皆非其本義，如必求其本義，則魯最為近之也。孟子曰：‘是謀非吾所能及也。無已，則有一焉。'語意與此相似。"

為了文本的理解，下文説起來方便，把李賢有關的注解引在下面："褰裳，涉水也。《新序》曰：'今為濡足之故，不救人溺可乎？'《淮南子》曰：'禹之趨時，冠掛而不顧，履遺而不取也。'"

由賢注知"褰裳濡足"當與"人溺不救"連在一起來通讀。當有事的時候，不願撩起衣裳打濕腳，人掉入水中不肯去拉他一把，這就是不仁。也由此知道，"冠掛不顧"，這裏只取不顧二字之義，與大禹忙得顧不上戴帽子、來不及撿鞋子的典故無關。這種地方宜用心去領會，不可拘謹於字句，直譯成"掛起帽子也不顧"。"掛起帽子也不顧"怎麽啦？與上文褰裳濡足下文見溺不救又有什麽關係呢？

又攝纓整襟的用意，李賢也有注："言持纓整襟，修其容止。"據此來讀文本，是説無事的時候，就只知道修飾容貌，講究穿著，而不修德持禮，那就是不忠。但從譯文中看不出有這樣的意思在内。

十六、異體字與繁簡字

"明年，和帝立崇兄脩侯巡為樂成王，是為釐王。"《後漢書今注今譯》以簡化字排成："明年，和帝立崇兄修侯巡为乐成王，是为厘王。"(《樂成靖王黨傳》)

《第一批異體字整理表》將"釐"規範作"厘"。然而此"釐王"當讀為"僖王"，寫成"厘王"，非是。

《後漢書·沛獻王輔傳》："立四十六年薨，子釐王定嗣。"賢注："釐音僖，下皆同。"

《後漢書·濟北惠王壽傳》："永和四年，立戰鄉侯安國為濟北王，是為釐王。"賢注："釐音僖也。"

段玉裁《説文解字注·人部》"僖"字注："謚法有'釐'有'僖'，《周書》二謚並出。而《春秋》三傳'僖公'，《史》《漢》皆作'釐公'，殆《史》《漢》假'釐'為'僖'乎？"

作為謚號的"僖"，《史記》《漢書》都作"釐"，《後漢書》"僖""釐"並用，但作為當代（漢代）侯王謚號時，仍只用"釐"。

《後漢書》譯注本責任編輯、我的學長胡漸逵，曾多次談及將謚號"釐"改作“毫釐”之“厘”之誤，然譯注本仍出現此種情形，可見其為“事故多發地段”。今重行指列，或非贅餘。

“其後遂詔有司，絕鉆鑽諸慘酷之科。”注：“钻（zuàn）鑽：钻，穿孔的工具，古代用作刑具，鑽去人的髕骨。鑽，臏刑，也是剔去人的髕骨。”（《陳寵傳》）

照此注，鉆、鑽二字，意思一樣。前一個念zuàn，也就是“鑽”的簡體字。後一個呢，没有音，但注以為“也是剔去人的髕骨”，可能把兩個字看成一個字，那就也該念zuàn。

現在看李賢注：

《蒼頡篇》曰：“鉆，持也。”説文曰：“鉆，鐵銸也。”其炎反。銸音陟葉反。鑽，臏刑，謂鑽去其髕骨也。鑽音作唤反。

第一個字其炎反，那就當音qián，據《説文》，是鐵銸（zhé），鐵質的鑷子。用現在的説法，就是鐵鉗。和《蒼頡篇》的説法“持也”相合，鐵鉗是用來夾持東西的，例如夾持鐵的鍛件。第二個字作唤反，就是現今的“钻”字，繁體作“鑽”，音zuàn，穿孔的工具叫鑽，穿孔也叫鑽，只是音稍有别，念zuān。

“駙馬都尉瓌，雖在弱冠，有不隱之忠，比請退身，願抑家權，可與參謀，聽順其意，誠宗廟至計，竇氏之福。”（《何敞傳》）

譯文將“駙馬都尉瓌”説成“駙馬都尉劉瓊”，不知錯之所由。文中明説是“竇氏之福”，那這個人應當是竇憲的弟弟竇瓌。“瓌”是“瑰”的異體字，現規範作“瑰”。全書似乎不大知道“瓌”即是“瑰”，通通作“瓌”。由於製版時找不到“瓌”字，臨時造字，就談不上標準可觀了。

十七、辭書釋義只作參考

“永元十一年，遂使客隗久殺儀家屬。吏捕得久，繫長平獄。鈞欲斷絕辭語，復使結客篡殺久。”譯後一句：“又派同夥劫殺了隗久”。（《陳敬王羡傳》）

“結客”，譯為“同夥”。《漢語大詞典》為“結客”列兩個義項：1.結交賓客。2.指所結交的賓客。看史書上的用例，意思是聚集或招集亡命之徒以為殺手。結,聚集的意思。實際和“豢養”的意思差不多。

《後漢書·劉玄傳》:“劉玄,字聖公,光武族兄也。弟為人所殺,聖公結客欲報之。客犯法,聖公避吏於平林。”

李賢在本例“客犯法”之下引《續漢書》曰:“時聖公聚客家有酒,請遊徼飲。賓客醉歌,言:‘朝亨兩都尉,遊徼後來,用調羹味。’遊徼大怒,縛捶數百。”《續漢書》易“結客”為“聚客”,受此啟發,我便釋“結”為“聚”。而不取《漢語大詞典》以“結客”之“結”為“結交”之説。

《後漢書·安城孝侯賜傳》:“安城孝侯賜,字子琴,光武族兄也。祖父利,蒼梧太守。賜少孤,兄顯報怨殺人,吏捕顯殺之。賜與顯子信,賣田宅,同抛財産,結客報吏。”

《後漢書·祭遵傳》:“祭遵,字弟孫,潁川潁陽人也。少好經書,家富給,而遵恭儉,惡衣服。喪母,負土起墳。嘗為部吏所侵,結客殺之。”

《後漢書·趙憙傳》:“憙年十五,常思報之。乃挾兵結客,後遂往復仇。”

其所招集和豢養的人,也叫結客,亦即殺手。

《後漢書·沛獻王輔傳》:“鯉,更始子也,得幸於輔。鯉怨劉盆子害其父,因輔結客報殺盆子兄故式侯恭。”

《三國志·蜀志·先注傳》注引《魏書》:“劉平結客刺備,備不知,而待客甚厚,客以狀語之而去。”

《陳敬王羨傳》裏的“結客”,屬於殺手一類。

十八、文化義與語境義

“世非胥、庭,人乖鷇飲。”注:“鷇(kòu或gòu)飲:即鷇食。鷇,待母哺食的雛鳥。雛鳥仰母食而足。《莊子·天地》有‘夫聖人鶉居而鷇食’的記載。比喻聖人對物質享受不追求,居室簡樸,飲食簡單。”譯:“當今不是赫胥氏、大庭氏的時代,人們背離依賴他人的生活。”(《王充王符仲長統列傳·論》)

詞有語詞本身的意義,又有文化意義。如本例“鷇食”,待母鳥之哺而得食是其本義,而其文化内涵則為飲食簡單、生活淳樸。文中所用的是文化義,而翻譯卻用其自然義,未得其當。

“明將軍德盛位尊……誠能留神,沛然曉察,必有于公高門之福。”注:

“沛然：迅疾貌。”（《霍諝傳》）

“沛然”，充盈盛大貌。語本《孟子·梁惠王上》：“天油然作雲，沛然下雨，則苗浡然興之矣。”後世多據此意而用之。如漢·桓寬《鹽鐵論·禁耕》：“夫不蚤絶其源而憂其末，若決吕梁，沛然其所傷必多矣。”“沛然曉察”，謂充分理解並明察。似非迅疾之意。

《漢書·五行志》：“上得天子，外得諸侯，沛然自大。”以“沛然”修飾“自大”，以見其自大之盛。

《漢書·司馬相如傳》：“於是天子沛然改容曰：‘俞乎！朕其試哉！’”師古曰：“沛然，感動之意也。”注意，謂天子大受感動，一改常態，仍未離充盈盛大的基本解釋。

《後漢書·耿純傳》：“兢兢自危，猶懼不終，而況沛然自足，可以成功者乎？”賢注：“《公羊傳》曰：‘力沛然若有餘’，何休注曰：‘沛，有餘優饒貌。’”李賢引何注《公羊》，以釋“沛然自足”之“沛”。“有餘優饒”，與“充盈盛大”相一致。

《後漢書·李固傳》：“積敝之後，易致中興，誠當沛然思惟善道。”賢注：“沛然，寬廣之意。”“沛然思惟善道”，“沛然”猶如説充分地，多方面地。也就是賢所謂的“寬廣之意”。

《後漢書·袁術傳》：“天子播越，宫廟焚毁，是以豪桀發憤，沛然俱起。”賢曰：“沛然，自恣縱貌也。”“沛然俱起”的“沛然”，正是用的“沛然下雨”的“沛然”本義，謂其衆多，謂其盛大。只不過一是説雨，一是説軍閥而已。

詞典意義本是“充盈盛大”，而語境意義則可隨文而異。做辭書的人不可以為每一語境義立一義項。《漢語大詞典》為《司馬相如傳》的“沛然”立一義項：感動貌；又為《袁術傳》之“沛然”立一義項：行疾貌。待修訂，以臻于完善。

十九、其他

“豈可不庶幾夙夜，以永衆譽，弘申伯之美，致周邵之事乎？”譯：“怎麼能不朝夕努力，以使衆人長久稱譽，弘揚申伯那樣的美譽，達到周公召公那樣的事業？”（《崔駰傳》）

“庶幾”無注亦未譯。“庶幾夙夜，以永衆譽”，語出《詩經·振鷺》。那裏

"眾"作"終"。崔駰從三家詩作"眾"。舊時注家,以為"庶幾"易曉無注,今人注者如高亨先生,他的《詩經今注》注曰:"庶幾:差不多。夙夜:早起晚睡。此句希望諸侯勤於政事。"

高先生的注,與常人的理解有相合地方。"庶幾"這個詞有兩個詞素,一個是"幾",幾近,接近。就是"差不多"。一個是"庶",表示希冀的副詞。高先生説到"希望"諸侯勤于政事,那"希望"的意思就是從"庶"演繹而來。古文獻用"庶幾"這個詞,有的側重於"幾","庶"的意思淡化以至於無。又因語境各别,義便稍異。《詩》中的"庶幾夙夜,以永眾譽",是説希望近於早起晚睡,憂勤政事,使眾人的稱譽持久不衰。起早睡晚憂勤政事很難做到,所以只説是希望接近於做到。如果像我這樣譯,就顯得疙里疙瘩,讀來不暢。這使多少翻譯家們為此大傷腦筋。《後漢書》的譯注者乾脆不譯,意思仍然完整,並不感到欠缺什麽。如果依我個人的意思,還是譯出來為好。假如嫌我上面的翻譯生澀,我就想改譯為"力爭"。在思想上是"希望接近於",在行動上就應當是"力爭"。但如此譯,恐難得眾人認同。然仔細琢磨,我的看法還是比較恰當的。

"庶幾夙夜",一作"夙夜庶幾"。《漢書·公孫弘傳》載武帝復公孫弘書:"朕夙夜庶幾,獲承至尊,懼不能寧。惟所與共為治者,君宜知之。"這是説,我力爭做到起早睡晚,憂勤政事,才獲得皇帝這個最高的位置。而《漢語大詞典》釋這個"庶幾"為"有幸",恐非。

"無天下之分,故戰爭競起也。於斯之時,並偽假天威,矯據方國。"注:"偽假:假借。矯據:强占。"(《仲長統傳》)

注已得其要,但未得其韻味。於"假天威"之前加"偽",謂假天威是行詐非真;于"據方國"之前加"矯",謂是假託某種名義而盤踞其地,並非正義地守護那個地方。

《中華現代漢語詞典》審讀意見

承邀參與審閱《中華現代漢語詞典》131~150頁。現謹以管見呈上，敬請賜閱。

第一部分：關於“新説文解字”

132~133頁，雛。

小鳥剛破殼而出，直到羽毛豐滿可以覓食這段時間，每天都依賴母親餵食，與關在欄裏的牛羊依靠人餵草料類似，所以用隹作形符，用芻作聲符，造出雛字，表示小鳥。

“剛”字擬删。

“母親”擬改為“母鳥”。

“新説文解字”解釋了“雛”為什麼以“芻”為聲符。這裏有缺失環節，即“芻”的意義是餵牲口的草料。無此環節，則“依靠人喂草料”便無着落。那就假定讀者對“芻”的意義已有所瞭解。但這種假定，對於只懂現代漢語的人來説，是不能成立的。

認為“雛”之所以从“芻”得聲，是因為“與關在欄裏的牛羊依靠人餵草料類似”，恐難取信於人。《爾雅·釋草》：菆，小草。《集韻·侯韻》：鯫，魚名，小魚也。《玉篇·木部》：棷，柴也。《説文·木部》：柴，小木散材也。論者因謂从“取”从“芻”得聲之字，如“雛、縐、趨、鯫、鄒、棷、棸”皆有小義。似可備一説。

134頁，楚。

走到樹林裏去了，就是楚。

想知道，這樣解釋，有書證没有？如果没有，這樣説可靠嗎？嚴肅的字學工作者，不可以只憑想象。以意説字，是文字學家的大忌。如果贊成以意説字，那也可算是一家之言，但其可信度也就極低了。也許還有“可讀性”吧。

《詩經·蜉蝣》:“蜉蝣之羽,衣裳楚楚。”毛傳:“楚楚,鮮明貌。”《說文·黹部》:“黼,合五采鮮色,从黹,虘聲。《詩》曰:‘衣裳黼黼。’”許慎引三家詩,“楚楚”作“黼黼”,可以用來解釋“楚楚”何以有鮮明華美的意思。我們現在當然可以不采此說,但是不是有另外的更好的解釋呢?《中華現代漢語詞典》稿給出的解釋是:“因為楚是草,就引申出了叢莽、草原等意義。荒野中各種各樣的草,開放不同顏色的花,鮮豔華美,於是用來形容人的衣裳。”

我把詞典原稿作者關於此詞的引申途徑簡示如下:

> 走到樹林裏去了——樹林——草——叢莽、草原——各種各樣的草——不同顏色的鮮花——鮮豔華美

從“走到樹林裏去了”,經過5個環節,而引申出“鮮豔華美”的意思來,明白的讀者,能不能接受這樣的解說,是很成問題的。

146頁,雌。

> 甲骨文止字,上面是腳趾的止,下加一橫畫成為‘止’,腳掌站在地上,義為‘此’,即這裏。此字从匕,止聲。匕表示女性,止表示這裏。女性好靜,所以‘此’是雌的先造字,雌是‘此’的後起字。

這一段話,在我看來,有以下兩點值得推敲:

1. 認為甲骨文的“止”,義為“此”,即“這裏”。能引出一片甲骨文或者一處別的可靠文獻來,證明“止”作“這裏”解釋的嗎?

2.認為“此”的原始意義是“雌”。為什麼呢?因為詞典草稿的撰寫者認為“匕表示女性,止表示這裏”。如果確是這樣,那合起來的意思就當是這裏的女性,或者是女性在這裏。怎麼會是“雌”的意思呢?這裏有缺失環節。補出來,當是:“止”又表示停止,止而不動,表示“女性好靜”。這樣意思才完整。上文未涉及停止之意,突然躍到“女性好靜”,讀者如何能摸得着頭腦?

“此”是“雌”的先造字,還需要證明。如果“此”確是“雌”的先造字,字形結構當是从匕,止聲。

“雛、楚、穿、春、雌”各字的說解,都引《說文》,獨“蔥”字說解不引。顯得體例不一。校訂者以為,既不全以《說文》為准,就不必條條引《說文》。一引《說文》,跟着來的就是《說文》本身的解釋。例如“春,推也”,那個“推也”就不好解釋。如果解釋,費力不討好;如果不解釋,又增加了學習者的

疑問。本來意思是解決學者的疑問,現在反而增加他們的疑問,故非善策。

"新説文解字"這一部分,令人不滿意之處主要是"以意為之"。説起來輕巧,並可贏得部分讀者,但不符合科學精神,請編者三思。

第二部分:關於詞語解釋

在詞條下面,先出本詞典説解,再以(一)《現代漢語詞典》(商務印書館,1998)、(二)《漢語大詞典》(漢語大詞典出版社,1993)為參照,然後擬定修訂稿,最後就此修訂作説明。

◎**出類拔萃**

【原文】指品德才能超出一般人。反義詞:碌碌無能。

【參照】(一)《孟子·公孫丑》:"出於其類,拔乎其萃。"後來用"出類拔萃"形容超出同類之上。……

【修訂稿】遠超同類人。反義詞語:平庸無奇。

【説明】

1.原稿限定在品德才能方面,這種限定没有必要。還有長相、風度等,都可説"出類拔萃"。如果在"品德才能"之後加"等"字,同樣可以,但不如乾脆删去,不加限制,可以節省文辭。

2.原稿"超出一般人",話是不錯,但没有扣緊"類""萃"二字,改"一般人"為"同類人",使此二字有著落。

3.修訂稿將"超出"改為"遠超"。就詞句本身説,只有超出的意思,但就行文效果説,確含"遠超"之意。

4.原稿"反義詞"當更正為"反義詞語",從語言學角度説,不可以稱"碌碌無能"為一個詞。

◎**出没無常**

【原文】出現和隱没都無一定的規律,讓人無法捉摸。

【參照】(二)出現隱没都無規律,捉摸不定。

【修訂稿】出現和隱没(的時間)没有定準。

【説明】

1."一定規律"是科學語言。改用普通語句。

2.除非特別需要,"無"應説成"没有"。

3.實際上是講時間沒有定準,可被釋詞語並沒有出現“時間”的字樣,所以用上括弧。

4.原稿顯然參考了《漢語大詞典》,措詞基本上相同。我們刪去後一句,因為詞語本身並沒有捉摸不定的意思。比如,原始森林裏,野獸出沒無常。這一句有讓人捉摸不定的意思嗎?可能有,可能沒有。

◎**出謀劃策**

【原文】出主意,謀劃策略。〖謀,主意,謀略。劃,籌畫。〗

【參照】

(一)出主意,定計策。

(二)出主意,想辦法。

【修訂稿】出主意,籌畫計策。

【説明】

1.〖 〗裏的次層級解釋,應與首層級的解釋相應。既然解釋“劃”為“籌畫”,那麽,就當説“籌畫策略”,現在説成“謀劃策略”,就不相應了。

2.“策”是説“計策”,而非“策略”,“策略”是與“戰略”相對而言的一個詞,不宜濫用。《現代漢語詞典》就正確地釋“策”為“計策”。“計策”是用來對付對手的巧妙的辦法,不是一般所説的辦法。

3.《現代漢語詞典》解釋這個詞語為“出主意,定計策”,已經很不容易,只是這個計策不是在“定”,而是在“籌畫”之中,所以我改成“籌畫計策”。

4.這樣改了之後,一個三字句,一個四字句,不如兩個三字句那樣整齊,但内容重於形式,仍以表達貼切為上。

◎**出其不意**

【原文】指出乎對方意料之外。

【參照】

(一)趁對方沒有料到(就採取行動):~,攻其無備。

(二)《孫子·計》:“攻其無備,出其不意。”原謂出兵攻擊對方不防備的地方。後多以“出其不意”指行動出乎人的意料。

【修訂稿】行動出乎他人的意料。

【説明】

1.原稿截取《漢語大詞典》最後一句作為解釋。刪去“行動”,改“人”為

"對方"。

2.原稿"指"字誤引。《漢語大詞典》前有"原謂",後文才用"指"字。現在没有"原謂","指"字就没有着落了。

3.為什麽不可去掉"行動"二字?因為多指行動,不是説計畫、謀略等。而且那個"出"字就隱含有行動之意。

4.原稿把"人"改為"對方",是考慮到"出其不意"的"其",應是指對方,而不是泛指"人"。我改用"他人",是考慮緊扣那個"其"字。這"他人"主要是對方,也包括評論或議論其事的旁人或後人。

◎**出人頭地**

【原文】超出一般人;高人一籌。

【參照】

(一)超出一般人;高人一等。

(二)超出一般人;高人一等。清·李漁《憐香伴·聞試》:"妙算神機,出人頭地。"魯迅《且介亭雜文末編·答徐懋庸並關於抗日統一戰線問題》:"抓到一面旗幟,就自以為出人頭地,擺出奴隸總管的架子。"參見"出一頭地"。

《漢語大詞典》"出一頭地"條:"宋·歐陽修《與梅聖俞書》:'讀軾(蘇軾)書,不覺汗出。快哉快哉!老夫當避路,放他出一頭地也。'謂當避開此人讓其高出眾人一頭之地。後以'出一頭地'喻高人一着。"

【修訂稿】超出他人一頭的高度。比喻超越眾人(顯出才能本領等);高人一着。

【説明】

1."超出一般人"是現時多用義。我改為"超越眾人",意思仍是"超出一般人",只是認為所超出的是"眾人",不把人劃分為一般與特殊兩部分。

2."高人一等","高人一着","高人一籌",用哪個最好?這裏不是分等級,"高人一等"不好。"高人一籌"此處可用,但"高人一着"是通行的現代漢語,較為合適。"着"音招。

◎**出神入化**

【原文】形容文學、藝術達到了非常高超的境界。〖神,神妙。化:化境,極高超的境界。〗

【參照】

(一)形容技藝達到了絶妙的境界:這一支曲子演奏得~,聽衆被深深地吸引住了。

(二)形容技藝達到絶妙境界。

【修訂稿】超出了神妙的水準,進入了極其高超的境界。形容技藝達到了絶妙的程度。

【説明】

1.原稿用"文學、藝術"代替"技藝",不夠貼切。此處不宜隨意改動。

2.原稿於〖〗中出現次層級解釋,修訂稿删去,改用串講的辦法先釋"出神入化",次層級解釋已含於其中,所釋較原稿豐富。

◎**出生入死**

【原文】形容冒着生命危險,不顧個人安危。

【參照】(一)形容冒着生命危險。

(二)《老子》:"出生入死,生之徒十有三,死之徒十有三。"王弼注:"出生地,入死地。"《韓非子·解老》:"人始於生而卒於死。始謂之出,卒謂之入。故曰:出生入死。"原謂從出生到死去。後用以形容冒生命危險,隨時有死的可能。《三國演義》第十三回:"騎都尉楊奉大怒,謂宋果曰:'吾等出生入死,身冒矢石,功反不及女巫耶?'"

【修訂稿】語出《老子》"出生入死"。原意是從出生到死去。後多用來表示經歷過許多次生死攸關的搏鬥。

【説明】"出生入死"是講經歷,不是講臨舉事前的心理狀態,所引别的解釋都欠妥。

◎**出水芙蓉**

【原文】剛露出水面開放的荷花。原比喻詩句清新。現多比喻女子體態清秀豔麗。

【參照】(二)水面上初放的荷花。多以喻詩文的清新或女子的豔麗。宋洪咨夔《沁園春·用周潛夫韻》:"濂溪家住江湄,愛出水芙蓉清絶姿。"宋無名氏《李師師外傳》:"〔李師師〕嬌豔如出水芙蓉。"……蘇曼殊《慘世界》第十一回:"就有一位年方三六的佳人,輕身緩步的走出來,好似出水芙蓉一般。"

【修訂稿】水面上初放的荷花。多以喻美貌清秀,不假妝飾,又以喻詩文的清麗自然。

【説明】

1.周敦頤《愛蓮説》:“予獨愛蓮之出淤泥而不染,濯清漣而不妖。中通外直,不蔓不枝,香遠益清,亭亭淨植,可遠觀而不可褻玩焉。”説比喻女子的清秀可以,説比喻女子的豔麗,則不可。

2.説原比喻詩句,現多比喻女子,這個説法没有事實支撑。實際情況原就是多用以比喻人的貌美。看下面的例子:

《東牟集·明妃曲》:“大明宫内宴呼韓,出水芙蓉鑑裏看。徘徊顧影花顔靚,綽約豐容廣殿寒。”《東牟集》,宋王洋撰。洋字元渤,山陽人,以省試第二名中宣和六年(1116年)甲科。紹興初,累官起居舍人,知制誥。紹興,宋高宗年號。王洋以“出水芙蓉”形容明妃,即王昭君。

《盧溪文集·次韻趙逢源秋日溪居十絶》:“出水芙蓉天與工,六郎何事比花紅?後生不識李元禮,試聽長松引勁風。”《盧溪文集》,宋王庭珪撰。庭珪字民瞻,廬陵人,宋徽宗政和八年(1118年)進士第,調茶陵丞,與上官不合,棄官去。至孝宗朝召對,賜國子監主簿。此詩以“出水芙蓉”形容張昌宗。張昌宗,武則天男寵。

《涉齋集·外舅嫁遣二侍兒有詩次韻》:“詩翁學力有長城,笑語叢中漫鼓行。出水芙蓉寧受汙,鉛華洗盡見真清。”《涉齋集》,南宋許綸撰。許綸,永嘉人,宋孝宗隆興元年(1163年)進士,累官至知樞密院事。此詩以“出水芙蓉”形容作者岳父詩的清新,與所贈侍兒不施鉛華之美。

《静思集·寄李亨衢》:“君住仙壇歸路遥,人間塵慮盡冰消。微風半脱烏紗帽,明月閑吹紫玉簫。出水芙蓉鳴翡翠,繞墻薜荔護芭蕉。日長應共羅浮客,時復松花酒一瓢。”《静思集》,元郭鈺撰。鈺字彦章,江西吉水人。逢元末之亂,隱居不仕。據詩意,李亨衢當是修道之人,此詩以“出水芙蓉”寫實景,用來方喻李君的節概。

《蘇平仲集》卷一六論文:“如菽粟,如布帛,如精金,如美玉,如出水芙蓉。何也?曰:有補於世也,不假磨礱雕琢也。”《蘇平仲集》,明蘇伯衡撰。卷首有洪武四年(1371年)劉基序。此詩以“出水芙蓉”比喻文章“不假磨礱雕琢”,純任自然。

3.“水面上初放的荷花”,此解甚好,可從。原稿説“剛露出水面”開放的荷花,此説有違荷花生長之理。芙蓉初放,已離水面,不可能是“剛露出水面”。

◎**出頭露面**

【原文】在公共場所出現。也形容在人多的場合表現自己。

【參照】

(一)①在公眾的場合出現:他不愛~。②出面(做事):大家推他~去商談這事。

(二)1.具體顯示出來。《朱子語類》卷一一六:“當這事感則這理應,當那事感則那理應,這便是性;出頭露面來底便是情。”2.在公共場所出現。《西遊記》第四一回:“此間乃妖魔之處,汝等且停於空中,不要出頭露面。”《西湖佳話·西泠韻跡》:“此女若説是大人家的閨秀,豈無僕人相隨,怎肯教他出頭露面,獨坐車中,任人飽看?”洪深《青龍潭》第一幕:“十七八歲的大姑娘,還没有出嫁,是不好上城去出頭露面的。”3.猶出人頭地,亦指在眾人面前表現自己。沙汀《淘金記》八:“他表現得很驕傲,以為自己已經同鎮上的名人們有交情了,而且不久就會出頭露面。”老舍《茶館》第三幕:“我爸爸到底差點事,一輩子混的並不怎樣。輪到我自己出頭露面了,我必得幹的特别出色。”丁玲《太陽照在桑乾河上》四十:“自從村上有了黨以後不久,張裕民就把他發展進來了。他一進來就表現得很積極,他比張裕民會説話,一到出頭露面的時候,他總是走在張裕民頭裏,接着他便當了治安員。”

【修訂稿】在公眾場合或人際交往中出現,人們對他有較多印象。

【説明】

1.“在公共場所”,“在公眾場合”,哪一個説法合適?後者合適。公共場所如會場、舞廳、超市、廣場等,數量有限,而公眾場合就寬泛得多。用得上“出頭露面”的場合不限於“公共場所”。

2.“愛”出頭露面才是表現自己,“出頭露面”本身並無表現自己的意思。看《漢語大詞典》第3個義項,所舉3例本身都不足以證明“表現自己”這個意義。

3.修訂稿的解説已涵蓋了(一)和(二)中的其他義項。

◎**出言不遜**

【原文】説話不客氣。〔遜:謙讓,恭順。〕

【參照】

(一)“出言”條:~不遜(説話不客氣)。

(二)説話傲慢不客氣。……

【修訂稿】説話不客氣,使聽者有受了侮辱的感覺。

【説明】“説話不客氣”已傳達出“出言不遜”的基本意義。但尚嫌不足,於是再加“傲慢”二字。但此二字也未見得就表達出了“出言不遜”的全部意義。我再加上“使聽者有受了侮辱的感覺”,試着表達“出言不遜”的尚無人説出的意味。

◎初出茅廬

【原文】比喻剛開始工作,缺乏經驗,還顯得幼稚。

【參照】

(一)比喻剛進入社會或剛到工作崗位上來,缺乏經驗。

(二)東漢末,諸葛亮隱居南陽,劉備三顧茅廬,亮始出佐之。《三國演義》第三九回:“直須驚破曹公膽,初出茅廬第一功。”後用以謂初涉世致用,閱歷不深。……

【修訂稿】比喻剛進入社會或剛到工作崗位上來。

【説明】

1.“剛進入社會”,扣緊了“初出茅廬”,解釋得好。

2.“開始工作”這話,所適應的場合較多,例如可以説每天上班,開始工作。也可以説在度假以後,開始工作。所以不如“到工作崗位上來”所指較為切實。

3.“初出茅廬”可能缺乏經驗,常情如此。但也有“驚破曹公膽”的可能。如果有此可能,那就不一定要用“缺乏經驗”來範圍了。如果還嫌不夠,再加上“顯得幼稚”的評語,就顯得過份了些。

◎初露鋒芒

【原文】比喻剛顯露出才能和力量。含褒義。〖鋒芒:刀劍的刃口和尖端。〗

【參照】

(一)比喻剛顯出某種力量或才能。

(二)喻剛剛顯示出某種威力或才幹……

【修訂稿】比喻(本領高强者)初次顯露身手、威力或才幹。

【説明】

1.這裏的"初"是初次,以後還會不斷有。不是"剛"或"剛剛"。

2."鋒芒"是刃和尖,"露鋒芒"必有所斷割或刺入,所以其所顯露者為身手、威力或才幹,而不是泛泛的"某種力量或才能",原稿用"才能和力量",兩樣同時都顯露,"和"字不妥。

3.説他是"初露鋒芒",第1條已説過,以後還會不斷顯露,因而其人必是强者。故前加"(本領高强者)"。原稿説"含褒義",就是這個意思,而修訂稿加上這個括弧,就將這個"褒義"説得具體而貼切了。

◎**處心積慮**

【原文】存心已久,費盡心機,也指千方百計地謀算。〖處心:存心。積慮:蓄謀很久。〗同義詞:想方設法。

【参照】

(一)千方百計地盤算(多含貶義)。

(二)謂蓄意已久。《穀梁傳·隱公元年》:"何甚乎鄭伯?甚鄭伯之處心積慮成於殺也。"……

【修訂稿】存心達到某種目的,蓄謀已久。

【説明】

1."處心"和"積慮"是二事。"處心"是指有了那份心思。"積慮"是指謀算已久(按:積,久也),不是一天兩天。原稿似乎以"存心已久"釋"處心積慮",尚有餘意,而以"費盡心機"為補充。然"積慮"言歷時的積累,而"費盡心機"則言一時之窮盡,不可等同。

2.原稿"又指千方百計地謀算",這是説另一意義。"處心積慮"有這項意義没有?修訂者表示懷疑。

◎**辭章**

【原文】文章的寫作技巧、修辭。施東向《義理、考據和辭章》:寫文章要從三個方面下功夫,那就是義理、考據和辭章。

【参照】

(一)①韻文和散文的總稱。②文章的寫作技巧;修辭。也作詞章。

(二)1.詩文的總稱。《後漢書·蔡邕傳》:"〔蔡邕〕好辭章、數術、天文,妙操音律。”南朝梁劉勰《文心雕龍·通變》:“晉之辭章,瞻望魏采。”《新唐書·文藝傳下·李賀》:“(賀)七歲能辭章。”……2.文章的寫作技巧;修辭。

【修訂稿】文章,包括散文和韻文。

【説明】

1.“辭章”實指由語辭精心組合而成的有文采的篇章。所謂“韻文和散文的總稱”“詩文的總稱”,都不外乎這個意義。為了明白,就説是“文章”。但我們現在説“文章”不包括詩歌,所以後加“包括散文和韻文”。

2.參照項都有另一意義:“文章的寫作技巧;修辭”。《中華現代漢語詞典》不收主要義項,只收這一義項:“文章的寫作技巧、修辭”。所不同的是,參照項以“寫作技巧”與“修辭”並列;原稿則取二者之和。修訂稿取消了這一義項。下面簡述理由。

列“文章的寫作技巧;修辭”為第二個義項的詞書,没有舉例。我們這裏審訂的原稿則舉出了施東向發表在《紅旗》1959年14期上的《義理、考據和辭章》為依據。而施東向是不是在“寫作技巧和修辭”這個意義上來理解“辭章”的呢? 這就不得不引一下施文的相關部分。施文在起始部分説:

> 義理和考據,是屬於文章內容方面的問題。在我們説來,講究義理就是要求觀點正確,論據充分;講究考據就是要求材料準確。辭章是屬於文章形式方面的問題。在我們説來,講究辭章就是要求適合於內容的完美的形式。

這裏明確説,辭章屬於文章的形式。

施文有三個小標題:“觀點和材料的統一”“材料的準確性”“要有好的形式”。在最後這個小標題下,文章説:

> 我們所説的辭章涉及語言、章法和風格等方面。一個作者力求掌握豐富的詞彙和多樣的句法和章法,目的是為了運用自如,能夠把內容傳達得準確而生動。

照施向東的意見,辭章“涉及”語言、章法和風格等方面。“豐富的詞彙”“多樣的句法和章法”“能夠把內容傳達得準確而生動”,才是適合於內容的完美的形式。這裏没有説到“寫作技巧”,也没有説到“修辭”,頂多只能説,語言、章法和風格,準確和生動等,與“寫作技巧和修辭”有關,講究這些,可以使形式完美,而決不就是形式本身。所以,為“辭章”列一個“寫作技巧和修辭”的義項,根據不足。如果列一個義項“文章的形式”倒是可以,但這樣的意義,實在是隨文而有,仍以不列為佳。

3.義理、考據、辭章等,本是有清以來一些在學術上有影響的人對中國傳統學問的分類。辭章是其中的一個大類。朴學大師和思想家戴震説:“古今學問之途,其大致有三:或事於理義,或事於制數,或事於文章。事於文章者,等而末者也。”[1]制數講限量與定法,實即材料,材料由考據而得。文章即辭章。

曾國藩在《勸學篇示直隸士子》中說:“為學之術有四:曰義理,曰考據,曰辭章,曰經濟。義理者,在孔門為德行之科,今世目為宋學者也。考據者,在孔門為文學之科,今世目為漢學者也。辭章者,在孔門為言語之科,從古藝文及今世制義詩賦皆是也。”[2]

錢穆説,如果按清代戴震和姚鼐對中國學問的分類,一切學術可分成三個部門,即義理之學、考據之學和辭章之學,“今天文學院分文、史、哲三科,正與此三部門相應。”“我們也可説,在西方學問沒有到中國來以前,中國近一千年來的學術上,有此漢學與宋學的兩大分野,一是義理之學,一是考據之學,而同時又另有文章之學,學問就如此分成了三個部門。”[3]錢穆所説的“文章之學”即辭章之學。

照這樣説,“辭章”這個詞條,似乎可立一義項:“中國傳統學術的一個大類”。但《漢語大詞典》可列而未列,《現代漢語詞典》以其義不行於當代亦不列。可錢穆(1895~1990)是當代學人,收入“辭章”一條,於理也無不合。看《中華現代漢語詞典》“雛”字下收現代人完全不用的“雛鬟”和“雛鬘”,那麽,為“辭章”新列一義項,當不為過。

◎**慈禧太后**

【原文】(1835~1908)咸豐帝妃,同治帝母。滿族。……後病死。

【修訂稿】(1835~1908)咸豐帝妃,同治帝母。滿族。……

【説明】記出歷史人物的生卒年月即可,通常不記其死因。不記,就等於

①《與方希原書》,《戴震全書》卷六,黄山書社1995年版。

②《曾國藩全集·詩文》第14集,岳麓書社1986年版,第442頁。

③《史學導言》,《中國史學發微》,臺北東大圖書有限公司1989年版,第38頁。

説是病死。如果像明崇禎那樣,是自縊煤山而死,這才有必要説明其死因。

◎從

【原文】①跟隨的人;跟隨:從征|跟從|僕從|侍從。②依隨:力不從心|聽從指導。③參加:從軍|從事。④採取某種原則和辦法:從嚴處理|從長計議。⑤次要的;附屬的:從犯|從屬。⑥沉着;鎮靜:從容不迫。⑦姓。

【參照】(一)cóng(⑤⑥⑦zòng)①跟隨:從征。②順從;聽從:脅從|力不從心。③從事;參加:從藝|從軍。④採取某種方針或態度:從緩辦理|一切從簡|坦白從寬,抗拒從嚴|其餘從略。⑤跟隨的人:隨從|侍從。⑥從屬的;次要的:主從|從犯。⑦堂房(親屬):從兄|從叔。⑧姓。

【修訂稿】①跟隨;跟隨的人:從征|跟從|僕從|侍從。②順從;聽從:脅從|力不從心。③從事;參加:從藝|從軍。④採取某種原則或辦法:從緩辦理|一切從簡|坦白從寬,抗拒從嚴|其餘從略。⑤從屬的;次要的:主從|從犯。⑥堂房(親屬):從兄|從叔。⑦姓。

【説明】

1.“跟隨的人”與“跟隨”列為一個義項,也可以贊同。但“跟隨”應在前,“跟隨的人”是其引申義,當列於後。

2.“依隨”的説法較為生疏,不如改用“順從;聽從”。

3.原稿第6義項“沉着;鎮靜”,是“從容”的釋義。“從”字單個兒没有此義,當删。

4.原稿漏從堂一義,宜補。

◎聰明才智

【原文】形容人資質聰穎,有才能。泛指人的智慧和才能。

【參照】(二)指智慧和才能。北齊顔之推《顔氏家訓·治家》:“婦主中饋,惟事酒食衣服之禮耳。國不可使預政,家不可使幹蠱。如有聰明才智,識達古今,正當輔佐君子,助其不足。”宋蘇軾《〈錢塘勤上人詩集〉敍》:“佛者惠勤從公遊三十餘年,公常稱之為聰明才智有學問者,尤長於詩。”……陳殘雲《山谷風煙》第三章:“你們都是滿肚墨水的人,可以儘量發揮你們的聰明才智。”

【修訂稿】領悟能力、理解能力强,(有)才能和智慧。

【說明】

1.“聰明才智”是直陳,不是“形容”。

2.“聰穎”意思是特別聰明,以“聰穎”釋“聰明”,等於没有解釋,還讓讀者產生“聰穎”當作何解的疑問。不可取。

3.“泛指”人的智慧和才能,似乎是説“形容人的資質聰穎,有才能”是特指。這裏看不出有“泛指”和“特指”的對立。

4.我用“領悟能力、理解能力强”釋“聰明”,“才智”就是才能和智慧。

詞語解釋部分主要是缺乏獨立思考,没有自己深切的感受,人云亦云。辭書能有什麼創見嗎?還不是老一套?這話有對的一面。但也不盡然,時修前賢固然已經有釋在前,不得不隨其後,但未及之處仍然多多,不宜一味炒現飯,“滕文公上下”。

第三部分:關於詞條選擇(從略)

2008年5月11日星期日

讀《唐代景教文獻詞語研究》

好友讓我在這本書前寫幾句話,我不敢應承。我看先賢為人作序,他自己必是這個領域裏的行家。評論之餘,兼發表自己關於這個領域的意見,而這意見往往精闢,令人歎賞。我對於景教文獻完全陌生,怎敢憑年齡之大而信口開河?由於友人的堅持,便找臺階下。説,讓我讀讀,有寫則寫,無寫則作罷,如何?

這樣説還有一層意思,就是秉持前人活到老學到老的遺訓,趁機會學點東西,不愈於日無寸進,虛度時日?待到讀起來,不禁感從中生。老而無用如我,實難有所創新,重整山河端的只能靠後生了。

現在書印得多,正如我們的經濟在跨越式向前,多得目不暇接,多得難以數計。這日新又日新的印刷物,我把它分成兩類。一類是把顯白易懂的東西弄得繁複繚繞,使人昏昏。一類是把似乎不可懂的東西解説得明白如話,使人昭昭。不用説,我不喜歡昏昏,而贊賞昭昭。《景教文獻詞語研究》屬於使人昭昭一類,我很高興讀它。讀後有所感,也就不能無言了。

"大秦國有上德,曰阿羅本,占青雲而載真經,望風律以馳艱險,貞觀九祀,至於長安。"(《景教碑》)

該書作者按:

> 江本整句[①]譯為"波斯主教阿羅木,攜帶著聖經跟隨著東方的雲彩,觀望著風的旋律,馳騁了多少艱險的歷程。"[②]……穆爾認為:"這裏所説的'雲'和'風',與旅途中的天氣無關,而是對一位有道德的皇帝的比喻。"[③]

到底"青雲""風律"是實指還是比喻呢?於是作者著手論證,先引相傳是漢代的文獻:

①琦按:這裏"整句"主要指中間兩句:"占青雲而載真經,望風律以馳艱險。"

②原注:"江文漢《中國古代基督教及開封猶太人》,頁42。"

③原注:"〔英〕阿·克·穆爾著,郝鎮華譯,蔣本良校《一五五〇年前的中國基督教史》,頁54。"

天漢三年,月氏國獻神香,使者曰:"國有常占,東風入律,百旬不休。青雲干呂,連月不散。意中國將有妙道君,故搜奇異而貢神香。"(東方朔《十洲記》)

該書作者說:"《景教碑》的作者景淨顯然是化用東方朔《十洲記》中'月氏國獻神香'的典故,來表達'景風東扇'的原因,是因為'中國將有妙道君',向唐朝統治者示好。"由此可知,莫爾所說的"是對一個有道德皇帝的比喻"就不是憑空立論。但他說"雲"和"風"與天氣無關,卻又不盡然了。我國古人早有"看雲氣識戰事"的作法,甘肅敦煌博物館就收録有《占雲氣書》一卷,詳細列舉了雲的形狀和戰爭的關係。所謂"占青雲"確實是通過對雲氣的觀察來預知人世間事件的一種方法。"'望風律'與'占青雲'實則有異曲同工之妙,都是對自然現象進行解釋。"《三國志》注引《管輅别傳》:"昔京房雖善及風律之占,卒不免禍。"所謂"風律之占",就是以五音占四方之風而定吉凶。《神風制敵太白陰經·卷八·雜占》:"宫風,聲如牛吼宫中。徵風,聲如奔馬。商風聲如離群之鳥。羽風,聲如擊濕鼓之音。角風,聲如千人之語。"於是本書作者下結論:碑中所言"青雲"和"風律"本指自然現象,被用來作為占卜的手段。

就這樣,把"占青雲"與"望風律"解釋得一清二楚了。①

我的老師是訓詁學家,他的《尚書易解》序談心得說:"覈之以訓詁,衡之以文法,求之以史實,味之以文情。去粗取精,愜心貴當。猶有未明,則益之以私說。"我曾經以為,這便是訓詁的極致。讀《景教文獻研究》,乃知事物的發展無有極限,訓詁的發展亦無有極限。方法之多,用心之細,確有超越前輩而令人讚不絕口者。下面所舉例系我轉述其大意,倘有不妥,自當由我轉述者負責。

經教。教外人士稱景教為"經教",或"波斯經教"。有兩條詔令為據:

貞觀十二年唐太宗詔:"波斯僧阿羅本,遠將經教,來獻上京。"

天寶四年唐玄宗詔:"波斯經教,出自大秦。傳習以來,久行中國。"

解釋事完,似乎已可作結。然而,本書作者自己提出疑問:

《入唐求法巡禮行記·卷第四》:"長生殿内道場,自古以來,安置佛像經

①有遺意的地方,是東方朔所說的"律"與"吕",本是校音器,這裏都是借指音律。但因是引文,不作解釋也无妨。"干"的意思是介入,不是"幹"。所引文與今存《海内十洲記》異。與《太平御覽》所引亦有出入。

教……今上便令焚燒經教,毀拆佛像……"

《老子化胡經·卷第十》:"我在舍衛時,約敕瞿曇身,汝共摩訶薩,齎經教東秦,歷落神州界,迫至東海間。"

"經教"可焚可齎(持),倘是教名,如何焚得持得? 又,景教碑在轉述太宗詔時,"經教"作"經像","經像"又是什麼呢?《漢語大詞典》有"經像"詞條,釋為"佛像",引《冥祥記》《頭陀寺碑文》和《洛陽伽藍記》以為書證。至此,能比較有把握地下結論了,"經教"即"經像","經像"即佛像,移之于景教,當指聖像。

然而,早期基督教為加强一神觀念,《聖經》十誡規定,"不可製造和敬拜偶像"。景教教義有一條,就是不用偶像,也不許崇拜十字架。在景教入華之後,為了便於傳播,雖有懸掛"五聖寫真"之舉,但說在阿羅本初入華時就帶有聖像,也是斷然不可能的。

"經像"從字面上解釋,最有可能是說成經和像,聖經和聖像。例如美國歷史學家斯塔夫里阿諾斯代表作《全球通史:1500年以前的世界》在有關唐朝的一節中,引用了《景教碑》中一段文字,其中的"經教",譯為*images and books*,偶像與經籍。此説之所以不當,也就是上面所說的理由,景教初入華時是不可能攜帶有聖像的。

或此或彼都不行,於是陷入了困境。作者苦苦求索,"經像"還可能有別的意思嗎?

《常山貞石志》:"……敬就三門石柱,刊《阿彌陀佛蜜多心經》,以乾元兕年四月五日,鐫鏤功畢。桑海有改變遷移,經像固存乎不朽。"(引自《唐文拾遺·卷二十二》)

《廣異記·裴齡》:"一人曰'……君可為寫《金光明經》《法華》《維摩》《涅槃》等經,兼為設齋度,我即和生人間。'……辭訖,行數里,至舍。……開視遂活。造經像及燒錢畢,十數日,平復如常。"

兩例前面說經名,後面以"經像"相呼應。知"經像"也可作經書解釋。這樣,《景教碑》中"經像"是指聖經,兩詔所說"經教",也是指聖經。經為教育大眾,故可稱"經教",而何以又叫"經像"呢?

《出三藏集記·卷十五》:"後至中天竺……得《摩訶僧祇律》《薩婆多律抄》……《方等泥洹》等經,顯留三年,學梵文梵語,躬自書寫。於是攜經像,客附商客到獅子國。"

又:"顯持經像隨還。"

《全唐文·卷九百六》:"(元奘)貞觀三年往西域,十九年齎經像還京師。"

兩位高僧取經回來,都説是持(或齎)經像,故阿羅本攜經來華,其經也就叫做"經像"了。到這裏,"經教"一詞的解釋才算結束。反復致詰,屈曲究盡,理當心愜,這便是我對本書作者所致力的境界的表述。為了説明這個"屈曲究盡"我引得長了一點,讀者原諒則個。

本書雖説道理講得透徹,但似乎有些地方可以寫得更為簡明一些。也多少有些值得商討的地方。我對景教文獻此前没有接觸,實不敢開言,以免外行之誚。但既來寫讀後感,也就來妄加議論,以就教于作者和讀者。

1.方便,"意為隨機乘便"。

琦按:在佛經中,"方便"有多個義項。義項之一,是方法、辦法。如用為動詞,多是設法、想方設法的意思。

"何須自方便,而求於解脱?"(《佛所行贊》)"自方便",自行設法。

"時子怪遲,趣門看之,見户不開,方便開户,見其已死。"(《賢愚經》)"方便開户",設法把門打開。

"一切世界煩惱纏,此能方便令解脱。"(《佛本行集經》)"方便令解脱",想方設法令其解脱。

所引《一神論》文,當亦是想方設法的意思。

2."善治無方,鎮位無際",譯為"好的治理無處不在,長久的地位没有邊涯"。

琦按:

"善治",善於治理。

"無方",謂無有常法,而能因事制宜。《禮記·檀弓上》:"事親有隱而無犯,左右就養無方。"鄭玄注:"方,猶常也。"佛經中也有用例:"如來神德,適化無方。"(《普曜經》)

"鎮",强力使之安。"鎮位",即安其位,使其位安。語法結構如"鎮國",安其邦國。《易·繫辭》:"子曰:危者,安其位者也。"

3."法浴水風","大意為'接受洗禮(水)和聖靈(風)之後,就像身體沐浴一樣,污垢去除'"。

"印持十字","即'信奉領受十字'","也就是皈依景教"。

琦按:"法浴水風"與"印持十字"相對為文,結構相似。即浴水風之法,持十字之印。相似,但不相同。浴水風之法,謂以水風之法浴之。賓語表示方式或工具。而持十字之印,賓語只是受事。印者,謂印證,標誌。

4.生成立要。生成,就是"保全教徒的性命"。立要,"制定了景教基本綱要"。

琦按:"生成"之解,猶有未安。疑"生成"或當為"生誠",與"立要"結構相同。唐·李藝《隴西李公墓誌銘》:"修幹挺空而見摧,君子不幸于生誠。"

我的這些意見,未敢必是,只不過引出訓詁的話題罷了。

後生可畏,焉知來者?我敢斷言,本書作者是中國訓詁學界蘊藏著實力的體現,必將繼往而開來。

2010年3月31日

談馮道詩《偶作》

陳赫教授命我談談對《偶作》的看法。歷史我不懂,不敢妄談。但如果是談訓詁,我不可不談。而文史不分家,牽涉到了歷史又無法回避,只好硬着頭皮來談點看法,以就教于陳赫教授和本文的讀者。

陳教授對詩本身有所校正,有見地。詩的原文全文見於宋吴庭厚《青箱雜記》卷二:

莫為危時便愴神,前程往往有期因。
終聞海嶽歸明主,未省乾坤陷吉人。
道德幾時曾去世,舟車何處不通津?
但教方寸無諸惡,狼虎叢中也立身。

以"愴"為"悵",以"終聞"為"須知",以"未省"為"未必",以"狼虎"為"虎狼"者,皆與出處不合。

對詩的理解,據陳赫教授所引:

首聯,所引1釋為:"不要在山窮水盡的時候哭天蹌地,現在的'果'是早早種下的'因'的必然結果。'菩薩畏因,凡夫畏果',颶風起於萍末之間,不要執着於是非成敗的'果',要着眼于形成是非成敗的'因'。"

所引2釋為:"身處逆境,不要怨天尤人,想一想自己以前做過什麽,而導致了今天的境地。"

按:愴神,意思是傷心難過。陸游《夜登千峰榭》詩:"危樓插斗山銜月,徙倚長歌一愴神。"以之與"呼天搶地"相當,就是大聲呼喊,以頭撞地,感情相類,但非的解。説是怨天尤人,就没有根據了。下一句是説,前程如何往往事出有因,可以預測。意思是不會無緣無故就有大禍降臨。馮道一生碰到的危事多多,喪親貶官,改朝换代,國亡君弑,出使異域,永别父母之邦等,遇上這些事,不要六神無主,傷心難過,只要曾經種下優良的種子,便可能不是絶路。陳教授所引兩解似乎都没有説到點子上。當然,我説的可能也是隔靴搔癢，無以服眾。那不要緊，説出來大家商量嘛。後面我之所説，都作如是觀。

頷聯，所引1釋為："不必在窮途末路的時候怨天尤人，蒼天有眼，天道分明，或是或非就是或是或非了，或成或敗就是或成或敗了。别怪老天爺不公平，要躬身自省，多修正自己的不是才是。"

所引2釋為："一個好的統治者未必是老百姓所期望的狹隘意義上的好人，但一定是一個通曉事理的人。"

按：兩解都脱離詩句去作意義揣摩，這樣揣摩必定一人一解，真是"詩無達詁"了。我們看這兩解都在想説出一點道理來，可意義大不相同。我以為還是扣緊詞句來説，就比較地能取得一致。陳赫教授提出，"海嶽"當何解，是照字面講，還是另有典故。我以為没有什麽不好懂的典故，"海嶽"即大海和高山。晉葛洪《抱樸子·逸民》："吕尚長於用兵，短於為國，不能儀玄黄以覆載，擬海嶽以博納。"在這裏，與下句"乾坤"同意，都是指"河山"或者"江山"，實指對社會、人世的統治權。詩句的意思是，最終聽説統治權歸屬明主，不知道這統治權會在吉人手裏喪失。"不省"，即不知道，未聞。所要表達的意思是，搶得天下的就是明主，喪失天下的就是倒楣的人。這是他馮道事六朝十君的"理論"根據。凡成功者都是明君，值得擁戴。由此看來，上聯之所謂"危事"，主要指國亡君弒、改朝换代這類政治劇變。

頸聯，所引1釋為："人世間總是遵循'道'、'德'定律。'是非成敗轉頭空，青山依舊在，幾度夕陽紅。'這裏的青山依舊、幾度夕陽就是道德定律、就是自然法則。换個思路，修正自己，通往成功之路何止一條。只要肯修正自己，往哪里走都會是一片通途。"

所引2釋為："道德一直存在於世間，並支配着社會的發展。所謂的世風日下，人心不古，不過是人心對道德的麻木，而並非道德的消失。"

陳赫教授是科學家，但他在理解詩的時候總不忘弄清楚詞語的含義，這"道德"二字當與今天的"道德"同解，還是"道"與"德"，當各自為解？我以為我們今天就是沿用了這個詞的含義。《韓非子·五蠹》："上古競于道德，中世逐於智謀，當今爭於氣力。"

按：本聯上句，所引2理解較為正確。上句是問：道德何時喪失了呢？没有，它還存在著。這話是對人們認為他歷事李唐、沙陀、漢奸政權、異國統治者而至於劉漢、郭周是無耻行為的回答，他認為這並没有失德，他有他的德在。下一句，所引1說的基本上對。那就是"通往成功之路何止一條"，"往哪里走都是(一片)通塗。"

尾聯，所引1釋為："上善若水，水善利萬物而不爭，居眾人之所惡。天下柔弱莫過於水，眾人攻堅，水默然繞行；眾人向上，水默然低流。可是，又有誰能阻止得了長江的滚滚東流。有了'如水'的心性，即使身處險惡之中，又有何難何懼呢？……"

所引2釋為："只要秉持自己的良知，可以在任何環境下從容立身……"

按：前一解釋當然不錯，但未中肯綮。後一解把"只要秉持自己的良知"改為"只要心裹没有各種作惡的念頭"，就差不多了。這尾聯是馮詩的詩眼，是全詩精粹之處，也是馮道思想的閃光點。其餘都是鋪墊，為此兩句而設。

全詩是説，不要在碰到危難時就難過無主，出路往往就在預先播種的形成結果的原因之中。得天下者就是明君(，快前去事奉他)。失天下的是不走運的人(，要勇於離棄他)。道德仍然存在，交通仍然處處可達。只要心存善念，就是虎狼窩裏也能安身立命。

我的解詩，一扣緊字詞句説話，二扣緊馮道的經歷説話。抛開這兩點，架空論道，先就有一個馮道不怎麽樣，或者馮道就怎麽了不起的想法，然後據此為解，就難説是正解了。

我們先假定這詩是馮道的詩[①]，又假定這詩能代表馮的真實思想，那麽，我們進而可以試著對馮道其人作一個評價了。還是要從這詩的尾聯開始。我以為，對歷史人物的評價，首先應當看他對人民的態度和績效。馮詩説"無諸惡"，是説對人民没有惡行，這句話從正面説，就是要有善意，能帶給人民好處。我從史書中輯録有關數條記述，如下：

1.遇歲儉，所得俸餘悉賑於鄉里，道之所居惟蓬茨而已，凡牧宰饋遺，斗粟匹帛無所受焉。

2.(明宗[②])他日又問道曰："天下雖熟，百姓得濟否？"道曰："谷貴餓農，谷賤傷農，此常理也。臣憶得近代有舉子聶夷中《傷田家詩》云：'二月賣新絲，五月糶秋穀，醫得眼下瘡，剜卻心頭肉。我願君王心，化作光

①薛居正《舊五代史·馮道傳》只載有"終聞海嶽歸明主，未省乾坤陷吉人"兩句。全詩為後人《青箱雜記》裏所録，是否一定是馮所作，尚無其他確證。

②沙陀唐第二個國君李嗣源。

明燭,不照綺羅筵,遍照逃亡屋。'”明宗曰:“此詩甚好。”遂命侍臣録下,每自諷之。

3.契丹入汴,道自襄、鄧召入,契丹主從容問曰:“天下百姓,如何可救?”道曰:“此時百姓,佛再出救不得,惟皇帝救得。”其後衣冠不至傷夷,皆道與趙延壽陰護之所至也。

以上《舊五代史·馮道傳》。

4.道為人,能自刻苦為儉約。當晉與梁夾河而軍,道居軍中,為一茅庵,不設床席,臥一束芻而已。所得俸禄,與僕廝同器飲食,意恬如也。諸將有掠得人之美女者以遺道,道不能卻,置之别室,訪其主而還之。其解學士居父喪于景城,遇歲饑,悉出所有以賙鄉里,而退耕於野,躬自負薪。有荒其田不耕者與力不能耕者,道夜往,潛為之耕。其人後來愧謝,道殊不以為德。

以上《新五代史·馮道傳》。

我不研究歷史,没有别的史料用來評價人物,只能依傍“正史”,確是無奈之舉。因為所見有限,不敢與史學工作者爭高低。不過,我仍然言之有據就是了。若據這裏數條,馮道對人民還是好的,遠勝當時好戰喜殺的軍閥。第2條為農民説話,當然有一定作用。第3條當異族殘暴統治者的面説恭維話,或許曾經產生過拯救百姓的作用,當不以言辭順遜為嫌。尤其難得的是第4條所説,軍閥們掠得美女送給馮道,馮道不便拒絶,而“置之别室”,然後把她們遣送回家。至於第1條與第4條中所説,自奉儉約,周濟鄉里,可信確有其事。馮道能吃苦,能親身耕作,實少虛美成分。只是説他還能代人耕作,虛美成分可能就多些了。綜合這幾條來看,他詩中所説心無諸惡是自道其想其行,在那樣一個變亂頻仍的年代,身為高層統治者,比較起來,也算是難能可貴的了。

馮道的貢獻,我還想補充説一點不是不重要的。在我讀小學的時候,教科書上説,馮道是雕版印刷術的發明者,其在文化傳播上之功,可與畢昇並論。查沈括《夢溪筆談》(卷18),確有所記:“板印書籍,唐人尚未盛為之。自馮瀛王始印五經已後,典籍皆為板本。”馮瀛王即馮道,周世宗時封他做瀛王。説馮道發明雕版印刷是過了,但經他使用而盛傳開來,也就不為無功。後世罵馮道最力的莫過於正統的儒家人士,但他們不可忘記,這個馮道也曾為印刷和傳播儒學經典立過功勞,罵他的人,就未必都對儒學有他那樣的貢獻。

對馮道的詬病大抵都在他歷事六朝十君,變臉之速,變節之多,人所未及。所謂六朝,他先仕李唐,繼仕沙陀唐,即後唐,莊宗李存勗,明宗李嗣源(本無姓),閔帝李從厚,廢帝李從珂(本姓王)。從此居高官顯位,不離將、相、三公、三師。到後晉,人稱漢奸政權的,他事晉高祖石敬瑭,與晉出帝石重貴。遼主滅晉,馮道入朝,居太傅之職。劉知遠稱帝,劉承佑繼位,馮道都是輔弼大臣。之後,馮道又做了後周郭威的太師。周世宗柴榮雖對馮道有些不滿,但在死後,仍封他為瀛王。當時改朝換代,乃至同朝的嗣位,都是以武力攫取權力實現的,而馮道乃能於間周旋,而不失高位,其手法之高超,令人歎為觀止。馮道左右逢源,自稱長樂老而自得其樂,歷史如此漫長,亦只一人而已。批評者以為馮道毫無操守,人品糟糕,不值得稱道。褒揚者以為時值亂世,無節操可守,且忠君思想實不可取,只要對人民有利,對人民做了有益的事,便是好人。

我前面已說過,評價歷史人物,唯一的標準就是看他對人民的態度如何,是否做過有益於人民的事。至於他是否忠於某朝某代,則可以不計。變節與否並不能作為論人的尺度。以馮道變節頻頻否定他,理由不足。在我看來,馮道可以不作反面人物對待。他有可以肯定的一面。但他也決不是一個完人,他的人格數值甚低,看以下三段記述:

> 契丹滅晉,道又事契丹,朝耶律德光于京師。德光責道事晉無狀,道不能對。又問曰:"何以來朝?"對曰:"無城無兵,安敢不來?"德光誚之曰:"爾是何等老子?"對曰:"無才無德癡頑老子。"德光喜,以道為太傅。(《新五代史》本傳)

以厚臉皮得契丹主的官,實無足稱。

> 及晉祖入洛,以道為首相。二年,契丹遣使加徽號于晉祖,晉祖亦獻徽號於契丹,謂道曰:"此行非卿不可。"道無難色。晉祖又曰:"卿官崇德重,不可深入沙漠。"道曰:"陛下受北朝恩,臣受陛下恩,何有不可!"(《舊五代史》本傳)

所謂"獻徽號",就是稱契丹主為父皇,這差使落到馮道頭上,馮欣然應命,甘當賣國奴才的奴才。

契丹賜其臣牙笏及臘日賜牛頭者為殊禮,道皆得之,作詩以紀曰:“牛頭偏得賜,象笏更容持。”契丹主甚喜,遂潛諭留意,道曰:“南朝為子,北朝為父,兩朝皆為臣,豈有分别哉!”(《舊五代史》注引《談苑》)

自稱是子朝之臣,到父朝為奴,乃心所願樂。

或者有人會説,契丹非外國,他們後來也是中華支屬。離開時間來談我外,理所當然地難以接受。又有人説,如現在的公務員,誰來做主管官員都可以,我只是做事而已。此言差矣。公務員是在同一體制下官員異動時同樣服務,不是在政權被推翻後繼續為原來敵對的政權效勞。公務員所面臨的只是人事更迭,而非人頭紛紛落地的政權更迭。

我以為,不講操守的人固然可以有自存之道,他可以活得比有操守者更好。但人們似乎更願給後者以較多的尊敬。但如果以“操守”為桎梏,以束縛天下有識之士,使之忠於某人某朝某代乃至某一思想,至死不渝,則是愚人的巧言,不足憑信。

《二十四詩品》今注

一 雄 渾

大用外腓,真體內充。返虛入渾,積健為雄。

具備萬物,橫絶太空。荒荒油雲,寥寥長空。

超以象外,得其環中。持之匪强,來之無窮。

雄渾:雄健渾厚。唐·沈亞之《為韓尹祭韓令公文》:"澤梁宋之戎郊,涵雄渾於雲水。"據本品正文的解説,雄渾即是自强不息,進入無欲無為的本然狀態,而能駕着萬物,縱横宇宙。

大用外腓:重大的作用發揮在外。用,作用。這裏與"體"相對,有"表現"、"形式"的意味。"用"前加"大"字,稱贊之詞。腓,音肥,就讀作"肥"。(腓、肥古書中有時通作。《詩·邶風·泉水》:"我思肥泉",馬瑞辰《傳箋通釋》:"肥之言腓也。"《易·咸》:"咸其腓",陸德明《釋文》:"腓,荀作肥。")與下句"充"相對為文,義近於"充"。(古書中肥、充近義連用。鄭注《周禮》:"玄謂:禂,讀如伏誅之誅,今侏大字也。為牲祭求肥充,為馬祭求肥健。""肥充",也可作"充肥"。《後漢書·董卓傳》:"……乃屍卓於市。天時始熱,卓素充肥,脂流於地。守屍吏然火置卓臍中,光明達曙。")句中是充足、充分發揮的意思。

真體内充:自然本性充盈於内。真體,本性,本于自然之性。真,自然,自然之道。《漢書·楊王孫傳》:"欲贏葬,以反吾真。" 顔師古注:"真者,自然之道也。"指未經人為的東西。原出《莊子·秋水》:"謹守而勿失,是謂反其真。"體,心性。《文選·任昉〈王文憲集序〉》:"夷雅之體,無待韋弦。" 李善注:"體,性也……言王公平雅之性無待此韋弦以成也。"

這裏"體"與"用"相對為文,本於《参同契》卷下:"春夏據内體……秋冬當外用。""體"謂性,性質。性質在内,故説"内體",作用在外,故説"外用"。體、用後來成了一個哲學範疇,可有内容和形式,本質和現象的意義。

返虛入渾:返回到無欲無為,就進入到"渾"的境界了。虛,指無欲無為。《老子·第十六章》:“致虛極。守靜篤。”魏源《本義》:“虛者無欲也。”《韓非子·解老》:“所以貴無為無思為虛者,謂其意無所制也。”渾,渾沌,這裏指厚積無窮的原始狀態。

積健為雄:積累起無數的强力,就成了“雄”。《易·乾》;“天行健,君子以自强不息。”這裏實際上是説,“雄”,就是自强不息。

具備萬物:謂意氣自得,無所不從。《管子·内業》:“氣意得而天下服,心意定而天下聽,搏氣如神,萬物備存。”《孟子·盡心上》:“萬物皆備於我矣,反身而誠,樂莫大焉。”

横絶:猶如説横貫。《史記·留侯世家》:“鴻鵠高飛,一舉千里,羽翮已就,横絶四海,横絶四海,當可奈何?”張説《撥川郡王神道碑》:“奮飛横絶,摶空直上。”

荒荒油雲:廣大的密雲。相傳漢·嚴遵《道德指歸論》:“天下荒荒,萬物自得。”油雲:等於説密雲,濃雲。《孟子·梁患王上》:“天油然作雲,沛然下雨。”趙岐注:“油然。興雲之貌。”

寥寥:廣闊、空曠的様子。《魏書·張淵傳》:“恢恢太虚,寥寥帝庭,五座並設,爰集神靈。”注:“恢恢、寥寥,皆廣大清虚之貌。”

象外:物象之外,物外。《三國志·魏志·荀惲傳》“詵弟顗,咸熙中為司空”,裴松之注引晉·孫盛《晉陽秋》:“斯則象外之意,繫表之言,固蘊而不出矣。”宋·惠洪《冷齋夜話·象外句》:“唐僧多佳句。其琢句法,比物以意,而不指言某物,謂之象外句。”

環中:圓環的中心,這裏比喻核心内容。語本《莊子·齊物論》:“彼是莫得其偶,謂之道樞;樞始得其環中,以應無窮。”

持之匪强:不是勉强具有雄渾風格。持,擁有,具有。《管子·大匡》:“持社稷宗廟者,不讓事,不廣閒。”之,代雄渾。匪,不。强,勉强。

來之無窮:雄渾的風格就會源源不絶地到來。來之,使之來。《詩·鄭風·女曰雞鳴》:“知子之來之,雜佩以贈之。”

二 冲 淡

素處以默,妙機其微。飲之太和,獨鶴與飛。

猶之惠風,荏苒在衣。閲音修篁,美曰載歸。

遇之匪深，即之愈稀。脱有形似，握手已違。

沖淡：平和淡泊。《晉書·杜夷傳》：“夷清虚沖淡，與俗異軌，考槃空谷，肥遁匿跡。”

素處以默：以無語的方式質樸地對待（事物）。本于《老子·第二章》：“是以聖人處無為之事，行不言之教。”唐玄宗疏：“飾智詐者，雖拱默非無為也。任眞素者，則終日指撝，未始不晏然矣。故聖人知諸性空，自無矜執。則理天下者當棄絶浮僞，任用純德，百姓化之，各安其分。各安其分則不擾，豈非無為之事乎？言出於己，皆因天下之心，則終身言，未嘗言，豈非不言之教乎？”處，對待。《荀子·非相》：“談説之術，矜莊以蒞之，端誠以處之，堅彊以持之。”

妙機其微：玄機微妙。妙機，猶如説玄機，深奥幽眇之理。唐·張説《道家四首奉敕撰》之三：“金爐承道訣，玉牒啟玄機。”其微，就是微，微妙。“其”不為義。《詩·衛風·北風》：“北風其涼，雨雪其雱。”“北風其涼”，即北風涼。“雨雪其雱”，即雨雪雱（盛貌）。

飲之太和：使作品充滿大自然沖和（淡泊平和）之氣。飲，使之飲，這裏是説使作品充滿。太和，天地間沖和之氣。《易·乾》：“保合大和，乃利貞。”朱熹本義：“太和，陰陽會合沖和之氣也。”

鶴與飛：與鶴同飛。言其人與大自然合而為一。韓愈《柳州羅池廟碑銘》：“侯朝出遊兮暮來歸，春與猿吟兮秋與鶴飛。”極言柳宗元縱情山水，與自然親密無間。據宋·吴曾《能改齋漫録》，謂韓文集作“秋與鶴飛”，而碑刻實作“秋鶴與飛”，《二十四詩品》從碑刻作。

惠風：和風。晉·王羲之《蘭亭集序》：“是日也，天朗氣清，惠風和暢。”

荏苒：音忍染。同於“荏染”。柔軟的樣子。《詩·小雅·巧言》：“荏染柔木，君子樹之。”朱熹集傳：“荏染，柔貌。”這裏説和風在衣上作柔軟狀，意思便是吹拂。

閲音修篁：在修竹之間聆聽和風吹竹，鳥鳴悦耳。閲，這裏是聆聽的意思。視覺通於聽覺，即所謂“通感”。篁，謂竹。

美曰載歸：歸向（於這種境界）是為美。本當説載歸曰美，為了押韻，倒其序為“美曰載歸”。曰，為也。見《詞詮》。載，語助無義。有人以為“曰”也是語助無義，一個四字句，中間兩字無義，幾乎是不可能的。權威的解釋認為此句意為“心賞其美，神與之合，不禁產生與之俱歸的願望”。多“心賞”字，又多“不禁產生”等字。有人譯此句為“柔聲呼喚你同歸故里”，以“柔聲呼喚”當“美曰”二字。皆所不取。

遇之匪深，即之愈稀：遇見它（指沖淡風格），平易得很，而有意追求它，卻是少有見到。就是現在所説的，可遇不可求。匪，非，不。即，接近，語境義就是追求。

脱有形似：如果有些形似。脱，假設連詞。唐·薛用弱《集異記·王渙之》：“待此子所唱，如非我詩，吾即終身不敢與子爭衡矣。脱是吾詩，子等當須拜床下，奉吾為師。”

握手已違：轉眼間就遠離而去。握手，指一握手之間，言時間短暫。違，違離，離去。

三 纖 穠

采采流水，蓬蓬遠春。窈窕幽谷，時見美人。

碧桃滿樹，風日水濱。柳陰路曲，流鶯比鄰。

乘之愈往，識之愈真。如將不盡，與古為新。

纖穠：這裏指纖巧富麗。唐·元稹《唐杜工部墓誌銘》：“効齊梁則不逮於魏晉，工樂府則力屈於五言。律切則骨格不存，閑暇則纖穠莫備。至於子美，蓋所謂上薄風雅，下該沈宋，言奪蘇李，氣吞曹劉……”

采采：華麗的樣子。《詩·曹風·蜉蝣》：“蜉蝣之翼，采采衣服。”朱熹集傳：“采采，華飾也。”這裏形容清流潺潺的波紋。

蓬蓬遠春：草木豐茂，春景無邊。蓬蓬，猶蓬勃，茂盛的樣子。《詩·小雅·采菽》：“維柞之枝，其葉蓬蓬。”毛傳：“蓬蓬，盛貌。”遠春，遼闊遥遠的春景。朱熹《春日》詩：“勝日尋芳泗水濱，無邊光景一時新。”“無邊光景”，可用來解釋“遠春”的含義。

窈窕深谷，時見美人：幽靜的深山窮谷裏，常能見到絶代佳人。杜甫《佳人》：“絶代有佳人，幽居在空谷。”窈窕，幽遠雅靜的樣子。陶淵明《歸去來兮辭》：“既窈窕以尋壑，亦崎嶇而經丘。”

碧桃：桃的一種，這裏指桃花。

風日水濱：風和日麗，水流之旁，美不勝收。晉·王羲之《蘭亭集序》：

“(此地)又有清流激湍,映帶左右。引以為流觴曲水,列坐其次。雖無絲竹管絃之盛,一觴一詠,亦足以暢敍幽情。是日也,天朗氣清,惠風和暢,仰觀宇宙之大,俯察品類之盛,所以遊目騁懷,足以極視聽之娱,信可樂也。”很可能作者在寫“風日水濱”四個字的時候,早已有這段文字涵泳在胸。

柳陰路曲:楊柳陰陰,道路逶迤。唐·盧綸《與從弟瑾同下第後出關言别》:“雜花飛盡柳陰陰,官路逶迤緑草深。”曲,曲折逶迤。

流鶯比鄰:善於歌唱的鶯是我的近鄰。流鶯,鶯聲婉轉如清澈的流水,所以叫流鶯。比鄰,鄰居。杜甫《兵車行》:“生女猶得嫁比鄰,生男埋没隨百草。”

乘之愈往,識之愈真:趁此勝景前行,越往前深入,對於此景此風格的認識,就越是真切。乘,趁。

如將不盡,與古為新:如果此情此景此風格能長時保持,(所作)就將與古時佳作一樣,歷久而彌新。唐·李德裕《文章論》:“譬諸日月,雖終古常見而光景常新,此所以為靈物也。”

四 沉 著

緑林野屋,落日氣清。脱巾獨步,時聞鳥聲。

鴻雁不來,之子遠行。所思不遠,若為平生?

海風碧雲,夜渚月明。如有佳語,大河前横。

沉著:原意或是沈澱。宋·戴侗《六書故·地理》:“滓,阻史切,泥垢沈著也。”作為風格,意思是著實、厚重,不輕浮。唐·元稹《法曲》:“明皇度曲多新態,宛轉侵淫易沈著。”與“沉著、冷静”的“沉著”義别。據本品的説解,則“沉著”又含有憂國憂民因而心情沉重的意思。

脱巾:脱去頭巾。形容瀟灑隨意,不拘禮儀。杜甫《飲中八仙歌》:“張旭三杯草聖傳,脱帽露頂王公前,揮毫落紙如雲煙。”

鴻雁不來:意指時局不寧。《逸周書·時訓解》:“白露之日鴻雁來。……鴻雁不來,遠人背叛。”“寒露之日鴻雁來。……鴻雁不來,小民不服。”

之子遠行:這個人避難遠行。之子,這個人。《詩·周南·桃夭》:“之子於歸,宜其室家。”這裹以特指表示泛指,並没有説出這個人究竟是誰。遠行,謂避難遠行。劉宋·鮑照《代結客少年場行》:“驄馬金絡頭,錦帶佩吴鉤。失意杯酒間,白刃起相讐。追兵一旦至,負劒遠行遊。"

所思不遠:謂憂國。《詩·鄘風·載馳》:"載馳載驅,歸唁衛侯。驅馬悠悠,言至於漕。大夫跋涉,我心則憂。既不我嘉,不能旋反。視爾不臧,我思不遠。……大夫君子,無我有尤,百爾所思,不如我所之。"此詩本事和主題,小序説:"《載馳》,許穆夫人作也。閔其宗國顛覆,自傷不能救也。衛懿公為狄人所滅。國人分散。露於漕邑。許穆夫人閔衛之亡。傷許之小力不能救,思歸唁其兄,又義不得,故賦是詩也。"

若為平生:其奈一生抱負何?是説憂國憂民無法付諸行動,莫奈其何。若為,若何,奈何。唐·王維《送楊少府貶郴州》詩:"明到衡山與洞庭,若為秋月聽猿聲?"平生,一生志趣。唐·裴度《中書即事》詩:"鹽梅非擬議,葵藿是平生。""若為平生"句,參元稹《哭吕衡州》:"杜預春秋癖,楊雄著述精。在時兼不語,終古定歸名。耒水波紋細,湘江竹葉輕。平生思風月,潛寐若為情。"

海風碧雲:比喻環境險惡,社會黑暗。海風,暗指環境險惡。唐·許渾《長安歲暮詩》:"三山歲歲有人去,唯恐海風生白波。"唐·屠隆《溟海波恬賦》:"海風蓬蓬而蕭颼,高天下垂,大地欲浮,長波卷雪,跳沫崩丘。"碧雲,從古人詩句"日暮碧雲合"①中抽取"碧雲"二字,以喻社會黑暗。唐·許康佐《日暮碧雲合賦》:"日際愁陰生,天涯暮雲碧。重重不辨蓋,沈沈乍如積。林色黯凝溟,日光俄已夕。"

夜渚月明:星月映照著夜晚孤寂的小洲。謂人間一片死寂,生氣毫無,唯星月微動而已。全取杜甫《草閣》"魚龍迴夜渚②,星月動秋山"詩意。舊注説:"按酈道元水經曰:'魚龍以秋日為夜,龍秋分而降,蟄寢於淵,故以秋日為夜也。'"又説:"子美言'魚龍夜水','魚龍寂寞秋江冷'也。"

大河前横:本是説"前横大河",前面就是横渡黄河的願景了。因叶韻而倒。句蓋出《漢書·揚雄傳》:"廼帥羣臣,横大河,湊汾陰,……陟西嶽以望八荒,跡殷周之虚,眇然以思唐虞之風。"字面上説"大河横前",用意在思唐虞之風,致堯舜之治。致治,這才是作者心目中的"佳語"。

本品的注解與前哲時賢迥然不同。我所憑藉的是"鴻雁不來"與"所思

---

①劉宋·鮑照《擬湯惠休怨別》:"日暮碧雲合,佳人殊不來。"

②"渚",今本作"水"。

不遠”兩句,我堅信這兩句的解釋,只此方為正解。

五　高　古

畸人乘真,手把芙蓉。汎彼浩劫,窅然空蹤。

月出東斗,好風相從。太華夜碧,人聞清鐘。

虛佇神素,脫然畦封。黃唐在獨,落落玄宗。

高古:高雅古樸。唐·白居易《與元九書》:“以康樂之奧博,多溺於山水;以淵明之高古,偏放於田園。”

畸人:不同於凡俗的有道之士。《莊子·大宗師》:“子貢曰:‘敢問畸人!’(孔子)曰:‘畸人者,畸於人而侔於天。’”畸,音基,不規整的。

手把芙蓉:手持蓮花。李白《廬山謠》:“遥見仙人綵雲裹,手把芙蓉朝玉京。”因李白此句,“手把芙蓉”,連帶便有上升天庭之意。玉京,天帝之都。

汎彼浩劫:渡過那些大災大難。汎,同“泛”,浮行,漂渡。劫,毀滅性的災難。本為佛教名詞,梵文kalpa的音譯“劫波”的略稱。古印度傳説,世界若干萬年毀滅一次,再重新開始,這樣一週期叫做一劫。這一類的毀滅也就叫劫。

窅然空蹤:空空蕩蕩地,蹤跡全無。窅然,空無的樣子。窅,音杳。唐·李景亮《李章武傳》:“視天欲明,急趨至角,即不復見,但空室窅然,寒燈半滅而已。”

東斗:東方斗宿。

太華夜碧,人聞清鐘:華山入夜,一碧無餘,忽傳來鐘聲清亮,以喻高古的雅調。

虛佇神素:謂心形皆保持虛靜。佇,音注,積聚。唐·劉知幾《史通·辨識》:“夫設官分職,佇勳課能,欲使上無虛稱,下無虛受。”這裏的意思是保持。神,指心。素,指形。《北史·韋敻傳論》:“韋敻隱不負人,貞不絶俗,怡神墳籍,養素邱園。”

脫然畦封:超脫於世俗陳規之外。畦封,區界。這裏指陳規陋習的條條框框。

黃唐在獨:常序當為“獨在黃唐”。獨自處於遠古時代。黃唐,黃帝,唐堯,借指遠古時代。

落落：卓越的樣子。北周·庾信《謝趙王示新詩啟》："落落詞高，飄飄意遠。"

玄宗：(佛或道)奧妙的義理。稱"宗"，是説它至高無上，為幹非枝。北齊·顔之推《顔氏家訓·勉學》："何晏王弼，祖述玄宗，遞相誇尚，景附草靡。"

六 典 雅

玉壺買春，賞雨茆屋。坐中佳士，左右修竹。

白雲初晴，幽鳥相逐。眠琴綠陰，上有飛瀑。

落花無言，人淡如菊。書之歲華，其曰可讀。

典雅：言有典據，格調高雅。南朝梁·劉勰《文心雕龍·體性》："典雅者，鎔式經誥，方軌儒門者也。"鎔式，猶俗語一個模子鑄出來。方軌，猶言並軌。二詞皆取法、效法之意。曹丕《與吴質書》："而偉長獨懷文抱質，恬淡寡欲，有箕山之志，可謂彬彬君子矣。著《中論》二十餘篇，辭義典雅，足傳於後。"

玉壺買春：用玉壺載酒遊春。玉壺，酒壺的美稱。唐·李白《待酒不至》詩："玉壺繫青絲，沽酒來何遲。"春，指春景，春色。又可指酒。唐代酒名多帶一"春"字，如"富水春""上窟春""燒春"等。

賞雨茆屋：居茅屋看雲賞雨，聽鳥種山，饒有幽趣。唐·錢起《石門暮春》："自哂鄙夫多野性，閒居數畝半臨湍。溪雲雜雨來茅屋，山雀將鶵到藥欄。"茆，即茅字。

左右修竹：處於修竹之間。唐·白居易《題西亭》："直廊抵曲房，窈窕深且虚。修竹夾左右，清風來徐徐。"修，長。

白雲初晴：白雲舒卷，雨後初晴。唐·焦鬱[①]《白雲向空盡》："白雲生遠岫，摇曳入晴空。乘化隨舒卷，無心任始終。"

幽鳥相逐：林中飛鳥相逐。唐·盧象《永城使風》："夕鳥向林去，晚帆相逐飛。蟲聲出亂草，水氣薄行衣。"唐·姚崇《奉和聖制夏日游石淙山》："石泉石鏡恒留月，山鳥山花競逐風。"

眠琴綠陰：將琴擱置在綠陰之下。示有琴而不彈。眠，"使……眠"。《晉書·陶潛傳》："性不解音，而畜素琴一張，絃徽不具。每朋酒之會，則撫而和之，曰：'但識琴中趣，何勞絃上聲。'"

①一作"周存"。

上有飛瀑：緑陰之上有瀑布奔瀉。此蓋取王子安文意。王勃《益州綿竹縣武都山淨慧寺碑》："日月之所竄伏，煙霞之所枕倚。飛泉瀑溜，蕩滌崩崖。緑樹玄藤，網羅丘壑。"

人淡如菊：陶淵明《飲酒》詩其七："秋菊有佳色，裛露掇其英。汎此忘憂物，遠我遺世情。一觴雖獨進，杯盡壺自傾。日入羣動息，歸鳥趨林鳴。嘯傲東軒下，聊復得此生。"此詩便是"人淡如菊"境界：賞菊掇英，忘憂遺世，獨酌傾壺，群息而嘯傲。

書之歲華：將這美好的時光和景象描寫下來。之：這。歲華：歲時。

其曰可讀：也許值得欣賞品讀。其曰，大概會説，也許會説。其，表揣測副詞。

七　洗　煉

猶鑛出金，如鉛出銀。超心煉冶，絶愛緇磷。

空潭瀉春，古鏡照神。體素儲潔，乘月返真。

載瞻星氣，載歌幽人。流水今日，明月前身。

洗煉：同於"洗練"。意思是清洗，清除雜質，洗去污垢。《宋書·顧覬之傳》："澡雪靈府，洗練神宅，據道為心，依德為慮。""洗練"與"澡雪"對文同義。洗，言洗滌；練，以煮、漂之法，使生絲柔軟潔白。以近義詞素構詞。作為風格，義與"簡練"略同。

超心：謂以超然之心，了悟之心。唐·陶翰《宿天竺寺》："心超諸境外，了與懸解同。"

絶愛緇磷：意謂除盡雜質與瑕疵。絶愛，意義只取"絶"，棄絶。"絶愛"連用而加以否定，本於《韓非子·外儲説右下》："彼民之所以為我用者，非以吾愛之為我用者也，以吾勢之為我用者也。吾釋勢，與民相收，若是，吾適不愛，而民因不為我用也。故遂絶愛道也。"緇磷，喻雜質瑕疵。李白《古風五十九首》其五十："趙璧無緇磷，燕石非貞真。流俗多錯誤，豈知玉與珉？"語本《論語·陽貨》："不曰堅乎，磨而不磷。不曰白乎，涅而不緇。"注引孔曰："磷，薄也。涅，可以染皂。言至堅者磨之而不薄，至白者染之於涅而不黑。喻君子雖在濁亂，濁亂不能汙。"

空潭瀉春：深潭流瀉出春水，與周遭形成獨特的春景。參唐·王維《過香積寺》詩:“泉聲咽危石,日色冷青松。薄暮空潭曲,安禪制毒龍。”

古鏡照神:古時寶鏡映照出心神。參唐·朱晝《贈友人古鏡》:“我有古時鏡,初自壞陵得。蛟龍作泥蟠,魑魅幸月蝕。摩久見菱蘂,青於藍水色。贈君將照心,無使心受惑。”

體素儲潔:以純素為其品性,而修習他的高潔的品質。體素,以純素為其體性。《莊子·刻意》:“素也者,謂其無所與雜也;純也者,謂其不虧其神也。能體純素,謂之真人。”儲,積聚,這裏猶如説修習。

乘月返真:趁着月光的明潔,以返回自然之道。《莊子·秋水》:“北海若曰:無以人滅天,無以故滅命,無以得殉名,謹守而勿失,是謂返其真。”

載瞻星氣:仰望著星辰的光。載:語助詞,無實義。《詩經·小雅·采薇》:“行道遲遲,載渴載饑。”星氣,謂星光,星辰之光。劉禹錫《酬留守牛相公宫城早秋寓言見寄》:“曉月映宫樹,秋光起天津。涼風稍動葉,宿露未生塵。星氣尚芳麗,曠望感心神。”

載歌幽人:歌唱幽隱有道之士。幽人,如同本文他處説雅士、畸人、美人等,都是指有道之士。晉·庾敳《幽人箴》:“幽人守虚,仰鑽玄遠。”“載……載……”這種格式,往往表示兩個動作同時進行,或兼而有之。

流水今日,明月前身:謂今日流水,其前身亦是流水。前身是明月,今日亦是明月。所表達的思想正如李白《把酒問月》所言:“今人不見古時月,今月曾經照古人。古人今人若流水,共看明月皆如此。唯願當歌對酒時,月光長照金罇裏。”意思是當視野廣大,胸懷開闊,古往來今,莫不居我胸中。創作如果拘拘於細枝末節,導致板滯沉悶,雖簡練亦不足取。有注家謂:“言流水是我今之日,而活潑無窮,明月是我前之身,而修因有素也。”供參考。

八　勁　　健

行神如空,行氣如虹。巫峽千尋,走雲連風。

飲真茹强,蓄素守中。喻彼行健,是謂存雄。

天地與立,神化攸同。期之以實,著之以終。

勁健:强健多力。《後漢書·西域傳·鮮卑》:“[鮮卑]稱兵十萬,才力勁健,意智益生。”

行神如空：運行神思如太空廣闊無垠。神思，言想像。此“空”為“天馬行空”之“空”。

行氣如虹：運行其氣，氣若長虹。

千尋：極言其高而且險。尋：古代長度單位，八尺為尋。

走雲連風：謂風雲奔騰翻湧。直説就是風和雲如奔走似的翻騰。連，連詞，猶如説“和”。《太平廣記》卷十引晉·葛洪《神仙傳》：“余注此經以來，一千七百餘年，凡傳三人，連子四矣。”

飲真茹强：是説以自然之道和自强不息的精神作為營養，而使自己勁健。茹，吞食。

蓄素守中：積累原始質樸之性，保持中和之德。中，指中和之氣。《左傳·成公十三年》：“民受天地之中以生，所謂命也。”《漢書·律曆志上》引此文，顔師古注云：“中，謂中和之氣也。”道家以中和為元氣。《太平經·和三氣興帝王法》：“元氣有三名，太陽、太陰、中和。”而元氣，謂天地未分前的混沌之氣。《漢書·律曆志上》：“太極元氣，函三為一。”顔師古注引孟康曰：“元氣始起於子，未分之時，天地人混合為一。”

“蓄素守中”，注家多引《文心雕龍·程器》“固宜蓄素以絪[1]中，散采以彪外”為解，以為“中”指内心。那裏中、外相對，“中”自是指内心，這裏蓄、守相對，素、中相對，故不取“中”為内心之説。

喻彼行健，是謂存雄：這勁健的風格可用儒家的“天行健”來作比，也可以叫做道家的“存雄”。喻，打比方。行健，《易·乾卦》：“天行健，君子以自强不息。”存雄，《莊子·天下篇》：“天地其壯乎？施存雄而無術。”郭慶藩《莊子集釋》以“意在雄俊，超世過人”當“存雄”二字。揣摩其意，“存雄”約當于自居雄傑，或者就是稱雄的意思。

天地與立：是説行健、存雄二者與天地並立，偉大而永久。

神化攸同：（行健與存雄）為神奇的變化規律所同具。化，造化，自然變化規律。《素問·五常政大論》：“化不可代，時不可違。”《吕氏春秋·似順》：“有知順之為倒、倒之為順者，則可與言化矣。”高誘注：“化，道也。”《詩經·大雅·文王有聲》：“四方攸同。”朱熹集傳：“四方諸侯相率而歸周，無有不順。”也就是周為四方諸侯所同歸。攸，所。“……攸同”為一名詞謂語句，翻譯過來，前

①絪，楊明照《文心雕龍校注拾遺》以為當作“弸”。文淵閣《四庫全書》本正作“弸”。弸，滿也。

面加“為”。

期之以實：以此來要求作品。期，希望，要求。之，代作品。實，通寔，相當於“是”。《詩·小雅·頍弁》：“有頍者弁，實維伊何？”鄭玄箋：“實猶是也。言幽王服是皮弁之冠，是維何為乎？”《詩·大雅·韓奕》：“實墉實壑，實畝實藉。”鄭玄箋：“實當作寔。趙魏之東，實、寔同聲。寔，是也。……故築治是城，濬脩是壑，井牧是田畝，收斂是賦稅，使如故常。”

御之以終：（以此）統帥作品而至於篇末。御，統御，統帥。以，於。

九　綺　　麗

神存富貴，始輕黃金。濃盡必枯，淺者屢深。

霧餘水畔，紅杏在林。月明華屋，畫橋碧陰。

金樽酒滿，伴客彈琴。取之自足，良殫美襟。

綺麗：華美豔麗。三國·魏·曹丕《善哉行》其二：“流鄭激楚，度宮中商。感心動耳，綺麗難忘。”

神存富貴，始輕黃金：精神世界富有並高貴，才能輕視物質世界的黃金。李白《經亂離後天恩流夜郎憶舊遊書懷贈江夏韋太守良宰》：“片辭貴白璧，一諾輕黃金。”

濃盡必枯：濃密茂盛到極點必定枯萎。謂綺麗不當過份。唐·孫過庭《書譜》：“帶躁方潤，將濃遂枯。泯規矩於方圓，遁鉤繩之曲直。”

淺者屢深：輕淡的文筆往往能收到深刻的效果。唐·錢起《賦得寒雲輕重色送子恂入京》：“無限寒雲色，蒼茫淺更深。”

霧余水畔，紅杏在林：水邊霧氣還没有完全消散，紅杏在林中開放。作者以為這樣的（和下面寫的）景象和氛圍，適合於表現綺麗風格。唐·温庭筠《陽春曲》：“雲母空窗曉煙薄，香昏龍氣凝暉閣。霏霏霧雨杏花天，簾外春寒著羅幕。”

月明華屋：明月照映着華麗的屋宇。唐·陳陶《贈温州韓使君》：“嚴城鼓動魚驚海，華屋樽開月下天。内史筆鋒光案牘，鄢陵詩句滿山川。”

畫橋碧陰：緑蔭中雕飾瑰麗的橋影。唐無名氏《絶句》：“緑楊陰轉畫橋斜，舟有笙歌岸有花。”唐末·馮延己《菩薩蠻》：“相逢顰翠黛，笑把珠璫解。家住柳陰中，畫橋東復東。”唐宋詩人詞人，多以煙柳畫橋為一道風景。

金樽酒滿，伴客彈琴：金杯中斟滿美酒，陪同好友彈琴。唐·孟浩然《遊鳳林寺西嶺》："共喜年華好，來遊水石間。煙容開遠樹，春色滿幽山。壺酒朋情洽，琴歌野興閒。莫愁歸路暝，招月伴人還。"唐·岑參《送張祕書充劉相公通汴河判官便赴江外覲省》："長安多權貴，珂佩聲珊珊。儒生直如絃，權貴不須干。斗酒取一醉，孤琴為君彈。"

取之自足，良殫美襟：取這些詩境自已足夠，足以盡情暢敘美好的胸懷。之：代"霧餘水畔"六句。良殫美襟，化用陶詩"余襟良已殫"。陶淵明《諸人共游周家墓柏下》："情歌散新聲，綠酒開芳顏。未知明日事，余襟良已殫。"襟，胸襟。良，表肯定的語氣副詞，確實。殫，音旦，盡。

十　自　　然

俯拾即是，不取諸鄰。俱道適往，著手成春。

如逢花開，如瞻歲新。真與不奪，强得易貧。

幽人空山，過雨采蘋。薄言情悟，悠悠天鈞。

自然：不勉强，不拘束，不任性，本來是什麽樣子就是什麽樣子。《後漢書·郎顗傳》："臣伏見光禄大夫江夏黄瓊，耽道樂術，清亮自然，被褐懷寶，含味經籍。"

俱道適往：載道而往。俱道，與道俱，與道在一起，即是載道。《莊子·天下》："道可載而與之俱也。"道，哲學名詞，宇宙間的根本道理。《韓非子·解老》："道者，萬物之所然者，萬理之所稽也。"適，往。適、往同義連用。意思還是往。《論語·子罕》："可與共學，未可與適道。"往道的方向走，以期不離於道，而歸於道。

著手成春：手之所觸，立即出現生機，形成美景。著，今作"着"，接觸。唐·方干《冬夜泊僧舍》詩："照牆燈焰細，著瓦雨聲繁。"春，比喻生機或美景。唐·劉禹錫《酬樂天揚州初逢席上見贈》詩："沉舟側畔千帆過，病樹前頭萬木春。"唐·戴叔倫《旅次寄湖南張郎中》："卻是梅花無世態，隔牆分送一枝春。"

真與不奪，强得易貧：自然之道所給與的不會被人奪去，勉强搜取終會陷於貧困。真，自然之道，見"雄渾"品注，也就是本始的，未經人為的。

幽人空山：幽隱的有道之士在空無人跡的山中自在逍遥。韋應物《秋夜寄丘員外》:“懷君屬秋夜,散步詠涼天。空山松子落,幽人應未眠。”

過雨采蘋:雨過以後采集野菜。蘋:植物名,又名田字草,初生可食。泛指野菜。《詩·小雅·鹿鳴》:“呦呦鹿鳴,食野之蘋。”唐·錢起《江行無題一百首》之一:“雨餘雖復綠,不是采蘋時。”知當時雨後采蘋,渾是常事,而竟不采,所以詩人特發而為詩。其所以雨後采集,大概雨後其菜鮮潔。過雨采蘋,殆是唐時農家一道風景。

薄言情悟:對情事的了悟。這裏指詩情、詩興。薄言,語助無義。為湊足四字句而設。情悟,參唐人詩句:韋應物《答崔主薄問,兼簡温上人》:“緣情生衆累,晚悟依道流。”戴衢《不第夜吟》:“擾擾東西南北情,何人於此悟浮生?”

悠悠天鈞:為連綿不絕的造化所決定。悠悠,連綿不絕的樣子。晉·左思《吴都賦》:“直衝濤而上瀨,常沛沛以悠悠。”天鈞,大自然的陶鑄,亦即造化。鈞,制陶用具,借指陶鑄。語出《莊子·齊物論》:“是以聖人和之以是非,而休乎天鈞。”釋文云:“本又作均,崔云:均,陶均也。”

十一 含 蓄

不著一字,盡得風流。語不涉難,已不堪憂。
是有真宰,與之沉浮。如淥滿酒,花時返秋。
悠悠空塵,忽忽海漚。淺深聚散,萬取一收。

含蓄:意未盡露,而蘊含在言辭之中。唐·劉肅《大唐新語·舉賢》:“韓琬,少負才華。長安中,為高郵主簿,使於都場。以州縣徒勞,率然題壁曰:‘筋力盡於高郵,容色衰於主簿。豈言行之缺,而友朋之過歟?’景龍中,自亳州司戶應制,集於京。吏部員外薛欽緒考琬,策入高等。謂琬曰:‘今日非友朋之過歟! 昔嘗與魏知古、崔璩、盧藏用,聽《涅槃經》於大雲寺。會食,之舊舍,偶見題壁。諸公曰:此高郵主簿歎後時耶? 顧問主人,方知足下。即末有含蓄意,祈以相汲。今日方申。’琬謝之曰:‘士感知己,豈期十年之外見君子之深心乎?’”

不著一字,盡得風流:不用寫一個字,就能充分達到美好。著(zhuó):兩物相觸相接為著。筆著於紙就是寫。風流,品德、才學或文辭美好。李白《贈孟浩然》:“吾愛孟夫子,風流天下聞。”這裏指文辭美好。

語不涉難,已不堪憂:文辭還未涉及到苦難,已使人感到不堪其憂。一作“語不涉己,若不堪憂”。

是有真宰,與之沉浮:這裏有個宇宙的主宰,含蓄的風格和他一起升沉變化,或隱或現。唐杜甫《遣興》詩之一:“性命苟不存,英雄徒自强,吞聲勿復道,真宰意茫茫。”語本《莊子·齊物論》:“若有真宰,而特不得其眹。”

如渌滿酒:如過濾滿罎子帶滓的酒,酒意不盡。渌:通“漉’,濾。

花時返秋:如花開時又回到秋天,欲開而未開。

悠悠空塵:廣大無際的空中的塵埃。悠悠,遼闊遥遠。《詩·王風·黍離》:“知我者謂我心憂,不知我者謂我何求,悠悠蒼天,此何人哉?”毛傳:“悠悠,遠意。”

忽忽海漚:急速聚散的海裏的泡沫。忽忽,急速的樣子。

空塵與海漚,本佛家言人生空幻。晉·支遁《詠大德詩》:“寄旅海漚鄉,委化同天壤。”唐·皎然《雜寓興》:“冥冥光塵内,機喪成海漚。”

淺深聚散,萬取一收:事物變化萬狀,取之雖衆,而收之歸一。一,謂旨意。“淺深聚散”,水之深淺,物之聚散,與前之空塵、海漚,總言事物變化萬端,巨細皆羅。

十二　豪　　放

觀花匪禁,吞吐大荒。由道返氣,處得以狂。

天風浪浪,海山蒼蒼。真力瀰滿,萬象在旁。

前招三辰,後引鳳凰。曉策六鼇,濯足扶桑。

豪放:氣魄宏大,感情奔放,無所拘束。《北史·張彝傳》:“彝少而豪放,出入殿庭,步眄高上,無所顧忌。”

觀花匪禁:賞花無拘無束。

吞吐大荒:吞進並吐出最為遥遠最為廣大的地盤。比喻胸懷博大無極,氣魄宏偉無比。《史記·司馬相如列傳》:“吞若雲夢者八九,其於胸中曾不蔕芥。”大荒,最遥遠最廣大的地方。《山海經·大荒東經》:“東海之外,大荒之中,有山名曰大言,日月所出。”

由道返氣:由道回到氣,意思是豪氣源于宇宙間根本之道。注家多以《孟子》“集義所生”為比。《孟子·公孫丑上》:“‘敢問何謂浩然之氣?’曰:‘……其為氣也，配義與道，無是餒也。是集義所生者，非義襲而取之也。'"孟子是說，他的浩然之氣，是由義的聚集產生的，氣來源於義。

處得以狂：常序當説成"得以狂處（之）"。因為豪氣由道產生，所以，作者得以狂放之態來處事，來創作。處，對待。"處"等於說處之，特指對待創作。

天風浪浪：太空長風浩蕩。浪浪：空闊廣大的樣子。唐·王延翰《瀛州天尊院壁畫贊》："海天蒼蒼，海波浪浪。"

海山蒼蒼：大海裏的遠山無邊無際。蒼蒼：茫無邊際的樣子。《淮南子·俶真訓》："渾渾蒼蒼，純樸未散。"

真力彌滿：自然之力充實飽滿。彌，滿。《楚辭·大招》："茝蘭桂樹，鬱彌路兮。"王逸注："鬱鬱然滿路。"彌、滿同義連用。

萬象在旁：言"真力"為主，萬事萬物在其旁為輔佐。東漢·蔡邕《明堂論》："明堂者，天子太廟，所以宗祀其祖以配上帝者也。……譬如北辰，居其所而眾星拱之，萬象翼之。政教之所由生，變化之所由來，明一統也。故言明堂，事之大，義之深也。"

前招三辰：日、月、星在前照耀。《左傳·桓公二年》："三辰旂旗，昭其明也。"杜預注："三辰，日、月、星也。"招，假借作"昭"。《經義述聞·國語上·好盡言以招人過》：

> "立於淫亂之朝，好盡言以招人過，怨之本也。"……引之案：……昭十二年《左傳》"祭公謀父作祈招之詩"，張衡《東京賦》"招有道於側陋"，賈逵、薛綜注並云："招，昭也。"……是"招"字古通作"昭"。"招人過"，即"昭人過"。

而"昭"有照耀義。《三國志·魏志·陳思王植傳》："惠洽椒房，恩昭九族。"

後引鳳凰：隨後引來了鳳凰。即"鳳凰來儀"的意思。音樂動聽，招來了鳳凰舞蹈，儀容可觀。《書·益稷》："《簫韶》九成，鳳皇來儀。"孔傳："儀，有容儀。備樂九奏而致鳳皇，則餘鳥獸不待九而率舞。"唐·吴融《沃焦山賦》："雲中撚管，惟引鳳凰。"

曉策六鼇：早上駕着大龜出行。策，馬鞭，引申有"駕"的意思。晉·葛洪《抱朴子·暢玄》："乘流光，策飛景，淩六虛，貫涵容。"鼇，傳説中的海中大龜。言"六鼇"，是説數量多，排場大。

濯足扶桑:晚上到扶桑那裏去洗腳。扶桑,神話中的大樹名。《山海經·海外東經》:"湯谷上有扶桑,十日所浴,在黑齒北。"《海内十洲記·帶洲》:"多生林木,葉如桑。又有椹,樹長者二千丈,大二千餘圍。樹兩兩同根偶生,更相依倚,是以名為扶桑也。"

古書與"扶桑"連在一起説,多是"六龍",未有"六鼇"。《楚辭·劉向〈遠逝〉》:"貫澒濛以東朅兮,維六龍於扶桑。"王逸注:"澒濛,氣也。朅,去也。言遂貫出澒濛之氣而東去,繫六龍於扶桑之木也。"又《文選·木華〈海賦〉》:"鷸如驚鳧之失侶,倏如六龍之所掣。"注:"《春秋命歷序》曰:'皇伯登出扶桑,日之陽,駕六龍以上下。'"其次,古有"一釣而連六鼇"(《列子·湯問》)與"斷鼇足以立四極"(《淮南子·覽冥訓》)之説,"策六鼇"之説,亦所未聞。

十三　精　　神

欲返不盡,相期與來。明漪絶底,奇花初胎。

青春鸚鵡,楊柳樓臺。碧山人來,清酒深杯。

生氣遠出,不著死灰。妙造自然,伊誰與裁?

精神:精神飽滿,生機盎然。《世説新語·言語》"周僕射"劉孝標注引《晉紀》:"伯仁儀容弘偉,善於俛仰應答,精神足以蔭映數人。"

欲返不盡:如果反求諸己,則有不盡的儲藏。返,指"反身",返、反字通。《孟子·盡心上》:"孟子曰:萬物皆備於我矣,反身而誠,樂莫大焉。"《孟子·公孫丑上》:"射者正己而後發,發而不中,不怨勝己者,反求諸己而已矣。"《論語·述而》:"我欲仁斯仁至矣。"這些都是"欲返"之所據。不盡,指精神方面的儲備取之不盡。

相期與來:(精神)與所相期者俱來。相期,實指所要達到的目的。相期多種多樣,目的五花八門。唐·孟浩然《送元公之鄂渚尋觀主張驂鸞》:"應是神仙子,相期汗漫遊。"李白《送溧陽宋少府陟》:"何日清中原,相期廓天步。"唐·儲光羲《同武平一員外遊湖五首時武貶金壇令》其二:"青林碧嶼暗相期,緩楫揮觥欲賦詩。"唐·劉長卿《送沈少府之任淮南》:"相期丹霄路,遥聽清風頌。勿為州縣卑,時來自為用。"諸詩人之所期,孟是仙游,李是清中原,儲是山水詩酒,劉所説是丹霄路,亦即到朝廷裏去做大官。

明漪絶底:明淨的帶有微波錦紋的溪水清澈見底。漪,音衣,風吹水面形成的錦狀波紋。唐·陳陶《飛龍引》:“長洲茂苑朝夕池,映日含風結細漪。”絶,猶極。絶底,猶如説極底。《詩·小雅·正月》:“終踰絶險,曾是不意。”

奇花初胎:奇花異卉含苞待放。胎,孕於母體中的幼體,這裏用做動詞,指形成花苞。

青春鸚鵡:可能指鸚鵡洲上的春景。如崔顥《黄鶴樓》:“晴川歷歷漢陽樹,春草萋萋鸚鵡洲。”所指又可能是如劉禹錫《雜曲歌辭·浪淘沙》所寫:“鸚鵡舟頭浪颭沙,青樓春望日將斜。銜泥燕子爭歸舍,獨自狂夫不憶家。”有没有可能是下面這首詩所描述的景象呢:“春江可憐事,最在美人家。鸚鵡能言鳥,芙蓉巧笑花。馬銜金作埒,水抱玉為砂。薄晚青絲騎,長鞭赴狹斜。”(芮挺章《江南弄》)我判斷這不大可能,因為這詩不够“精神”。

楊柳樓臺:所反映之景象或如顧非熊《經河中》詩:“一望蒲城路,關河氣象雄。樓臺山色裏,楊柳水聲中。”或如劉禹錫《雜曲歌辭·柳枝》:“江上朱樓新雨晴,瀼西春水縠文生。橋東橋西好楊柳,人來人去唱歌行。”假如我們設想《二十四詩品》的作者是據王昌齡《閨怨》而概括出“楊柳樓臺”的,也不為過。王詩説:“閨中少婦不知愁,春日凝妝上翠樓。忽見陌頭楊柳色,悔教夫壻覓封侯。”

碧山人來:青山上的人來。碧山,青山。但這裏的“碧山”,可能是指特定的“碧山”。李白《山中問答》:“問余何意棲碧山?笑而不答心自閒。桃花流水杳然去,别有天地非人間。”《二十四詩品》中的“碧山”,應當是《山中問答》中那一類的“碧山”。

清酒深杯:(與碧山上來人,共飲)滿杯清酒。唐·孫氏《謝人送酒》:“謝將清酒寄愁人,澄澈甘香氣味眞。好是緑窗風月夜,一杯摇蕩滿懷春。”

生氣遠出,不着死灰:生氣充盛,不沾一點呆滯之氣。遠出,言氣之盛,如同氣味可以遠聞。死灰,火已熄盡無復余焰的冷灰,比喻毫無生氣的板滯。語出《莊子·齊物論》:“形固可使如槁木,而心固可使如死灰乎?”

妙造自然,伊誰與裁:(精神乃)大自然美妙的創造,能和誰加以裁度取捨呢?言無可非議。伊,句首語氣詞,無實義。

十四　縝　　密

是有真跡,如不可知。意象欲出,造化已奇。

水流花開，清露未晞，要路愈遠，幽行為遲。

語不欲犯，思不欲癡。猶春于綠，明月雪時。

縝密：細緻周密，無懈可擊。《南史·孔休源傳》：“累居顯職，性縝密，未嘗言禁中事。”縝，音枕。

是有真跡，如不可知：這裏存在本原之跡，好像不可知。意思是説，不論知與不知，其實確乎存在。參看前文“是有真宰”。

意象欲出，造化已奇：在大自然神奇變化的大背景下，詩的意境將要産生。或者换一個説法，大自然神奇的變化，蘊含着詩的意境。造化，天地，大自然。杜甫《望嶽》：“造化鍾神秀，陰陽割昏曉。”已，説明造化之奇當在意象之前，是意象之出的背景或條件。意象，類似於我們現在所説的詩的意境。

水流花開：所描寫的景象或如唐·劉乾《招隱寺賦》：“其始，穿竹田以行崎嶇，詰曲十餘里而後至。草木幽異，猱猿下來。空谷無人，水流花開。”

清露未晞：清新的露珠未乾。晞，音希，曬乾。語出《詩·秦風·蒹葭》：“蒹葭淒淒，白露未晞。”唐·陳陶《蒲門戍觀海作》：“廓落溟漲曉，蒲門鬱蒼蒼。登樓禮東君，旭日生扶桑。毫釐見蓬瀛，含吐金銀光。草木露未晞，蜃樓氣若藏。”唐·馬戴《山中興作》：“高高丹桂枝，裊裊女蘿衣。密葉浮雲過，幽陰暮鳥歸。日和風翠動，花落瀑泉飛。欲剪蘭為佩，中林露未晞。”所引唐詩，一寫海景，一寫山色。不知《二十四詩品》所指是海是山。

要路愈遠：主要的道路越是遥遠。

幽行為遲：在僻静處經行因而越是遲緩。幽，僻静。南朝梁·王籍《入若耶溪》詩：“蟬噪林逾静，鳥鳴山更幽。”

這兩句或是比喻題材越是繁富，寫起來就應當越是縝密。

語不欲犯：用語不可盛氣淩人。《漢書·五行志》：“史記周單襄公，與晉郤錡、郤犫、郤至，齊國佐語。告魯成公曰：‘晉將有亂，三郤其當之虖！夫郤氏，晉之寵人也。二卿而五大夫，可以戒懼矣。高位實疾顛，厚味實臘毒。今郤伯之語犯，叔迂，季伐。犯則陵人，迂則誣人，伐則掩人。有是寵也而益之以三怨，其誰能忍之？’”

思不欲癡：思路不要愚笨。

猶春于綠，明月雪時：像春天和綠色，明月和白雪那樣，融合無間。春於綠，春對於綠，長相伴隨。明月雪時，明月與白雪相擬相襯之時。唐·李嶠

《雪》:“瑞雪驚千里,從風下九霄。地疑明月夜,山似白雲朝。”

十五　疏　　野

惟性所宅,真取弗羈。控物自富,與率為期。

築室松下,脫帽看詩。但知旦暮,不辨何時。

倘然適意,豈必有為。若其天放,如是得之。

疏野:放縱不拘。唐·白居易《答裴相公乞鶴》詩:“不知疎野性,解愛鳳池無?”

惟心所宅:惟心性所在,心性在什麼地方,寫作就寫到什麼地方。意思是創作隨心所欲。惟,只,只有。宅,居。《尚書·舜典》:“有能奮庸熙帝之載,使宅百揆。”居,在。《易·乾》:“是故居上位而不驕,在下位而不憂。”居、在相對為文,“居”也是“在”。

真取弗羈:取其本原,不受拘束。真,謂本原,未經人為之物,亦即自然之道。羈,馬籠頭,引申為拘束,束縛。

控物自富:能駕御外物就自然富足。意思是如能做到物為我用,就有不盡的題材,產生豐富的創作。控,控制,駕御。一作“拾”。自富,法家、道家、儒家各有其自富說。《管子·禁藏》:“善者勢利之在,而民自美安。不推而往,不引而來,不煩不擾,而民自富。”意思是任民逐利而民自富。《文子·道原》本於《老子》,它說:“唯聖人能遺物反己。……故曰:‘我無為而民自化,我無事而民自富……’”“遺物反己”,“無事而民自富”,這是道家的自富說。還有儒家的“自富”,其說本于《荀子》,見於《鹽鐵論·水旱》:“方今之務在除饑寒之患,罷鹽鐵,退權利,分土地,趣本業,養桑麻,盡地力也。寡功節用則民自富。”我以為《二十四詩品》的哲學思想當屬於道家範疇。以為“控物”是“御物”,那就脫離道家甚遠,而近於儒了。因疑“控”或當作“空”,“空物”謂以物為虛無,無則有,有則富。其心虛靜,其創作靈感就會如泉湧出。

與率為期:把直率作為創作要求。率,直率、坦率。《莊子·山木》:“形莫若緣,情莫若率。緣則不離,率則不勞。”郭象注:“情不矯,故常逸。”期,希望,要求。

不辨何時:忘了年月日,極言其忘世無為。唐·太上隱者《答人》:“偶來松樹下,高枕石頭眠。山中無歷日,寒盡不知年。”

松下：唐人詩寫山間野趣多用之。以王維為例，《戲贈張五弟諲三首》其一："清川興悠悠，空林對偃蹇。青苔石上净，細草松下軟。"《瓜園詩》："黄鸝轉深木，朱槿照中園。猶羡松下客，石上聞清猿。"《送孫秀才》："玉枕雙文簟，金盤五色瓜。山中無魯酒，松下飯胡麻。"《積雨輞川莊作》："漠漠水田飛白鷺，陰陰夏木囀黄鸝。山中習静觀朝槿，松下清齋折露葵。"《與盧員外象過崔處士興宗林亭》："緑樹重陰蓋四鄰，青苔日厚自無塵。科頭箕踞長松下，白眼看他世上人。"

脱帽看詩：悠閒瀟灑地品賞詩詞。脱帽，悠閒隨意之態。李白《扶風豪士歌》："脱吾帽，向君笑，飲君酒，為君吟，張良未逐赤松去，橋邊黄石知我心。"參見《沉著》品"脱巾"注。

倘然適意，豈必有為：如果適情愜意，又何必一定要有所為而為？倘然：猶倘若，假設之詞。唐·貫休《送僧歸翠微》："秪衲一箇衲，翠微歸舊岑。不知何歲月，即得到師心。逕遶千峰細，庵開亂木深。倘然雲外老，他日亦相尋。"

若其天放，如是得之：照著（莊子）那"天放"的説法，像這樣就算是做到了。若，順應。《詩·小雅·大田》："播厥百穀，既庭且碩，曾孫是若。"天放，任其自然。《莊子·馬蹄》："一而不黨，命曰天放。"成玄英疏："直置放任，則物皆自足，故名曰天放也。"

十六　清　　奇

娟娟群松，下有漪流。晴雪滿汀，隔溪漁舟。

可人如玉，步屧尋幽。載瞻載止，空碧悠悠。

神出古異，澹不可收。如月之曙，如氣之秋。

清奇：氣象清新，構思奇妙。唐·薛謙光《論選舉疏》："若其文擅清奇，便充甲第；藻思微減，旋即告歸，以此收人，恐乖事實。"唐末·張為《詩人主客圖序》："以李益為清奇雅正主，上入室蘇鬱，入室劉畋……升堂方干……及門僧良乂……以孟郊為清奇僻苦主，上入室陳陶、周樸，及門劉得仁、李溟。"知張為又將清奇分為雅正和僻苦兩派，而以李益為雅正派，孟郊為僻苦派代表人物。

娟娟群松：秀美的松林。娟娟，秀美。杜甫《小寒食舟中作》："娟娟戲蝶過閑幔，片片輕鷗下急湍。”

下有漪流：下面有漾起波紋的水流。漪：水的波紋，代指帶微波的水。劉勰《文心雕龍·定勢》：“激水不漪，槁木無陰。”此“漪”用為動詞，不漪，謂不漾起微波。

晴雪滿汀：初晴日雪滿沙灘。汀，水邊或水中小塊平地。一作“竹”。

隔溪漁舟：溪的彼岸旁有漁舟蕩漾。隱隱約約現出《桃花源記》裏面所寫的意境。唐·王維《桃源行》：“漁舟逐水愛山春，兩岸桃花夾古津。坐看紅樹不知遠，行盡青溪不見人。”

可人：有才有德可愛的人。《禮記·雜記下》：“其所與遊辟也，可人也。”孔穎達疏：“可人也者，謂其人性行是堪可之人也，可任用之。”《三國志·蜀志·費禕傳》：“君信可人，必能辦賊者也。”

如玉：像玉一樣美而有德。《詩·小雅·白駒》：“皎皎白駒，在彼空谷。生芻一束，其人如玉。”東漢·許慎《説文解字》：“玉，石之美，有五德：潤澤以温，仁之方也；䚡理自外，可以知中，義之方也；其聲舒揚，專以遠聞，智之方也；不撓而折，勇之方也；鋭廉而不劌，潔之方也。”

步屧尋幽：漫步尋訪清幽的美景。李白《春陪商州裴使君遊石娥溪》：“橫天聳翠壁，噴壑鳴紅泉。尋幽殊未歇，愛此春光發。溪傍饒名花，石上有好月。”步屧，行走，漫步。《南史·袁粲傳》：“［袁粲］又嘗步屧白楊郊野間，道遇一士大夫，便呼與酣飲。”屧，音泄。本指鞋中的襯墊，後用指木屐，引申而有步行的意思。

載瞻載止：走著看一會，又停一會。載，語助無義。

空碧悠悠：碧空寥闊無際。《詩·王風·黍離》：“悠悠蒼天，此何人哉！”

神出古異，澹不可收：顯出高古奇特的神情，恬淡得無法描繪出來。

如月之曙，如氣之秋：像破曉的月色那樣明淨，像秋季那樣天高氣爽。

十七　委　　曲

登彼太行，翠繞羊腸。杳靄流玉，悠悠花香。

力之於時，聲之於羌。似往已迴，如幽匪藏。

水理漩洑，鵬風翱翔。道不自器，與之圓方。

委曲：婉轉曲折。曹魏·曹植《與吴季重書》：“得所來訊，文采委曲，曄若春榮，瀏若清風，申詠反覆。"唐·顧況《石上藤》："空山無鳥跡，何物如人意？委曲結繩文，離披草書字。"

登彼太行，翠繞羊腸：攀登那太行山，但見青翠之色在羊腸阪上千回百轉。曹操《苦寒行》："北上大行山，艱哉何巍巍！羊腸阪詰屈，車輪為之摧。"羊腸阪，太行山一坡名，上有小路盤旋如羊腸，因名。曹操詩與這裏都以"羊腸"狀太行山路曲折迂回。

杳靄流玉：像玉一樣美潔的流水，它所形成的水氣深遠蒼茫。杳靄，深遠的水霧。曹魏·阮籍《清思賦》："載雲輿之杳靄兮，乘夏后之兩龍。"此"杳靄"，謂高遠的雲氣。玉流，本于劉宋·顏延年《贈王太常》："玉水記方流，璿源載圓折。"《文選》注引《尸子》曰："凡水其方折者有玉，其圓折者有珠也。"

力之于時：力有賴於時，有材力者賴有時運方得遂其志。杜甫《遣興三首》其三："時來展材力，先後無醜好。"唐·王珪《詠淮陰侯》："信亦胡為者？劍歌從項梁。項羽不能用，脱身歸漢王。道契君臣合，時來名位彰。"這裏的意思是如賢才之得時。

聲之於羌：如樂曲之得精良樂器的演奏。羌，指羌笛。唐·王建《塞上逢故人》："羌笳三兩曲，人醉海西營。""羌"指羌笛，"笳"指胡笳。這裏以羌笛代優良的樂器。劉禹錫《楊柳枝詞首》其一："塞北梅花羌笛吹，淮南桂樹小山詞。請君莫奏前朝曲，聽唱新翻楊柳枝。"

似往已回，如幽匪藏：好像離去了而又已回來，好像已經幽隱卻又露出了面目。這就是所謂"委曲"。

水理漩洑，鵬風翱翔：像旋渦狀的水紋急速轉動，像大鵬乘羊角風螺旋狀上升。理，紋理。漩洑，即旋渦。翱翔，迴旋飛翔。《莊子·逍遥遊》："翱翔蓬蒿之間，此亦飛之至也。"這裏説大鵬乘風"翱翔"，所指當是"摶扶摇羊角而上。"《莊子·逍遥遊》："有鳥焉，其名為鵬，背若泰山，翼若垂天之雲，摶扶摇羊角而上者九萬里。"摶，音團，猶積聚。扶摇，從下向上的暴風。羊角，如羊角狀旋轉的龍捲風之類。言積聚暴風旋風乘之而上。

道不自器，與之圓方：道不自己賦予形象，而隨器用之圓而圓，隨器用之方而方。言無定形。《易·繫辭上》："形而上者謂之道，形而下者謂之器。""道"是不可見的思想體系，"器"是有形的具體事物。無形基於有形，故説"與之圓方"。

十八 實　　境

取語甚直，計思匪深。忽逢幽人，如見道心。

清澗之曲，碧松之陰。一客荷樵，一客聽琴。

情性所至，妙不自尋。遇之自天，泠然希音。

實境：實實在在的境地。唐·符載《鄂州何大夫創制夏亭詩序》："廼緣後殿，穿窈窕，出乎蒼莽之巔，果有實境待我而啟。萬古不偶，今為知音。"

取語甚直，計思匪深：用詞甚為質直，構思也不深奧。

忽逢幽人，如見道心：忽然遇見了幽隱的有道之士，好像領悟到了道的基本精神。道心，自然之道的核心，自然之道的基本精神。《書·大禹謨》："人心惟危，道心惟微。"

清澗之曲，碧松之陰：幽靜的山溪之畔，碧綠的松樹之下。曲，水道彎曲處。陰，樹木覆蓋之地。《南史·張充傳》："松柏陰森，相繚於澗側。"唐·韓愈《山石》："山紅澗碧紛爛漫，時見松櫪皆十圍。當流赤足蹋澗石，水聲激激風生衣。人生如此自可樂，豈必局束為人鞿？"

一客荷樵，一客聽琴：樵牧琴酒，皆唐詩人心所喜樂。李商隱《秋日晚思》："取適琴將酒，忘名牧與樵。平生有遊舊，一一在青霄。"陸龜蒙《樵歌》："縱調為野吟，徐徐下雲磴。因知負樵樂，不減援琴興。"

情性所至，妙不自尋：性格描寫到達了某種程度，妙就妙在不是擅自臆造。情性，性格。南朝·梁·劉勰《文心雕龍·原道》："雕琢情性，組織辭令，木鐸起而千里應，席珍流而萬世響。"

遇之自天，泠然希音：（實境的風格）都是從自然得來，是輕妙的樂音。泠然，輕妙的樣子。《莊子·逍遥遊》："夫列子御風而行，泠然善也。"郭象注："泠然，輕妙之貌。"泠，音零。希音，美妙的聲音，這裏指樂音。"希音"即"希聲"。《老子·第四十一章》："大方無隅，大器晚成，大音希聲，大象無形，道隱無名。夫唯道，善貸且成。"晉·王弼注："凡此諸善，皆是道之所成也。在象則為大象，而大象無形。在音則為大音，而大音希聲。"希聲本作無聲解。但它卻是"大音"，是"道"之音，而"道"，是《二十四詩品》的最高美學原則，所以可釋為"美妙的聲音"。

十九 悲 慨

大風捲水，林木為摧。適苦欲死，招憩不來。

百歲如流，富貴冷灰。大道日喪，若為雄才？

壯士拂劍，浩然彌哀。蕭蕭落葉，漏雨蒼苔。

悲慨：悲憤感慨。晉·王羲之《遺殷浩書》："自寇亂以來，處内外之任者，未有深謀遠慮括囊至計。而疲竭根本，各從所志，竟無一功可論，一事可記。忠言嘉謀，棄而莫用。遂令天下將有土崩之勢，何能不痛心悲慨也！"

大風捲水，林木為摧：颶風捲起軒然大波，摧折樹木森林。北齊·劉晝《劉子·慎隟》："譬如風焉，披雲飛石，捲水歷木。"為，被。

適苦欲死：正當他思想痛苦難忍的時候。《莊子·達生》："孔子觀於吕梁，縣水三十仞，流沫四十裏，黿鼉魚鱉之所不能游也。見一丈夫游之，以為有苦而欲死也，使弟子並流而拯之。"

招憩不來：要他來休息他不來。憩，音氣，休息。唐吴融《登真賦》："過太微而一憩，倚華蓋而招真。"

百歲如流，富貴冷灰：百年歲月如流水易逝，富貴猶如冷灰，無意追求。百歲，泛指人的一生。一作"百年"。唐·劉威《遣懷寄歐陽秀才》："地上江河天上烏，百年流轉只須臾。"冷灰，言已毫無熱情。唐·劉言史《贈童尼》："昔時艷質如明玉，今日空心是冷灰。"

大道日喪，若為雄才：大道一天天地淪喪，有雄才大略的俊傑其可奈何。意思是英雄們莫奈其何。大道，最高的指導思想。《禮記·禮運》："孔子曰：'大道之行也，與三代之英，丘未之逮也，而有志焉。"若為，若何，如何，奈何。參"沉著"品注。

壯士拂劍，浩然彌哀：壯士拔劍拂拭，悲憤滿懷。壯士，有豪情的勇士。浩然，充盛的樣子。彌，遍，滿。哀，等於説悲憤。

蕭蕭落葉，漏雨蒼苔：落葉蕭蕭飄下，殘雨滴在蒼苔之上。蕭蕭，草木摇落聲。杜甫《登高》："無邊落木蕭蕭下，不盡長江滚滚來。"漏雨，等於説殘雨。唐·鄭谷《西蜀淨衆寺松溪八韻寄水筆崔處士》："寒煙齋後散，春雨夜中平。染岸蒼苔古，翹沙白鷺明。"

二十　形　　容

絶佇靈素，少迴清真。如覓水影，如寫陽春。

風雲變態，花草精神。海之波瀾，山之嶙峋。

俱似大道，妙契同塵。離形得似，庶幾斯人。

形容：描摹，描寫。唐·張説《洛州張司馬集序》："夫言者志之所之，文者物之相雜。然則心不可蘊，故發揮以形容，辭不可陋，故錯綜以潤色。"李白詩："我居清空裏，君隱黄埃中。聲形不相吊，心事難形容。"（《東坡集》中所載《李白謫仙詩》）

絶佇靈素：盡力修養性靈。絶，盡。佇，積聚，心靈之積聚，便是修養。靈素，謂心靈，性靈。晉·葛洪《抱樸子·擢才》："千鈞之重，非賁獲不能抱也；白雪之絃，非靈素不能徽也。"

少回清真：（才能）稍稍返回到高潔的自然之性。少，猶稍。《漢書·賈山傳》："臣不敢以久遠諭，願借秦以為諭，唯陛下少加意焉。"清，高潔。《論語·公冶長》："崔子弑齊君，陳文子有馬十乘，棄而違之，至於他邦……子曰：'清矣。'"真，本然，自然。李白《避地司空原言懷》："傾家事金鼎，年貌何長新！所願得此道，終然保清真。"

水影：光線折射，把遠處景物顯示在地面的幻景。《晉書·苻堅載記下》："長安有水影，遠觀若水，視地則見人，至是則止。堅惡之。"《宋書·五行志》："宋文帝元嘉二十五年，青州城南地，遠望見地中如水有影，人馬百物皆見影中，積年乃滅。"有注以"水影"為"水中倒影"，倘是倒影，就無須去"覓"了。

寫陽春：下引李白詩文可為此作注。《春夜宴桃李園序》："陽春召我以煙景，大塊假我以文章。"是説春陽大地提供了豐富的寫作素材。《愁陽春賦》："東風歸來，見碧草而知春。蕩瀁惚怳，何垂楊旖旎之愁人。天光青而妍和，海氣緑而芳新。野綵翠兮芊緜，雲飄颻而相鮮。演漾兮夤緣，窺青苔之生泉。縹緲兮翩緜，見遊絲之縈煙。魂與此兮俱斷，醉風光兮悽然。若乃隴水秦聲，江猿巴吟，明妃玉塞，楚客楓林，試登高而望遠，痛切骨而傷心。春心蕩兮如波，春愁亂兮如雪，兼萬情之悲歡，茲一感於芳節。若有一人兮湘水濱，隔雲霓而見無因。灑别淚於尺波，寄東流於情親。若使春光可攬而不滅兮，吾欲贈天涯之佳人。"這是對陽春盡情的描寫。

風雲變態：風雲變幻形態無定。晉·陸機《思親賦》自注："身寓洛陽，而親之墳墓在吴中，思因風雲之便，以寄吾誠敬。由歲至暮，自夕至明，風雲變態不常，卒無可以寄吾情者。"杜甫《上白帝城二首》其一："江城含變態，一上一回新。天欲今朝雨，山歸萬古春。"宋·郭知達注："朝暮雲煙變化，態度多端也。《楚辭·思美人》篇曰：'觀南人之變態。'"

花草精神：花草煥發着神采。唐·杜牧《薔薇花》："朵朵精神葉葉柔，雨晴香拂醉人頭。"

海之波瀾，山之嶙峋：大海波濤洶湧，大山高聳特立。嶙峋，音鄰旬，山突兀高聳的樣子。

大道：這裏指宇宙最根本的法則。《莊子·天下》："天能覆之而不能載之，地能載之而不能覆之，大道能包之而不能辯之，知萬物皆有所可，有所不可。"

妙契同塵：與老莊的萬物混一説相契合。妙契，從漢譯佛經中借用的一個詞。它在佛經中有三個義項。⑴以"妙契"為動詞，組成一個動賓詞組，賓語是實際上的主語。意思是（賓語）與佛理相契合。元魏·吉迦夜共曇曜譯《雜寶藏經》："大王神德，妙契言旨。積德所種，故享斯國位。"言大王的言旨與佛理相契合。⑵名詞，玄理，佛理。北涼·曇無讖《大般涅槃經》："然冥化無朕，妙契無言。"言佛理無言語可以表達。⑶動詞，即契合，符合。姚秦·僧肇《肇論》："有天竺沙門鳩摩羅什者，少踐大方，研機斯趣，獨拔於言象之表，妙契於希夷之境。""希夷"本於《老子》，謂空寂虚無。這裏用的是第三個意義。同塵，如灰塵之混雜異物，比喻混一、統一。語本《老子》："和其光，同其塵，湛兮似或存。"

離形得似：超越了形似而達到了神似。

庶幾斯人：此人與善於形容的高手也就相差不遠了。庶幾，差不多。斯，此。

二十一　超　詣

匪神之靈，匪機之微。如將白雲，清風與歸。

遠引若至，臨之已非。少有道氣，終與俗違。

亂山喬木，碧苔芳暉。誦之思之，其聲愈希。

超詣：猶如説超越。劉宋·劉義慶《世説新語·賞譽》："簡文雲：淵源語不超詣簡至，然經綸思尋處，故有局陳。”杜甫《夜聽許十一誦詩愛而有作》：“紫燕自超詣，翠駮誰剪剔?”仇注：“自超詣，獨能超出也。”

匪神之靈，匪機之微：不是神靈顯聖，也不是冥冥中細微的預兆。言超詣之得，緣於人事。之，語助無義。機，這裏同於“幾”。漢·蔡琰《悲憤詩》之一：“失意機微間，輒言斃降虜。”機，一本作“幾”。幾微，細微的預兆。《漢書·蕭望之傳》：“願陛下選明經術，温故知新，通於幾微謀慮之士以為内臣，與參政事。”

如將白雲，清風與歸：如與白雲、清風同歸。意思是處在清風、白雲的境界裏。這種境界可以是“同貧清風館，共素白雲室”（蕭齊·孔稚圭《酬張長史》），可以是“穆穆與清風並扇，英英將白雲共朗，永鍾清祉，長享元吉”（蕭梁·王僧孺《禮佛唱導發願文》），可以是“白雲至止，雜蘿薜以成帷；清風來兮，協笙竽而吹籟”（唐·孫愐《散木賦》），也可以是兼有其中的兩種，也不排斥第三種。

遠引若至，臨之已非：從遠處引來，好像已經到達，可是臨近一看，卻又並非如此。《史記·封禪書》：“未至，望之如雲。及到，三神山反居水下。臨之，風輒引去，終莫能至云。”

少有道氣，終與俗違：起初樸素得很，没有得道之象，因為追求超詣，最終背離了世俗。少有，缺少，没有。

亂山喬木：指亂山與喬木等所構成的郊野風光。唐·張繼《馮翊西樓》：“近郭亂山横古渡，野莊喬木带新煙。”

碧苔芳暉：青苔與春暉相映。唐·楊炯《青苔賦》：“春澹蕩兮景物華，承芳卉兮藉落花。”芳暉，猶如説春暉，春光。蕭梁·江淹《知己賦》：“唯華名與芳暉兮，爭日月而無沫。”

誦之思之，其聲愈希：吟誦它深思它，就覺得它更加美妙了。之，其，這裏代具有超詣風格的作品。希，為“希聲”“希音”之“希”，猶如説美妙。參《實境》品“泠然希音”注。

二十二　飄　　逸

落落欲往，矯矯不群。緱山之鶴，華頂之雲。

高人惠中，令色絪緼。御風蓬葉，汎彼無垠。

如不可執，如將有聞。識者期之，欲得愈分。

飄逸：以言文章風格，謂瀟灑脱俗。《晉書·陸機傳》："機文猶玄圃之積玉，無非夜光焉。五河之吐流，泉源如一焉。其弘麗妍贍，英鋭漂逸，亦一代之絶乎！"漂，通飄。

落落欲往，矯矯不群：鶴立雞群似的欲有所往；高高在上，不同凡響。落落，卓越貌。見《高古》品注。矯矯：猶高高。《漢書·敍傳》："賈生矯矯，弱冠登朝。"師古曰："矯矯，高舉之貌也。"

緱山之鶴：止於緱山上的鶴。語出《列仙傳》："周王子喬好吹笙，作鳳鳴，後告其家：'七月七日待我於緱氏山頭。'及期，果乘白鶴謝時人而去。"緱，音鉤。

華頂之雲：聚于華頂峰上的雲。華頂，指華頂峰。宋·祝穆《方輿勝覽·台州》："華頂峰，在天台縣東北六十裏，蓋天台第八重最高處，高一萬丈。絶頂東望滄海，俗號望海尖。草木薰郁，殆非人世。孫綽所謂'陟降信宿，迄乎仙都'是也。"華頂峰為求仙、采藥、煉丹勝處。唐·沈佺期《同工部李侍郎送司馬白雲歸天台》："紫微降天仙，丹地投雲藻。上言華頂事，中問長生道。華頂居最高，大壑朝陽早。長生術何妙，童顔後天老。"唐·孟浩然《寄天台道士》："焚香宿華頂，裛露採靈芝。"唐·李紳《華頂》："欲向仙峰煉九丹，獨瞻華頂禮仙壇。"華頂峰亦多雲。唐·靈澈《天姥岑望天台山》："天台眾峰外，華頂當寒空。有時半不見，崔嵬在雲中。"

高人惠中，令色絪緼：高人内心聰慧，外貌俊美。高人，高出於人的有道之士。惠中，内心聰慧。惠，通作慧。令色，美好的容顔。絪緼，同於氤氲，常指雲、煙、霧、氣等濃烈，移用于形容其他，多與濃、烈的意義相類。唐·權龍褒《喜雨》："暗去也没雨，明來也没雲。日頭赫赤出，地上緑氤氲。""緑氤氲"，謂濃緑，極緑，緑油油的。本例説"令色絪緼"，意思便是美好的容顔極其亮麗。唐·韓愈《送李願歸盤谷序》："秀外而惠中。"此處前句明説"惠中"，後句則是實説"秀外"。

御風蓬葉，汎彼無垠：蓬葉駕風而行，漂浮在那無邊的大海裏。蓬，草名。葉形似柳葉。秋枯根拔，遇風飛旋，故又名"飛蓬"。《商子·禁使》："今夫飛蓬，遇飄風而行千里，乘風之勢也。"汎，同泛，浮游。垠，音銀，邊際。

如不可執：如同没有實體可以執取，言把捉不住。唐·柳宗元《禮説》："繼而嘆曰：神之貌乎，吾不得而見也；祭之饗乎，吾不得而知也。是其誕慢惝怳，冥冥焉不可執取者。”語本《關尹子·八籌》：“然則萬物在天地間不可執，謂之萬不可執，謂之五不可執，謂之一不可執。謂之非萬不可執，謂之非五不可執，謂之非一。”

如將有聞：如像將有所聞知，生怕不能據以實踐。《論語·公冶長》：“子路有聞，未之能行，唯恐有聞。”朱熹集注：“前所聞者既未及行，故恐復有所聞，而行之不給也。”

識者期之：有見識的人以它（指飄逸）為追求的目標。《漢書·師丹傳》：“京師識者咸以為宜復丹邑爵，使奉朝請，四方所瞻卬也。”

欲得愈分：可是越是想得到它，就越是得不到。言當順其自然。分，分離，這裏的意思就是得不到。

二十三　曠　達

生者百歲，相去幾何。歡樂苦短，憂愁實多。
何如尊酒，日往煙蘿。花覆茆簷，疎雨相過。
倒酒既盡，杖藜行歌。孰不有古，南山峨峨。

曠達：看得開，想得通，不系心于名利，不拘泥於俗規俗見。《晉書·張翰傳》：“翰任心自適，不求當世。或謂之曰：‘卿乃可縱適一時，獨不為身後名邪？’答曰：‘使我有身後名，不如即時一盃酒。’時人貴其曠達。”唐·白居易《秋日與張賓客舒著作同游龍門醉中狂歌》：“並轡踟躕下西岸，扣舷容與遶中汀。開懷曠達無所繫，觸目勝絶不可名。”

生者百歲，相去幾何：人活不過百歲，距死期能有多少時間？東漢·曹操《短歌行》：“對酒當歌，人生幾何？譬如朝露，去日苦多。”

歡樂苦短，憂愁實多：苦於歡樂的日子短，又苦於憂愁的日子實在多。這樣淺近的意思卻有深刻的哲理，也可發而為詩。唐·白居易《食後》：“樂人惜日促，憂人厭年賒。”

何如尊酒，日往煙蘿：哪里比得上帶一罎子酒，每天去風景優美的地方遊玩？煙蘿，煙雲繚繞藤蘿叢生之處，泛指風景優美的地方。唐·白居易《夜遊西武丘寺八韻》：“舟船轉雲島，樓閣出煙蘿。路入青松影，門臨白月波。魚跳驚秉燭，猿覷怪鳴珂。”

花覆茆簷：遍地野花，覆蓋着茅屋以至階沿。茆簷，茅屋及其附屬建築的代稱。杜甫《春歸》:"苔逕臨江竹,茅簷覆地花。"九家集注云:"言竹生苔徑而臨江,花倚茅簷而覆地耳。《古燕歌行》云:'楊柳覆地亦千條',又云'桃抽覆地春花舒',非花落而在地也。"

疎雨相過:稀疏的小雨飄灑過來。唐·白居易《江樓晚眺景物鮮奇吟翫成篇寄水部張員外》:"澹煙疎雨間斜陽,江色鮮明海氣涼。蜃散雲收破樓閣,虹殘水照斷橋梁。風翻白浪花千片,鴈點青天字一行。"

倒酒既盡,杖藜行歌:飲酒已經盡興,拄杖且行且歌。杜甫《晦日尋崔戢李封》"出門無所待,徒步覺自由。杖藜復恣意,免值公與侯。"杖藜,拄杖。

孰不有古,南山峨峨:誰没有作古的時候,只有終南山永遠巍峨高聳。《詩·小雅·天保》:"如月之恒,如日之升,如南山之壽,不騫不崩。"峨峨,《文選·〈楚辭·招魂〉》:"增冰峨峨,飛雪千里些。"吕向注:"峨峨,高皃。"

二十四　流　　動

若納水輨,如轉丸珠。夫豈可道,假體如愚。

荒荒坤軸,悠悠天樞。載要其端,載聞其符。

超超神明,返返冥無。來往千載,是之謂乎。

流動:如水之流,變動不居。蕭梁·蕭統《解二諦義》:"生滅流動,無有住相。"

若納水輨,如轉丸珠:像水車進水,源源不絕,如旋轉圓珠,滚動自如。納,入,使水入。水輨(音管),水車。轉丸,言旋轉如丸,無不如意。唐·沈仲《象環賦》:"道崇受物用,能寬而有容。理貴適時體,如丸而任轉。"語本晉·崔豹《古今注》:"蜣蜋能以土苞糞推轉成丸,圓正無斜角。莊周曰:蛣蜣之智在於轉丸。"丸珠,言珠丸,或圓珠。

夫豈可道,假體如愚:托生的説法類似於愚蠢,不值得稱道。假體,猶如説借體(復生),也就是托生。晉·葛洪《抱樸子·論仙》:"杜伯報恨於周宣,彭生託形於玄豕,如意假體於蒼狗。""假體於蒼狗",事見於《漢書·五行志》:"高后八年三月,祓霸上,還過枳,道見物如倉狗,橶高后掖,忽而不見。卜之,趙王如意為祟。遂病掖傷而崩。"言事物流動如進水,如轉丸,但如托生這一類的關於變化的説法則不可信。

荒荒坤軸,悠悠天樞;茫茫大地的軸心,迢迢上天的樞紐。地軸所以轉地，天樞所以運天。謂宇宙的主宰者運行不息。

載要其端，載聞其符：探求轉地運天的端緒，認知它的徵兆。要，探求。《易·繫辭下》："噫亦要存亡吉凶，則居可知矣。"高亨注："要亦求也。此言用《易經》求人事之存亡吉凶，則安坐可知矣。"聞，與"要"相對為文，意思是認知。唐·李涉詩："暮雨蕭蕭江上村，綠林豪客夜知聞。他時不用逃名姓，世上如今半是君。"第二句言夜裏認識了豪客們。知、聞同義詞素並列成詞。"聞"亦"知"也。符，徵兆。《戰國策·秦策三》："豈非道之符，而聖人所謂吉祥善事與？"

超超神明，返返冥無：超越神明，而返回到至道。超超，即超，重言之。返返即返，也是重言。冥無，謂至道。晉·葛洪《神仙傳·廣成子》："至道之精，窈窈冥冥；至道之極，昏昏默默，無視無聽。"語本《莊子·在宥》："來！吾語女至道。至道之精，窈窈冥冥；至道之極，昏昏默默。"所謂"至道"，極深微精妙之道，至高無上的道。

來往千載，是之謂乎：古往今來數千年，大概就都是這樣的吧。言萬事如納水，如轉丸，如地轉，如天運，人們求其端而識其符，終返於至道。

上古字音歸部表①

本表所列，大多是可以作聲旁用的。屑部有“必”，凡从必得聲的字，如宓、邲、珌、祕、秘、泌、駜、毖，以至謐、密、蜜等22字，都在屑部，表中不再一一列舉。少數是不作聲旁的字，也不以別的字作聲旁，如叚、染、覝等。作為聲旁的字已經列了，而從此得聲的字也有另出的極少數情況，那是因為文字楷化了，聲旁已經看不出來了的緣故。例如金从今聲、進从閵省聲、矣从目聲，壹从吉聲，列了今、閵、目、吉，又出金、進、矣、壹②。漢字筆畫，《説文》也有看成字(文)的，如點、竪、撇等，未列入此表。一些極其罕見、乃至古籍中亦所未見的，如瞽(yín)、龚(dēng)、仌(bié)、闍(qióng)等，也把它們從歸部表中刪除了。

本表根據劉賾博平先生《漢語聲韻圖説》(油印本)，修正之處，主要依據他的《説文古音譜》(湖北人民出版社，1963)。

屑(質)③部第一

【影】④一抑乙瞀壹【曉】血肸肸【匣】穴頁曰【見】吉【端】質至疐【透】設失徹屮【定】實𨊳戜逸聿【泥】日銍疒涅【來】栗【精】卩即【清】七切桼【從】疾【心】悉屑【帮】八必【滂】匹【並】別

難字注音：

瞀yuè　肸xī　肸xì　疐zhì　屮chè　𨊳zhí　戜dié　銍zhī　疒nè

①這是自編供本科學生用的講義，對音韻學感興趣的學生以為還有些實際用處。

②形聲字一依《説文》，而《説文》所認定的形旁、聲旁，並不與古文字全合。這里只取其聲，全合與否，不多計較。

③標目為劉先生師傳，括弧中的字是王力了一先生所定部名。兩家歸字不完全一致，但基本相同。

④粗黑括弧裏的字表示聲紐，唇音之外，其他多是大致歸類，不必看死。

先(真)部第二

【影】因印淵【曉】轟訇【匣】玄衒【溪】臤牽【端】㐱【透】天疢弞身申【定】臣塵田電奠陳寅引匀㐭胤【泥】閵人仁佞年【來】粦闌令【精】㶣眞晉進亲【清】千【從】秦【心】信囟卂旬睿㶳【帮】扁賓【滂】朩【並】頻【明】民丏命

難字注音：

淵 yuān　衒 xuàn　臤 qiān　㐱 zhēn　疢 chèn　弞 shěn

㐭zhèn　㶣jīn　囟 xìn　卂 xùn　睿jùn　㶳jìn　朩pìn　丏 miǎn

灰(脂、微)部第三

【影】尉伊肙医哀/①委威畏衣【曉】/火虫毁希徽【匣】胃位惠韋彙/褢口回【見】皆卟禾癸几計繼屆冀季/幾鬼貴歸【溪】启豈甴蒯/臾夔開【疑】/危【端】黹氏致旨夂/隹自【透】矢豕尸/水【定】帬弟彝夷【泥】爾尔二尼【來】利秝頪履戾豊叕/畾耒雷【精】朿【清】妻次【從】齊/辠罪【心】奞死厶師采屖豙犀帥/夊衰綏【帮】匕/飛非【滂】配妃毘【並】肥比圮【明】眉美米/枚敚尾黴

難字注音：

卟 jī　禾 jī　虫 huǐ　口 wěi　褢 huái　夂 zhǐ　自 duī　夊 suī

帬yì　甴 kuài　蒯kuài　秝lì　臾kuì　頪 mí　豊 lǐ　畾 léi　叕lì　朿zǐ

奞 suī　采suì　屖 xī　豙suì　毘pí　圮pǐ

没(物)部第四

【影】鬱愛【曉】卉旻欻曶【見】骨旡【溪】气器弃圣【疑】兀刖【端】對【透】去出替【定】示隶术突矞【泥】内柰肉【精】卒【從】自【心】祟兕率四肆【帮】閉弗轡筆畀【並】孛鼻弼【明】叉彪勿未

難字注音：

旻 xuè　欻 xū　曶 hū　旡 jì　圣 kū　刖 wù　去 tū　矞 yù

①脂、微分部，鄭漢勛發其端，曾運乾從其説。王力續作論證。線左是脂部，右為微部。

冎nè　孛bèi　殳mò　彪mèi

痕(文)部第五

【影】殷㥯昷垔【曉】昏薰釁【匣】圂云員【見】巾斤艮筋軍君罤蚰鯀麇鰥【溪】堇困囷坤壼【疑】猌【端】典屯【透】川春舛【定】辰豚㞆辜盾尹允【泥】刃【來】侖吝【精】薦尊【清】寸夋齔【從】存【心】先西飧燊孫隼舜【帮】分奋本粪豩奔贲彬【明】文门免

難字注音：

㥯 yǐn　昷 wēn　垔 yīn　罤 kūn　蚰 kūn　麇 jūn　堇 qín　猌 yìn　舛 chuǎn　夋 qūn　隼 sǔn　齔 chèn　燊 shēn　豩 bīn　辜chún

歌(歌)部第六

【曉】化隓㔾【匣】為禾【見】哥加羈戈果冎咼【溪】奇科虧屮【疑】我義臥厄宜羲【端】多朵【透】它吹炊【定】也隋㐼垂【泥】那【來】羅丽离詈羸蓏厽磊蠡【精】左【清】叉差【從】坐【心】沙徙貟惢【並】皮罷【明】麻

難字注音：

隓 huī　㔾 hē　冎 guǎ　咼 guā　屮 kuà　㐼 chuí　羸 luó　蓏 luǒ　厽 lěi　惢 suǒ

曷(月)部第七

【影】乙叚瘞【曉】屆威【匣】粤㝬會戉曷搴【見】介丯叡匄𠃊劊孑蓋巜夬欮昏孑戛【溪】桀轫【疑】歺埶臬豙乂外㕯陧【端】制帶摯㕯贅【透】世联萬幸泰【定】筮大折舌叡兑奪彗㓹【來】刺砅寽列劣賴【精】祭最札【清】杀毳脆竄㦰【從】絶【心】㒸㕡戌歲【帮】貝拜巿【滂】癹敗朩【並】犮㡀伐罰吠【明】末苜蔑萬

難字注音：

乙yà 臤wò 瘞yì 屓xì 威xuè 叀wèi 羍xiá 丯cài 㔾gài 匃gài 彑jì 劼jié 巜kuài 欮juē 昏kuò 㓞qià 豙yì 乂yì 旾niè 联chè 蠆chài 幸tà 叡ruì 㓹jì 砅lì 寽lǜ 㦻zì 离xiè 癹pō 朮pō 苜miè

寒(元)部第八

【影】安㫃燕冤夗肙【曉】暵顯憲夐奐【匣】寒閑焉爰丸袁幻莧縣姦柬官繭【見】雈干閒建見肩幵毌雚𡿨𢍏(𢍏)丱倝衮【溪】看侃䇂𡈼虔犬款【疑】鬳言元原彥雁【端】丹旦亶展單專耑【透】延𡕒扇彖炭穿串靦【定】善谷㢆延衍段斷【泥】難肰耎赧【來】連聯輦卵𠄀䜌【精】贊【清】孱𡜊爨【從】戔奴前全泉雋叩【心】山刪㪚𢼸鮮筭祘算亘產潸次旋【幫】班半反般辡【滂】片【並】釆楙緐番便弁叁煩【明】䜌面㒼㒼曼

難字注音：

㫃yǎn 肙yuàn 莧huǎn 雈huán 幵qiān 毌guàn 雚guàn 𡿨quǎn 𢍏juàn 丱guàn 倝gàn 䇂qiān 𡈼qiǎn 鬳yàn 延chān 𡕒shān 肰rán 耎ruǎn 𠄀luàn 孱chǎn 𡜊xiān 戔cán 奴cán 雋jùn 叩zhuàn 㪚sàn 亘xuān 辡biàn 釆biàn 楙fán 叁fèn 㒼mián

齊(支)部第九

【曉】醯【匣】兮系巂奚【見】乖規圭耿𠂇【端】支知只卮【定】是氏啻謚【泥】兒【清】此【心】斯虒【幫】卑【明】芈

難字注音：

醯xī 巂huī 𠂇guǎ 虒sī 芈mǐ

錫(錫)部第十

【影】益戹【匣】覡畫【見】毄解狊【端】帝【透】彳【定】狄豸鬲易役

【來】秝鬲【精】脊迹責【清】朿册【心】析【滂】辰朩【並】辟【明】糸衇一買賣

難字注音：

覡xí 毄jī 狊jú 廌zhì 秝lì 朩pài 衇mài

青(耕)部第十一

【影】賏【匣】幸形刑熒【見】敬巠冋炅【溪】殸頃【端】丁鼎貞正【透】壬【定】贏盈成定【泥】寍【來】霝【精】晶井爭【清】青【心】生省觲【帮】并【滂】甹【並】平【明】名鳴

難字注音：

賏yīng 熒yíng 巠jīng 冋jiōng 炅jiǒng 殸shēng 壬tǐng 觲xīng 甹pīng

模(鱼)部第十一

【影】於烏亞【曉】虍虎襾【匣】荂乎于羽禹雨下夏戶雇互壺華【見】叚古鼓兆蠱羖凥瓜叚斝明家賈【溪】庫亼豦虞夸【疑】吳魚五午牙圉御【端】者【透】兔庶鼠土处車舍黍【定】圖宁舁与予余度【泥】奴女如【來】鹵魯旅吕【精】且【清】麤初【心】疋素卸穌席【帮】巴夫甫布【並】步父【明】莫巫毋馬武無

難字注音：

虍hū 襾xià 荂huá 叚gǔ 兆gǔ 凥jū 亼qū 豦jù 虞jù 宁zhù 舁yú 疋shū

鐸(鐸)部第十三

【影】蒦【曉】叡赫霍【見】各丮戟郭號矍【溪】谷㝬【疑】屰【端】乇隻炙磔斫【透】尺赤辵庈(斥)【定】石射亦睪夜【泥】若叒【清】舄【從】乍【心】昔索夕朔【帮】百【滂】霩【並】白

難字注音：

蒦 huò　叡 hè　丮 jǐ　矍 jué　谷 jué　㲸 qì　屰 nì　乇 zhé
辵 chuò　睪 yì　叒 ruò　舄 què　霸 pò

唐（陽）部第十四

【影】央尢【曉】香皀亯向兄【匣】行杏王永皇㞷黄【見】亢畺京庚羹竟更岡光【溪】慶誩弜竞【疑】卬【端】章【透】昌商鬯【定】上丈昜羊尚长【泥】㲽【來】兩量良【精】葬【清】倉刅【從】匠爿【心】桑相爽喪【帮】兵丙秉方匚【滂】普【並】彭並【明】茻明望朢亡网皿黽孟

難字注音：

尢 wāng　皀 xiāng　亯 xiǎng　㞷 huáng　誩 jìng　弜 jiàng
鬯 chàng 昜 yáng　㲽 níng　刅 chuāng　爿 qiáng　匚 fāng　茻 mǎng　黽 měng

侯（侯）部第十五

【匣】侯后後旱【見】句冓【溪】口寇區具【疑】禺【端】兜鬥斗晝尌壴主朱【透】戍音【定】豆殳俞臾郖㼌【泥】乳【來】㕣屚婁【精】走奏【清】取芻【心】須需【帮】付頫【並】㿟

難字注音：

旱 hòu　尌 shù　壴 zhù　音 tǒu　郖 dòu　㼌 yǔ

蕭（幽/覺）部第十六

【影】㥑麀丝幼/[①]奥【曉】好休孝蒊㬰【匣】昊/學【見】丩九韭皋夰𣪘臮/告臼匊簐【溪】丂臼求咎馗臱【端】朝鳥周舟州盩肘帚/竹筑祝【透】夲討丑首手守臭/畜尗【定】卣㕤雔䨻攸由丣酉牖羑舀受酎紂匋䍃䍃/孰逐毒育毓【泥】夒内柔/肉【來】流老牢劉/坴光六翏【精】爪叉

①蕭部由陰入兩部分組成，斜線右邊是入聲。

早焦棗竈【清】艸【從】曹就酋【心】秀宎蒐汓囚/茜肅宿【帮】勹包保彪缶缶彭報驫猋【滂】孚【並】阜匇【明】牡矛牟冃冒戊卯/㬥目

難字注音：

惪 yōu　麀 yōu　丝 yōu　罾 xiù　丩 jiū　夰 hào　𣪘 jiù　臭 hào　臼 jū　匊 jū　馗 kuí　夔 kuí　盩 zhōu　夲 tāo　卣 tiáo　𠷎 chóu　丣 yǒu　夒 náo　内 róu　坴 lù　㚈 lù　翏 liù　茜 suǒ　汓 qiú　勹 bāo　缶 bǎo　驫 biāo　猋 biāo　冃 mào　㬥 mù

屋(屋)部第十七

【影】屋【見】谷角玨【溪】曲㱿哭局【疑】玉獄岳【端】豖【透】禿豖亍束【定】蜀賣【泥】辱【來】鹿录【精】足【從】族【心】粟【帮】卜【滂】攴【並】菐

難字注音：

㱿qiào　豖zhù　豖chù　亍chù　賣yù　攴pū　菐pú

東(東)部第十八

【影】邕【曉】凶【匣】巷【見】公工収【溪】孔共【端】東冢【透】充舂【定】同童甬用庸容【泥】冗軵茸【來】弄龍【精】嵏【清】囪【從】从從【心】送雙【帮】封【滂】丰豐【並】奉【明】冡尨

難字注音：

収gǒng　軵rǒng　嵏zōng　囪chuāng　冡méng　尨máng

豪(宵)部第十九

【影】夭么要杳窅皛巳【曉】囂【匣】爻号顥號【見】高交梟教杲羔県【溪】喬【疑】堯敖【端】刀弔翟釗【透】叟少【定】盜皐兆【泥】𡿺褭【來】勞尞料了【從】巢【心】小喿肖【帮】表【滂】票【並】暴叏麃【明】毛

苗

難字注音：

窅yǎo　梟xiào　巪yǎo　顥hào　謼xià　県xiāo　罩zhào

㚏tāo　𢈈zhào　㛴nǎo　褭niǎo　喿zào　受biào　麃biāo

沃(藥)部第二十

【匣】隺【疑】樂虐【端】卓勺【定】翟糴龠敫【泥】弱㐻尿【精】爵【清】雀【從】丵【明】皃

難字注音：

隺hè　龠yuè　敫jiào　㐻nì　尿niào　丵zhuó

冬(冬)部第二十一

【匣】夅【見】躳宮【端】冬中眾【定】彤蟲融【泥】農戎【來】隆【精】宗【心】宋

難字注音：

夅jiàng　躳gōng

咍(之)部第二十二

【影】毐【曉】𢦏喜灰【匣】亥又右友尤有矣【見】丌其己久龜怪【溪】丘裘【疑】牛㝵矣疑【端】之止【透】態蚩【定】㠯台已臺市𦣞【泥】而耳【來】来李里吏【精】再宰子兹巛𢦔甾【清】采【從】才士事【心】史司丝思辭辞【帮】不啚【並】佩負婦【明】母某

難字注音：

咍hāi　毐ǎi　𢦏xī　丌jī　㝵nì　矣yí　㠯yǐ　巛zāi　𢦔zāi

甾zī　𦣞yí　啚bǐ

德(職)部第二十三

【影】意啻【曉】黑【匣】或【見】革棘戒亟㯀茍【溪】克【端】㝵悳戠【透】敕式【定】食直弋代異【泥】匿【來】力【精】則仄夨【清】𡚁【從】賊

【心】寒飤嗇色息【帮】北皕【滂】畐【並】葡伏艮踣复【明】麥牧

難字注音：

啻 yì　棘 bó　茍 jí　㝵 dé　悳 dé　戠 chì　夨 zè　畟 cè

寒sè　飤 sì　皕 bì　畐 fú　艮 fú　踣 fú　葡 bèi

登(蒸)部第二十四

【影】癃【曉】興【匣】恒熊弘【見】弓兢厷【溪】肎【疑】冰【端】登蒸【透】升爯【定】乘丞承弃朕孕蠅【泥】乃卤【來】夌【從】曾【帮】仌【滂】【並】凴馮朋【明】瞢

難字注音：

癃 yīng　爯 chēng　厷 gōng　弃 zhuàn　卤 réng　仌 bīng

夌 líng

合(緝)部第二十五

【影】邑【匣】合【見】急【溪】及【疑】㬎【端】㚔執讋【定】眔沓疊十翊雪枼㬈【泥】入廿卒鈙納【來】立【精】咠【清】咠【從】集亼雥【心】習卅澀襲颯【並】皀

難字注音：

㬎 è　㚔 zhí　讋 zhé　眔 tà　雪 zhá　枼 yè　卒 niè　鈙 niè

咠 qì　亼 jí　雥 zá　皀 bī

覃(侵)部第二十六

【影】音会【匣】咸銜【見】今金錦【溪】琴禽【疑】乑【透】罙審闖【定】甚尋覃冘巠【泥】男壬南喦【來】林亩臨【精】先兓【清】侵【心】三彡心參森【帮】稟風【滂】品【並】凡

難字注音：

乑 yín　罙 shēn　冘 yín　喦 yán　亩 lǐn　先 zēn　兓 jīn

彡 shān

怗(葉)部第二十七

【匣】皣曄劦盍【見】甲夾劫【溪】怯【疑】業【端】耴聑【透】搨狧【定】涉【泥】聶聿図籋【來】鬣【精】帀【清】妾臿【從】疌【心】燮【帮】法导【並】乏

難字注音：

皣yè　曄yè　劦xié　耴zhé　聑tiē　搨tà　狧tà　聿niè　図nà　籋niè　鬣liè　帀zā　疌jié　燮xiè　导fá,又音biǎn

添(談)部第二十八

【影】猒奄弇【匣】炎马臽圅【見】兼敢監甘【溪】欠凵竷【疑】广【端】占詹【透】丙夾閃栝【定】甜豩恬【泥】冉染【精】党斬【清】僉【從】毚【心】芟思燮銛【滂】氾【並】犯【明】夌

難字注音：

猒yàn　弇yǎn　马hàn　臽xiàn　圅hán　凵kǎn　竷kǎn　广yǎn　丙tiàn　夾shǎn　閃shǎn　栝tiǎn　党jiān　毚chán　思xiān　燮xiè　銛xiān　夌wǎn

附録：音序檢字表(方括弧中前一個字是韻部,後一個字是聲紐)

A

ai 哀[灰/影]毒[咍/影]愛[没/影]　an 安[寒/影]　ang 卬[唐/疑]　ao 敖[豪/疑]奥[蕭/影]

B

ba 巴[模/帮]八[屑/帮]犮[曷/並]罷[歌/並]　bai 白[鐸/並]百[鐸/帮]拜[曷/帮]敗[曷/滂]　ban 般[寒/帮]班[寒/帮]半[寒/帮]　bao 勹[蕭/帮]包[蕭/帮]保[蕭/帮]㚣[蕭/帮]勽[蕭/並]報[蕭/帮]暴[豪/並]　bei 卑[齊/帮]北[德/帮]葡[德/並]貝[曷/帮]孛[没/並]　ben 奔[痕/帮]賁[痕/帮]本[痕/帮]坌[寒/並]　bi 鼻[没/並]皀[合/並]比[灰/並]啚[咍/帮]筆[没/帮]匕[灰/帮]必[屑/帮]皕[德/帮]㡀[曷/並]辟[锡/並]閉[没/帮]畀[没/帮]弼[没/並]　bian 扁[先/幫]导[怗/帮] 辡[寒/帮]釆

[寒/並]便[寒/並]弁[寒/並] biao 髟[蕭/帮]贔[蕭/帮]猋[蕭/帮]彪[蕭/帮]麃[豪/並]表[豪/帮]受[豪/並] bie 别[屑/並] bin 賓[先/幫]豩[痕/帮]彬[痕/帮]稟[覃/帮] bin 冰[登/疑] 仌[登/帮]兵[唐/帮]丙[唐/帮]秉[唐/帮]并[青/帮]並[唐/並] bo 㰷[德/見] bu 卜[屋/帮]布[模/帮]步[模/並]不[咍/帮]

C

cai 才[咍/从]采[咍/清]丯[曷/見] can 戔[寒/从]奴[寒/从] cang 仓[唐/清] cao 曹[蕭/从]艸[蕭/清] ce 册[锡/清]叏[德/清] cha 叉[歌/清] chai 差[歌/清]臿[怗/清]蠆[曷/透] chan 延[寒/透]毚[添/从]廛[寒/定]産[寒/心]孱[寒/清] chang 昌[唐/透]长[唐/定]鬯[唐/透] chao 朝[蕭/端]鼂[蕭/定]巢[豪/从] che 車[模/透]徹[屑/透]屮[曷/透]聅[屑/透] chen 臣[先/定]塵[先/定]陳[先/定]辰[痕/定]疢[先/透]齓[痕/清] cheng 爯[登/透]乘[登/定]丞[登/定]承[登/定]成[青/定] chi 蚩[咍/透]尺[鐸/透]赤[鐸/透]斥[鐸/透]彳[錫/透]戠[德/]敕[德/透] chong 充[東/透]舂[東/透]蟲[冬/定] chou 𠷎[蕭/定]雔[蕭/定]丑[蕭/透]臭[蕭/透] chu 初[模/清]出[没/透]芻[侯/清]畜[蕭/透]处[模/透]豖[屋/透]亍[屋/透] chuan 川[痕/透]穿[寒/透]舛[痕/透]串[寒/透] chuang 闖[覃/透]刅[唐/清] chui 吹[歌/透]炊[歌/透]巫[歌/定]垂[歌/定] chun 春[痕/透]䡅[痕/定] chuo 辵[鐸/透] ci 辭[咍/心]辞[咍/心]此[齊/清]次[灰/清]朿[锡/清] cong 囱[東/清]从[東/从]從[東/从] cu 麤[模/清] cuan 爨[寒/清]竄[曷/清] cui 毳[曷/清]脆[曷/清] cun 存[痕/从]寸[痕/清]

D

da 大[曷/定] dai 帶[曷/端]代[德/定] dan 單[寒/端]丹[寒/端]旦[寒/端]亶[寒/端] dao 刀[豪/端]盜[豪/定] de 尋[德/]悳[德/] deng 登[登/端] di 氐[灰/端]翟[沃/定]糴[沃/定]狄[锡/定]帝[锡/端]隶[没/定]弟[灰/定] dian 典[痕/端]電[先/定]奠[先/定] diao 弔[豪/端] die 戜[屑/定]疊[合/定] ding 丁[青/端]鼎[青/端]定[青/定] dong 東[東/端]冬[冬/端] dou 兜[侯/端]斗[侯/端]鬥[侯/端]豆[侯/定]毘[侯/定] du 毒[蕭/定]度[模/定] dui 𠂤[灰/端]對[没/端]兑[曷/定] duan 段[寒/定]斷[寒/定] dun 盾[痕/定] duo 多[歌/端]朵[歌/端]奪[曷/定]

E

e 㬎[合/疑]歺[曷/疑]厄[歌/疑]戹[锡/影] er 兒[齊/泥]而[咍/泥]爾[灰/泥]

尔[灰/泥]耳[哈/泥]二[灰/泥]

F

fa伐[曷/並]罰[曷/並]乏[怗/並]法[怗/幫]㚆[怗/幫] fan番[寒/並]凡[覃/並]棥[寒/並]緐[寒/並]煩[寒/並]反[寒/幫]氾[添/滂]犯[添/並] fang方[唐/幫]匚[唐/幫] fei非[灰/幫]飛[灰/幫]妃[灰/滂]肥[灰/並]吠[曷/並] fen分[痕/幫]奋[痕/幫]粪[痕/幫] feng風[覃/幫]封[東/幫]丰[東/滂]豐[東/滂]馮[登/並]奉[東/并] fou缶[蕭/幫] fu夫[模/幫]孚[蕭/滂]㒱[侯/並]弗[没/幫]市[曷/幫]畐[德/滂]伏[德/並]𠬝[德/並]䡍[德/並]甫[模/幫]頫[侯/幫]付[侯/幫]父[模/並]阜[蕭/並]負[哈/並]婦[哈/並]复[德/並]

G

gai蓋[曷/見]㓜[曷/見]匄[曷/見] gan甘[添/見]敢[添/見]倝[寒/見]干[寒/見] gang亢[唐/見]岡[唐/見] gao高[豪/見]杲[豪/見]羔[豪/見]皋[蕭/見]告[蕭/見] ge哥[歌/见]戈[歌/见]革[德/見]各[鐸/見] gen艮[痕/見] geng更[唐/見]耿[齊/見]庚[唐/見]羹[唐/見] gong公[東/見]弓[登/見]厷[登/見]工[東/見]躳[冬/見]宮[冬/見]収[東/見]共[東/溪] gou冓[侯/見]谷[屋/見] gu骨[没/見]賈[模/見]夃[模/見]古[模/見]鼓[模/見]兆[模/見]蠱[模/見]殳[模/見]雇[模/匣] gua瓜[模/見]冎[歌/见]咼[歌/见] guai丫[齊/見]乖[齊/見]夬[曷/見]怪[哈/見] guan鰥[痕/見]官[寒/匣]毌[寒/見]雚[寒/見]丱[寒/見] guang光[唐/見] gui歸[灰/見]龜[哈/見]规[齊/見]圭[齊/見]鬼[灰/見]癸[灰/見]貴[灰/見] gun衮[寒/見]鯀[痕/見] guo郭[鐸/見]虢[鐸/見]果[歌/见]

H

hai亥[哈/匣] han寒[寒/匣]圅[添/匣]马[添/匣]暵[寒/曉] hao蒿[蕭/曉]好[蕭/曉]号[豪/匣]顥[豪/匣]昊[蕭/匣]夰[蕭/見]臯[蕭/見] he㔾[歌/晓]盇[怗/匣]合[合/匣]禾[歌/匣]曷[曷/匣]叡[鐸/曉]赫[鐸/曉]隺[沃/匣] hei黑[德/曉] heng恒[登/匣] hong轟[先/曉]訇[先/曉]弘[登/匣] hou侯[侯/匣]后[侯/匣]後[侯/匣]旱[侯/匣] hu曶[没/曉]虍[模/曉]乎[模/匣]壺[模/匣]虎[模/曉]戶[模/匣]互[模/匣] hua芣[模/匣]華[模/匣]畫[锡/匣]化[歌/晓] huai褱[灰/匣] huan萑[寒/見]莧[寒/匣]奂[寒/曉]幻[寒/匣] huang皇[唐/匣]𡉚[唐/匣]黄[唐/匣] hui隓[歌/晓]灰[哈/曉]徽[灰/曉]巂[齊/匣]回[灰/匣]虫[灰/曉]毀[灰/曉]惠[灰/匣]彙[灰/匣]卉[没/曉]彗[曷/定]會[曷/匣] hun昏[痕/曉]圂[痕/匣] huo或[德/

匣]火[灰/曉] 霍[鐸/曉]

J

ji羈[歌/见]丌[咍/見]毄[锡/見]迹[锡/精]卟[灰/見]禾[灰/見]吉[屑/見] 即[屑/精]咠[合/精]集[合/从]亼[合/从]雧[合/从]棘[德/見]亟[德/見]茍[德/見]疾[屑/从]急[合/見]及[合/溪]己[咍/見]幾[灰/見]几[灰/見]丮[鐸/見]戟[鐸/見]脊[锡/精]計[灰/見]繼[灰/見]彑[曷/見]冀[灰/見]季[灰/見]劑[曷/定]旡[没/見]祭[曷/精] jia加[歌/见]家[模/見]夾[怗/見]叚[曷/見]叚[模/見]斝[模/見]甲[怗/見] jian肩[寒/見]幵[寒/見]姦[寒/匣]閒[寒/見]兼[添/見]戋[添/精]監[添/見]繭[寒/匣]薦[痕/精]建[寒/見]見[寒/見]柬[寒/匣]畺[唐/見] jiang匠[唐/从]弜[唐/溪]夅[冬/匣] jiao焦[蕭/精]交[豪/見]角[屋/見]教[豪/見]敫[沃/定] jie孑[曷/見]刧[曷/見]疌[怗/从]卩[屑/精]解[锡/見]皆[灰/見]劫[怗/見]𠬝[屑/精]桀[曷/溪]介[曷/見]届[灰/見]戒[德/見] jin 兓[覃/精]晶[青/精]今[覃/見]金[覃/見]𦘒[先/精]巾[痕/見]斤[痕/見]筋[痕/見]錦[覃/見]晉[先/精]進[先/精]隶[先/心] jing京[唐/見]巠[青/見]井[青/精]竟[唐/見]誩[唐/溪]兢[登/見]竞[唐/溪]敬[青/見] jiong冋[青/見]炅[青/見] jiu 丩[蕭/見]九[蕭/見]韭[蕭/見]久[咍/見]殳[蕭/見]臼[蕭/溪]咎[蕭/溪]就[蕭/从] ju 凥[模/見]局[屋/溪]簕[蕭/見]臼[蕭/見]匊[蕭/見]狊[锡/見]具[侯/溪]睸[模/見]豦[模/溪]豦[模/溪]句[侯/見] jue 𠄌[曷/見]爵[沃/精]矍[鐸/見]谷[鐸/溪]珏[屋/見]絶[曷/从]欮[曷/見] juan 弄[寒/見] jun 軍[痕/見]君[痕/見]君[痕/見]麇[痕/見]睿[先/心]雋[寒/从]

K

kai開[灰/溪] kan侃[寒/溪]凵[添/溪]竷[添/溪]看[寒/溪] kao丂[蕭/溪] ke科[歌/溪]克[德/溪] ken肎[登/溪] kong 孔[東/溪] kou口[侯/溪]寇[侯/溪] ku哭[屋/溪]圣[没/溪]庫[模/溪] kua夸[模/溪]𠀁[歌/溪] kuai巜[曷/見]凷[灰/溪]蒯[灰/溪] kuan款[寒/溪] kui虧[歌/溪]馗[蕭/溪]奎[蕭/溪]夔[灰/溪]臾[灰/溪] kun 𦉫[痕/見]蚰[痕/見]坤[痕/溪]壼[痕/溪]困[痕/溪] kuo 昏[曷/見]

L

la剌[曷/來] lai 来[咍/來]賴[曷/來] lao 勞[豪/來]老[蕭/來]牢[蕭/來] le樂[沃/疑] lei厽[歌/来]雷[灰/来]磊[歌/来]畾[灰/来]耒[灰/来] li离[歌/来]李[咍/來]里[咍/來]履[灰/来]豊[灰/来]蠡[歌/来]厤[曷/來]丽[歌/来]詈[歌/来]利[灰/

来]秎[灰/来]吏[咍/來]叕[灰/来]力[德/來]立[合/來]栗[屑/來]戾[灰/来]秝[锡/來]鬲[锡/來] lian 連[寒/來]聯[寒/來]輦[寒/來] liang 量[唐/來]良[唐/來]网[唐/來] liao 尞[豪/來]了[豪/來]料[豪/來] lie 巤[怗/來]列[曷/來]劣[曷/來] lin 粦[先/來]臨[覃/來]林[覃/來]㐭[覃/來]藺[先/來]吝[痕/來] ling 夌[登/來]霝[青/來]令[先/來] liu 流[蕭/來]劉[蕭/來]六[蕭/來]翏[蕭/來] long 隆[冬/來]龍[東/來]弄[東/來] lou 婁[侯/来]匧[侯/来]扇[侯/来] lu 鹵[模/來]魯[模/來]坴[蕭/來]𡿪[蕭/來]鹿[屋/來]录[屋/來] lü 旅[模/來]吕[模/來]寽[曷/來] luan 䜌[寒/來]卵[寒/來]䜌[寒/來]侖[痕/來] luo 羅[歌/来]羸[歌/来]蓏[歌/来]

M

ma 麻[歌/明]馬[模/明] nai 買[锡/明]賣[锡/明]麥[德/明]𠂢[锡/明] man 㒼[寒/明]曼[寒/明] mang 茻[唐/明]尨[東/明] mao 毛[豪/明]矛[蕭/明]卯[蕭/明]冃[蕭/明]冒[蕭/明]皃[沃/明] mei 枚[灰/明]眉[灰/明]黴[灰/明]美[灰/明]彪[没/明] men 门[痕/明] meng 冡[東/明]瞢[登/明]孟[唐/明] mi 米[灰/明]芈[齊/明]頪[灰/来]糸[锡/明]冖[锡/明] mian 緜[寒/明]㫃[寒/明]免[痕/明]面[寒/明]丏[先/明] miao 苗[豪/明] mie 苜[曷/明]蔑[曷/明] min 民[先/明]黽[唐/明] ming 名[青/明]鸣[青/明]明[唐/明]皿[唐/明]命[先/明] mo 末[曷/明]殳[没/明]莫[模/明] mou 牟[蕭/明]某[咍/明] mu 牡[蕭/明]母[咍/明]𦎫[蕭/明]目[蕭/明]牧[德/明]

N

na 那[歌/泥]納[合/泥]図[怗/泥] nai 乃[登/泥]奈[没/泥] nan 難[寒/泥]男[覃/泥]南[覃/泥]赧[寒/泥] nao 夒[蕭/泥]𡿺[豪/泥] ne 疒[屑/泥]㕯[没/泥] nei 内[没/泥] neng 㲋[唐/泥] ni 尼[灰/泥]𦣻[咍/疑]匿[德/泥]屰[鐸/疑]㚷[沃/泥] nian 年[先/泥]廿[合/泥] niao 鳥[蕭/端]裹[豪/泥]尿[沃/泥] nie 涅[屑/泥]聶[怗/泥]聿[怗/泥]籋[怗/泥]臬[曷/疑]𡴀[曷/疑]隉[曷/疑]㚔[合/泥]𡿺[合/泥] ning 佞[先/泥]寍[青/泥] niu 牛[咍/疑] nong 農[冬/泥] nu 奴[模/泥] nü 女[模/泥] nue 虐[沃/疑]

P

pai 辰[锡/滂]㡀[锡/滂] pei 配[灰/滂]轡[没/帮]佩[咍/並] peng 彭[唐/並]朋[登/並] pi 㿟[灰/滂]皮[歌/並]圮[灰/並]匹[屑/滂] pian 片[寒/滂] piao 票

[豪/滂] pin 頻[先/並] 品[覃/滂]米[先/滂] ping粤[青/滂]平[青/並]憑[登/並] po癹[曷/滂]朮[曷/滂]霏[鐸/滂] pu普[唐/滂]攴[屋/滂]菐[屋/並]

Q

qi 七[屑/清]桼[屑/清]妻[灰/清]齊[灰/从]其[咍/見]奇[歌/溪]启[灰/溪]豈[灰/溪]宲[鐸/溪]咠[合/清]气[没/溪]器[没/溪]弃[没/溪] qia 㓞[曷/溪] qian 牽[先/溪]千[先/清]僉[添/清]辛[寒/溪]䙴[寒/清]前[寒/从]虔[寒/溪]𠧧[寒/溪]欠[添/溪] qiang爿[唐/从] qiao 喬[豪/溪]㱿[屋/溪] qie 切[屑/清]且[模/精]妾[怗/清]怯[怗/溪] qin 侵[覃/清]堇[痕/溪]琴[覃/溪]禽[覃/溪] qing青[青/清]秦[先/從]頃[青/溪]慶[唐/溪] qiu 丘[咍/溪]裘[咍/溪]求[蕭/溪]酋[蕭/从]汓[蕭/心]囚[蕭/心] qu 區[侯/溪]𠙴[模/溪]曲[屋/溪]取[侯/清] quan 全[寒/从]泉[寒/从]犬[寒/溪]𡿨[寒/見] que 雀[沃/清]舄[鐸/清] qun 困[痕/溪]夋[痕/清]

R

ran 肰[寒/泥]冄[添/泥]染[添/泥] ren 人[先/泥]仁[先/泥]壬[覃/泥]刃[痕/泥] reng 卤[登/泥] ri 日[屑/泥] rong 容[東/定]茸[東/泥]融[冬/定]戎[冬/泥]冗[東/泥]䩸[東/泥] rou 内[蕭/泥]柔[蕭/泥]肉[蕭/泥] ru 如[模/定]辱[屋/泥]乳[侯/泥]入[合/泥] ruan 耎[寒/泥] rui 叡[曷/定] run 閏[先/泥] ruo 若[鐸/泥]叒[鐸/泥]弱[沃/泥]

S

sa卅[合/心]颯[合/心] san 三[覃/心]参[覃/心]㪔[寒/心] sang桑[唐/心]丧[唐/心] sa躍[合/心]寋[德/心]嗇[德/心]色[德/心] sen 森[覃/心] sha沙[歌/心]杀[曷/清] shan 山[寒/心]彡[覃/心]芟[添/心]删[寒/心]潸[寒/心]羴[寒/透]夾[添/透]閃[添/透]扇[寒/透]善[寒/定] shang商[唐/透]上[唐/定]尚[唐/定] shao 勺[沃/端]少[豪/透] she 射[鐸/定]舍[模/透]舌[曷/定]設[屑/透]涉[怗/定] shen 燊[痕/心]身[先/透]申[先/透]罙[覃/透]審[覃/透]弞[先/透]甚[覃/定] sheng 升[登/透]殸[青/溪]生[青/心]省[青/心] shi 師[灰/心]尸[灰/透]失[屑/透] 實[屑/定] 石[鐸/定]食[德/定]十[合/定]矢[灰/透]豕[灰/透]史[咍/心]士[咍/从]事[咍/从]市[咍/定]世[曷/透]示[没/定]是[齊/定]氏[齊/定]謚[齊/定]式[德/透]筮[曷/定] shou 首[蕭/透]手[蕭/透]守[蕭/透]受[蕭/定] shu 殳[侯/定]疋[模/心]孰[蕭/定]尗[蕭/透]黍[模/透]鼠[模/透]蜀[屋/定]束[屋/透]庶[模/透]术[没/定] shua 㕞[曷/心] shuai 衰[灰/心]帥[灰/心]率[没/心] shuang雙[東/心]爽[唐/

心]　shui 水[灰/透]　shun 舜[痕/心]　shuo 朔[鐸/心]　si 斯[齊/心]司[咍/心]丝[咍/心]思[咍/心]虒[齊/心]厶[灰/心]死[灰/心]兕[没/心]四[没/心]肆[没/心]飤[德/心]　song 送[東/心]宋[冬/心]　sou 叜[蕭/心]蒐[蕭/心]　su 穌[模/心]素[模/心]粟[屋/心]肅[蕭/心]宿[蕭/心]　suan 筭[寒/心]祘[寒/心]算[寒/心]　sui 綏[灰/心]夊[灰/心]奞[灰/心]隋[歌/定]采[灰/心]豙[灰/心]祟[没/心]歲[曷/心]　sun 飧[痕/心]孫[痕/心]隼[痕/心]　suo 貨[歌/心]惢[歌/心]索[鐸/心]茜[蕭/心]

T

ta 它[歌/透]眔[合/定]沓[合/定]幸[曷/透]㬎[怗/透]狧[怗/透]　tai 態[咍/透]台[咍/定]臺[咍/定]泰[曷/透]　tan 覃[覃/定]炭[寒/透]　tao 叏[豪/透]夲[蕭/透]匋[蕭/定]討[蕭/透]　ti 替[没/透]　tian 天[先/透]田[先/定] 甜[添/定]恬[添/定]靦[痕/透]丙[添/透]栝[添/透]　tiao 卣[蕭/定]　tie 耴[怗/端]　ting 壬[青/透]　tong 同[東/定]童[東/定]彤[冬/定]　tu 去[没/透]突[没/定]禿[屋/透]圖[模/定]土[模/透]兔[模/透]　tui 退[没/透]　tuan 彖[寒/透]　tun 屯[痕/端]豚[痕/定]屍[痕/定]

W

wai 外[曷/疑]　wan 丸[寒/匣]夌[添/明]萬[曷/明]　wang 尣[唐/影]王[唐/匣]亡[唐/明]网[唐/明]望[唐/明]朢[唐/明]　wei 威[灰/影]為[歌/匣]散[灰/明]囗[灰/匣]韋[灰/匣] 尾[灰/明]委[灰/影]尉[灰/影]畏[灰/影]害[曷/匣]胃[灰/匣]位[灰/匣]未[没/明]　wen 昷[痕/影]文[痕/明]　wo 蒦[鐸/影] 叞[曷/影]我[歌/疑]臥[歌/疑]　wu 於[模/影]烏[模/影]屋[屋/影]巫[模/明]吴[模/疑]無[模/明]毋[模/明]武[模/明]五[模/疑]午[模/疑]兀[没/疑]刖[没/疑]勿[没/明]戊[蕭/明]

X

xi 西[痕/心]析[锡/心]羲[歌/疑]希[灰/曉]悉[屑/心]屖[灰/心]犀[灰/心]息[德/心]奚[齊/匣]醯[齊/曉]兮[齊/匣]昔[鐸/心]夕[鐸/心]卺[咍/曉]席[模/心]覡[锡/匣]襲[合/心]習[合/心]徙[歌/心]肸[屑/曉]佾[屑/曉]肩[曷/曉]喜[咍/曉]系[齊/匣]　xia 磬[曷/匣]下[模/匣]夏[模/匣]襾[模/曉]諕[豪/匣]　xian 先[痕/心]鮮[寒/心]銛[添/心]閑[寒/匣]臤[先/匣]次[寒/心]咸[覃/匣]銜[覃/匣]思[添/心]尟[寒/心]顯[寒/曉]憲[寒/曉]臽[添/匣]縣[寒/匣]　xian 巷[東/匣]　xiao 梟[豪/見]県[豪/見]小[豪/心]肖[豪/心]孝[蕭/曉]皛[豪/影]　xiang 香[唐/曉]皀[唐/曉]相[唐/心]亯[唐/曉]向[唐/曉]　xiao 囂[豪/曉]　xie 屑[屑/心]劦[怗/匣]卸[模/心]卨[曷/心]燮[怗/

心]燮[添/心] xin 心[覃/心]釁[痕/曉]信[先/心]囟[先/心] xing 興[登/曉]觲[青/心]行[唐/匣]形[青/匣]刑[青/匣]幸[青/匣]杏[唐/匣] xiong 兄[唐/曉]凶[東/曉]熊[登匣/]敻[寒/曉] xiu 休[蕭/曉]罶[蕭/曉]秀[蕭/心] xu 須[侯/心]需[侯/心]欻[没/曉]戌[曷/心] xuan 亘[寒/心]玄[先/匣]旋[寒/心]衙[先/匣] xue 學[蕭/匣]血[屑/曉]穴[屑/匣]旻[没/曉]烕[曷/曉] xun 薰[痕/曉]尋[覃/定]旬[先/心] 卂[先/心]

Y

ya 牙[模/疑]亞[模/影]乙[曷/影] yan 焉[寒/匣]炎[添/匣]言[寒/疑] 㕣[寒/定]延[寒/定]喦[覃/泥]衍[寒/定]广[添/疑]㫃[寒/影]奄[添/影]焱[添/定]弇[添/影]猒[添/影]鬳[寒/疑]彥[寒/疑]雁[寒/疑]燕[寒/影] yang 央[唐/影]昜[唐/定]羊[唐/定] yao 夭[豪/影]么[豪/影]堯[豪/疑]爻[豪/匣]䍃[蕭/定]䍃[蕭/定]杳[豪/影]皀[豪/影]窅[豪/影]舀[蕭/定]要[豪/影] ye 也[歌/定]頁[屑/匣]枼[合/定]曄[怗/匣]曅[怗/匣]業[怗/疑]夜[鐸/定] yi 衣[灰/影]伊[灰/影]肙[灰/影]医[灰/影]一[屑/影]壹[屑/影]彝[灰/定]夷[灰/定]匝[咍/定]宜[歌/疑]㲋[咍/疑]疑[咍/疑]目[咍/定]矣[咍/匣]已[咍/定]乙[屑/影]抑[屑/影]逸[屑/定]義[歌/疑]瘞[曷/影]希[灰/定]亦[鐸/定]睪[鐸/定]埶[曷/疑]豙[曷/疑]乂[曷/疑]翊[合/定]益[锡/影]易[锡/定]役[锡/定]意[德/影]啇[德/影]裔[齊/定]邑[合/影]弋[德/定]異[德/定] yin 垔[痕/影]因[先/影]音[覃/影]侌[覃/影]殷[痕/影]猌[痕/疑]寅[先/定]𠂢[覃/疑]冘[覃/定]𡈼[覃/定]尹[痕/定]引[先/定]㐆[痕/影]胤[先/定]印[先/影] ying 賏[青/影]雍[登/影]蠅[登/定]贏[青/定]盈[青/定]熒[青/匣] yong 邕[東/影]甬[東/定]庸[東/定]永[唐/匣]用[東/定] you 㥑[蕭/影]麀[蕭/影]幽[蕭/影]攸[蕭/定]尤[咍/匣]由[蕭/定]友[咍/匣]有[咍/匣]丣[蕭/定]酉[蕭/定]牗[蕭/定]羑[蕭/定]幼[蕭/影]又[咍/匣]右[咍/匣] yu 予[模/定]余[模/定]魚[模/疑]于[模/匣]禺[侯/疑]俞[侯/定]臾[侯/定]㼌[侯/定]舁[模/定]与[模/定]羽[模/匣]禹[模/匣]雨[模/匣]圉[模/疑]御[模/疑]聿[屑/定]鬱[没/影]矞[没/定]育[蕭/定]毓[蕭/定]昱[合/定]賣[屋/定]玉[屋/疑]獄[屋/疑]肙[先/影] yuan 冤[寒/影]夗[寒/影]員[痕/匣]爰[寒/匣]袁[寒/匣]元[寒/疑]原[寒/疑]肙[寒/影] yue 曰[屑/匣]龠[沃/定]戉[曷/匣]粵[曷/匣]岳[屋/疑]䁥[屑/影] yun 匀[先/定]云[痕/匣]允[痕/定] 孕[登/定]

Z

za 帀[怗/精] zai 巛[咍/精]𢦏[咍/精]宰[咍/精]再[咍/精] zan 贊[寒/精]

zang葬[唐/精]　zao 早[蕭/精]棗[蕭/精]竈[蕭/精]喿[豪/心]　ze 責[锡/精]則[德/精]仄[德/精]夨[德/精]賊[德/从]　zen 先[覃/精]　zeng曾[登/从]　zha札[曷/精]霅[合/定]乍[鐸/从]　zhan 占[添/端]詹[添/端]展[寒/端]斬[添/精]　zhang章[唐/端]丈[唐/定]　zhao 釗[豪/端]爪[蕭/精]叉[蕭/精]翟[豪/端]兆[豪/定]肁[豪/定]　zhe 折[曷/定]耴[怗/端]磔[鐸/端]乇[鐸/端]聾[合/端]者[模/端]　zhen 貞[青/端]㐱[先/端]真[先/精]亲[先/精]朕[登/定]芇[先/定]　zheng蒸[登/端]爭[青/精]正[青/端]　zhi 之[哈/端]夂[端/灰]支[齊/端]知[齊/端]卮[齊/端]隻[鐸/端]壆[合/端]執[合/端]摯[曷/端]直[德/定]只[齊/端]旨[灰/端]止[哈/端]黹[灰/端]質[屑/端]至[屑/端]疐[屑/端]炙[鐸/端]黹[屑/定]銍[屑/泥]致[灰/端]制[曷/端]豸[锡/定]廌[锡/定]　zhong中[冬/端]冢[東/端]眾[冬/端]　zhou 周[蕭/端]舟[蕭/端]州[蕭/端]盩[蕭/端]肘[蕭/端]帚[蕭/端]晝[侯/端]酎[蕭/定]紂[蕭/定]　zhu 朱[侯/端]竹[蕭/端]逐[蕭/定]主[侯/端]壴[侯/端]羼[屋/端]宁[模/定]音[侯/透]筑[蕭/端]祝[蕭/端]　zhuan 專[寒/端]耑[寒/端]弆[登/定] 丣[寒/从]　zhui 隹[灰/端]叕[曷/端]贅[曷/端]　zhuo 卓[沃/端]斫[鐸/端]丵[沃/从]　zi 兹[哈/精]子[哈/精]甾[哈/精]朿[灰/精]截[曷/清]自[没/從]　zong 宗[冬/精]嵏[東/精]　zou 走[侯/精]奏[侯/精]　zu 足[屋/精]卒[没/精]族[屋/从]　zui 辠[灰/从]罪[灰/从]最[曷/精]尊[痕/精]　zuo 左[歌/精]坐[歌/从]

祁陽方言用字考[1]

《祁陽方言研究》有“同音字表”一節，那裏對方言用字已有所説明。但限於篇幅，説得簡單。這裏説得詳細一點。有些字前輩已經説過，自不可納入本文。如唇接觸酒不飲或小飲叫做“泯”，楊樹達先生《長沙方言續考》已引杜子春注《周禮》讀“湎”為“泯”，很是精到，但不宜載入此文中。有些字是時賢已經考出，本文就不得重複。例如“𠝏”（一作“竄”），我在關漢卿《詐妮子調風月》第三折中看到了（“我便是𠝏墻賊蠍螫噤聲”），又在《杜蕊娘智賞金線池》第三折中看到了（“我比那竄牆賊蠍螫索自忍”），還以為有所發現呢。但一查《元曲釋詞》（中國社會科學出版社，1983），那裏647—648頁關於“𠝏”已有了比我更豐富的例證。雖然説“用頭鑽入曰𠝏”只説了一半，應當説鑽入又鑽出才算是“𠝏”，但別人早已説了，就不好再收到這裏來了。還有一些“發現”，因其無關大體，也没有收入本文。

祁陽話没有捲舌音。有一個迥異於其他方言的舌頁元音。有一整套全濁聲母。它的聲調我定為五個，陰平55，陽平11，上聲53，去聲35，入聲33。

㐅[ʒʅ[2] 33]，與石、食、入、日同音，男陰入於女陰。俗如此作。但此字各大詞書都與“糙”同音。我以為此音正規字當作“操”，去聲，義與“搞”同。祁陽話的“㐅”，正規寫法當作“入”，《廣韻》人執切。《水滸傳·第七十五回》：“（魯智深）高聲叫駡：入娘撮鳥，忒煞是欺負人！”明《水滸記》：“這等我被蘇州人駡著了，説是入娘賊。”在祁陽，稍知人事的男孩就知道寫這個“㐅”字，自以為長了知識。

又，“㐅”字收入字典，可能始於《國語辭典》（1936，後稱《漢語詞典》），注音ㄘㄠˋ，操去聲，釋義“俗謂交媾”。注音恐是以當時的北平話俗讀為准，未必是原本就有的讀音。清《綴白裘》中的《萬里緣·打差》：“（丑）捉！捉！

---

①本文原是寫《祁陽方言研究》（1998）的一項準備工作。這次整理成文時，有所增删。

②舌頁元音無特製符號，我用這個舌尖後元音替代。

捉！捉個兩個野蠻㚻娘賊個轉來！個個狗毴養個，要吃起公人食來！道前王爺是有體面個，開口㚻娘，閉口㚻娘，況且有手腳個，腦子俚，一把拖翻子，好打！好打！打得來落花流水！”下文還有：“（淨）滑哄我瞎跑！小的兒，打這狗㚻的！”從“㚻娘賊”和“狗㚻的”這兩處看來，“㚻”還是應當念“入”，人執切，音日。《水滸傳》裏“入娘賊”的“入”恐怕也當如此讀。

徛[dʒhʅ 53或dʒhʅ 35]，站立為“徛”。《廣韻》：渠綺切，“立也”。濁上聲。祁陽話偶有保留濁上聲的，此字濁上濁去兩讀。陸德明《經典釋文·爾雅音義》謂：“徛，郭居義反，顧丘奇反。《説文》云：‘舉腳有度也。’《廣雅》云：‘步橋也。’案：今關西呼徛與郭同。”是隋時“徛”字尚無渠綺切之音，亦無“立也”之義。因疑此字古當作“企”。然《漢語大詞典》“企”字釋曰：“踮起腳。《老子》：‘企者不立，跨者不行。’《漢書·高帝紀》：‘吏卒皆山東之人，日夜企而望歸。’顔師古注：‘企謂舉足而竦身。’《文選·何晏〈景福殿賦〉》：‘鳥企山峙，若翔若滯。’李善注：‘言尾形高竦，如鳥之企，如山之峙。’”《廣韻》此字丘弭切，又居義切。是義格音亦隔，似不可從。然《楚辭·劉向〈九歎·憂苦〉》王逸注：“企，立貌。”祁陽話“企”念濁去，與“徛”同音。我曾以此請教於李榮先生，李先生未置可否。

沕[mi 35或33]，潛入水中或行或止，叫做“打沕子”。《史記·屈原賈生列傳》：“襲九淵之神龍兮，沕深潛以自珍。”徐廣曰：沕，亡筆反。張晏曰：沕，潛藏也。此字又見於《集韻·隊韻》，莫佩切。知已由入聲轉入去聲。楊樹達先生《長沙方言續考》以長沙話度之，謂全身潛入水中曰“頞”，烏没切。以祁陽話而論，似以“沕”字為當。

舞[ʋu]，搞，做，幹，一個意義很寬泛的動詞。《西遊記·第四回》：“弼馬晝夜不睡，滋養馬匹。日間舞弄猶可，夜間看管殷勤，但是馬睡的，趕起來吃草，走的捉將來靠槽。”“舞、弄”同義連用。“日間舞弄”，就是白天做（事）。《儒林外史·第二回》：“説了半日，才説到龍燈上。夏總甲道：‘……你們説了一場，我少不得搭個分子。任憑那一位做頭。像這荀老爹，田地又廣，糧食又多，叫他多出些。你們各家照分子派，這事就舞起來了。’”“舞起來了”，就是搞起來了，幹起來了。舞事，特指做事，幹農活。益陽人周立波《山鄉巨變》裏面，多有“舞事”的説法，那意思與祁陽話的“舞事”相同。

跍[ghu 11]，念“枯”字的陽平。《廣韻·模韻》：苦胡切，“蹲貌。”祁陽話義與蹲同。動詞。多用來特指母雞孵蛋那種姿態。引申有“顧及”的意思。可能以為其顧及晚輩,有如母雞以跍的姿態照顧小雞。字由陰平轉入陽平。祁陽話往往有由陰調轉入陽調的情形。如攪,祁陽話念“搞”,但口語多念[ghau 11]音。泡,在泡沫一詞中音[phau 53]。泡沫,口語說泡子,“泡子”的“泡”,則念陽去[bhau 35]。跑,通常念[phau 35],而口語說[bhau 11]。照這裏的例,似乎由陰入陽,是口語的趨勢,也不是。本條主字“跍”,並無文白之分,要麼說[ghu 11],要麼就不說,在稍微正式的場合,說“蹲”。也有陽調轉為陰調的。斜,白讀[dʑhia 11],口語卻念[tɕhia 53]。另外,也有轉調的情形。“坐”[dhso 53],將茶壺放到灶火上燒水,那個動作就茶壺而言,類似於“坐”,也叫“坐”,讀音就稍變,稱為[dzho 11]。

焌[tɕhy 35],去聲,也有念[tɕhy 53],讀上聲的。點燃爆竹,旋即熄滅未炸,叫“焌”。以燒紅了的鐵鑄件入水,以增加堅硬度,叫“焌”。“焌”字《廣韻·術韻》倉聿切,“火燒,亦火滅也。”《新華字典》音 qū,第一義項為:“把燃燒的東西弄滅。”以燒鐵入水通常用“淬”或“焠”,但這兩字都為七內切,今音 cuì,於音不合。

僂[lou 55],衰弱不能自持。可能是“僂”字之音小變。《漢書·蔡義傳》:“義為丞相時年八十餘,短小無鬚眉,貌似老嫗,行步俛僂。”顏師古注:“僂,曲背也。”“僂”義為駝背,駝背如蔡義,則為老邁衰弱之相。唐·獨孤及《酬皇甫侍御》:“愧作拳僂人,沉迷薄書內。”“拳僂”,謂體力衰弱。

絮[ɕy 35],在衣服、被子裏充填絲棉之類,叫作“絮”,動詞。李白《子夜四時吴歌》:“明朝驛使發,一夜絮征袍。”《才調集·張蠙〈敍懷〉》:“十年九陌寒風夜,夢掃蘆花絮客衣。”鳥類做窩,常以柔軟的乾草和羽毛等充填,也得謂之“絮”。語例:“楓樹葉子皮皮窩,天天陽雀來絮窩。”(采自下馬渡的山歌,見《祁陽縣資料本》①)

䶖[ta 35],綿軟地下垂。例:豬耳朵䶖起。《集韻·合韻》德合切,“大垂耳貌。”此字今已廢棄不用。元人戲曲中有“搭刺”,或作“答刺”,下垂貌:

> 覷不的那抓揪,鬏髻偏,便似那披荷葉搭刺著個褐袖肩。(《元曲選·玉蕭女兩世姻緣·第一折》)

> 這一個早直挺了軀殼,那一個又答刺了手腳,我這裏軟款款地把衣

①《祁陽縣資料本》是由黄承先領銜編的《中國歌謠集成湖南卷》(1987)祁陽縣部分。

襟解放,只見悠悠的魄散魂銷。(《元曲選·邯鄲道省悟黄梁夢·第三折》)

北方話有“耷拉”一詞,當是“搭剌”的今寫。《漢語大詞典》引孫犁《白洋淀紀事·村歌上篇》以為書證:“高粱葉,下邊幾個已經黄了,上邊幾個一見太陽,就耷拉下來。”

考“耷”,《玉篇·耳部》“大耳也”。《廣韻·盍韻》都榼切,今音dā。字又音zhé,同“耴”。“耴”字《廣韻·葉韻》陟葉切,《説文·耳部》:“耳垂也。”現今取“大耳”之音,釋為“耳垂”之義。

按:祁陽話耳朵瘩起的“瘩”,還是宜從俗作“耷”。於文獻中也有據。《金瓶梅詞話·第五回》:“武大道:‘我屋裏並不養鵝鴨,那裏有這麥稃?’鄆哥道:‘你説没麥稃,怎的賺得你恁肥耷耷的,便顛倒提你起來也不妨,煮你在鍋裏也没氣。’”“耷耷”,肥肉綿軟下垂貌。

碴 [dha 33],用於“碴碓”一語中。“碴碓”,踩踏一種舂米的用具,使稻米去糠變白。這種踩踏的動作叫做“碴”。《説文·石部》:“‘碴’,舂已,復擣之曰‘碴’。”徒合切。段玉裁注:“‘碴’之言遝也。取重遝之意。《廣雅》:‘碴,舂也。’”《正字通》説此字曰:“今俗設臼以腳踏碓舂米曰碴。”

那 [na 33或53],～～,縫隙。祁陽狂野山歌:雲～～裏的日頭瓦～～裏的風,丈夫當不得野(音雅)老公。(從雲縫裏透出來的日光忒熱,從瓦縫裏灌進來的風忒冷,親丈夫遠不如婚外情人來勁。)其字苦無可考。演變至今的a韻字,除麻韻系以外,入聲中鎋韻轄韻也是一個源頭。考《集韻·轄韻》牛轄切,有“慭”字,引《字林》作注:“間也”,“一曰缺也”。有“齾”字,引《説文》作注:“缺齒也。”有“𨰲”字,“器缺”。有“𡾊”字,“山中絶貌”。由此知牛轄切一音有間隙缺損之意。如果一定要寫出一個字來,只好選用“齾”字。這字太多筆劃,没法子寫,或者就借用一個同音字來替代:“那”或“納”。

《集韻》所釋皆有所據。今為“慭”“齾”略作疏證。進一步證我之所考堅確可信。《左傳·文公二十二年》“兩軍之士皆未慭也”,注:“慭,缺也。”《釋文》魚覲反,又魚轄反。引《字林》:“閒也”。《正義》曰:“慭者,缺之貌,今人猶謂缺為慭。”《説文·齒部》:“齾,缺齒也。”段注:“引伸凡缺曰皆曰齾。”段以為二字雙聲假借,《左傳》借“慭”為“齾”。蘇軾《九日黄樓作》:“煙銷日出見漁村,遠水鱗鱗山齾齾。”王十朋集注:“齾,缺齒也。”清人許棫《讀説文雜識》:“今凡器物缺皆曰齾。”

“鬗鬗”連用除蘇詩外,又如:

元·吴萊《淵穎集·題方景賢護法寺壁》:“天光照著下土境界,缺缺鬗鬗,不辨西東。”

清·梁章鉅《閩中閨秀詩話》:“遂令多景聚樓中,遠樹遥雲吞鬗鬗。”

清·邊天寶《初抵徐州登黄樓有懷東坡先生九日黄樓原韻》:“況復群峰四繞之,缺處沖奔形鬗鬗。”

清·王昶《湖海詩傳·洪亮吉》:“排空刺日月,鬗鬗試鋒利。”

諸詩皆以“鬗鬗”形容諸峰之間缺處。元文“缺缺”“鬗鬗”連用,其義自明。詩話是説遠樹遥雲,把諸峰連成一片,好像是“鬗鬗”已被吞掉了。邊詩用蘇詩韻,“鬗鬗”義亦相同。“鬗鬗試鋒利”,言諸峰之間的缺處,若寶劍欲試其鋒,砍削群山,砍出來的一樣。

今湖南湘西有用na這個音作地名的。大庸有土漿na,永順有na岔,寫作“分”下“水”,讀作這裏那裏的“那”,意思都是兩山間的夾縫,本字當是“鬗”或“慭”,與古人所説的“閒也”義合。

《春秋·昭公十一年》:“秋,季孫意如會晉韓起、齊國弱、宋華亥、衛北宫佗、鄭罕虎、曹人於厥慭。”“厥”通闕、缺。“慭”,《釋文》引徐仙民:又五轄反。“厥慭”即“缺鬗”,其地當與兩山間夾縫有關。猶之乎大庸之土漿鬗、永順之鬗岔也。

己[tʒʅ 53],第三人稱代詞。比較可靠的説法,“己”是“其”的音變。可還有疑問。“其”是濁平聲,“己”是清上聲,一不合。古書中“其”多作定語,除可作兼語外,通常不作主語,這與“己”也可作主語的情況不合。但是,也没有辦法,只好同意“己”是“其”的音變之説。有没有其他可能呢?今試言之,以備一説。先看例:

(旦)如蘿附長松,將己托枝生。如絃繫玉琴,將己和知音。(《六十種曲·焚香記·第十二出》)

(小生)多謝大夫教誨,向者承范大夫割己之愛,進上西施。寡人親令夫人教演歌舞。(《六十種曲·浣紗記·第二十七出》)

(小生)念蔡文英先人在銓部時,有一江納在京鬻選鴻臚,將己女許配生員;誰想先人謝世,家業蕭條,江納欺生員貧困,便欲退婚。(《綴白裘·永團圓·擊鼓》)

出師後，同輩尊之曰“老闆”。優遊歲月，甚自適也。欲世其業者，蓄雛伶二三，已則推尊為師父。教之度曲三五齣，為置衣飾，使出應客。（《清代燕都梨園史料·正編·側帽餘譚》）

各例“已”字，當是已身稱，但如果看成是第三人稱代詞，也過得去。這種情況多了，“已”就轉化成三人稱代詞，與“他”同義了。

扎[tsa 33或35]，藏身（於）。例：冬倈子一到哪里用功趨了。（冬伢子藏身到什麽地方用功去了。）“扎”，《集韻·轄韻》側八切，音跟祁陽話與中古音對應規律相合。《漢語大詞典》“扎”的一個義項是“鑽入”，舉《兒女英雄傳》第三三回的例：“［那書房］亂騰騰的，他一個人扎在那裏作甚麽？”所謂“鑽入”是形象的説法，為瞭解説祁陽話方便，我將“扎”的這個意思表述為“藏身”，躲開人群，躲開衆人的視線。眼前現成的駁例，即如這裏《兒女英雄傳》句子，不是説“亂騰騰”的嗎？哪得有躲開衆人之意？此例節取有不夠明白的地方，本是説書没有歸到原位，亂騰騰的，並不是人多亂騰。此例完整的原文如下：

安老爺道：“那書房自從騰給鄧九公住了，這一向那些書還不曾歸著清楚，亂騰騰的，他一個人扎在那裏作甚麽？”何小姐道：“早收拾出來了，從九公没走的時候，他就説等這位老人家走後，騰出地方兒來，我可得静一静兒了。及至送了九公回來，連第二天也等不得，换上衣裳，就帶著小子們收拾了半夜。”

我也在同書中舉例，説明“扎”有藏身的意思：

（長姐兒）轉念一想，倘然果的没信了，今日這一天的悶葫蘆，可叫人怎麽打呀？倒莫如遵著太太的話，睡他一天，倒也是個老正經。因此，扎在他那間屋裏，卻是坐又坐不安，睡又睡不穩。（《兒女英雄傳·第三十五回》）

稍晚的例如：

周瑞焉敢還手？掉頭就跑，復又扎入葦塘去了。（《小五義·第八十二回》）

劉士英正在納悶的時候，見勝爺一翻，扎入水底。（《三俠劍·第四回》）

這兩例都是離開了人們視力所及，藏身于水。

為什麼“扎”在祁陽話裏有“藏身”的意思呢？原來這個“紮”早就有刺的意思。《漢語大詞典》舉董解元《西廂記諸宮調》卷二的例：“不問箇是和非，覷僧人便扎。”我這裏舉馬致遠刀扎的例：“兀那秀才，揀你那不痛處，我扎一刀子。”（《半夜雷轟薦福碑·第二折》）“刺”與“鑽”同類近義，“鑽”與“鑽（zuān）”一音之轉，人的藏身，猶如“鑽（zuān）”進到某個地方去了一樣。特別是藏于水，恰如“鑽（zuān）”進水中，就更為貼切可解了。

躲扎[to 53　tsa 35]，兒童一種類似於捉迷藏的遊戲。“躲”，躲避；“紮”，藏身。同義連用。讓主角蒙上眼睛，大家分頭藏躲起來。然後取下所蒙的布巾，由主角去尋找。我小時候做這種遊戲，多在祧屋裏頭，有的躲到暗處，有的躲到神龕下面的櫃子裏。這櫃子蛛網密佈，間不容身，又黑又邋遢，躲在那裏，比較地保險。參見“屏”字條。

痚[xa 53]，今音哈上聲，俗即寫作“哈”。蠢，傻。此字揚州使院本《集韻·合韻》呼合切，與“哈”同音，引《説文》作注：“病劣也。”《篆隸萬象名義》只説是“劣”，無“病”字。劣有體力劣，才智劣，貨物劣，與乎人的品質劣等。此字除字書外，惟《越諺》曾使用過。《越諺·卷中·人類·不齒人》“萬蓮班”條：“此專唱《萬蓮》一齣戲者，百姓為之，非墮貧也。服物、腳色均痚，又曰腳紗。《萬蓮》如婦女纏腳布，既殠且長。”又同書卷下《音義·單辭只義》：“越貶人物不美曰痚，……《説文》曰：‘痚，病劣也。’人物不美，非劣而何？”《越諺》編者范寅在貨色劣、長相劣和演出劣的意義上使用這個“痚”字。湖南四川等地則在人的資質才智方面使用這個“痚”字，寫作“哈”。不僅南方，山東的蘭陵笑笑生，也給我們留下了這方面的記載。《金瓶梅·第五十八回》：“孟玉樓便向金蓮道：“剛才若不是我在旁邊説著，李大姐恁哈帳行貨，就要把銀子交姑子拿了印經去。經也印不成，没腳蟹行貨子藏在那大人家，你那裏尋他去？”

現在回過頭來説“病劣”，大概《説文》作者以為才智之弱，異于常人，那是病。《萬象名義》去掉“病”字，實已得其樞要。

搣[mie 33]，以手裂物。與“掰”同義。例：搣只橘子把爹爹吃。（掰開一個橘子給祖父吃。）

“搣”，段注《説文》：“批也”。段以為此字的意思是以手摩頰的兩旁，一種養生之法。不知是否。《廣韻·薛韻》亡列切，“手拔，又摩也，批也，捽也。”“手拔”和“捽”兩義，佛經中有書證：

眾人捕得，盡㧵其毛羽，荊棘繫頸。（西晉竺法護譯《生經》）

俱夷從牀，宛轉在地，自㧵頭髮，斷身寶瓔。（同上《佛説普曜經》）

與“搣”同義的“㧵”，似難尋到文獻根據。今謂《莊子·則陽》：“子牢曰：‘君為政焉勿鹵莽，治民焉勿滅裂。昔予為禾，耕而鹵莽之，則其實亦鹵莽而報予，予芸而滅裂之，其實亦滅裂而報予。予來年變齊，深耕而熟耰之，其禾繁以滋。’”耘禾當護根培土，而裂土露根，自然没有好的收成。“滅裂”二字同義連用，“滅”亦“裂”也，後世作“㧵”。

徐世昌輯《晚晴簃詩匯》載包世臣《發松滋雨次宜都》：“峰矗排雲危，江流㧵谷踼。”“㧵”亦裂也，蓋謂江水破裂山谷而蜿蜒起伏向前。

李實《蜀語》言：“手裂物曰㧵。”據上所述，當不是只有蜀地如此説。

槎[dzha 53]。槎枝掃把，用竹枝紮成的掃帚，用來掃集稻穀，或掃除雜物。以别于普通用高粱杆做成的掃把，用以掃垃圾和灰塵。槎，《集韻·馬韻》仕下切，“樹枝也”。沈佺期《巫山高》：“古槎天外倚，瀑水日邊來。”張先詩：“天竺好風吹桂子，雲潢清露濕槎枝。”但據詩韻，兩詩中的“槎”，似當作鉏加切。

擇[dzha 33]，清除雜物使純，讀與“雜”同。如擇菜，指清除蔬菜中黄葉、老根及夾於其中的野草、污穢等，擇取其中鮮嫩可食者。“擇”，《廣韻·陌韻》場伯切。陌韻開口二等，祁陽話通常念e，但白讀有念a的，如白[bha]、額[ŋa]、赫[xa]、客[kha]。這樣，“擇”念[dzha]就成為可能了。或説本當是“雜”，除雜曰“雜”，此猶去污曰“污”之比。《詩經·葛覃》“薄污我私”，朱集傳：“污，煩撋之以去其污。猶治亂而曰亂也。”

楊樹達先生《長沙方言續考》，引《吕氏春秋》“孔子弦歌於室，顏回擇菜於外”，又引王啟湘之語，“毛詩訓‘芼’為擇菜，《説文》訓‘若’為擇菜”。楊先生説：“足徵此語之古。”這樣看來，上面所言“或説”難以成立。但祁陽話所説之“擇”或“雜”[dzha 33]的對象，不限於“菜”，也可説他物，如可説“～米”，把米中的穀粒、稗子和細沙選出。

合[ɤa 33或53]，全都。例：一院子的人合看見過。（一自然村的人都見過。）

合，《集韻·合韻》曷閤切。中古合韻字今音多有念a的，如哈，呼合切。趿、颯、霎，悉合切。雜，昨合切。答，德合切。塔、踏，託合切。遝，達合切。

“合”字方言讀[ɤa],符合常規。“合”古已有作全部、整個講的,《漢語大詞典》舉例如下：

北魏賈思勰《齊民要術·果蓏》:“裴淵《廣州記》曰:‘羅浮山有橘,夏熟,實大如李;剥皮噉則酢,合食極甘。’”明宋應星《天工開物·養忌》:“若風則偏忌西南,西南風太勁,則有合箔皆僵者。”

第一例小有疑問,“合食”也可説是把果皮與果肉合起來吃。未必就是説的整個,全部。第二例没有問題。但並不是作副詞用。今舉副詞用例:

杜甫《奉贈盧五丈參議琚》:“藻翰唯牽率,湖山合動摇。”這是杜甫贊揚友人詩作的名句,説盧詩可作詩壇的引領和表率,足以使江河呼嘯,地動山摇。“合”與“唯”相對為文,一表僅獨,一表全都。“唯牽率”,唯一無二的表率;“合動摇”,全都動摇,毫無例外。杜甫贊友人的詩章,用詞很大,語氣很肯定。如寄岑參詩云:“意愜闗飛動,篇終接混茫。”夜聽許十誦詩云:“精微穿溟涬,飛動摧霹靂。”贈陳諫議詩云:“毫髮無遺恨,波瀾獨老成。”寄李白詩云:“筆落驚風雨,詩成泣鬼神。”以為杜贈盧詩的“合”作“理合”“合當”講,恐非是。

跕[lia 33],著鞋,但鞋後跟不拉上,踩在脚下。或踏著無跟鞋。“跕”,《集韻·帖韻》託協切,“行曳履”。義相吻合。中古帖韻字今多念ie,如貼、牒、協。但也有念ia的,如頰、莢、挾。唯聲母稍隔,後面會有説明。

《史記·貨殖列傳》:“女子則鼓鳴瑟,跕屣,游媚富貴,入後宫,徧諸侯。”瓚曰:“躡跟為跕也。”按:臣瓚之注,為《集韻》所本。

《漢書·地理志》:“女子彈弦跕躧,游媚富貴,徧諸侯之後宫。”師古曰:“跕音它頰反,躧字與屣同,屣謂小履之無跟者也。跕謂輕躡之也。”師古的注音值得注意。他音它頰反,而“它”可讀唐何切,那就是定母字了。祁陽話定母齊齒呼字多有念為l的。如“亭”念[lin],“蝶”念[lie]等。那麼,它頰反之“跕”祁話話讀為[lia],那就不是不可解釋的了。問題是“它”讀唐何切有什麼根據。《集韻》唐何切有“駝”字,注曰:“通作它。”又有“紽”字,注亦曰:“通作它。”是“它”可以有唐何切一音。但不知師古“它頰反”之“它”到底是透母還是定母,以後世方言證之,當是定母。

播絲[po 55 sɿ 55],蜘蛛。蟲名播絲,猶鳥名布穀。播、布互訓。賈昌朝《群經音辨·卷六》:“‘布’謂之‘播’。”布穀者,播穀也。是“播”亦得謂之

"布"。(《群經音辨·卷五》:"播,布也。")播絲者,布絲也。洪邁《容齋續筆·蜘蛛結罔》:"蛛之結罔也,布絲引經,捷急上下,其始為甚難。"所謂布絲,即此。播絲,有寫作"玻絲"者,也有于"波斯"下或左旁加"虫"字者,恐皆不可為據。

"播"補火切,又補過切,但《集韻·戈韻》逋禾切,則可讀平聲。今北京話讀平聲,不是無據。

䑜 [lia 53],用舌頭舔,特指舔食碗内殘食。《樂府詩集·横吹曲辭·高陽樂人歌》:"何處䑜觴來,兩頰色如火?""䑜觴",舔酒杯,謂喝酒至於酒盡而猶舔之不舍。"䑜",《廣韻·怗韻》他協切,"小舐曰䑜"。"小舐",用舌頭舔一舔,以别於大口吃食。意義相合。惟聲母稍隔,聲調也由入聲轉為上聲。參看"跕"字條。此字俗寫如"也",惟末筆不向上挑,而往下折。

炙 [tɕia 33],祁陽話謂烤火為"炙火"。炙,之石切。梗攝入聲字。梗攝入聲,祁陽話白讀多念為a、ia。"擇"字條已舉"白""額""赫""客"為例,再舉他字以為證:拍[pha],拆[tsha],席[dʑia],隻[tɕia],尺[tɕhia],赤[tɕhia],壁[pia],劈[phia],滴[tia],錫[ɕia]。

《新方言·釋言》:"《曲禮正義》:'火灼曰炙。'凡薰火亦曰炙。惠潮嘉應之客籍,謂薰火為炙火,常德亦如之。炙讀如側。"

"炙火"為烤火,或義近於烤火,見於文獻的,如:

明·蔡維藩《痘疹方論》:"大抵熱則癢,熱甚則痛,以手炙火而驗之,稍近則癢,愈近則痛。"

《福建志書·福寧州》:"忽然寒生,人人挾纊,十一月十二月則皆炙火矣。"(《古今圖書集成·曆象彙考》)

箇(個)[ko 53],近指代詞這。俗寫作"咯",音同果。

早上起來門打開,一對燕子飛進來。咯也不是燕子飛,咯是情哥把信來。(祁陽白茅灘鄉五房院村黄彩雲唱,見《祁陽縣資料本》)

"箇(個)"用為近指代詞,唐詩中早有用例:

箇時空牀難獨守,此日别離那可久?(《駱臨海集·代女道士王臨妃贈道士李榮》)

箇身恰似籠中鶴,東望滄溟叫數聲。(顧況《酬柳相公》)

白髮三千丈,愁緣似箇長。(李白《秋浦歌》)

巫峽蒼蒼煙雨時，清猿啼在最高枝。箇裏愁人腸自斷，由來不是此聲悲。（劉禹錫《竹枝詞》）

“箇時”，這時；“箇身”，此身；“箇長”，這樣長；“箇裏”，這裏。

這個近指代詞，祁陽人不用本字，因為本字去聲，作近指的這個詞卻讀成了上聲。或者是因為要區別於量詞“個”而有意這樣讀的，但這樣讀了之後，就昧於本字了。

個（箇）［ko 輕聲，或 kao 輕聲］，與普通話“的”字相當。俗也寫作“咯”。

野雞過江尾巴駝，我在咯邊擺屠桌。那位嫂嫂來剁肉，四兩半斤准我咯。（祁陽黎家坪陶世華唱，見《祁陽縣資料本》）

前一“咯”，近指代詞，後一“咯”，相當於“的”。“准我咯”，記在我的帳上。

論這個助詞的來頭，可以推到隋唐之際。顏師古《隋遺録》記隋煬帝夢中贈張麗華詩：“坐來生百媚，實箇好相知。”

楊廣的詩用“箇”，司空圖的《休休亭》詩則用“個”：

可憐藜杖者，真個種瓜侯。

後世則以用“個”為常：

《十五貫·訪鼠測字》：“丑：個個是儕人？外：是小徒。丑：好個標緻小官人，倒像某某班裏個小旦。”《金鎖記·羊肚》：“老旦：今朝略好，想喫羊肚。丑：好個，有益個。”《十五貫》第一個“個”字是近指代詞，第二個“個”是助詞。《金鎖記》的兩個“個”都相當我們現在的“的”。這兩處都引自清乾隆年間的《綴白裘》戲劇集。

如果有人還要尋根究底，“個”與“箇”作代詞，或作助詞，有没有什麽來源或根據？只怕是飽學之士，即使是“大師”級的人，也會無言以對。今想得一個猜測性的解釋，聊勝於“無言”。此兩“個”蓋源于“居”，其字聲旁“固”與“居”都从“古”得聲，聲音可通，就不消説了。關鍵在意義。《詩經·小雅·巧言》“爾居徒幾何”，就是爾之徒幾何。此“居”作助詞之證。又同書《十月之交》，“擇有車馬，以居徂向”。“以居徂向”，謂以此徂向。這是“居”作代詞之證。

䅉［ń①ia 55］，粘，巴在一起。“䅉”，《集韻·麻韻》女加切。“䵖䅉，黏著。”“䵖”，陟加切，也是黏，“䵖䅉”，同義連用。祁陽話除講詩韻用“粘”以外，通

①我用這個符號代替舌面前鼻音。

常不用“粘(黏)”字,凡說“粘”的地方都用“翏”,如翏信封、翏殼子。後者指做鞋時先用一種硬紙型做框架。這種紙型用多層紙和布粘合而成,這一工夫叫做“翏殼子”。

同一個“翏”字,又有去聲一讀[ńia 35],《集韻·禡韻》乃嫁切。但意義已不是粘合,而是男以陰入於女陰。祁陽人土俗駡娘,措辭多樣。可以說“入你個娘”,言其進入。可以說“搗你個娘”,言其猛烈。可以說“翏你個娘”,言其粘合。祁陽話有“巴”這個詞,表示緊貼、緊接。如說紙受了潮,巴在一起了。少年郎互相嘲駡,有時會說“你娘巴爺(音牙)”這樣的話,意思是你父母在尋歡,以戲弄對方。性交稱之為“巴馱(音駝)”,禽畜交尾,稱之為“巴背”。做那事的時候,男女相緊貼,所以就有“翏(去聲)”的說法。駡娘是駡,是侮辱,並非實事。如果對方是女人,在“理論”上雖說可入可翏,但從不這樣說。

閄[ɤe 33],表示高級的程度副詞,與“很”相當。如:～大、～細、～高、～矮、～寬、～狹、～好、～醜。俗寫作“核”,或更換為普通話“很”。這字《集韻·没韻》胡骨切。没韻字今祁陽話念e,如没[me],忽[fe]。以此類推,胡骨切當念[ɤe]。此字《集韻》釋義:“婞佷也。”婞、佷兩字意思都是“很”,“不聽從也”。釋義為“不聽從”的“很”,是現在程度副詞“很”的源頭。“很”既可作程度副詞,當“很”講的“閄”當然也可以是程度副詞。聽說現在有學者在為《集韻》作疏證,只怕這個“閄”字難以找到佐證。如果真的没有,那麽,我這裏提供的材料或許可以聊作補缺之用。

“閄”字在没韻中又五忽切,當讀[ŋe 33]。釋義為“括也,一曰婞佷也”。“括也”大概是概括、總括的意思。無從考證。其又一義則與胡骨切的意思相同。祁陽話有[ŋe 33 tɕiaŋ 輕聲]一語,俗寫作“兀將”。意思是其人言語詭異,行為乖戾,使人莫可奈何,便說這人“兀將”。考其本字,或是“閄强”,“閄”者很戾,“强”者倔强。

誇白話[ghua 11 bhe 33 ɤua 35],聊天,閒扯。文獻中“白話”就有聊天的意思。如:

> 計議已定,忙到王三老家來。王三老正在門首,幾個老人家閒坐白話。”(《醒世恒言·第九卷》)

祁陽話“白話”是名詞,是聊天的内容。前須加動詞“誇”,“誇”變讀為濁平，才有聊天的意思。由清變濁，意義稍別于陰平，言其誇而不誕，虛而不妄。"誇白話"是聊天，"講（音港）白話"就不是閒扯了，而是作古正經講故事。這時候的"白話"與故事同義。

乙[ie 33]，相當於普通話的"癟"（biě），不飽滿，凹下。這個字讀音軼出常軌。祁陽話質韻字本不讀ie。入聲除屑韻、薛韻外，只有葉韻、帖韻、業韻才有較多的ie音。以"乙"表示凹下，當視為借音字。《集韻·葉韻》益涉切（今念ie）這個音有表示凹下的。如穲穀（不飽滿的穀粒）的"穲"，就當讀ie。同一反切中有笑靨的"靨"，"靨"就是酒窩，也是臉上的凹下處，普通話讀為yè[①]。有穲與厭，疑與凹下也有些關係。"㠋"，"山谷形"。山谷之形是在兩山或多山之間的一處凹陷，或多處凹陷，或一條凹陷。"厭"，"地險隘也"。險隘之處多在高險的凹陷地帶，足以控制人員的經過。不僅葉韻，與葉韻同用的帖韻，相關的音也有類似的意義。《漢書·司馬相如傳》"踰波趨浥"注："郭璞曰：踰，躍也。浥，窊陷也。師古曰：浥，音於俠反。"於俠反今也當讀ie。

捭[phai 53]，張開兩臂，從左手中指尖至右手中指尖之長，為一捭。"捭"，《説文·手部》："兩手擊也。"段注："謂左右兩手橫開旁擊也。引申為《鬼谷子》之'捭闔'，捭之者，開也。闔之者，閉也。"北買切。字義是説兩手從回縮狀態向左右兩方擊出。擊出的結果是兩手向左右兩方伸張，以至於極限。擊之謂捭，擊之的長度稍別其音，由北買切變為普買切，由不送氣變為送氣。其字亦得作"捭"，讀"派"上聲。此音此義南方話包括蜀方言多有之。有寫作"派""脈"或"擁"的。恐或未當。北方話有"庹"字，音妥，意義與讀"派"上聲的"捭"相當。

方言中存活少許有音無字的詞。經考證可得而知。"捭"字即其一例。然也有考而無獲者。比如祁陽話[phai 53]這個音又表示挑擔子後一頭重前一頭輕那種狀態。苦搜其字不得，以待來者。

倈[lai 53]，祁陽話稱男孩為"倈子[②]"。男孩長大了，如果還被稱為"倈子"，就有輕賤的意思了。但如用作正式名字，如"徐福倈""李旺倈"，則仍然是堂而皇之的男子漢。

放牛條子二尺長，放牛倈子稱得王。哪個高嶺没爬到，哪個石頭冒

①凡韻母上作調號者，即為用拼音方案注音。

②"倈子"的"子"，多念"基"輕聲，也有念為"則"輕聲的。

坐光?(采自汪家鄉的山歌,見《祁陽縣資料本》)

“俫”字,《集韻·代韻》與“賚”同字,洛代切。用“俫子”稱呼男孩,當本之於元人戲劇。元人戲劇中用俫角扮演小孩。王實甫《西廂記》第四本第二折:“[夫人引俫上云]這幾日竊見鶯鶯言語恍惚,神思加倍,腰肢體態與向日不同,莫不做下來了麼。[俫云]前日晚夕,奶奶睡了,我見姐姐和紅娘燒香,半晌不回來,我家去睡了。[夫人云]這椿字都在紅娘身上,喚紅娘來。[俫喚紅科]……”鶯鶯的弟弟叫做歡郎,這裏的俫角,就是指扮演歡郎的這個角色。

拃[dʑia 35],張開手指,從拇指尖到中指尖的長度。這長度隨人個子高矮與手指長短而異,就成人而言,一般在6寸左右。舊時做布鞋穿,一拃搭兩個指關節的長度為鞋底之長。元·康進之《李逵負荊》:“似這般好器械,一拃來銅錢恰便似砍麻稭。”是説這寶劍鋒利,疊銅錢一拃厚,用它去砍,就像砍麻杆一樣那麼容易。“拃”字,《集韻·馬韻》有仕下切一音,今普通話當以[tʂ]為聲母。祁陽話没有[tʂ]組音,凡[tʂ]組聲母,或讀舌尖前,或讀舌面前。這裏“拃”字,讀為舌面前音。

朊[luan 53],男陰。這字在口語中使用頻率很高。我曾從《陶鑄和他哥哥的故事》(祁陽籍作家歐陽永徽著)中摘出了幾句帶“朊”字的句子:

怕個朊?大不了就是一死。(“怕個朊”,就是什麼都不怕。)

你是膿包,飯桶,哈朊!(“哈朊”比喻愚蠢、下賤、骯髒的傢伙。)

其實他們要殺你的腦殼,與我朊相干。(“與我朊相干”,與我毫不相干。)

好個朊!哪有這樣的黑人呀?只是一張臉,手和腳都是白的。(“好個朊”,就是一點都不好。)

這些傢夥捧朊泡的水準出得國了。(“朊泡”指陰囊。“捧朊泡”,是低聲下氣、阿諛奉承的形象説法。)

搞這些花架子有朊用!(“有朊用”,一點用處也没有。)

日你個娘!這一回你奈何我條朊。(“奈何我條朊”,奈我不何,你不能把我怎麼樣。)

“朊”字,小説原文都作“卵”。“卵”有魯管、魯果二切,祁陽人讀魯果切,音luo。魯管切是普通話讀法。隨着普通話的普及,有文化的人就以“卵”代“朊”。“卵”的本義是蛋,古書中也有用來指睾丸的,用為男陰代稱,似乎也過得去。但我以為還是用“朊”恰當。《玉篇·肉部》朊，虞遠切，“人陰異呼也”。虞遠切聲母當是n，但祁陽話n、l多有不分的情形，讀為l亦未為不可。

《越諺·卷中·身體》：“朊，男子玉莖。”《越諺·卷上·借喻之諺》：“高上眉毛，低撞朊脬。”（這個“脬”就是歐陽小説中的“泡”。）同書《格致之諺》：“蒼蠅從馬朊，逐臭也。”“泰山倒來，人朊揞勿住。”（“揞”與“支持”的“支”略同。）由上數例，可知在一些方言中的確常用到這個“朊”字。

寧個[nin 55 kau輕聲，或ni 55 ko輕聲]，疑問代詞“什麽”。實際上只有“寧”表示什麽，“個”（俗寫作“咯”）只是助詞。為了説明“寧”的意思，得稍微説得遠些。《晉書·王衍傳》：“衍字夷甫，神情明秀，風姿詳雅，總角嘗造山濤。濤嗟歎良久，既去，目而送之曰：‘何物老嫗，生寧馨兒。然誤天下蒼生者，未必非此人也。’”

《史通》卷六説：

> 蓋江芊駡商臣曰：“呼，役夫！宜君王廢汝而立職。”漢王怒酈生曰：“豎儒幾敗乃公事！”單固謂楊康曰：“老奴，汝死自其分。”樂廣歎衛玠曰：“誰家生得寧馨兒！”斯並當時侮嫚之詞，流俗鄙俚之説。

由劉知幾的話我們知道，“生寧馨兒”為“侮嫚之語”，並不是什麽好話。

《漢語大詞典》總結古今眾家研究成果，釋“寧馨”為近指代詞，“‘如此、‘這樣’之意”。據此，山濤的話前一句意思當是：一個什麽樣的老太婆，生下這樣一個兒子！“這樣”所代是什麽呢？很容易理解“神情明秀，風姿詳雅”為其前詞，那就未能見其侮嫚之意了。

宋人《容齋隨筆》卷四“寧馨阿堵”條：

> “寧馨、阿堵”，晉宋間人語助耳。後人但見王衍指錢云：“舉阿堵物卻。”又山濤見衍曰：“何物老嫗，生寧馨兒！”今遂以“阿堵”為錢，“寧馨兒”為佳兒。殊不然也……宋廢帝之母王太后疾篤，帝不往視，后怒謂侍者：“取刀來剖我腹，那得生寧馨兒？”觀此豈得為佳？……王恬撥王胡之手曰：“冷如鬼手馨，彊來捉人臂。”至今吴中人語言尚多用“寧馨”字為問，猶言“若何”也。

洪邁有力地論證了“寧馨兒”未為佳兒。他創新地以當時吴語證“寧馨”猶“若何”，是疑問代詞。考慮到他認為“馨”是語助無義，那就只有一個“寧”字是疑問代詞了。我們試着用此解來解山濤的話，那就是：一個什麽老太婆，生下一個什麽樣的兒子啊！語義含蓄，語帶機鋒，强於時人普遍認同的《漢語大詞典》的解釋。

如果這樣理解不錯，我們就可以説，祁陽方言"寧個"，猶之乎《晉書》的"寧馨"。"寧"，疑問代詞，"個"語助無義。

"寧個"有寫作"尼個"的，有讀為"ńko"的。

用"寧個"的例：

煙囱裏個筍是只寧個案？那是龍王三太子個角。（采自香塘鋪的民間故事《龍潭》，見《祁陽方言研究》，227頁）

作"尼個"的例：

螢火蟲，夜夜來，夜夜送書來。尼個書？黄書。尼個黄？雞蛋黄。尼個雞？醃雞。尼個煙？灶頭煙。（采自下馬渡的兒歌，據《祁陽縣資料本》）

在祁陽話裏，"寧"字可以兩讀，通常讀ńi，也可讀ńin。有這樣兩讀的字就只能以"寧"為正字。寧，奴丁切，不知何以祁陽話以讀ńi為常。聲母是鼻音的字，由於某些尚未知曉的條件的制約，在某些地方，就只取其聲母鼻化作音節。比如"五"（疑古切），可念成ń（自成音節）。這個"寧"，聲母也是鼻音，因而與"五"有着同樣的變化，讀為鼻音，自成音節。

參見"何馨"條。

何馨[ɣo 11　ɕin 輕聲]，疑問代詞。問原因、目的，例：時候到了，己何馨還冒來？（時候到了，他為什麽還没來？）也問方式、方法，例：大（音代）細來繡主席像，我來講（音港）一下何馨繡法。（大家來繡主席像，我來説説怎麽繡法。）

"何馨"其實只是"何"，"馨"字語助無義。但必須兩字連在一起，才能單用。所謂"語助無義"，一般是説它參與構詞，但不提供義素。我們在"寧個"一詞中已説到"馨"字語助無義，但只從洪邁的説法中體會得出，没有詳加論證。現作補充。古書中用到這類"馨"字的句子，列其要者如下：

A組

螭撥其手曰："冷如鬼手馨，强來捉人臂。"（《世説新語·忿狷》）

顧看兩王掾，輒翣如生母狗馨。（《世説新語·文學》）

B組

與何次道語,唯舉手指地曰:"正自爾馨。"(《世説新語·品藻》)

殷去後,(劉惔)乃云:"田舍兒强學人作爾馨語。"(《世説新語·文學》)

C組

使君如馨地,寧可鬭戰求勝!(《世説新語·方正》)

注引《語林》:"王仲祖有好儀形,每覽鏡自照曰:'王文開那生如馨兒!'"(《世説新語·容止》)

其母怒,語侍者曰:"將刀來破我腹,那得生如馨兒!"(《魏書·劉子業傳》)

D組

何物老嫗,生寧馨兒!(《晉書·王衍傳》)

A組的"馨"不為義,能直接看出。"冷如鬼手馨",即冷如鬼手。"輒翣如生母狗馨",即很像活生生的母狗。B組"爾馨"譯成今語,"這樣的"。《經傳釋詞》:爾,"猶然也","猶此也"。"這樣的"正是"爾"字的意義。"馨"没有提供義素。C組"如馨"的"如",近指代詞,句中義也是"這樣"或"這樣的"。《經詞衍釋》以為,"如,猶此也"。(作者自注:"見《釋詞》'所'字注。")所以"馨"字仍然是語助無義。D組的"寧",我們從洪邁釋為疑問代詞,譯為"什麽",並與"馨"在意義上没有直接關聯。或者上述四類"馨"有某種語法意義,待進一步研究。而"馨"没有辭彙意義,這是確定無疑的。

由此可知,祁陽話的"何馨","馨"不為義,並非憑空而生。

"何馨"又作"何寧馨"。例:個只吴縣尉懂里懂起,曉得己何寧馨攪法嘞。(這個吴縣尉懵懵懂懂,知道他怎麽搞法哩。)(歐陽永徽《吴縣尉斷案》,見《祁陽方言研究》223頁)如果説"何馨"的意義,是繼承了《世説新語》等古籍中"馨"的用法,那麽,"何寧馨"就是古代用法的一種變形。它甚至拖泥帶水,將"寧"字也拉進來,作為語助無義的一個部分。"何寧馨"三字,中間"寧"字輕讀。

槒[phau 35],音炮。其數為十的重量單位。也是表示整十的數詞。但12不可説成一槒二,120斤不可説成一百二槒斤。

"槒",《正字通·木部》:鋪告切。"俗謂魚以三十斤為一'槒'。"又引焦竑《俗用雜字》:"《集韻》:'槒,四十斤也。'"今查《集韻》各本,都無

"橇"字。《康熙字典·木部》"橇":"《篇海》防教切。出《免疑韻》。俗謂四十斤為橇。"今查《篇海》(改併五音類聚四聲篇海,成化丁亥重刊),無此切此字。《通俗篇·卷九》:"今則以銀十兩為一橇,又繭十斤為一橇。"《越諺·卷中·花草》有"橇"字,别作"拋",釋云:"冬秤醃菜,以五把為橇。"

今按:1."橇"出現於何時。我們現在能見到的是明·張自烈《正字通》。張自烈説見於《俗用雜字》,《俗用雜字》説首見於《集韻》。見於《集韻》之説,無從佐證。《康熙字典》説出自《免疑韻》,無可考。所引《篇海》又無此字此切。一説首見於《龍龕手鑒》,今本《龍龕》查無此字。《龍龕》為解佛經而作,今本佛經亦無"橇"字。

2.一"橇"究竟是多少?一説三十斤,一説四十斤,一説是五把,一説十兩、十斤。依祁陽話,則是十斤。恕我妄測,"橇"或是"集裝"之名,此集裝所含容數量多少,依時、地、物不同而不同,本非一律。

3."橇"以何得名?我以為得名於"拋"。拋石以為兵戰之用,始於漢末曹操。其所拋亦得為拋,後寫作"砲"。稱為"橇"之物,原本供拋售之用,亦得稱之為拋,寫作"橇"。"橇"蓋集裝之名,集裝單位所含之數量,便亦謂之"橇"。

現在又回到第一個問題。既有説是根據《集韻》的,也有説是根據《龍龕手鑒》的,想必不是無根之談。我們現在查不到,或者是因為今本《集韻》和《龍龕》有遺漏缺失,或者是本有其字,我們查得不細,或者是因為字形有所變改。或者别有他書,作者偶有未檢而誤記。《集韻》成書在1039年,《龍龕》成書在997年,正當宋真宗、仁宗之世,其時城市繁榮,商業發達,貨物集裝拋售頻繁,産生出這個"橇"字,不是不可能的。

漕[dzhau 35],小丘陵之間的坑形地帶,謂之漕。多用於地名,如王家漕,蝦蟆漕。

《正字通·水部》:"漕,才豪切,音曹。衛邑名。又水運曰漕。又效韻曹去聲。俗謂水如轉轂曰漕。今蜀江險地名野豬漕。"

"衛邑名"姑不論。"水運曰漕",《史記》有例。《留侯世家》:"河渭漕輓天下,西給京師,諸侯有變,順流而下,足以委輸。""又效韻曹去聲",《集韻·號韻》此字才到切,即"曹"的去聲。祁陽話的這個地名用字,就是去聲,不音曹。"俗謂水如轉轂曰漕",又對又不對。《説文》釋此字:"水轉轂也",段玉裁認為,“轂”為“縠”之誤,段說甚是。張自烈據誤書以為說,故不對。水沖刷暴灌,俗名為“漕”,即“鑿”,證之祁陽話,此說不誤。

按:此字當源於“鑿”,鑿本是開鑿的工具,才到切。用以開鑿的運河也就叫“鑿”,寫作“漕”。班固《西都賦》:“通溝大漕,潰渭洞河”。“大漕”,即大的運河。通過運河運輸糧食,也叫“漕”,如《留侯世家》所說的“漕輓”便是。又,鑿木為孔,其孔謂之鑿,所以容枘。鑿木成坑狀,其“坑”亦謂之鑿,寫作“槽”,轉為平聲。水之沖刷,亦如人工之開鑿,由此而形成的坑形地帶,亦得謂之鑿,其字當定作“漕”。如《正字通》所言之野豬漕,即用“漕”字。

祁陽話這個當用“漕”字的地名,俗寫作“皂”,以其為地名用字,或再加土旁。這個土旁皂,即算是有七萬字的超大字符集裏都找不著。其實只要用一個普通的“漕”字就可以了。語例:

隔只(白讀家)岐,隔只漕,尼個(什麼)東西叫?密眼蟲叫。(采自上司源的兒歌,見《祁陽縣資料本》)

鏒[tɕhiau 55],音鍬,一種手工縫紉法。針(帶線)刺下去,復刺上來,如此前行數次,拉線一次,再重複相同的動作,謂之鏒。這種縫法,如果針刺間距離密,多用來打補丁;如果針稀,多用作成衣前的仿擬試作,仿擬成功,再拆掉鏒衣所用的線,另行正式縫紉。正式縫紉之法,是一種退針法,使得縫件面所顯示出來的針腳,有如現在縫紉機所踩出來的一樣。這種正式縫法,有的地方叫做緝,有的地方叫做用貫針,長沙話叫做飄針。祁陽此種針法沒有專用名詞,統名之曰“聯”。

《集韻·宵韻》此字千遥切,“以箴紩衣,通作繰”。一般說來,用“紩衣”即可,而必用“以箴”字,或者正是指上述刺上刺下,不用倒針的縫法。這是臆測,時移事異,未必就真如此。

楊樹達先生《長沙方言續考》:“長沙謂縫衣如峭之平聲,云補補峭峭。”楊先生所說的“峭”,正是我們這裏所說的“鏒”。楊先生以為,這個字古當作“削”,引王引之的發現為說。《荀子·臣道》:“事暴君者有補削,無矯拂。”王念孫《讀書雜誌·荀子》引王引之的話說:“削者,縫也。《韓子·難二篇》曰:‘管仲善制割,賓胥無善削縫,隰朋善純緣。衣成,君舉而服之。’制割、削縫、純緣,亦兩字同義。《吕氏春秋·行論篇》曰:‘莊王方削袂’。《燕策》曰:‘身自削甲劄,妻自組甲絣’。蓋古者謂縫為削,而後世小學書皆無此訓,失其傳久矣。”

楊先生歎曰:王氏此説,“石破天驚,精當無比。”

楊先生的考證,相信是對的。但此訓並不如王引之所説已經失傳。《儀禮·喪服》:“凡衰,外削幅;裳,内削幅。”賈公彥疏:“云衰外削幅者,謂縫之邊幅向外;裳内削幅者,亦謂縫之邊幅向内。”是賈公彥已釋“削”為“縫”。至於“削(音峭平聲)”在長沙是怎麽個縫法,楊先生勤于學問,恐未暇審詰。

《漢語大詞典》有“繑”字,釋為“一種縫紉法。將布帛的邊向裏卷,縫邊後外面不露針脚。”無出處,無書證。疑本之於《國語辭典》。這本辭典ㄑㄧㄠ音裏有“繑”字,云:“縫紉法之一,係將布邊捲入縫成之”。“繑”字去遥切,恐非其義。詞書編輯者其所以不載“鏒”字縫衣法這個義項,可能認為從“参”得聲的字,不可能念“千遥切”。筆者認同這一懷疑。“鏒”或“繰”之誤。《集韻·宵韻》下“鏒”字説解之後,本有通“繰”的説法,故此字宜更正作“繰”,一種縫紉方法。

繰(音鍬)這種縫紉方法,我調查過湖南一些地方,包括長沙,還存活於口頭中。方法與我上面的描述大致相當。而不是一般的縫紉。近出的《長沙方言研究》(1999)不載此字。或者是因為調查者皆不是長沙人,而現今縫紉已不再用手工,易為人所忽略的緣故。

手工縫紉,除繰、緝之外,還有“綻”,凡言“綻”,都是補綴,掉了扣子補釘上,也叫綻扣子。還有“絎(音航)”,做棉襖鋪好棉花,再用針線大致縫上幾行,使棉花不致于成塊成堆。還有“絞”等。

冇[mau 35],没有,作副詞或動詞。冇得,也是没有的意思。如説人個子矮,就説己(他)冇得鋤頭把高。《新華字典》裏有“冇”字,“有”字裏面缺兩短横,看得出來就是“没有”。方言字,讀上聲。這個字大概只有廣東有,别的地方這個表示没有的字大都念為冇,去聲。因此,要為“冇”設立“没有”這個義項。“冇”字該不該收,又作别論。下面我講講這個“冇”的來歷,來歷説明以後,或者我的主張能為人所接受。

《漢書·高惠高后文功臣表》:“訖於武后元之年,靡有孑遺,耗矣。”顔注:“言無有獨存者,至於耗盡也。今俗猶謂無為耗,音毛。”“耗”這個从“毛”得聲的字,顔師古的時代仍有“毛”音,可能讀作去聲。

《後漢書·馮衍傳》:“燔其室屋,略其財産,饑者毛食,寒者裸跣。”臣賢案:衍集“毛”作“無”。今俗謂猶然者,或古通乎。

這兩例説明漢時已謂“無”為“毛”(或是去聲),乃至唐時猶如此説。顔師古在前,李賢在後。後例楊達先生在《長沙方言續考》中已經引過,證長沙話謂“無”為“毛”。

宋·曾慥《高齋漫録》載:“一日,穆父折簡召(東)坡食皛飯。及至,設飯一盂,蘿蔔一楪,白湯一盞而已,蓋以三白為皛也。後數日,坡復召穆父食毳飯。穆父意坡必有毛物相報。比至日晏,並不設食。穆父餒甚,坡曰:‘蘿蔔、湯、飯俱毛也。’”此宋時謂“無”為“毛”之證。

明·李實《蜀語》:“謂‘無’曰‘耗’。耗,莫報切,音毛。亦有呼毛清音者。”此明代謂“無”為“毛(去聲)”之證。

清·李光庭《鄉言解頤·人部·語言》:“江漢善操土風,而謂無有曰‘毛’。……又謂之曰‘冒’。余在黄州,肩輿打杵,在前者曰‘升’,在後者曰‘冒’,真堪大噱。”此清人謂“無”為“毛”且又可代之以“冒”之證。

私下以為,這個表示没有的字,如果寫作“毛”,于古有征,但現時難以通過。因為現時“毛”是平聲,如讀為去聲,很是彆扭。前人已有用“冒”字者,所以我們就可以沿用這個“冒”字。在更古的時候,也就是與“毛”有“無”的意義的時代,“冒”就已經被借為含有“無”的意義的“毛”了。下面看例:

《史記·平准書》:“入物者補官,出貨者除罪。選舉陵夷,廉耻相冒,武力進用,法嚴令具。”“補官”與“除罪”,“陵夷”與“相冒”兩兩相對成文,“相冒”謂喪失,無有也。

《後漢書·張衡傳》:“冒愧逞願,必無仁以繼之,有道者不履也。”“冒愧”,無羞愧是非之心也。

《三國志·魏志·任城陳肅王傳》:“冀以塵霧之微,補益山海;螢燭之光,增輝日月。是以敢冒其醜而獻其忠。”

“冒其醜”,謂無視其醜,不顧其醜也。否定詞活用為動詞。

鳥[tiau 53],男陰的另一説法。以其形如鳥得名。母親教小兒語則謂之“麻雀”,同樣是一種形象説法。此字俗寫作“屌”,别造一個形聲字,似無必要。

《水滸傳·第四十三回》:“李逵應道:‘我卻怕甚鳥?’”《西遊記·第六十八回》:“我們且到裏邊藏下,免得這夥鳥人噪嚷。”兩個“鳥”字,都當讀為[tiau]。聞之前輩,楊開慧小時問《水滸傳》這類“鳥”字怎麼念,塾師想了一想，回說："都了切。"這個都了切的"鳥"，《長沙方言研究》(1999)收入，以為"鳥"字白讀，但未曾說到這字白讀法還有一個含義。《分類詞表》據《長沙方言詞典》(1993)收入"鳥鳥"，釋為"赤子陰"。讀者不知道這個字單用時還有没有男陰的意思。

爬沙[bha 11 sa 11]，有三義：

(1)爬行類動物艱難爬行的樣子。如烏龜爬沙。

"爬沙"字，最早見於唐朝。韓愈《月蝕詩效玉川子作》："嘗聞古老言，疑是蝦蟇精。經圓千里納汝腹，何處養汝百醜形？爬沙腳手鈍，誰使汝解緣青冥？"(《五百家注昌黎文集·卷五》)傳說蝦蟆精把月吞了，韓愈問道：你個蝦蟆精行走艱難，誰讓你懂得爬得那麼高？

《東坡全集·卷六》載"虎兒"詩云："舊聞老蚌生明珠，未省老兔生於菟。老兔自謂月中物，不騎快馬騎蟾蜍。蟾蜍爬沙不肎行，坐令青衫垂白鬚。"

上兩例都是說癩蝦蟆爬沙。下一例指團魚爬沙，和祁陽話"烏龜爬沙"相類了。

虞侯笑曰："去，不妨。然記得一小話。人得一鱉，欲以計殺而食之。熾火使釜水百沸，横竹稍於其上。與鼈誓曰：'能渡此，活汝。'鱉知主人計以殺之，勉力爬沙，竟渡。主人曰：'汝能此渡河甚好，更為我渡一遭，我欲觀之。'僕之此行，無乃類是？"(徐夢莘《三朝北盟會編·卷二百四十二》)

用"爬沙"字做詩，著名的還有元·張憲《聽雪齋》詩："撲紙春蟲亂，爬沙夜蟹行"。(《玉笥集·卷八》)在這裏爬沙的不是蝦蟆和鱉，而是螃蟹了。

"爬沙"字何以有艱難爬行的意思？清·胡文英解釋道：

韓昌黎詩："爬沙手腳笨。"案：爬，蟲地行也。沙，語助辭。爬沙，行地甚遲也。今吴諺於伏行之物輒目之曰爬沙。(《吴下方言考·卷四·平韻九佳》)

今謂："爬沙"猶"蹣跚"，行艱難也。"爬沙""蹣跚"，歌寒對轉。猶之乎宋玉《神女賦》"婆娑乎人間"善注："婆娑，猶盤姍也"。"婆娑"，歌部；"盤姍"，寒部。

(2)可憐的樣子。這是上一義的引申，由艱難行走引申為可憐。如說作孽爬沙。"爬沙"又作"巴沙"。

(3)眼淚縱横，滿面流淌的樣子。如說眼淚爬沙。

《兒女英雄傳·第四十四回》:“安太太這才想起來道:‘哎喲我的天爺,怎麼把我的孩子這兒去了呢? ……這可坑死我了!’説罷,便眼淚婆娑的抽噎起來。”

“眼淚爬沙”就是“眼淚婆娑”。“爬沙”,中古麻韻字。“婆娑”,中古在歌戈韻。僅有前a、後a的區别。祁陽話保留了“婆娑”a的特質,而混入前a,便讀作“爬沙”了。

《漢語大詞典》出“爬沙”詞條,第一個義項是“在沙地上爬行”。首舉上文所列的韓詩為書證。韓詩是説癩蝦蟆爬到天上去了,哪里來的沙可爬?第二個書證是上文已提到的張憲的詩。“撲紙”與“爬沙”相對,似乎“沙”就是“沙地”了。“爬沙”是連綿詞,與“撲紙”動賓短語相對,把“沙”一個構詞成分看成是實體的“沙”,這是假對,不可以反過來,據以確定“沙”便不是構詞成分,而是真“沙”了。另一個義項是“緩慢地爬行”。舉岳珂《桯史·鱉渡橋》為書證。所引語句已見於《三朝北盟會編》。

躰[laŋ 55],中間小。

宋本《玉篇》:“躰,力登切,躰身也。”音合。祁陽話以後鼻音為韻尾的字,除當念ɑŋ者,其他口語也有念成ɑŋ的。如“硬”念ŋɑŋ,“請”念tɕhiaŋ。所以,力登切可以念laŋ。義有不明。不知“躰身”是什麼樣的身。以被釋字為解,本所未當。《龍龕手鑒》:“躰,身小皃”,據字形為説。祁陽有一個謎語,謎底是魚鰾:

白的白於雪,中間躰一節。

一世不見水,常在水裹歇。

以《龍龕》的解釋解這個“躰”字,切當。進而引申為一切事物中間小,似乎也可以。或者,有[laŋ 55]這個音而無字,就借這個“躰”字來書寫,也不是没有道理。

又,史書上有用“躰”做名字的,如李躰姑。(見《古今圖書集成·明倫彙編第六十九卷》)躰姑,猶如現在説細妹子,滿妹子。由此推論,《龍龕手鑒》的解釋可能是正確的。

硬[ŋen 53],動詞,形容詞“硬”的上聲。例如床上擱了一隻玩具小汽車,你没有注意,往床上一躺,那小汽車頂了你的腰,就叫“硬”了一下腰。又比如你赤腳在路上走,不留神踩到一顆石子,你可能叫:“哎喲,硬到腳了!”北方話有“硌”字，《新華字典》這樣解釋：“凸起的硬東西跟身體接觸使身體感到難受或受到損傷：～腳，～牙。”我們可以給上聲“硬”字寫下這樣的釋文：不留神讓硬東西頂了一下。

硬東西叫硬（去聲），被硬東西硬了一下叫做硬（上聲）。正如衣破了有條縫（去聲），把這條縫縫上叫做縫（平聲）。這就是所謂的四聲別義。

有人以為這個詞當作“隱”。第一，音不對。祁陽話這個字有聲母ŋ。“隱”没有。第二，也没有理據，説不清何以這個“隱”字可以這樣解釋。

絣[pen 35]，用力拉繩子。比如拔河，就是各往自己方向絣。此字《集韻·耿韻》必幸切，“急組也”。“急”，緊。“組”，粗繩。“急組”，便是緊拉粗大的繩子，義合。清·褚人穫《堅瓠集·首集卷之一》：“昨夜天庭雷雨惡，蛟龍絣斷黄金索。六丁六甲無處尋，卻在君家獻頭角。”

庰[baŋ 35，或piaŋ 35]，藏，把物件置於隱密處。《篆隸萬象名義·廣部》：“庰，俾井反，藏。”宋本《玉篇·廣部》：“庰，卑並反，蔽也，薄也。”今祁陽話音從《玉篇》，後鼻音字變讀為aŋ、iaŋ，義從《萬象名義》。當然，《玉篇》所説“蔽也”（本于《説文》），當然也有藏的意思。

一種叫“躲扎” 的遊戲，也叫“躲庰”。參見相關詞條。

羪[iaŋ 35]，相當於牧牛的“牧”。“牧”以鞭子趕牛，“羪”以鞭子趕羊。羊可以牧，如説蘇武牧羊，牛也可以羪，祁陽話就説羪牛。字書上説，“羪”是“養”的重文。這話没錯。但還要有些具體的説明。段注《説文·食部》：“養，供養也。（段注：今人分别上去，古無是也。）从食，羊聲。羪，古文養。”為了説明段注，看一下宋本《玉篇》怎麽説。《玉篇·食部》：“養，餘掌切。育也，守也，樂也，畜也，長也。又弋亮切，供養也。”讀上聲是上“養”下，讀去聲是下奉上。段玉裁的意思，不分上下，都是供養。按我的理解，所説古文的那個字，是指上養下。就是説，畜養字，可换成“羪”。“子欲養而親不在”，這個“養”就不可以换成“羪”。家裏喂一頭牛或數隻羊，那是羪。供養父母，可不能説羪父羪母。這樣，我們就能明瞭，牧牛牧羊，當然可以説是羪牛羪羊了。只是在讀音方面，卻有一些講究，供養父母，讀餘掌切，而作放牧講的“養”，卻只能讀去聲。這與《玉篇》所説剛好相反。所謂語音流動不居，不足為怪。這個“羪”字，文獻中少用，到了後世，竟然湮没無聞了，碰到要用“羪”字的地方，趕快不無彆扭地换成“牧”字，以與通語接軌。

擭[ya 53],以手握取為擭,一握之多也叫擭。把這一擭撒出去,還是叫做擭。 這後一個“擭”,也就是作“撒”講的這個“擭”,音去聲,讀[ya 35]。説抓一把沙子撒出去,用祁陽土話(特别是龔家坪一帶的話)來説,就是“擭一擭沙子擭出搕。”[ya 53 i 33 ya 53 sa tsɿ ya 35 tɕhy khe]。

擭,《説文·手部》:“一曰握也。”《廣韻·陌韻》:“手取也。一虢切。”《文選·張衡〈西京賦〉》“擭獑猢”薛綜注:“擭,謂握取之也。”祁陽話“擭一擭沙子”,前面那個“擭”,正是握取的意思。吕岩《純陽真人渾成集·卷上》:“劍掛斗南魁北下,氣横天外月稍頭。來時擭片無瑕鑑,高貼青霄未肯收。”“擭”,亦謂握取。至於這個詞又作量詞,義為一握、一把,又有撒的意思,那是祁陽話所獨具,無文獻可徵。

唐人為《説文》作音切,此字一虢切,《廣韻》同。但《集韻》作屋虢切,為韓昌黎文集作音切的,此字作烏虢切。《朱文公校昌黎先生集·卷七·雜詩四首》:“鵲鳴聲楂楂(音查,聲也),烏噪聲擭擭(烏虢切)。”若據烏鴉噪聲,字當念為[uak],而祁陽話念為[ya],由[ua]變[ya],或許是對入聲消失的一種補償吧。

又,陌韻字今祁陽話有念為a的,如拆讀為[tsha],嚇讀為[xa],拍讀為[pha]。一虢切是陌韻的合口字,當讀為[ua]。此字音切上字由開口的“一”,變為合口的“屋”“烏”,是不是暗示著等呼有所改變呢?姑存以待考。

剸[tsen 35],音怎,用具已朽,但還勉强能用。祁陽話有“剸罐子經得撞”的話。常用來比喻疾病纏身的人,往往能拖很久,不至於短時間内死去。

此字《説文》:“減也。”《大廣益會玉篇》子本切,“減也,斷也”。音倒是合,但都没有説到有朽而可用的意思。唯明代《蜀語》説:“物朽而斷曰剸。”祁陽話説東西剸了,那東西還可用,微有差别。

附録:廣四聲别義

本附録舉四聲别義的例,同時,推而廣之,清濁、送氣(透)不送氣(戛),聲母同位,乃至韻母略有不同,都可能有别義的作用。所舉例限於祁陽話,多數在文中已經説到,少數在《祁陽方言研究·同音字表》裏有所提示,這裏只是大致梳理一下。

一、聲調別義

【硬】

去聲:[ŋen 35],形容詞。堅硬,常義。

上聲:[ŋen 53],動詞。被硬東西頂了一下,義同於通語“硌”。

【擭】

上聲:[ya 53],握取;所握之量。

去聲:[ya 35],以所握之物撒。

【空】

平聲:[khuŋ 55],常義。

去聲:[khuŋ 35],得空,有空。空子,外行。

【絣】

平聲:[puŋ 55],將布、皮等張開繃緊,現在字寫作“綳”。

去聲:[pen 35],將繩子拉緊。

【桁】

平聲:[ɤaŋ 11],祁陽話稱檩子為桁條。

去聲:[ɤaŋ 35],連接桌椅等傢俱四條“腿”的横木。

【釘】

平聲:[tiaŋ 55],釘子,常義。

去聲:[tiaŋ 35],動詞,把釘子釘上去的動作;如釘釘子一般用力擲遠。

【撐】

平聲:[tshen 55],支持,常義,如撐腰。

去聲:[tshen 35],固定地支撐某物的斜柱或樁。又讀[tshuaŋ 35]。

【沖】

平聲:[tshuŋ 55],快速向前向上,常義。

去聲:[tshuŋ 35],難聞的氣味沖向嗅覺。

【僂】

陰平:[lou 55],精神衰頽不振。

陽平:[lou 11],駝背,佝僂。

【癆】

陽平:[lau 11],癆病。

去聲:[lau 35],以毒藥毒。

【熬】

陰平:[au 55],熬酒,熬糖。

陽平:[au 11],熬菜,約當於煮菜。

【個】

上聲:[ko 53],近指代詞,這。俗以"果"字代用。

去聲:[ko 35],量詞,一個兩個。

輕聲:[ko],結構助詞,助成定中結構。俗用"咯"字。城關此字音為[kau]。

【黐】

陰平:[ńia 55],粘貼。

去聲:[ńia 53],男女相粘合,指男以陰入於女陰。

【滿】

上聲:[man 53],滿載,滿足。

去聲:[man 11],高級程度副詞。滿好看,滿有味。俗寫作"蠻"。

二、清濁別義(其中一些兼有聲調不同)

【撞】

清:[tshuaŋ 53],音闖,衝闖。

濁:[dzhuaŋ 35],音狀,觸碰。

【跑】

清:[phau 35],正式的跑步。

濁:[bhau 11],勤甩雙臂,走得快。

【蓬】

清:[phuŋ],鬆散膨脹。

濁:[bhuŋ],蓮蓬,蓬頭散髮。

【動】

清:[tuŋ 35],音董,持續地上下動。

濁:[dhuŋ 53],動作,常義。

【坐】

清:[dsho 35],“坐下”的“坐”。

濁:[dsho 11],把罐子一類的炊具放到爐火上。

【瞟】

清:[phiau 53],似乎無心地看。

濁:[bhiau 53],用眼角掃視一下。

【斜】

清:[tɕia 35],傾斜,需要糾正。寫作“笡”。

濁:[dʑia 11],傾斜,只是一種描述。如斜陽。没有表達需要糾正的意思。

【誇】

清:[khua 55],誇張,誇大。

濁:[ghua 11],與“講”同義,專用於“誇白話”(聊天)一語中。

【攪】

清:[kau 35],義同於“搞”。

濁:[ghau 11],攪動。

【泡】

清:[phau],泡沫的總稱,起泡。

濁:[bhau],泡子,指具體的泡沫,如肥皂水產生的泡,就叫泡子。

三、聲母同位别義

【鳥】

聲母 n—ń :[ńiau 53],飛禽,常義。

聲母 t:[tiau 53],男陰。

【掉】

聲母 t:[tiau],從上落下。

聲母 l:[liau],左右或前後摇動。

【晚】

聲母 m:[man 53],次序最後的,時間晚些的。晚崽,最末一個兒子。晚晚,晚生于父親的人,即叔叔。

聲母 v:[van 53],早晚的晚,常義

【檝】

聲母tɕ:[tɕian],俗寫作“尖”,在接筍處打一個尖,使之牢固。

聲母ɕ:[ɕian],小於檝,呈小棍狀或薄片狀的東西,用以拴住關鍵部位,或作他用。名詞動詞兩用。

【折】

聲母tɕ :[tɕie 33],折斷,夭折。

聲母ʑ:[ʑie 33],折本,虧本,丢失。

四、戛透別義

【礦】

戛:[kuaŋ 53],礦子,指生石灰。

透:[khuaŋ 35],礦産的礦,常義。

【築】

戛:[t—tsou 33],建築。

透:[thiou 55],舂米,用杵形農具築田塍。

【捭】

戛:[pai 53],兩手分別向左右開張出擊。

透:[phai 53],兩手向左右伸張之長度。

五、韻母較近別義

【落】

韻母 uo—o:[lo 33],從上往下落,如落雨。

韻母 ua:[lua 33],遺落。遺失叫落脱(tua)。最後一個兒叫落巴。

原來的這個o,當是開口o,原來的這個a,當是後a,所以較近。

《〈中國音韻學研究〉述評》前言、後記

前　言

《切韻》音系的擬音，瑞典人高本漢（Klas Burnhard Johannes Karlgren，1889～1978）做了開創性的工作。他的《中國音韻學研究》發表於1915～1926年。這本書的中國譯本，是由很有成就的中國語言學家趙元任、羅常培、李方桂三位翻譯的。商務印書館1930年9月初版。在《切韻》音系構擬方面，不論是申述高本漢的看法或是改正他的意見，都受《中國音韻學研究》深刻的影響。《中國音韻學研究》的漢譯本繼初版後，1948年有過再版，但現在都已經難以找到。（聽説已有新版，但我們没有見到。）我們現今在音韻著作中能看到《切韻》音系大同小異的構擬，實在也没能離開高本漢的基礎工作。

在我看來，要研究現代音韻學，《中國音韻學研究》是必讀書。没有讀過這本書，或者讀而未竟，讀而不細，來談音韻學，實在是夠大膽的。還不用説初學者，就是大家也不免時有疏漏。例如説東冬二韻在各方言中都合而為一了，唯獨朝鮮譯音還保留了區别。如果細讀高書，知道不是東冬有區别，而是東三與鍾有區别。所以下決心來介紹一次。原本叫做"述學"，算是把我們所瞭解的《中國音韻學研究》敍述一番。對於這樣一本博大的著作，還是實事求是，説是學習來得符合實際。我們固然可以批評它，提出這樣那樣的意見，但我們也得承認，像高本漢那樣，能和我們中國人一樣閱讀中國典籍，全世界都不多。他能積累和親自動手搜集那麼多的方言資料，包括域外方言，並且認真加以研究和分析，就在我們中國也没有多少人能做到。他的普通語音學知識，他用中國方言材料來介紹普通語音學，其得心應手的程度，使我們感到吃驚。我早就希望有人基本上用中國方言作素材寫一本普通語音學書，不想高本漢大體上（實際上）已經做到了！他的研究方法，歷史比較方法，拿來運用到中國音韻學上來，更是罕與倫比。對於這樣一位偉大的學者，對他的巨著，

說是學習，絲毫没有自卑的意思，只不過取一種科學態度罷了。

高氏著作美善之處在于充分説理。他有把握的，一定講出一個道理來給你聽。他没有把握的，就同你一道探討，説如何如何似乎可以，但還是不行，又改用另一種説法試試，直到能説服人為止。高著另一長處是看重語言事實，他每訂一個音幾乎窮盡他所掌握的全部語音狀況，即使有幾十種變化，他也能搞清楚來龍去脈，講得頭頭是道。在筆者個人，往往信奉某説，能講一個何以如此便很滿足。至於某音在後世多種方言裏的多種變化，就略而不論，大多數情形下是無法再論了。高氏不同，他一定要給出一個合理的解釋，娓娓道來，令人欽佩。在高氏之後寫書，在他的基礎上前進，不必窮盡全部的語音事實。但我們讀書，想得到這方面的完整知識，高書就彌足珍貴了。當然，高書也有不足之處。他畢竟是歐洲人，他把印歐語的經驗看得過重了。

時下音韻學著作頗多。研究音韻學的人亦復不少。就《切韻》音系這個領域而論，有修訂高説自成體系的，有在研究中不受傳統束縛、大膽發揮的，有篤守師説發揚光大的，有致力於音韻學文獻考訂的，也有認認真真研究，窮年累月，言必有據，寫出有分量的大作來的。其中有李榮先生，他寫了《切韻音系》；邵榮芬先生，他寫了《切韻研究》。這兩部書在披露作者的研究碩果的同時，又總結了在此以前學者們研究《切韻》值得矚目的成果，因而是我們最切實的老師，指點我們應該怎樣去學習和研究音韻學。也有用新發掘的佛典材料和其他材料在音韻學領域創新的。這主要是一些可畏的後生，他們將來的成就不可限量。我們自我估量，這些都非力所能及，就算揀一份普及工作來做，也未必能夠平穩無瑕。構擬没有實據的體系，雖然引人入勝，但亦非所樂為。不得已，就來介紹一點經典性的論著吧。在我想來，這也是有益的。不練練基本功，不讀讀根柢書，就放開手腳去闖蕩，是有可能達不到預期目的的。

因為對高本漢有一份崇敬的意思，所以書中對高的意見多所維護。因為他總是按語音事實説話，不得不維護。舉例説，模配虞還是配魚，高本漢以為配魚，以對音為證；李榮先生以為模配虞，有詩文用韻和韻書韻圖為證。雖然我們説得不那麼明顯，但没有掩蓋住維護之意。高書譯本16開，700多頁，難免出現或大或小的失誤，我國學者多有糾正。就連我們自己，也偶而可以發現一些錯處。以資料而論,古日語的サ行二段シ,與其餘各段一樣,也以s為輔音,不像現在這樣以ʃ開頭。與之相應的濁音ジ,輔音為z,而非今音ʒ。タ行二段チ、三段ッ,古音是t不是現在的ʧ和ts。與之相應的ヂ、ヅ,輔音是d,不是現今的ʤ和dz。ハ行全讀Φ音,不像現在,只フ念Φ。高氏都以今音來讀,自不免錯訛。在學的過程中,很難不出現自己的想法。如果有一些想法,大半會寫到書裏去。例如:t>ts的路徑問題,喻四擬音問題,真、蒸、侵平行問題,重紐的構擬與舌齒音誰屬問題,重韻排列次序與構擬問題,我們覺得我們的看法就比較的有根據、有道理。此外,為泥娘分立提供了新的材料,為日母擬為ȵ提出了新的解釋,為流攝主母音定為u補充了新的理由等。我們還補充和校正了一些據以立論的資料。這就不只是述,也就有點作的意思在內。這樣,我們這本書的名字最後就叫做"述評"了。

雖則只是述評,卻費去了我們很長時間,也啟動了國內許多朋友,得到了他們可貴的幫助。廣西劉村漢教授給我寄來了日本人寫的記録藍山方言的書。婁底師專彭逢澍同志、湘潭師院曾毓美同志回答了我關於婁底方言與嘉禾唐姓方言的問卷。承王寧先生借給我俞敏先生的《梵漢對音譜》。李運富同志在北京為我搜集材料,例如,經過他的請托,社科院姚振武同志為我複印了河野的《資料音韻表》。關於日語,我請教過袁慶述同志,關於朝語,多次向南京大學劉曉蘭同志,並通過他向他的韓國師兄請教過。關於英語語音史,我請教過何尚芬教授。為了獲得蒲立本教授的著作,我請托過何樂士教授,她給了我熱心的回應。《語言研究》尉遲治平先生,他惠贈了我所索要的他的全部著作,還有施向東先生的大文。蔣冀騁同志給了我決定性的支持,還借給我方言詞典多部以及國家社科基金資助的七個方言點的研究成果。在我們系内,我的方言"顧問"是鮑厚星教授和崔振華同志,我向他們要書,只要有,立即借我,有求必應。我與江灝同志討論過重韻問題,與蔣冀騁同志討論過重紐問題,他發表過這方面的專論。湖南師大中文系蕭似槃同志,在資料方面的支援,使我深為感動。她說,能為教師提供資料,説明她的工作是有價值的,説明她所管的圖書是有用的,她感到愉悦。《中國音韻學研究》一書,我請圖書館負責人之一楊筱玉同志替我查找,她很快就為我借到了,工作效率頗高。謹在此向所有支持這本書寫作的朋友們和同事們表示由衷的感謝。

後　記

本書得到湖南師範大學出版基金委員會和中文系的資助。

按照章程,資助要經這方面的權威專家的評審。感謝專家們對我這本小書所提的寶貴意見。其中一條是非接受不可的,是我没有來得及徵引境外學者許多好的見解。倒不是外文資料就一定讀不懂,也不是這些資料就一定找不到,而是因為手頭還有别的事情要做,在音韻學方面不能有更多的投入。好在我也没有成為這方面專家的野心,就此罷休也並不可惜。差堪自慰的是,李榮和邵榮芬二位先生的書就在案頭,隨時可以從那裏取得教益。在他們的著述中,國内外凡是有價值的研究成果他們是不會捨棄的。

常見大方之家牆上掛著條幅:難得糊塗。這是鄭板橋的筆跡。他是個聰明人,把世事都看透了,雖欲糊塗而不可得。而在我們常人,或者去掉"們"字,在我,卻是易得糊塗。讀誰的書都有不甚解之處,於是糊塗起來。於此等處又好出以己意,但又懷疑其未必正確,也是糊裏糊塗的。音韻學的書,到處都是音標符號,需要補造的字又特别的多,輸進微機裏去,難度頗大。我自己輸,自己校,輸了又校,校了又輸。似乎没錯了,不知怎的又錯了。改過來,似乎改對了,再校一次,卻發現有些地方原本没有錯,反而是改錯了。如此翻來覆去,隨時都有糊塗的可能。個中艱苦,過來人自知。這類"糊塗",在印出來的這本書裏不能不有所反映,讀者其諒之!

我的一些朋友,還有家裏人總在問我:你忙什麽忙?我説要出書。再問:出書為什麽?這就啞然了。為名麽?這麽大年紀了,哪里還要什麽虚名?為利麽?一要求單位資助,二要掏自己腰包:無利可圖。為評個什麽職稱吧?也不是的,那都是過去的事情了。或者好像一部開動了的車子,即使不想再開,而它的輪子還在滾動。没有法子,任其自然好了。

聽出版社有經驗的編輯説:對某些讀者來説,書有資料性是他們所歡迎的。記住這句話,我在《佛經釋詞》後面附了一個佛教常見名詞解釋。本書我附了一個廣韻今音字表。從這個表既可看出《廣韻》音系音節的總體面貌,也可據中古反切推出今音來,可能還是有益的。

承郭錫良先生借給我聶譯《中上古漢語音韻綱要》,謹謝。

祁劇的單、雙、空、實、滿[①]

這是有關祁劇的一個音韻問題。

祁劇就是祁陽戲。大約在元末明初,弋陽腔目蓮戲自江西傳入祁陽,與祁陽的語言、民俗、音樂、祭祀等相結合,演變而為祁劇高腔。而後又有昆腔、彈腔相繼傳入,成為祁劇的三大聲腔。一般的説法,祁陽戲形成于明成化年間(1465~1487),鼎盛于清康乾時代。歷代相傳不衰。影響及于福建寧化、清流,粵北和廣西桂林等地。省内以邵陽為中心,有一個愛好祁劇的廣大地區。只是到了近幾十年,和全國各地戲曲一樣,有一種下頽的趨勢。但其作用與影響,仍不可低估。

戲曲史家們説,祁劇在風格上有兩大流派。以祁陽永州為中心的祁劇叫永河派。以邵陽為中心的湘中、湘西各地祁劇叫寶河派。無論哪腔哪派,都很講究聲韻,很講究吐字咬詞的單、雙、空、實、滿。但何謂單、雙、空、實、滿?没有一個科學的統一的説法。只憑老藝人的口口相傳,只知道哪些是單,哪些是雙,哪些是空、實、滿。祁劇語言自然以祁陽話為基礎,也吸收了一些通行話的成分。反過來又給祁陽話以影響。所以研究祁劇音韻對於瞭解祁陽話是不可缺少的。我是祁陽人,為了寫這本小書[②],又回到祁陽待了個把來月。但我看祁劇主要是少年時代,缺乏對它的瞭解。這次回祁陽,又很遺憾,没有能夠會到一個稍為稱得上角色的祁劇演員,没能看上一場祁陽戲。祁陽城關語音,我第一個請教的是歐陽友徽同志。他是祁劇行家,同樣遺憾的是我没有能夠得到機會向他更多地請教。我這裏寫的這一章,憑着我對祁劇音韻的粗淺體會,加上可以弄到手的一些資料,其中有龍傳仕老師的《湖南曲藝史》(署名龍華),主要是石生朝在一種祁劇研究資料中所刊發的一篇文章,它的題目叫做《祁劇語言音韻》。當然,也離不開我所掌握的一

①這原是《祁陽方言研究》(湖南教育出版社,1998)的最後一章。因為和方言有點關係,就附在那裏。但對方言有興趣的人未必對戲曲音韻也有興趣,現在獨立出來,收入本集子裏。

②指《祁陽方言研究》。

點音韻學知識。

為了給述説“單、雙、空、實、滿”作鋪墊,先説説祁劇的韻轍。

合韻押轍是戲曲唱詞的基本要求。祁劇歷來就有十三個半轍的説法。講韻轍的人每轍都舉出了一些例字,有些也用拼音方案標注了一下音值。例字不能概括全貌,注音多有遺漏,而且不太準確。拼音方案是標注北京音的,用來標注祁陽話自然會受到局限。這裏把祁陽話37個韻母(自成音節的 ŋ 除外)所歸屬的轍列出一個表來,每個韻母舉出兩例字在後面。至於某韻的字還有哪些,總共有多少,請看《同音字表》一章。

轍　名	韻　　母	字　　例
聾通	uŋ,yŋ	東宫窮用
加麻	a,ia,ua,ya	八叉加衙瓜花攫
齊微	i,ʅ,ɣr	筆披知其幾二
雷堆	ei,ui	梅規灰
庚辛	en,in,un,yn	登根經新昆昏軍群
肖豪	au,iau	高包漂標
間然	an,ian,uan,yan	幹般邊兼官寬元玄
跌雪	e,ie,ue,ye	北客滅國或月決
烏呼	u,y	姑哭魚居
牛侯	ou,iu	歐勾九丟
開懷	ai,uai	開該怪快
摸喝	o,yo	多剥約腳
江陽	aŋ,iaŋ,uaŋ	昂剛幫汪光
子恥	ʅ	資思

這兒明明有十四個轍,怎麽叫做十三個半呢?因為子耻轍很少用,只在個别戲中小丑念快板課子時才用。有人乾脆不把它看成一個獨立的轍,而歸入齊微轍裏去,所以認為這個“子耻”只能算是半個轍。

單、雙、空、實、滿是講如何發音咬字的。主要是講聲母。老年人、祁劇老藝人很講究這些。不懂得單、雙、空、實、滿,不被承認是懂得祁劇;單、雙、空、實、滿弄不好,發不准,便不會被承認是老到的祁劇藝人,只不過曉得唱祁陽戲罷了。到底單、雙、空、實、滿是怎麽一回事呢？石生朝在他的文章裏回答説：

單，是舌尖結合齒頭吐音的咬字方法，即用舌尖抵住齊齒的上門齒，由齒縫發生的塞擦音和擦音，如自(zi)、詞(ci)、司(si)等便是。

雙，是舌面結合前顎發音的咬字方法，即用舌舷翹起，抵住前部硬顎而發出的齒音，如之(zhi)、實(shi)等一類字便是。

空，是牙音、舌根音結合的吐字方法，即用舌根與後顎接觸而發出的牙音，如急(gi)、氣(ki)、歇(hie)等一類字都是。

實，大凡不屬於單、雙、空的字音範圍者，都屬於實音一類，也就是一般字音。

滿，即是運用滿口共鳴、滿口音韻的方法咬出的字音，皆屬於滿音，如馬、洪、虎等一類字都是。

這裏的介紹，為我們學習單、雙、空、實、滿提供了鑰匙和主線。但我們還不能滿足。在這個單、雙、空、實、滿的界定中，有些用的是語音學上的術語，有的不是，似乎是一種藝術描寫。很難根據這裏的界定來判斷什麽是單、雙、空、實、滿。如果以所舉例為主，結合那些述説，我們可以大致瞭解到，單、雙、空、實四者是把字音分做四類，ts、ts‘、s為一類，叫做單，tʂ、tʂ‘、ʂ為一類，叫做雙。k、k‘、x為一類，叫做空。其餘聲母的字叫做實。至於滿，説是"滿口共鳴，滿腔音韻"，暫時擱起來以後再説。

石生朝文章後面附有《祁劇十三韻、單雙空實滿、四聲正音表》。我們很重視這個《正音表》，讀了它，我們才有可能具體知道單、雙、空、實、滿的内容。不如先將這個表轉載在這裏，以便進一步討論。原表用不同的符號分别表示單、雙、空、實、滿，我現在改用d、s、k、r、m來分别表示。標示調類的四聲與單、雙、空、實、滿没有關係，這裏就删去了。下面就是這個表：

加麻轍

甲k大r花m八r下k打d掛d差s插r家s拿d壓r俠m假d罷m馬m話m怕m跨r畫r達r答r塔r卦s劃m娃m拔m瓜r瓦m爸m誇r牙r霞m佳r拉r崖r加k

摸喝轍[①]

火r波r多r可r樂r羅r磨r作d麽r梭r奪r我d著s戈r目[②]r哥r合r朵r果r所d坐d做d落r莫r末r和r惡r餓r各r破r潑r母r科r喝r拖r約r若d窩r何r河r左r躲r鍋d卓d妥d賀r

跌雪轍

越k姐d爹d也r滅r靴d傑k[③]葉r月r借d血s鐵r别r列r決r缺r歇r格r各r隔d責d客r克r刻r國s帖s接s結s切s曰r協r撇r絶r熱r揭r撤s結k[④]色d黑r别r傑s舍s特s折s者s揭s[⑤]獵r烈r裂d

烏呼轍

哭m毒d胡r府r虎r夫m書d姑r呼r朱r古r出k苦r五r主k布d讀r福d叔d祖d數s吐r奴d湖r魯d無r舞r誤r廬r賭r富r怒d肉r土r督r陸r徒r突r屠r鼓r圖r途r路r爐r

齊微轍

批r避r低r非r一d提r饑k奇k披d欺d衣r敵r急r級d吃s起k氣d細d習r必d思d知s直s吉s遲s比r理r力r基r泣r移r豈r繼r義r喜d戲k棋r皮d希r匹r費s池s騎r逼r禮k

開懷轍

排r矮d壞r白r快r塊r哀r太r來r待r該d才d再d彩d敗r拜r代r耐r賣r豁r外r慨d災d載d栽d裁d賽d曬d愛r海r改r帥s奈r胎r呆r界r凱r派r埋r帶d塞d歹r擺d踩d篩s該r槐r孩r買r拐r怪r泰r賴r

雷堆轍

媒r美r黑r[⑥]灰r杯r歸r追r悲r回r為d誰d北r鬼r悔r跪r會s對r隊r被

---

①此轍原作者注:"國、説二字在戲曲中本是跌雪韻,現在也有些演員當做摸喝韻在用,故也收入此韻。"琦按:據"現在""有些""當做"等説法,在本轍中删去了此二字。

②此字按祁陽讀法,應入烏呼轍。今在摸喝轍,當有所本。

③本轍下面又有傑字,删去未録。完全相重,删去而未出注的,有家麻轍的畫字,還有間然轍的班字。

④結字重出,前一個注為雙,此處注為空。此表系原作者據藝人所述記録。既已作雙,復又作空,當是藝人所述如是。今按:作空為是。

⑤揭字重出。前一個記為實,這一個記為雙,自相矛盾。恐皆非是。此揭字後又有借字,也注為單,去聲,當系重出,删去不録。

⑥黑字在跌雪轍裏已出現。那裏是入聲,這裏標平聲。此字入雷堆轍,是北京話的讀法。不是祁陽話的音。

r退r愧r淚r內r瑞d位d雖d貴r桂r推d倍r背r喂r危r壘r累s睡r輩r配r卑r虧r雷r威r微r違r梅r媚r眉r輝r揮r非r飛r碑r[1]

牛侯轍

丟r休r有d周s仇s劉r流s由r手d救d壽r求r囚r游d樓r頭r斗r吼r口r某r走d六r留r肉r[2]塗r徒r楚r初r[3]秋d溝s丘r糾r溜r尤r謀r九r朽d羞d優r有s收d守s鬥r[4]豆r

肖豪轍

高r包d遭d騷s刀r要r刁r毛r寶r了d姣d滔r朝s袍m桃m保r好r叫r妙r笑r孝r料d燥r標r挑d套r靠r報r浩r跳r告d拋r跑d燒s超s勞r逃r搖d詔s招d膠d悄r敲r澆d嬌r

間然轍

言d奸r安r班d三d殘d汗r寒r山s還r縣r原r田d反r喊k臉d晚r眼r煙d漢r變r見k件r現r遠r院s片r騙r憐d便r謙k賢r牽k連d閑r沿s邊r軒d冤r偏r甜r垣r選r嚴d傳s川s穿s拴s堅m潘r幹r看r探r攀r丹r彈r

江陽轍

浪r抗r湯m邦s望s方d雙s當r忘r亡r鄉r榜r講r往r想s强s腸d王r黄m滿m梁d唐r康s慌m狂k香k雲d崗r防r航r良r娘r章d長d眶m光s闖s[5]行r

聾通轍[6]

滚m[7]封r風r功m公m攻m恭m躬m宮m紅m洪m兄k雄d同r冷r彭m朋r猛r通d充s奉r孟r容r眾s蓬d動r送d憤r盆r盟r悶r碰r弄r農s魂r逢r

---

①此處原有淚字,重出,删去不録。

②肉字已入烏呼轍,此轍又出。那是文讀,這是白讀。

③原作者注:"塗、徒、楚、初等字,也可讀成牛侯韻,故列上。"徒、楚、初三字烏呼轍已收。塗字未收。烏呼轍中楚、初二字注為單音,是。此處注為實音,誤。

④此鬥字重出,都標上聲。如果標為去聲,鬥爭的鬥,那就不重,應當保留。

⑤此處原有航字,重出不録。

⑥本轍魂、憤、分、粉、悶、捆、混、奔、村、分、昏等字,於古於今都當入庚辛轍,舌當入跌雪轍。今姑仍其舊。琦按:舌當是誤字,因為此字決無人聾通轍之理。魂字又見於庚辛轍。憤、分等十字想必也是原作者據老藝人口述所記。莫非祁劇本來就將這些字讀入聾通轍,或是口述的老藝人個人的誤記? 存疑待問。

⑦此字本當入庚辛轍。可能是要讀"滿"音,前鼻音變成後鼻音。此轍以後鼻音ŋ為韻尾。同樣情形的還有滿字,本當在間然轍,而列入江陽轍。

翁r棚r捆r混r奔d分r舌r冬r昏r用d松d終s忠s東r凶r

庚辛轍

燈r更r登r横r兵d聲s根d心d今d臣s成s英r聽s呈s生s景d能r名r君r音s人r文r林r肯r品r審d進d狠r沈d寧r仁r平r恨r銀r行r迎d情d親r明d新d賓r靈r春d雲r尋r形r恒r

子耻轍

之d詞d慈d止s旨s指s知d耻s世d[1]刺d死d紙d支s志s池s治d枝s侄s

對這個表進行研究,我們的結論是:所謂的單,實在就是尖音。不過也不完全是,還有一些正齒二等音在内,這部分二等音姑且叫做准尖音。所謂的雙,就是知組章組的三等音。這些音絶大多數在普通話那裏,是舌尖後音。但這句話不能反過來説,凡北京話的舌尖後音就是祁劇的雙音。所謂的空,便是團音,特指舌面後音(除鼻音外)與齊齒呼和 ʅ 韻母相拼的那一部分。現在我們就來較為詳細一點講説。

尖音是古代傳下來的一個語音術語。古代聲母有所謂精、清、從、心、邪,它們分别代表ts、ts‘、dz‘、s、z,以這些為聲母的音叫做尖音。這些在祁陽話中都還保存着。當然不是説古代的精母,就是現在祁陽話的ts,不是那樣一對一,裏面有些互混的情形,也有一部分變成别的聲母了。也有别的音現在變到尖音裏來了。以上面那個《正音表》而論,現在還屬於尖音的有下面一些字:

ts　作做則責足租祖再栽載崽最走遭早燥躁糟宗怎此刺子

ts‘　擦錯猜彩菜踩催造慘倉村聰

dz‘　坐鑿在才裁隨罪殘藏

s　灑梭鎖索蘇思賽曬塞歲雖搜傘松送私死

z　詞慈辭

古代的這一組音,在祁陽話中如果後面接上了i、y,它們就變成了tɕ、tɕ‘、dʑ‘、ɕ、ʑ,如果後面接上了 ʅ(舌頁元音),那它們就分别變成了ʧ、ʧ‘、ʤ‘、ʃ、ʒ。我們仍從《正音表》裏舉例。這個表裏没有濁擦音。

tɕ/ʧ　姐借焦尖將進井精用/即積

[1]此字與前面的知字,齊微轍已收。

tɕ‘/ʧ‘　妾秋千悄淺槍青親 / 七妻

ʥ‘/ʤ‘　斜就前錢晴情 / 齊

ɕ/ʃ　　些秀修羞小消先仙相星心信新 / 西息細昔

雖然在口語中變了，而祁劇卻要求分出尖團來，這些字仍要按原來的尖音讀法來念或唱。就是說“姐”不念為tɕie，要發tsie的音。“秋”不讀tɕ‘iu，而要發ts‘iu的音。“前”要發音為dz‘ian，“小”要發音為siau。即、七、齊、西四字，它們的聲母按祁劇“單”的要求，也當分別作ts、ʦ‘、dz‘、s。

關於尖音還有第三種情形。古代的正齒二等音有五個，常見的只有四個，語音學上給它們定的名通常是莊、初、崇、生。這四個聲母，北京話大都念舌面後音，也有念成舌尖前音的。在祁陽話，絕大多數念成舌尖前音，亦即尖音。這一組可看成准尖音，祁劇也要求把它們讀成ts、ʦ‘、dz‘、s，是“單”的內容之一。我們的例子都限於《正音表》，下面不再重複說明。

莊—ts　　捉卓阻爭

初—ts‘　初楚抄

崇—dz‘　查鋤愁

生—s　　殺色哨

“單”有這三點就足以說明了。1.尖音一：原來的舌尖前音，現在還念舌尖前音；2.尖音二：原來的舌尖前音，現在已經念成別的音了；3.准尖音。此外，表中還有六個字，標為“單”，沒有包括在以上三點之內。六個字是膠、舟、章、重、純。表內把“膠”字也看成單，那是搞錯了。因為“焦”是“單”，現在焦、膠同音，就認為“膠”也是“單”了。但這兩個字是不能等同的，前一個的聲母古代是精，即ts。後一個聲母古代是見，即k，應當看成“空”才對。我當小學生學地理，老師把膠州半島的“膠”，我記得清清楚楚，念成kau，音與高同。舟、章二字是道地的三等字，是所謂的“雙”，何以混進“單”裏來了，不得其解。重、純二字雖是三等，但都是合口，在祁陽話中確實念成了dz‘，算是變例。

列在“雙”音之中的字，用現在祁陽話來念，可分成五類，如下表：

tɕ/ʧ/ts　遮折者周招戰張真正/知/之旨指紙支志枝耻眾忠·紮劄

tɕ‘/ʧ‘/ts‘　車醜抽超川穿/吃/充春·差插

ʥ‘/ʤ‘/dz‘　著仇朝詔傳丈場腸長臣呈沈/直遲持池侄/·床闖

ɕ/ʃ/s 説舍手收守燒聲審/世/詩水叔·山拴雙生沙帥

ʑ/ʒ/z 射壽受上辰/ /寺

這類音從發音部位來説,是舌面前、舌頁和舌尖前。三個發音部位,五種發音方法,14個輔音(r音缺字),我們怎樣來確定“雙”的意思呢?“單”“雙”是相對的概念,不是數的概念。“單”是舌尖前,與之相對,“雙”可以是舌尖後,前、後相對。[①]可以是舌面前,尖與面相對。看來舌尖後對我們有吸引力,因為所有這些“雙”字在北京音系裹都是舌尖後音(一個寺字除外)。但這是不便接受的,以祁陽話為基礎的祁劇語言,不可能有一種祁陽話没有的聲母。“雙”音的發音部位只能是一個與舌尖後接近的部位,而不就是舌尖後。接近於舌尖後的發音部位,在祁陽話來説,最有資格的莫過於舌頁了。舌面前可不可以呢? 不是不可以考慮,但有困難。從韻母方面説,“雙”既有細音(齊撮),又有洪音(開合),舌面前拼細音很方便,在漢語,這組聲母拼洪音卻幾乎找不到用例。而舌頁音聲母,洪音細音都可以順當地相拼。況且舌面前輔音在音質上離舌尖後輔音太遠,不能和舌尖前的“單”音相對。

祁劇是保守的,也是開放的。因為保守,才能保持住它的特色。因為是開放的,所以它能隨時進步。就語言來説,保留尖團,是其保守之處,也是它雅的一面。提出“雙”來與“單”相對,學習通語,是其開放之處,也是它俗的一面。這樣來解釋祁劇語音强調“雙”的義蘊,也許是合理的。

如果從古音學的觀點看,這些“雙”字主要是章組(三等)字,還有知組的三等字。我們方言學界的老前輩,聲母方面立了一個知系,知系裹有四組,莊組、知組、章組、日組。日組不在討論之列。其餘三組,這裹都討論到了。祁劇把莊組當作是“單”;把知、章組看成是“雙”。如果這樣説,那就要解釋為什麽在“雙”中還包含有若干二等字。[②]因為祁劇要隨時,要從俗。[③]這些二等字雖然在祁陽話裹是“准尖音”,但在官話系統中,它們多是捲舌的,不得不把它們拉到“雙”裹邊來。從音系來説,這是不統一的地方。

附帶説一句,祁劇音韻中有“雙”,這個“雙”的發音部位是舌頁,這是我

---

①這裹説“前後相對”,下面馬上又説“尖與面相對”,當然不是説我們的祁劇老藝人懂得現代語音學,而只是説問題的實質。

②在“雙”字列表中,二等字前面都用了一個圓點。

③“黑”字毫無疑問屬於跌雪轍,可是又可列入雷堆轍,讀歸平聲,明明是跟着普通話走。這是“隨時”“從俗”的一個就近的例子。

們在定祁陽話的聲母系統時,堅持將舌頁音單獨分出的原因之一。從祁劇音韻看來,舌頁音是祁陽話本來就有的,不是因為韻母的關係,從舌面前音中派生出來,而是相反,舌面前的一部分,是從它這裹派生出去的。

現在就要説到"空"了。前面説過,"空"音是舌面後音(ŋ除外)中與細音相拼的部分。"空"音列字中没有現在還讀舌面後的音,不是全部團音,只是團音中的一部分。團音的準確説法,應該是舌面後的塞音和擦音。中古音的聲母叫做見、溪、群、曉、匣。照前面討論單、雙的做法,也為"空"音列一個表:

k　甲假俠佳加結救奸姣臉見堅講云/饑急級吉基

k‘　謙牽/欺起氣

g‘　傑件/棋騎

x　血歇休孝喊香鄉兄凶/希戲

ɣ　下霞縣現嫌賢

這些音的讀法是這樣:甲念kia,不念tɕia。謙念k‘ian,不念tɕ‘ian。血念xye,不念ɕye。下念ɣia,不念ʑia。對於列表還有所補充。一個奸字,一個喊字,祁陽話當今是洪音,不知為什麽要列人。奸字猶有可説,它是二等字,有念成細音的可能性,北京話就念成細音。喊字是無理可説,它是一等字,不可能念成細音。如果照現在一般人所瞭解,臉字也不可能以舌面後輔音為聲母,但古代是的,《集韻·琰韻》此字居奄切,正當讀為k音。有兩個可能是歸類錯了的字。出與主,都當屬於"雙",可能是把"出"讀成窟,把"主"讀成矩,因而致誤。至於《正音表》把越字列為"空",現在尚不能解釋。

單、雙、空都説完了,"實"也就出來了,照石生朝的文章,除單、雙、空之外,其餘就都是"實"。如果承認我們對於單、雙、空的理解不錯,那麽,在"實"裹邊還有一些單、雙、空没有挑出來。要從《正音表》"實"中挑出來的字如下:

單——絶尋囚笑選習想

雙——輸朱書舟州

空——糾叫嬌決揭繼澆今景君丘缺豈求强靴血喜軒朽向泣協雄形

單、雙、空相互之間也有混淆的情形。除了前面已經説過的,"雙"裹面有幾個字没有説到。這裹來作補充。節、接、切、寫,是單,它們的聲母分别是ts、ts、ts‘、s。將“騷”字列為“雙”,也没有什麼道理可説。它本當是“單”,聲母s。寺字祥吏切,邪母三等字,祁陽話念z,以列入“單”為正。

滿音總共才63個字,只7個轍裏有。它們是:

加麻轍:花八掛把罷馬話怕罵跨畫卦劃娃拔疤瓜瓦爸誇麻華

烏呼轍:哭虎夫呼古苦

開懷轍:排

肖豪轍:包寶袍桃保

間然轍:班搬潘攀彈

江陽轍:湯邦望堂黄滿唐慌狂眶光

聾通轍:滚功公攻弓恭躬宫紅洪彭朋蓬

看這個字表,有幾個特點。主要母音只有兩個,不是a,就是u。聲母多的是重唇音和牙音。有相當數量的“滿”音字用鼻音結尾。a的口腔開度大,聲音響亮。重唇音有力度,有利於加强氣勢。牙韻居於較深的口腔中,共鳴腔較為深廣。鼻音通過鼻腔,顯得洪大。u韻的滿,主要在於“滿口音韻,滿口共鳴”。非u韻的“滿”如此,u韻尤其如此。歐陽友徽同志試着為我“表演”過一次“滿”的唱法。他發那個“夫”字,提起中氣,讓渾厚的氣流從“丹田”湧出,灌滿口腔,我看他腮幫子都鼓起來了。氣流迸出,勢不稍減。那聲音真如洪鐘一般。這就是“滿”,不過已主要不是語音上的滿,而主要是藝術上的滿了。同是a,不是所有的a都能叫做滿;同是牙音,不是所有的牙音都可算做滿。别的語音條件與此相類。重要的,或者説主要的是藝術上的“滿”。從語音學角度説,“滿”是次要的,它不是語音發生的特點,只是利用音質的特點,作藝術處理。這要歐陽永徽同志這些行家們來談,我如果還敢於再在這裏饒舌,真如祁陽話所説,那就是“亂䜼熱消”①了。

---

①䜼字書裏釋義為“呶”,意思是喧嘩。《集韻》有博幔切一音,音半。熱,一個同音替代字。本字是“食”,食物叫做食,白讀為熱。“亂䜼熱消”是説亂嚷嚷,藉以消食。意思是吃了飯没事做,瞎説一通。

關於文風的一次講話①

我們的文風有些不正的地方。說“有些”,那就是說,並不像冬天刮北風一樣,滿天都是。這不過是一股逆風,一股歪風,是“從防空洞裏跑出來的”。

一、抽象空洞。毛主席說:“空洞抽象的調頭必須少唱”,而我們現在還在起勁地唱,唱得叫人厭聽。一篇文章,翻來覆去,就是那幾句標語口號,沒有什麽真切的内容。或者四平八穩,面面俱到,什麽都說了,什麽都等於沒有說,看了和沒有看差不多。在文藝作品中,議論多,形象少,共性多,個性少,豪言壯語多,生動情節少。講空話毫不費力,可以漫無邊際地講下去,文章於是拉得很長。這就是毛主席所批評的長而空了。列寧指出:“用抽象的概念代替具體的東西,這是革命中一個最主要最危險的錯誤。要知道,現在用空話既不能說服工人,也不能說服農民,只有用實例才能說服他們。”列寧同志說得很對,寫空洞抽象的東西,實在不只是文風問題,而且可能與政治相關。假如我們手中沒有動人的貨色,只能唱些老鴉聲調,就做不好宣傳工作,就不能很好地使黨的政策變為群眾的實際行動。所以列寧同志號召說:“不要講空話,不要空喊,而要善於運用掌握的事實和數字。”

二、文理不通。這裏指不合語法、邏輯,例子俯拾皆是。我手裏有張百來字的録取通知單,念給老師們聽聽:

録取通知書

×××同學:

根據自願報名、貧下中農推薦、黨委審查批准,你被録取為××中學高中部學習。為了使其能順利入學,現將有關事情通知如下:

(1)請帶好毛主席著作、元旦社論、學習用具,於元月28日前到指定

①這次講話作於1972年。我的同學D君,是某名校的語文教員,他那時被公推組織長沙市中學語文教師的業務學習。我應他之邀,作了這麼一次講話。講話後,我的另一同學M君,她是一個中學的校長,好意地提醒我,說我的講辭有些是經不起推敲的,要我以後講話謹慎些,免得成為“運動員”。聽了她的話,我確曾有些耽心,不過,好像她並沒有去“揭發”我的不是,我仍安然無恙,一直活到今天。

學校參加入學教育。

(2)帶足學雜費5.5元,方能報到註册,過期兩天不予録取,備取生替補名額。祝

新學期進步!

××公社教革委72年元月25日

“根據”後面要有一個賓語,在“批准”之後,當加“的原則”三字。不加也勉强過得去,而“被録取為……學習”則非改不可。或改“學習”為“新生”,或改“為”做“入”。“其”就是在古漢語裏做對稱代詞也是極罕見的,應改為“你”。其實,“為了……入學”這話完全可以删去。

根據自願報名、貧下中農推薦、黨委審查批准的原則,你被録取為××中學高中部新生。現將有關事項通知如下。

這樣就乾淨利落些。再看下去,“帶足”應為“交齊”。“不予録取”,已發通知單,怎麼又不予録取呢? 應該説是“除名”。“過期兩天者”所指不明,過什麼期啊? 最後一句與前文缺乏關聯,當説成“缺額以備取生遞補”。修改以後成為:“交齊學雜費5.5元,方能報到註册,超過報到時間兩天者除名。缺額以備取生遞補。”

實在這裏要告訴學生的,只有42個字:已録取你為××中學高中部新生,請備好學雜費5.5元,帶齊學習用具,於元月28日來校註册入學。再加上個落款就可以了,其餘都是廢話。

短短一個入學通知,缺賓語的,搭配不當的,贅餘的,用錯代詞的,表達不清、行文不暢的,缺乏關聯的,錯誤有七八處之多。這個通知還是一個文教單位發的呢,其餘就可想而知了。

下面再舉幾個簡單的不合事理的例。

當當當,出工的號角吹響了!

號角是怎樣響的呢? 是“當當當”地響嗎?

我們多次回頭看那雄偉壯麗的湘江大橋,看那橋上的紅旗迎風飄揚,永遠飄揚。

只能看到迎風飄揚,不能超越時間,看到永遠飄揚。

千變萬變,勞動人民的本色不能變。

千丢萬丢,革命的本色不能丢。

千離萬離，毛主席的革命路線不能離。

前兩句不科學，後一句是生造的。不是突出重點，而是孤立重點，稱孤道寡，只要一點，不顧其餘。一言以蔽之，就是形而上學。千變萬變，請問馬克思主義的基本原理可以改變嗎？唯獨革命傳統不能丟，難道槍桿子可以丟嗎？正確的路線確實背離不得，但如果離開群眾，離開實際情況，你那個革命路線又如何去貫徹呢？而且，又何必千丟萬丟，千離萬離呢？對人民有益有利的東西都不丟不離，豈不是更好嗎？

文理不通的原因是多方面的，其中一個原因是我們有些同志對這類現象不重視，以為那是"下人"們的事，"大老爺"可以不管。甚至有一個時候，我們的語文老師也不願下功夫去糾正學生"文風不正"的情形。這怕是中了"政治可以衝擊其他"的毒，現在該是消毒的時候了。

三、"生造誰也不懂的形容詞之類"。有些文章語言乾癟，沒有幾句生動活潑的話，像毛主席所譏刺的那樣，乾巴巴幾條筋，瘦得難看，不像一個健康的人。如果有幾句生動的話，那都是別人已說得不愛了的。有的文章把架勢一擺，看上去還像個樣子，但看那語言，實在沒有什麼好話可說。有極少數文藝作品，除了一些巧合的情節之外，語言就很難說是文學語言，平淡得很，粗糙得很。最不能容忍的是生造詞語，讀起來就心裏難受。舉幾個例：

毛主席的教導，鼓舞他劈風向前。

講奮勇向前不是很好嗎？為什麼一定要"劈風向前"呢？

遵義會議標幟着党的光輝的勝利的戰程的開始。

"標幟"要改用也可做動詞的"標誌"。"戰程"很少聽說，當說"征程"。而且這話內容上也不準確。我們只說遵義會議是我們党從幼年走向成熟的標誌，不說是"勝利戰程開始"的標誌。說"新的勝利的征程的開始"還可以，因為党自成立到1927年四五月間，曾經取得過偉大的勝利，遵義會議後，那是取得新的勝利。

還有個別的老演員，一哼起舊花鼓調，就覺得津津有味，愛莫能深。

"愛莫能深"是仿"諱莫如深"生造的。"諱莫如深"見於《穀梁傳·莊公二十三年》，"深"根本不是深淺的深，而是指重大的憂患。另有成語"愛莫能助"，是說願意幫助但無能為力。"愛莫能深"呢？是說沒有比這更深的愛嗎？

其他如"旭日韶升"呀，"抛頭灑血"呀，"紅旗裝腦"呀，要多少就可以舉出多少。

濫用豪言壯語,也是我們文章中的一個毛病。英雄人物的豪言壯語,表現無産階級的性格特徵和豪邁氣概,有强的表現力。但如果没有英雄行為,只有英雄語言,那是成不了英雄的。即使英雄人物,他發豪言壯語也得有個現實環境,從那個環境裏激發出來。如果憑空唱一頓高調,終難令人信服,應和者也不會太多。無産階級英雄有着共同的崇高的英雄品質,但表現形式會各各不同,語言也不會完全一樣。但如果讓他們説同樣的話,既不符合實際情況,也忘了我們創造新鮮事物的重任。

四、觀點材料不統一。觀點統帥材料,材料説明觀點。現在一些文章,羅列現象不出觀點者有之(只是甚少),堆砌觀點,脱離實際的也有之。而比較多的是材料與觀點脱節,材料不能説明觀點。有一篇報導是《發揮老教師的骨幹作用》(姑不論其觀點正確與否),其所用材料並不能説明老教師起到了骨幹作用。已過去三四個月,全文已記不清楚。我只記得其中一個事例是:一名老教師現身説法,説明重業務輕政治是不對的。這只能證明利用老先生來講政治掛帥的重要性,恐怕不能算是老教師起骨幹作用的證據。有一條消息講"結合生産實際進行黨的基本路線教育",可内容是説,進行路線教育,保證完成國家計劃。文不對題。這類現象為什麽會産生呢?因為定了宣傳任務,明確了宣傳主題,卻找不到材料來作説明,就只好拉上一些多少有點關聯的事來充數。

五、比喻不倫不類。比喻使人容易接受,獲得深刻的印象。一個好的比喻,不是任何别的表現方法所能代替的。但如果亂比一氣,就没有好的效果了。亂打比方,現在已不是個别現象。

> 起重機一上一下,好比雞啄米。
>
> 我們一定要像這件紅衣一樣,兩顆紅心永遠忠於黨。
>
> 這小朋友堅實有力的回答,就像一個個手電筒射着我們的心窩,給了我們極大的教育。

這類比喻只能叫做不倫不類,没有可多説的。但下面的例子,得要想一想,才能明白。

> 赤日炎炎何所懼,戰士心有紅太陽。

這想必是仿楊子榮唱詞的:"抗嚴寒化冰雪,我心有朝陽。"他那是"抗嚴寒化冰雪”,心有朝陽,你這裏外面是“赤日炎炎”,心裏頭又有一顆紅紅的太陽,豈不要把人燒死?

有一本小説叫做《戰馬馳騁》,河南出版的,裏面有一段描寫是講比喻的,我念給大家聽聽:

部長翻着猛子的筆記本……翻着翻着,念出聲來了。“……我要向印度支那三國人民學習,學習他們的革命精神,做好本職工作,喂好豬,早日把這批豬變成打擊美帝的炮彈。”

“哈哈哈哈……炮彈! 猛子,你們的豬也變成炮彈了,不錯不錯。”

這位後勤部長為什麽要笑呢? 他這笑是贊許猛子這個戰士的革命覺悟,贊許他在比喻裏包含着可愛的性格,同時也善意地笑他的不很恰切的比喻。我們的語文老師是不是也可以從這裏得到一點什麽啟示呢?

六、千篇一律。有一位老師在報上寫文章批評千篇一律的現象。他説:“有些文章常用三段式。開頭,東風吹,紅旗飄,國内外形勢一片大好,我校形勢也是一片大好。中間一段往往是檢查自己的缺點,空洞地寫幾句‘鬥私批修’的話。結尾則寫幾條保證。”不知道你們那裏有没有類似情形。我們那裏就有這類公式化的東西,雖然不是普遍的,卻也不是個别的。

“在國内外一片大好形勢下,工農兵學員入學了”,“在國内外一片大好形勢下,開展了撿廢鋼鐵運動”,“在國内外一片大好形勢下,按程度編班的工作開始了”等。在“大好形勢”之前,或者還要加上幾個似通非通的四六句子,如“岳麓雲飛千萬里,湘江波湧吐長虹”這一類的話。這是開頭,中間呢,就是“鬥私批修”那一套,例如説不想當教員啦,不重視撿廢鋼鐵啦,和他人比高低啦。有了思想問題,如何解決呢? 就是3條,一是想起了語録,哪一條哪一條,這是必備的。第二是支部書記的談話,那也是飛靈的一着。還有第三,憶苦思甜。苦就苦得不能再苦,甜就甜到心窩窩裏了。於是問題得以解決。或者只一條就解決了,複雜一點的,就有了兩條,或者三管齊下,那就水到渠成,再無疑問,問題迎刃而解了。

我聽説還有另一個三段論,開頭繞彎戴帽,中間抄書抄報,末尾決心口號。我相信這種三段論當不是憑空産生,但我没有感性知識,不便評論。寫新聞的人比學生高明,他們總結了一個套套,比這複雜多了,但還是没有跳出公式化的框框去。這個套就是:點出一個單位,提出一個問題,學習一段語録,收到一個效果,表示一個態度。作文裏面類似的情形也有。那就是描寫一段景物,如陽光燦爛之類,導出一件事情,如參加勞動之類,產生一點私心,如怕累怕熱之類,想起一段語録,如"一不怕苦二不怕死"之類,得到一點收穫,如在與工農兵結合的道路上邁出了可喜的一步之類。

勞動人民不甘心忍受剥削和壓迫,這没有疑問。但不要以為,他們個個都會起而反抗剥削和壓迫。如果那樣,就解釋不了為何剥削制度會延續得那麽長,現在世界上還有剥削制度存在。而反抗的方式也是多種多樣,有像大春那樣去尋找光明的,有像喜兒那逃入深山的,有像阿慶嫂那樣周旋于敵我之間的。以為勞動者一定會反抗,而反抗就一定拿起菜刀剁,操起扁擔砍,不共戴天,你死我活。這樣激烈的形式一定有,但决不是唯一的形式。現在我們的某些文藝作品的創作,某些家史的撰述,就只見刀光劍影,血雨腥風,勞動人民和力量十倍于乃至百倍于己的地主惡霸死拚,名義上是歌頌勞動人民的革命精神,實則把活生生的歷史變成毫無生氣的公式,把勞動者説成是魯莽的、不顧利害的拚命三郎,一點理智都没有。這不能證明勞動者的不聰,只證明述作者的少智。

七、説過頭話。這是個老毛病了,"大躍進"那會兒,到處都是過頭話。最過頭的莫過於"跑步進入共産主義",畝產稻穀十三萬斤了。我們現在的過頭話也多,但比起那兩條也就不算什麽了。學生寫作文,記者寫報導,説幾句過頭話,更是小巫見大巫,不算一樁了不得的事,上有好者,下又甚焉。但我們既是共産黨人,是唯物主義者,還是不要説過頭話為好。

毛主席説,中國應當對於人類有較大的貢獻,是講全中國,那時六億人口,現在是八億人口,這個六億或者八億,應當對於人類有較大的貢獻。説"應當",意味着還没有成為事實,要争取做到。而我們個人作保證,動不動就説要對人類有"更大"的貢獻,那口氣也就太大了。毛主席都没有説他對人類已有較大的貢獻,他老人家把自己放在中國人這個大範圍之内,争取對人類有較大的貢獻,你個人卻説要作更大的貢獻,不知不覺地把自己擺在什麽位置上了?假如有人指出來,你會不感到汗顔嗎?

一幅好畫,《人民日報》説"是無産階級文藝的又一支閃爍着毛澤東思想燦爛光輝的鮮花","這是無産階級文化大革命的又一豐碩成果,這是毛主席革命文藝路線的又一新勝利"。這是極高的評價,而我們有作者還要加碼,説是“無比壯麗的史詩”。他不想一想,還有没有和這“能比”的文藝,就信口開河。如果這畫是“無比”的,那麽,毛主席詩詞你怎麽看呢?想來也只好講是“無比”的。既然都是無比,那就是有比了。

今年三月,又一批工農兵學員朝氣蓬勃地跨進了湖南師範學院。他們思想覺悟高,有豐富的實踐經驗,是教育革命的主力軍。

“工農兵學員”基本上没有做工的,多數參加過一點農業勞動,一部分是農村的代課教師,有少數在部隊裏當過幾年兵,有些實踐知識是不錯的,但説有“豐富的”實踐經驗,怕是還談不上。教育革命的主力軍,按現今的提法,當是工農兵全體,而工農兵學員只是全體工農兵送到教育機關來深造的學員那一小部分,如何能冒稱主力軍呢?“思想覺悟高”,如果要我來寫這段話,我寧可寫成“較高”。

文藝作品中的過頭話,有一個典型的例子,人家已在報上指出來了。有篇作品描寫先進人物“啥書都不讀,唯讀毛主席的書”,把讀馬列的書與讀毛主席的書割裂開來,把讀毛主席的書與讀其他革命書籍、自然科學著作對立起來,顯然把話説過頭了。

八、生搬硬套。這一點本來可以放到前面“千篇一律”那一條裏面一起講,由於我想特别强調,就故意分開了。文學上的硬搬和模仿,是最没有出息的事,毛主席早就批評過了。拿學習樣板戲來説,不是學樣板戲的“二革”精神,“三突出”原則,而是簡單地模仿人物設置、語言唱詞、表演動作,不分情況場合,總是讓英雄人物站高坡、唱高調、壯語豪言,用硬搬代替學習,用模仿代替創造,這是我們不能贊成的。學生寫作文,難免有些模仿,有些套用。但套得亂七八糟,套得不成樣子,也就非指出不可了。例如别人有《賣馬記》,我就來個《牽牛記》,馬换成牛。毛主席有“馬蹄聲碎,喇叭聲咽”,我就寫“喇叭聲脆,機器聲隆”,馬蹄變成機器,碎换成了隆。仿“往昔崢嶸歲月稠”,來一個“捷報濃妝今更稠”,易昔為今,易歲月為濃妝。“好八連”的報導説:“這丢掉的不是一雙襪子,而是革命傳統。”聽起來還過得去,似有警醒之意。而我們的作文仿此格式説“這不是一個女孩,這是一朵鮮花”,就十分彆扭了。把小孩比做鮮花倒是習見,可説她不是一個女孩,那就不像話了。

下面説一個我自己的故事。有一篇批判文章是我審過的,我修改過的,可作者在作批判發言時，把“樹欲靜而風不止”，念成“樹欲摇而風不止”。害得我嚇出了一身冷汗，害得政治部主任趕快去找原稿看。如果是我改的，那麻煩可就大了。主任一看，上面明明寫的是“樹欲靜而風不止”，不是“欲摇”。原來這個發言者為了求新，顯示她有所創造，臨時把“靜”改成“摇”了。“樹欲靜而風不息，子欲養而親不待”，人們借用前一句（但易“息”為“止”）來表達階級鬥爭是不以人們意志為轉移的存在，不是我們要鬥，而是階級鬥爭不息。現在變成“樹欲摇而風不止”，仿佛是説，我本想鬥，你也要鬥，正合我意似的。

《為徐敬業討武后檄》最後兩句是：“請看今日之域中，竟是誰家之天下？”仿此格式，寫出大文：“請看今日之中國，牛鬼蛇神哪里逃？”駱賓王那兩句，是説當今李武兩家相鬥，勝負未分，對於勝利，檄文充滿自信，李氏皇朝一定會取得最後的勝利。可對於牛鬼蛇神來説，革命人民有壓倒優勢，要那“請看”二字何用？聽那口氣，似乎要將“牛鬼蛇神”斬盡殺絶似的。這可不是無産階級的胸懷，因為無産階級只有解放全人類，才能最後解放自己。

有朋友在那裏説話了，你反對模仿，你自己開頭那些話，你引革命導師的話壯膽，你講文風，也如反對黨八股，寫出八條來，不也是在鑽一個套套嗎？我承認是的。這是形勢和氛圍決定的。形勢和氛圍是無聲命令，是絶對權威，這個套路是誰也改變不了的。可知我們反的是生搬硬套，不是一切套路，不是完全自立門户，這個道理，我不講也能明白。不以規矩不能成方圓，我所遵循的套路就是規矩，對吧？

《修辭學》再版後記

在這本小書裏,我引進了同義修辭,作為修辭內容的一個組成部分。

修辭中的同義學説的研究越來越深入,已不是1983年我寫《修辭學》的時候那個樣子了。那時候研究同義修辭的青年人,現在都已經不年輕,其中許多人已離同義修辭而去,不再堅持這個東西。只有南京大學的王希杰教授等鍥而不捨,對此有了更多更老到的論述。北方民族大學聶焱教授還據王氏的理論寫成了《廣義同義修辭學》(中國社會科學出版社,2009),涵蓋了語音、詞語、句子、超句、文字、標點、辭格、語體、風格和方法論等各個方面,是一次十分有益的的嘗試。

現在再版我的這本舊書,自然没有可能按照現在的理論來重新寫過。我當時只是據我所理解的同義修辭理論,用我認為最靠得住的方法來寫同義修辭。同義修辭現在有人追溯到《公羊傳》,這與我當年的想法略同。我曾經想過,在思想裏頭策劃過,寫一本從三《傳》看同義修辭的書,那寫出來一定是相當可觀的。如果有人比如説我的老師,堅持要我繼續與同義修辭打交道,那麽,那勞作的成果一定是《三傳修辭要略》。如果我無他事可為,現在仍然是一個可供挑選的研究項目。我的能耐,如果也可説是能耐的話,是歸納現成的東西,不是演繹那未知的事物。明知演繹的重要,是求得新知的必經之路,但我仍只能兔守我的舊法。覺得我這個辦法可靠,多少於世人有益。讓那些資質聰慧的人演繹去吧,我甘願居於下風而不悔。由王希杰教授首倡,現在修辭學界有人在談論湖湘修辭學派,如果有這樣一個學派,那它的特點之一就是多從古籍中勾稽和歸納修辭材料,重在扎實可靠,持之有據,而缺乏縱横馳騁的想象力和層出不窮的創造性。

已經説得明白了,我的同義修辭研究成果是歸納出來的,不是推論出來的。我用兩種可以比較的語言材料來對比,一般説來,把後出的那一種看作是對前一種的修飾和訂正,是一種修辭,被稱為所謂的"消極修辭"。這樣做的結果,得到五個方面的成果。一是語詞,一是語法,一是資訊,一是借代，還有一個是繁簡。這五個方面我當時都企圖寫進《修辭學》裏去，但限於條件，借代那一部分就没有保存了。其餘的有些明目張膽地寫進去了，如語法部分，堂而皇之地標為“語法修辭”，成為一章的題目。有的就含含糊糊地進了《修辭學》，比如資訊修辭被説成是“提煉”，混在“特殊修辭”那一章裏面。現在為了償還宿願，把我的借代修辭補充出來。在本版中出現的以“二、廣義借代”為題的便是。

我的同義修辭所用材料，書中有所交代，那就是“古書的不同版本，《尚書》《左傳》《國語》與《史記》，《史記》與《漢書》，《後漢書》與《三國志》，新舊《唐書》，新舊《五代史》；同書中不同章節所載或不同的書所載的同一事實或同一説法；類書與群書；引文與原文等。”修辭學界的朋友們曾經提出異議，不同時代的材料怎麼可以放在同一個平面來討論呢？我的回答是，可以的。在修辭者看來，他要加工，他要改作，就是從他那個時代來看問題的，不是兩者進行優劣對比，所以是一個平面，没有兩個平面。況且構成同義修辭的大部分的是語法修辭，而語法，是千百年形成的格式，短短幾十年，甚至是幾百年大致都是一回事，並没有什麼兩樣。構成同義修辭的另一部分也不算小，那就是廣義借代，這一部分主要是講相關，講各種各樣的關係和不同的視角，這關係和視角也並不是一個時代一個樣。

我的《修辭學》在緒論裏講到寫修辭學的體式，實際上是指一本修辭學應當包括哪些内容才算完備。就現在大眾所能接受的水準來看，大概應當包括語言要素的修辭，辭格修辭，語體和風格等，也許還有話語修辭乃至篇章修辭，如果承認同義學説，也當包括同義修辭在内。用某種學説或思想作指導寫出某種修辭來是可行的，有益的，但如果想由誰來統一天下，至少在目前，恐怕還有困難，不免存在若干勉强的成分在内。在一個學術年會上，有青年人問我（我那時也不算年老），你如何能把所有修辭都稱之為同義修辭？我回答説，我只是為同義修辭爭一席之地，決没有吞并其他修辭樣式的意思。我現在依然認為，同義修辭只是修辭的一部分。不過，我認為是最重要的一部分。那些辭格，我稱之為特殊修辭，就是有不把它當作常規看待的意思。因為這些修辭許多都是在特别講究的情況下才會有的，是有意為之，而不是一開口一動筆就會碰到的隨時隨地可見的修辭。打個比方，修辭猶如治病，我説的同義修辭是為了對付常見病、多發病，而辭格等是對付罕見病、高貴病的。共産黨告訴我們要為人民服務,要多為大眾着想,這是我的出發點。

現在回過頭來,補充説説同義修辭的來歷。説者把來源追溯到福樓拜爾,那倒也不是捕風捉影,本來還是有點蛛絲馬跡。不過作為一種修辭學説,那還是應當作古正經地説來自前蘇聯,换一個説法,是來自俄語。聶焱教授在他的著作裏首先提到維諾格拉多夫和格沃兹節夫,他説得正確。操俄語的語言學家們稱呼同義學説為синонимия或 синоника,可别為三類,都是講句法詞法上的,並没有涉及其他方面。如果你接觸過一點俄語,我來舉個例子,這例子應當是通俗易懂的。中國的,形容詞,俄語作ккитайский,而китай(中國)的第二格形式китая,也可以表示"中國的"這個意思,不過它放在被修飾的名詞之後,而不像ккитайский必置於名詞之前。這便是同義語法形式。我們的前輩講同義形式,或平行結構等,大概就是指的這一類情形。到了我輩人手中,有的就是郢書燕説,有的就是借雞下蛋,吹噓進去自我作古的靈魂,估摸着或想象着什麽什麽是同義形式或同義結構、同義手段等等。也有少數學者用他們睿智的頭腦,進行縝密的思考,總結他人關於同義修辭的經驗,而得出若干種同義修辭的科學體系。還有笨笨如我,到古籍中去苦苦搜尋同義形式。這樣大家努力,一來二往,也就形成了有中國特色的同義修辭學説了。我説這些,是想表明,我根據語言材料歸納出來的同義修辭,也是同義學説興旺時期的一種産物,未必就註定是不配上臺盤的次貨。大家競爭嘛,看社會和歷史終究接受誰。我的書不像王希杰教授的《漢語修辭學》,幾乎每年都要重印一次,那説明他和他的學説得到了社會的公認。我的書呢,都没有再版過,除了那些不免流到地攤上去的古文今譯之類。今回再版,是破天荒第一回。我有自知之明,從來没有想到過,社會上會有很多人認同我的同義學説。現在既然再版了,就來説説初衷,或者它有點歷史意義,或者大小也算是一家之言,有它存在的價值。

本書根據師承,設有《古漢語修辭學簡史》一章,這比之于嗣後成書的宗廷虎教授等一系列的中國修辭學史著作,真是小巫見大巫了。但對於没有功夫讀大部頭著作的人説來,仍然是一個可讀的選項。

另外,本書中關於音韻修辭那一章,多少為修辭學提供了一點新的東西,值得稍加注意。既然來"賣瓜"了,就不妨西瓜、甜瓜、哈密瓜都"誇"一通,想來顧客們不會在乎你誇一種還是多種。

2010年1月5日

繼承、借鑒和創新[①]

繼承優良的傳統,借鑒前人和他人,恐怕是做學問所必經之路。我這裏首先就敍述繼承和借鑒了誰的學說。我們所要建立的修辭學系統,它是怎麽來的,也應當有所交代。這"前言"部分就説説這些内容。

一、建國後的三本修辭書

修辭由來久遠,修辭學的建立也不是太晚。正如我們現在寫詩,不必從《詩經》學起一樣,我們現在來寫修辭書,也可抄近路,從近時的修辭書中汲取教益。新中國成立以後,就我們所接觸到的來説,有三本書值得特別注意。50年代初一本,《語法修辭講話》;60年代初一本,《現代漢語修辭學》;70年代嘛,那是一個荒蕪的年代,無話可説;80年代初一本,《漢語修辭學》。順便説一句,我們的這本修辭書,到它能同讀者見面的時候,大概要到90年代初了。

1. 社會效益超乎尋常的《語法修辭講話》

《語法修辭講話》,吕叔湘、朱德熙著。1951年6月6日至12月15日,《人民日報》連載,1952年彙集成書,開明書店出版。1979年中國青年出版社出版修訂本。陸儉明、胡雙寶修訂。這是一本語法還是一本修辭書,長期没有定論。[②]此書原版兩位作者自寫的《引言》説:"這個講話共分六講,(1)語法的基本知識,(2)辭彙,(3)虚字,(4)結構,(5)表達,(6)標點。第一講是個序論,以後幾講分幾個方面進一步討論。第一講專為初學者説,已經有點語法知識的讀者可以不看。"如果是語法書,講語法基本知識的部分反而可以不看,這是不合邏輯的。我們的理解,這是一本用語法、邏輯主要是語法講修

①這是為《古漢語同義修辭》再版改寫的第一章,亦即前言。原註釋均予保留,必要時加案語。

②2005年遼寧一家出版社再版《語法修辭講話》,在介紹這本書時,仍然説是"一本語法書"。——《古漢語同義修辭》再版時作者加注。

辭的書,不是專講語法的書,也不是講語法和修辭的書。以為只有講比喻、誇張、借代那一類辭格的書才是修辭書,是一個誤會。凡是幫助人們把話說通說好、能正確地表情達意的書,應當就是修辭書。不錯,《語法修辭講話》多是指出不應當那樣寫,而其反面,便是應該這樣寫,這不是修辭是什麼?

我們不會忘記,在《人民日報》開始連載此書的那一天,也就是1951年6月6日,《人民日報》發表了為此書造勢的社論《正確地使用祖國的語言,為語言的純潔和健康而鬥爭》。社論說:

> 語言的使用是社會經濟政治文化生活的重要條件,是每人每天所離不了的。學習把語言用得正確,對於我們的思想的精確程度和工作效率的提高,都有極重要的意義。很可惜,我們還有許多同志不注意這個問題,在他們所用的語言中有很多含糊和混亂的地方,這是必須糾正的。為了幫助同志們糾正語言文字中的缺點,我們決定從今天起連載吕叔湘、朱德熙兩先生的關於語法修辭的長篇講話,希望讀者注意。

這是黨中央的機關報為什麼要連載《講話》的一個說明。就是說,發表《講話》,是為了幫助人們糾正語言文字中的缺點,為了祖國語言的純潔和健康,為了思維的精密,為了工作效率的提高。

以解放初期共産黨的威信,來號召全國學習《語法修辭講話》,對於提高全民的文化水準和修辭水準以及語言文字的運用能力,其成效之巨,可以說是空前的,也可能是絕後的。對此,没有一個統計機構能發布其可以稱量的成績。作者自己在再版前言裏說:“在初學寫作者中間普及語法修辭常識,減少遣詞造句方面的毛病,這本書起過一定的作用。”這是謙虚的說法,作用當然是一定的,不可能是無限的。後人來說到這本書的意義時,大多用“在漢語規範方面有積極作用”這一類的話。也没有說錯,可這本書的意義和作用到底程度如何,實實没有人能作恰切的說明。

本書《古漢語同義修辭》作者,一位較為年輕,其餘三人,兩個在湘北,一個在湘南,那時已是有中學文化程度的青年。我們那時都深深感到學習語法修辭的重要性,也都曾為學習《講話》而付出過盡可能多的精力。與我們同輩的廣大青年知識份子,縣區幹部,中小學教員,大都和我們一樣,視《講話》為至寶,為準繩,參與過學習它的熱潮。我們這些人都是《語法修辭講話》曾有過超乎尋常的社會效益的見證者。

由此引出結論,修辭可以有廣闊的路子可走,不是非鑽進比喻誇張那些套套裏去不可。從語法學這個角度看,所研究的東西最好要有實際用處,如果把可以懂的東西弄得不可懂,鑽進象牙塔里去,恐怕不是群眾所歡迎的。

2. 開拓了修辭新領域的《現代漢語修辭學》

《現代漢語修辭學》,張弓著,天津人民出版社,1963年。我們已經有所瞭解,呂、朱二位先生的合著,常常被看作是語法書。著《現代漢語修辭學》的張先生則十分明確地認識到了語法和修辭的關係。黎錦熙先生在書序中說:"一部有實用價值的語法書,並不避免有關修辭學的種種説明。一部有實用價值的修辭學,必須涉及有關語法的許多因素。而這些被利用為修辭手段的語言因素,又多半是一種同義形式。"張先生專門寫了一章《現代漢語語言各因素和現代漢語修辭手段》。下面再細分為詞彙、語法和語音三節來詳加説明。在詞彙一節,從修辭角度細講了同義詞,特別是提出了上下文中"靈活的同義詞",確有實際用處。在語法一節,在句法的同義形式方面强調倒裝的功用,還提到了自動、被動,肯定、否定,祈使、詢問,直陳、反問,其間形式的相互轉換。在"語音"那一節,講到疊音、擬聲、雙聲疊韻等,尤其對字調的闡述,多有創意。總之,張弓先生正式把語言要素的修辭作用納入修辭學的範疇,突破了辭格一家獨霸的局面。

還有一個領域,由張先生的重視而得到了較多的闡述。那就是語體。作者在《例言》中説:"著重説明現代漢語修辭與漢語語體的相應關係。最後一章專討論這個問題,特別著重各修辭方式在各類語體中的適應性、局限性。"

作者承認,他的書是以"修辭學先進理論"為根據的。(見《例言》第一條。)可是,他没有説這先進理論是什麼。連參考書都没有開列。我估計,可能是參考了蘇聯學者的修辭書。其中或許有 А. Н. Гвоздев, *Очерки по стилистке русского языка*(1955). Д. Э. Розенталь, *Практическая стилистика русского языка* (1954)。因為是蘇聯的書,那時"反修"反得起勁,所以不便指出,我們能夠理解。雖然是國外的東西,但我們能夠有所借鑒,嘗試把它運用到漢語中來,應該也是一種貢獻。

看來,要有一點新的東西,不可排斥借鑒外國。

3. 布局精巧、舉證新奇的《漢語修辭學》

《漢語修辭學》,王希杰著,北京出版社,1983。吕叔湘先生在這本書的序裏,批評了那種"把幾十個辭格一字擺開,作為讀者的學習對象"的作法,讚揚王希杰"讓修辭所要達到的各種目的出來統率修辭格","防止了在讀者心目中產生盲目的修辭格崇拜"。這就是《漢語修辭學》布局精巧的地方。王書也講同義手段,卻是和語言變體同其說法。也講語法修辭,但標的名目卻是"結構"。也講音韻修辭,連同辭格中的"摹聲"等一起,名之曰"聲音"。有詞彙修辭没有?也有的,不過,在《漢語修辭學》中叫做"意義",但也不全是詞義,也包括了語法歧義。

這本書最出彩的地方是舉例新穎奇特,往往令人拍案叫絕。吕老說:"這本書講文章風格也講得很好,雖然把風格分為藻麗與平實、明快與含蓄、繁豐與簡潔這麼六體三組也是有所繼承,但舉例多而切當都勝過前人。"我以為不僅在"表現風格"那一章舉例切當,全書舉例都非常精彩。為了說明修辭學研究中的比較方法,說明語體的不同,語言也就有異,以及身份不同制約著遣詞造句,讓你我來舉例,舉什麼例子為好呢?王希杰來舉例,出人意表,他說:

> 如《水滸傳》中武松血濺鴛鴦樓一事,武松本人對張青自述道:"一更四點進去,馬院裏殺了一個看馬的後槽。扒入牆内去,就廚房裏殺了兩個丫環。直上鴛鴦樓上,把張都監張團練蔣門神都殺了。下樓來又把他老婆兒女養娘都戳死了。"而差人檢驗回來稟複知府時說:"先從馬院裏入來,就殺了養馬的後槽一人,有脫下舊衣二件。次到廚房裏,灶下殺死兩個丫環,後門邊遺下行兇缺刀一把。樓上殺死張都監一員,並親隨二個,外有請到客官張團練、蔣門神二人。白粉壁上,衣襟蘸血大寫八字道:'殺人者打虎武松也。'樓下搠死婦人一口,在外搠死玉蘭並奶娘二口,兒女三口。共計殺死男女一十五名,擄去金銀酒器六件。"(《漢語修辭學》16頁)

《水滸傳》幾乎是人人讀過的,王希杰順手拈出這個恰切的例子來,我們只有鼓掌叫好。

修辭學還有可為,並没有走到窮途末路。

二、同義學説

(一)中國關於同義學説的討論

我們在上一節裏談到過同義學説,並且説過要借鑒外國的話。在張弓先生(還有黎錦熙先生)談同義修辭十七年之後,林興仁再次提出這個命題。他不叫同義形式,他叫同義結構,或平行的同義結構,他的定義是:

> 平行的同義結構就是表示相同或相近意義的兩種或兩種以上在表達效果上具有細微差别的不同的語言格式。①

林興仁認為可從四個方面來給同義結構分類,按語言三要素分可分為語音的(如:老頭/老頭兒)、辭彙的(書面語與口語、方言詞與共同語等)、語法的(如順陳倒裝、肯定否定、主動被動、長句短句、疑問反問)同義結構。按語言結構靈活性分,可分為固定的和靈活的同義結構。前者如爸爸/父親,後者如在介紹魯迅的文章裏,用作家、文學家、現代文學奠基者等等去稱呼魯迅,便是運用靈活的同義結構。按意義差别的大小可分為廣義的與狹義的同義結構。按語體分,稱為語體同義結構。例如闡述人民群眾是歷史的主人翁,可寫一篇政論文,也可寫一部文藝小説。

上述林興仁的看法,在修辭學界引起了一場議論。議論中湧現了一批專門討論同義結構的文章。我們現在轉引其中贊成同義學説的兩篇的要點。一篇是鄭遠漢的《略論同義結構》②。它把"結構"限制為"詞組、單句、複句"。認為同義結構有兩個條件:一是結構形式或結構類形不同;二是能表達相同或基本相同的意思。舉的例子有:

> 來了客人/客人來了/有客人來了
>
> 我看看!/我看一下!/讓我看看!/讓我看一下!/我看一下吧!/我不能看一下嗎!
>
> 頭髮理了/頭髮被理了/把頭髮理了/理了頭髮

我們要轉述的另一篇文章是王希杰的《修辭的對象及其他》③。林興仁

①林興仁《漢語修辭學研究對象初探》,《南京大學學報》,1981年第2期。

②首載於《修辭學論文集》,1981。

③太原《語文研究》,1981年2期。

稱為同義結構，王希杰稱為“同義手段”。同義手段有屬於語言體系的，有屬於言語表達的。前者又有詞彙同義與語法同義。詞彙同義相當於一般所說的同義詞，也包括同義或近義的慣用詞語。語法同義則指同義句式，如：

這是一件大好事/這難道不是一件大好事嗎?

這本書我讀完了/我讀完了這本書/這本書讀完了

言語表達同義主要有事物指稱與思想描述兩類。前者如：

他啊，塔里木墾區派出的帶路人，三五九旅的老戰士，南泥彎的突擊手。

“他”“帶路人”“老戰士”“突擊手”詞彙意義不同，句中卻用來指稱同一個人。思想描述同義，指的是以說者、作者的主觀思想感情為著眼點，凡是能夠描述這一思想感情的語言材料都是同義手段。如：

嗆，亮起來了/原來有保險燈在這裏

兩句同樣表現了未莊閒人拿阿Q的生理缺陷開心的庸俗感情。後來我們又見到了王希杰的《論同義手段》[①]，在語言體系中加進了一個“句子同義”，在言語表達中加進了“個人聯想同義”。但基本架子還是與我們這裏介紹的相同。

林、鄭、王幾位對同義學說都發表了有價值的言論，引起了學者們廣泛的思考。此後還有不少文章參加了同義學說的討論，大抵都是各就所見進行推演。我們覺得討論有益，而要根據修辭學家們的說法去寫本全新的修辭學書，還是有困難。可出乎意料，不久就見到了新出的修辭書，掛上了同義修辭的名。而那裏面的內容，還是沒有從老套套裏跳出來。其中許多說法都似曾相識，在沒有討論同義學說的時候，就在什麼地方見到過了。翻一下張瓌一的《修辭概要》(1953)，裏面不已有口語和歐化句、長句或短句、次序和語氣、被動和自動、肯定和否定這些說法了嗎？總之，僅僅改改說法、換換名稱，補補綴綴，怕是難以形成一個嶄新的體系的。於是我們將目光轉向國外，去查查同義學說的老根，即使找不到結論，總比蒙在鼓裏要好。

(二)蘇聯俄語同義修辭大要

據我所知，修辭中的同義學說來源於蘇聯。1930年出版的別什科夫斯

①遼寧《丹東師專學報》，1983年1期。

基的《祖國語言、語言學和修辭學的教法問題》就明確劃分出語法同義現象，並且認為修辭學應當研究這種現象的細微差别。1955年，維諾格拉多夫在他的著名文章《修辭問題討論總結》裏，也認定"句法上的同義現象"是修辭學的内容。從三十年代到六十年代，有不少蘇聯語言學著作較多地談到了同義現象。為我們所接觸到的主要有：《俄語句法》第二版（沙赫馬托夫，1941）；《俄語語法》第一卷（蘇聯科學院，1953）；《俄語修辭學概論》第二版（格沃兹節夫，1955）；《外國大學生用俄語教科書》（布林金娜等，1958），《俄語應用修辭學練習彙編》（巴蘭諾娃，1961）。到了八十年代，我們又有機會看到《俄語實踐修辭學》（羅森塔爾，1974）。

中國的修辭學界雖然討論同義學説曾經熱烈過，可真没有人就其來源進行過系統的敘述。我現在就來彌補一下這個不足。蘇聯的同義學説，主要是講語法的同義形式。各位學者的説法並不全同。我這裏挑一些出來我認為比較好懂的内容，作一些介紹。我主要是根據羅森塔爾（Д. Э. Розенталь, *Практическая стилистика русского языка*），偶而也用到别的書。

詞法中的變體（варианты）

1.名 詞

（1）有些名詞的性可以兩屬。Зал—зала（大廳）рельс—рельса（鋼軌）санаторий—санатория（療養所）фильм—фильма（影片）前面的陽性變體為現時使用，後面的陰性變體略顯陳舊。又如：клавиш—клавиша（琴鍵）манжет—манжета（袖口）спазм—спазма（痙攣）前面的陽性變體用於科學語體，後面的陰性變體用於談話語體。плацкарта—плацкарт（臥鋪票）туфля—туфль（一隻便鞋）前面的陰性變體為規範語，後面的陽性變體為口頭語。

（2）某些陽性複數名詞有兩種詞尾形式，-ы（-и）和-а（-я）。前一形式用於書面語中，後一形式用於談話和職業語中。但後一形式有中性化的趨勢，前一形式反而顯得有些陳舊了。инспектары—инспектара（視察員）редакторы—редактора（編輯）тракторы—трактора（拖拉機）слесари—слесаря（鉗工）токари—токаря（車工）

（3）某些陽性名詞單數第二格有兩種形式－а（－я）和－у（－ю）。後者有談話色彩。муного народа—муного народу（許多人）кусок сахара—кусок сахару(一塊糖)

某些陽性名詞單數第六格也可能有兩種形式-e和-y(-ю)。有時候兩種形式各有不同的意義，前者表示物件，後者表示地點。Он хорошо разбирается в лесе(他對木材很瞭解)。Он всю жизнь живёт в лесу(他一輩子都住在森林裏)。

2. 形容詞

(1)形容詞作謂語長尾短尾同義，但有不同。首先是詞義不同。Хорошая эта женщина(這女子是個好人)。Хороша эта женщина(這女子很漂亮)。Лицо у старика очень живое(老頭兒的臉富有表情)。Старик ещё жив(老頭兒還健在)。其次是語法結構有不同。短尾可以帶被支配的詞。Мальчик способен к музыке(男孩有學音樂的天份)。Сестра была больна гриппом(姐姐患過流行性感冒)。此外，短尾常用於書面語，長尾常用於談話語體。

(2)簡單式與複合式同義。

быстрый(快的) быстрее(較快的，簡式) более Быстрый(較快的，複式)

簡式中性，複式書面語。

новый(新的) новейший(最新的，簡式) самый новый(最新的，複式)

簡式，書面語。複式，中性。

(3)形容詞與名詞旁格形式同義

любовь матери (母親的愛) материнская любовь(慈母般的愛)

Помщь брата(兄弟的幫助) братская помощь(兄弟式的援助)

可知名詞旁格形式具體一些。

3. 動詞

(1)人稱形式。以мы代я，表示謙虛；以мы代ты或вы，表示關切和同情。以ты代я表示可能性或不可能性。以они代я表示强烈要求。以ты代вы表示命令語氣。以он代ты表示不滿和輕蔑。

(2)時間形式。以現時代往時，使描寫逼真。以現時代將來，把將來的事描寫得如在眼前。以往時代將來，表示必將完成。以將來代現時，以表示通常會產生的結果；表示推測或假設；表示反復發生，快速完成。以將來代現時與не連用，表示不可能發生。以將來代往時，與как，да как，да и等連用，表示突然發生。

(3)式(陳述式,命令式,假定式)。單數二人稱命令式,代假令式,用於條件複合句中。單數二人稱命令式,代陳述式,表示不滿無可奈何。

假定式代替命令式,表示勸告、請求或希望:

Присели бы вы на минуту(您坐一會兒也好唄)。Проводили бы вы нас домой(您送送我回家吧)。

陳述式代替命令式,表示堅決强硬的命令:

Все смотрят внимательно на доску ипроверяют правильно написаны слова(大家注意看著黑板,檢查單詞寫得對不對)。

4. 數詞(略)

5. 代詞(略)

句子成分和單句的同義(синонимия)

1. 某些詞組的同義

(1)若干名詞詞組

i)名詞+動物名詞二格=物主形容詞+名詞=名詞+帶 у 的前置詞結構

дом отца/отцов дом(父親的房子)хвост лисы/лисий хвост(狐狸的尾巴)глаза стрекозы/глаза у стрекозы(蜻蜓的眼睛)

其中第一組,亦即“名詞+動物名詞二格”適用於書面語體。也最有表現力。因為它還可以帶説明詞。Красивое белое платье моей любомой сестры Веры(我心愛的維拉妹妹那件漂亮的連衣裙)

ii)表示相似意義的“名詞+名詞第五格”=帶連接詞как的結構:

кепка блином =кепка как блин(煎餅式的鴨舌帽)

前者有强的性質意義,後者有强的具體比擬意義。

iii)帶前置詞同於不帶前置詞

интересный всем =интересный для всех(使大家感興趣的)нужный многм=нужный для многх(為許多人所需要的)

帶前置詞時較為具體。

(2)某些動詞的支配格四格還是二格

i)表意向、目的的動詞如ждать(等待)просить(請求)искать(尋找)

требовать(要求)。接二格是籠統不確定的,接四格是具體、確定的。

Просить денег(要錢,數目不定) Просить денеги(要錢,數目確定)

受這類動詞支配的表人名詞,一般用四格。искать сестру(找妹妹)

受這類動詞支配的抽象名詞,一般用二格。ждать случая(等待時機)

ii)在否定結構中,用二格的場合:用ни時,Он не пьёт ни водка ни рома(他不喝伏待加,也不喝紅酒);客體是抽象名詞時,не обращать внимаия(不注意);補語是это或то時,Мы не допустим этого(我們決不允許這樣的事)。

iii)在否定結構中,用四格的場合:補語是直接的、確定的,Профессор ещё не проверил присланную ему работу(教授還沒有把寄給他論文審閱好);補語用動物名詞、人名、地名,Он давно не видел мать(他好久没有見到母親了);補語置於句首時,Вопрос она не поняла(她對問題没有理解);雙重否定句,Женщина не может не понять музыку(女人不可能不懂音樂)。

2. 簡單句的同義(синонимия)

(1)單部句和不完全句

i)確定人稱句和以人稱代詞為主語的雙部句。

Люблю гразу в начале мая(我愛五月初的雷雨)。

Я люблю гразу в начале мая(我愛五月初的雷雨)。

上句比下句簡潔,强烈,常用於談話語體,文藝語體和報刊語體。

ii)不定人稱句同某些雙部句

①Говорят, что по почерку можно узнать храктер человека(據説,根據人的筆跡可以瞭解人的性格)。

②Люди говорят, что по почерку можно узнать храктер человека(人們説,根據人的筆跡可以瞭解人的性格)。

③Многие говорят, что по почерку можно узнать храктер человека(許多人説,根據人的筆跡可以瞭解人的性格)。

④Некоторые говорят, что по почерку можно узнать храктер человека(有些人説,根據人的筆跡可以瞭解人的性格)。

⑤Другие говорят, что по почерку можно узнать храктер человека(另一些人説,根據人的筆跡可以瞭解人的性格)。

⑥Кто-то говорит, что по почерку можно узнать храктер человека(不

知是誰說,根據人的筆跡可以瞭解人的性格)。

⑦Психологи говорят, что по почерку можно узнать храктер человека(心理學家說,根據人的筆跡可以瞭解人的性格)。

①没有指出行為的發出者。②③④⑥雖然指出了,但不具體明確。只有⑦才是確指。②③⑥指出了來源的可靠性,④⑤暗示意見的可爭議性。

iii)不定人稱句同無人稱句。前者是有主體的,而且積極行動。後者是自發的,無主體的。

О его болезни говорили ещё на рпрошлой наделе(還在上星期就有人談起他的病情)。

В рассказе говорится о жизни полярников на Крайнем Севере(小說中講述了極地勘察人員在北極地帶的生活)。

3. 主動結構和被動結構同義(略)

4. 聯繫同等成分的連接詞

(1)и用在一系列同等成分的最後一個。口語中往往有其同義詞да。

и還可用在每個同等成分之前。也要將同等成分成對地聯結起來。

(2)как……так и,强調所聯結的同等重要。

(3)нетоль……но и……,表示不限於一個成分,而是擴展到了另一成分。

(4)對别連接詞но,да,а,зато,各有其不同的語義和修辭色彩。

(5)區分連接詞или,либо表示同等成分的互相排斥,後者較常見於談話語體。

複句同義和平行結構(синонимия,паралельная конструкция)

1. 並列複合句與主從複合句

並列複合句Душно стало в комнате, и я вышел на воздухе освежиться(房間裏很悶,我便走到外面透透氣)。

原因複合句Так как душно стало в комнате, я вышел на воздухе освежиться(由於房間裏很悶,我便走到外面透透氣)。

結果複合句Душно стало в комнате, так что я вышел на воздухе

освежиться(房間裏很悶,於是我走到外面透透氣)。

時間複合句 Когда душно стало в комнате, я вышел на воздухе освежиться(房裏很悶時,我便走到外面透透氣)。

條件複合句 Раз душно стало в комнате, то я вышел на воздухе освежиться(既然房間裏很悶,我便走到外面透透氣)。

2. 無連接詞複合句與帶連接詞複合句

(1)無連接詞複合句與並列複合句

Ветер воет, гром грахочет(風在呼嘯,雷在轟鳴)。

Ветер воет, и гром грахочет(風在呼嘯,同時雷在轟鳴)。

Стало понемногу темнеть, над соснами поднялаась луна(天色漸暗了,松林上空升起了一輪明月)。

Стало понемногу темнеть, и над соснами поднялаась луна(天色漸暗之後,松林上空升起了一輪明月)。

(2)無連接詞複合句與主從複合句

帶破折號的Попробуй сам сделать это—поимёшь все трудность.

Когда(если) попробуешь сам сделать это, поимёшь все трудность(要是你自己去幹幹這個,就會明白有多難)。

帶冒號的Пора спать : уже двенадцать часов.

Пора спать, ведь двенадцать часов(該睡覺了,要知道已經十二點了)。

3. 形動詞短語、副動詞短語及其平行結構

(1)帶關聯詞который的定語從句與獨立的形動詞短語

Трова, которая растёт у самой дороги, стало серой от были.

Трова, растущая у самой дороги, стало серой от были(長在路邊的草為塵土所蓋,顯得灰暗無光)。

(2)充當定語的獨立形動短語和非獨立形動詞短語

Утомлённые путники остоновились отдохнуть(疲勞的行人停步休息了)。

Утомлённые, путники остоновились отдохнуть(由於疲勞,行人停步休息了)。

(3)副動詞短語和狀語從句

Вот мы, отдохнув немного, отпровились в путь(於是,我們歇了片刻就動身)。

Когда (как только, после того как) мы отдохнули немного, мы отпровились в путь(我們歇一會兒之後,便動身了)。

三、黃犬奔馬句法工拙論

俄語是世界上形態最豐富的語言之一。漢語是世界上形態標誌最少的語言之一。漢語修辭自然不可能照搬俄語的同義學説。但俄語的"同義修辭"理論,對我們還是富有啟發性。俄語的修辭學家們關於同義學説的探尋,他們持續的努力,他們的豐碩成果,都在昭示我們,感染我們,激勵我們。在一個時期裏,我們隨時都在想如何從漢語中發掘出同義的因素來。我們從俄語的語法同義範疇(包括варианты, синонимия, паралельная конструкция)出發,看到了古漢語許許多多的同義形式。换句話説,讀了俄語語法修辭的書,就好像戴上了一副能窺見同義奧秘的眼鏡。我們見到,不但語法上可以講同義,非語法領域的語言現象,同樣有同義可講。這是我們在為同義學説尋源中所得到的一份不薄的收入。

我們的工作應該追溯到對黃犬奔馬句法的分析,對幾個相關的句子的優劣的討論。在分析和討論的敍説中,可以看到同義學説對我們的影響。

《修辭學發凡》根據前人記載,[①]歸納出黃犬奔馬六種句法。

①有奔馬踐死一犬。

②馬逸,有黃犬遇蹄而斃。

③有犬死奔馬之下。

④有奔馬斃犬於道。

⑤有犬臥通衢,逸馬蹄而死之。

⑥逸馬殺犬於道。[②]

---

①沈括《夢溪筆談(十四)》説:往歲士人多尚對偶為文。穆修張景輩始為平文,當時謂之古文。穆張嘗同造朝,待旦于東華門外。方論文次,適見有奔馬踐死一犬,二人各記其事以較工拙。穆修曰:"馬逸,有黃犬遇蹄而斃。"張景曰:"有犬死奔馬之下。"《唐宋八家叢話》記載同樣的黃犬故事:歐陽公在翰林日,與同院出遊。有奔馬斃犬於道,公曰:"試書其事。"同院曰:"有犬臥通衢,逸馬蹄而死之。"公曰:"使子修史,萬卷未已也。"曰:"內翰以為何如?"曰:"逸馬殺犬於道。"

②陳望道《修辭學發凡》58至60頁,上海教育出版社,1976。

按照《發凡》的意見，這裏的區別在於著眼什麼，是著眼在犬，在馬，還是犬馬兩物同時著眼？這裏只有輕重之分，賓主之分，没有工拙之分。今人大體都從此説。我們支持魯迅先生的意見：

兩人[①]的大作，不但拙澀，主旨先就不一，穆説的是馬踏死了犬，張説的是犬給馬踏死了，究竟是著重在馬，還是在犬呢？較明白穩當的還是沈括的毫不經意的文章："有奔馬踐死一犬。"[②]

首先是同義詞的選擇。

奔、逸。奔，主要指跑得快，逸，主要指脱離控制。馬的"奔"意味著脱離了控制。馬的"逸"也就有奔的意思在内，所以古注有把"逸"解釋為"奔"的。奔、逸，用在句中都能表達同一個意義。但仔細一想，這裏是描繪動態，"奔"比"逸"更為合適。

斃、死、殺。4句中的"斃"，5句中的"死"，6句中的殺，三字同義。斃，原指倒斃，本是自動詞。殺，雖是他動詞，但通常是斬殺的意思。一切生物結束生命都叫死。"死之"，在古書裏一般理解作"為之死"，有人叫做"為動"，這裏用成使動，與習慣不合。

踐、蹄。1句中的踐與5句中的蹄同義。踐，是踐踏。蹄，名詞作動詞用。"蹄而死之，雖也可以理解為踩死，恐怕理解為踢死的可能性更大。

道、通衢。4、6句中的"道"與5句中的"通衢"是指同一個地方。通衢，四通八達的交叉路口。"通衢"也是"道"，但"道"一般指道路。

其次是句型選擇。2、5是複句，1、3、4、6是單句。複句周密，單句明快。一般談話體，乃至敍事，自以單句為首選。四個單句都是敍述句，但前三句是敍述句中的有無存現句，而且是用"有"做第一個動詞謂語的兼語式句子，姑且稱為存現兼語句。末句則是單謂語的一般敍述句。存現兼語句使用的情況多半是：曾經發生過這麼一回事，這回事的主人公不可確指或無關緊要。2、5兩句中各有一個存現兼語句，不過一個在後，一個在前罷了。像我們所討論的敍事句，没頭没腦，用有無存現句最為合適。所以6句竟有5句用上了這種句式。

第三，拿什麼做主語。主語是句子的著重點。這裏説的就是兩樣，馬和

①指穆修和張景，這裏所説的句法工拙由他們兩人而起。見再上一個注解。

②魯迅《花邊文學·做文章》。

犬。用馬做主語好呢,還是用犬好?就四個單句説,1、4、6句中的“馬”是陳述對象,著重在“馬”;3句“犬”是陳述對象,著重在犬。2、5句看起來各有兩個陳述對象,實際上主要陳述對象仍然只有一個。2句的“馬逸”是“黄犬遇蹄而斃”的條件;5句的“逸馬蹄而死之”還是對“犬”進行陳説。照這樣分,六句分為兩組,1、4、6句為一組,以“馬”為主,2、3、5句為一組,著重在“犬”。如果文章講馬的駕馭,自然以馬為主,如果講家犬的畜養,自然著重在犬。事實上非此非彼,似乎應當考慮認識順序。首先反映到腦子裏的可能是處於異常狀態的“奔馬”。卻也不完全排斥這種情形,即筆者對狗的興趣很濃,首先注意到了臥于通衢的黄犬。揆情度理,這後一種可能性不大。所以認真考究起來,這裏的問題恐怕是一個基於認識次序的語序問題,與語意的輕重關係不大。

第四,連動還是動補?1句説“踐死一犬”,5句説“蹄而死之”。“踐死一犬”是動補加賓語,“蹄而死之”是連用兩個動詞再加賓語。現成的動補結構不用,而要連用兩個動詞,顯得生硬。反過來説,用動補格式渾成一些,經濟一些。

第五,主動好還是被動好?犬是怎樣死的?各句所提供的資訊是:2句説是碰到奔馬蹄子上死的,3句説是死于奔馬之下。這是主動。1句説是被奔馬踩死的,4句和6句説是被奔逸的馬斃殺的,5句説是被逸馬“蹄”而致死的。這是被動。主動是心甘情願,被動是不得已,往往伴隨不愉快乃至痛苦。所以被動强於主動。

第六,籠統些還是具體些?犬是怎麼死的?4句的“斃”,6句的“殺”,是籠統的説法,其餘四句中的“踐死”“遇蹄而斃”“蹄而死之”“死奔馬之下”是具體的説法。用不多的話來敍説一件事情,似以具體為上。

第七,著眼於此或著眼於彼。對同一事物的觀察,可以獲得不同的印象。這不同的印象是由於著眼點不同所致。我們所討論的這個例子,同是主動,2句與3句的不同,是著眼點不同。著眼於致死的形式,所得印象是“遇蹄而斃”;著眼於死的場合,所得印象是“死奔馬之下”。

第八,資訊取捨有異。把六個句子綜合起來看,所表達的全部資訊是:

有奔馬踐死一臥于通衢之黄犬。

没有一句提供了所有這些資訊。但六句都提供了“奔馬死犬”這樣的基本資訊。1句的“一(犬)”,2句的“黄(犬),4、6句的“(於)道”,5句的“臥通衢”,都是基本資訊之外的附加資訊。黄犬奔馬句法所以不同,還在於基本資訊之外,要不要附加資訊?要哪些附加資訊?修辭的過程是選擇字、詞、句的過程,同時也是從全部資訊中選取基本資訊和附加資訊的過程。

1句中的附加資訊“一”。其餘五句“犬”前没有“一”,不會誤解為二犬或多犬。此句中的“一”看來是可有可無,試删去“一”成為“有奔馬踐死犬”,可能理解為“踐踏死了的狗”。如果把“踐死”换成“斃”,“有奔馬斃犬”,卻又可以。可見“有奔馬踐死一犬”中的“一”,從修辭角度看,主要是為了音節的匀稱,而不在於表示數量。也不只是音節關係,它還表示某一個、不確定等意思,對於體現全句的細微韻味有不可忽視的作用。

句中的附加資訊“黄”。我們的題目用了“黄犬奔馬”這樣的字眼,把“黄犬”“奔馬”相提並論,使結構整齊,音節匀稱,並不是認為“黄”字在表義上很重要,非將它標出不可。黄犬、白犬,公狗、母狗,家犬、獵犬,將軍的狗還是庶民的狗,在這裏都無足輕重。但如果當時有一群狗在嬉戲,或者臥於通衢的狗不止一條,有黄的、白的、黑的、花的,其中黄的一條被踩死了,那麼,説“有黄犬遇蹄而斃”,這個“黄”字還是有著落的。如果我們這裏的假設不能成立,僅僅那一條狗,是黄顔色的,被奔馬踩死了,特意點明“黄”犬遇蹄而斃,這個“黄”字就意味著確定性,沖淡前面那個“有”字的不確定性。仿佛是説:這是確有其事,那狗還是一條黄狗呢。

4、6句的附加資訊“(於)道”。“(於)道”是講事件行為的處所的。按《公羊傳》的説法,記述事件發生的處所,這件事就是一件大事。看我們是不是承認這話有理。就算是要講處所,説斃犬於“道”,也是寬泛得很,很難弄清一個確切的範圍,和不説差不多。原來是幾個京官上朝(或出遊),“適見有奔馬踐死一犬”,背景是汴京城,這個“道”便是汴京街上。可是你寫給異地異時的人看,就不知道這個“道”是哪里的“道”了。何況“奔馬斃犬”不“於道”又於何處呢?不可能于堂,也不可能於廄。於野的可能性倒是有,那恐怕也就是極其罕見的了。

5句的附加資訊“臥通衢”。它既有表示出事件發生的處所的作用,又記載了犬死前的狀態,以及犬没來得及避開奔馬的原因。這後一點頗關緊要。因為狗行動敏捷,當聽到奔馬踐死一犬時,人們可能産生疑問:怎麼會呢？有了“臥通衢”自然明白了。如果要保留這個附加資訊的話，理由就在這裏。但不是人人都會有這類疑問，要說疑問，可能還會有馬是怎麼脫離控制的呢，脫離了控制怎麼没人過問呢，馬的主人哪里去了呢，等等。

經過以上的分析，我們基本上同意陳善的評價，[①]沈括“有奔馬踐死一犬”的說法自然一些。第一句是六句中最好的一句。它用詞得當，句型合理，結構經濟，角度適宜，較為明確具體；並且選取的資訊多少恰到好處。

我們這裏完全未牽涉到通常被看重的辭格。本文所分析的是一般修辭，文學作品與非文學作品都要用到，普遍地、大量地存在於一切言語現象之中。第一，同義詞修辭，第二、三、四、五是語法修辭。第六第七，講聯繫和關係，我們稱為廣義借代。最後一條，可稱之為資訊修辭，討論在主要資訊之外，要不要附加資訊，如果要，要哪一種附加資訊。[②]

向時賢學，向國外學，而後解剖麻雀，搭成一個架子。那就是說，我們的修辭可能要包括四大塊了：同義詞；語法；廣義借代；信息取捨。一個點不行，還要有多方面的試探，於是想到了一個推廣鋪開的方法。同書的不同版本，同一件事在不同書裏相類似的記敘，引文和原文，群書和類書都是可供比較的資料，例如《史記》成書，其材料有取自《左傳》《國語》《國策》和諸子書的，《漢書》有因襲《史記》的，《後漢書》與《三國志》部分重合，《新唐書》改動《舊唐書》，凡後出的大抵都要程度不同地修改前人的著述，不完全蹈襲前人，這不同的說法，即是修辭。看看修改了什麼地方，探討修改的用意和未修改時的原意，體會改句與原句各自的表現力和細微的韻味，尋求改前與改後所用詞語的主觀聯繫和客觀關係，然後分門别類加以歸納整理，就草創了我們自己的一個有待完善的系統。這個系統以我們在《工拙論》中所定下的四大塊，即同義詞、語法同義、廣義借代和資訊修辭為基石，而又增添了模糊修辭和簡省修辭兩大類。模糊修辭的例如：

乃今者周之來，見道傍牛蹄中有鮒魚焉。

周昨來，有中道而呼者，周顧視車轍中有鮒魚焉。

---

①陳善《捫虱新話（五）》：文字意同而立語自有工拙。沈存中記穆修、張景二人同造朝。方論文次，適有奔馬踐死一犬，遂相與各記其事，以較工拙。穆修曰：“馬逸，有黄犬遇蹄而斃。”張景曰：“有犬死奔馬之下。”今較此二語，張當為優。然存中但雲“適有奔馬踐死一犬”，則又渾成矣。

②本書（今案：指《古漢語同義修辭》）作者之一李維琦教授把這裏所說的設想寫成了一篇文章《黄犬奔馬句法工拙論》，發表在《湖南師院學報》1984年第4期上。

"今"的含義比較籠統,它有現在、今次、目前等含義。"今"者周之來,是説這一次我來,他來不一定是當天就能見到了魏文侯(或監河侯),大概要過一天或幾天才能見面對話,所以就也可説成是周"昨"來了。就是説,在具體語境中,"今"與"昨"可以同義,這類同義可稱之為模糊同義。模糊同義原來只打算在詞彙這一級討論,後來材料積聚得多了,就決定分開,單獨成類。簡省也一樣,省與不省同義,這種情况比我們原先想像的要豐富得多,也就單另分開,與其他各類平齊,有了六個大類。

我們現在自信,六大類是能夠成立的。遺憾的是,有許多例子在這裏用上了,到那裏又用。本來分類是相對的,可以允許交叉,可以從不同角度分析同一個例子。但嚴格意義上的分類,要盡可能排除可此可彼的情形。如同講辭格,一定要從借喻和借代之中劃出一條明確的界線來。我們的分類,還没有這樣明確的界劃。這是還不成熟的地方。我們現在的要著是能否成立,至於完善,請俟以異日。

四、《説苑》及其作者簡介

我們在這次寫作本書的時候,決定以西漢劉向的《説苑》及與之相關的古籍為語料。第一,《説苑》所用語言斷於西漢(個别推遲到東漢末),是通常所謂的上古漢語,可以略稱古漢語,没有多少不純的東西。第二,《説苑》這書不是劉向的創作,如果有,也不是很多。《説苑》是資料的匯輯,匯輯前人或時人所寫的現成的故事。許多都是到現在還是有書可為佐證的。原書之所言,與劉向之所述,多有差異。這差異除了語體之異外,可能就是修辭。但也不是説,劉向所説就一定好,他可能也有改得不好的地方。我們的任務不是推崇編輯者,只是説,改前改後有何不同,各表示什麼樣的韻味。我們的主要目的不在評斷哪樣更好一些,而在盡可能多地拈出古代漢語中多得不可勝計的同義手段。這樣説吧,語言裏同義手段越多,那麽,它的發達程度就當是越高。時人有漢語落後論與漢語最優論之爭,誰也説服不了誰。那我們可以就同義手段進行研究,研究的結果,似乎可以有助於人們作出更有力的判斷,看看究竟結論如何。

劉向(前77~前6),生於漢昭帝時,卒於漢哀帝建平元年。漢楚元王劉交四世孫。宣帝時任諫大夫,平帝時升為散騎宗正。成帝時遷光禄大夫,終為中壘校尉。劉向曾領校祕書，做宫廷禁書校録者的領導人，對整理與保存古籍有過貢獻。他的著作留傳至今的，還有《洪範五行傳》《新序》《列女傳》等。

《説苑》一書，劉向《敍録》記為20篇，到宋曾鞏校書時，僅存5篇，後搜輯得15篇，合為20。據説曾鞏把第18篇《修文》裂為上下兩篇，實缺《反質》一篇。後得高麗進書，方成全本。劉向所輯，多有古書古事，但也有乖脱謬誤之處，作為史料，當從嚴采擇。劉向所輯，包括《詩經》《尚書》《論語》《孟子》《荀子》《墨子》《管子》《莊子》《晏子春秋》《吕氏春秋》《國語》《國策》《左傳》《淮南子》《公羊傳》《穀梁傳》《賈誼新書》《大戴禮記》《韓詩外傳》《春秋繁露》《尚書大傳》《史記》等。其中《孔子家語》，今全佚，現今所見本為王肅偽託，或許《説苑》所輯，是真的《家語》也説不定。此類語料，其斷代宜加審慎。

今天能見到的《説苑》，以《四部叢刊》本為善。此本從明本影印。今人有趙善詒《説苑疏證》（華東師範大學出版社1985年版），向宗魯校點的《説苑校證》（中華書局，1987）。

楊樹達《漢文文言修辭學》前言

我的先行者秦旭卿教授對《漢文文言修辭學》(由《中國修辭學》更名)已作了全面的評介,[①]他認為楊先生的修辭書有民族性、創造性、科學性和啟發性。他説得如此全面,我已難於置詞。在這裏,我只説説重温此書所觸發的一些想法,就算是個人關於此書的隨感吧。如果有與秦教授文章相抵觸之處,我請求自動修正我的錯處。

首先我們要弄清楊先生的路數。搞我們這樣的學問,看是以繼承傳統為主,還是以遵循國外現成的理論為主。我們現在一個作古正經做學問的人都明白,當繼承傳統,借鑒國外,而在自己的時代自己的國度自己的領域,有所創新。可在1932、1933年那個時候,即算是老成宿學,也不是個個都同意這樣的提法。固然有認識上的原因,也有時代的局限。比如語法學,大體上就是照搬西洋那一套,也不能説不對。搞修辭的就明説是來自訥斯菲爾德(Nesfield),也没有什麼不是。而那時候國學大家,大抵都講傳統,重故實,外國的東西可以不顧。楊先生留學日本,精通英文,他的語法著作,應當承認是借鑒西洋語法的產物。可他的修辭書,那時叫《中國修辭學》(1953年科學出版社重版時改為今名),就有不是外國貨的意思,就是表明要走中國傳統的線路。這是《漢文文言修辭學》的一大特色。

照現在的觀點來看,這一特色似乎並不值得標榜。我們講有中國特色的社會主義,那"社會主義"就並不是中國所發明。可也要"中國特色",就是不能拋開國情,顧及千百年來形成的民眾心理,以及延續民族的優秀傳統。現時的某些人士,在語言學内渴望與西方"接軌",在内心裏總是希望把歐美那一套加到中國人頭上,做他們的"學奴"。在這個時候讀一讀楊先生的書,理解一下他老人家的良苦用心,便不是無益的了。

楊先生是一個敢説敢當的學者,他明確表示反對文字改革,反對漢字走拼音化的道路。他一生與中國的"古董"打交道,有了深厚的感情,他的思路

①秦的評介文章《簡論楊樹達先生的〈漢文文言修辭學〉》《再論楊樹達先生的〈中國修辭學〉》,均收入秦旭卿、王希杰《修辭·語法·文章》(湖南教育出版社,1989)一書。

來之有故。所以當時並沒有追究他什麽責任。聞之前輩老人,毛主席聽了楊先生當面直陳的反對意見,輕鬆地笑笑,説:讓他們(指文改專家們)試試,真不行,又改回來就是。到了於今,雖沒有説改回來,卻也看到了楊先生的主張的合理性。楊先生説的話,我們是不可以貿然否定的。

況且,"民族的,就是國際的",這話並未過時。在談到修辭的重要以及在修辭舉例中,楊先生都把修辭看成是與政治密切相關的學科。他引《左傳·襄公三十一年》叔向的話:"辭之不可已也如是夫!子産有辭,諸侯賴之。詩曰:'辭之輯矣,民之協矣;辭之繹矣,民之莫矣。'"我們尤其重視《詩經》裏的話,那是統治經驗的總結。對老百姓説話,説得平和,百姓就會融洽無間;説得悦耳動聽,人民就能安定。把修辭置於安定團結的高度。我們的修辭學家,有没有人敢於突破語言學的範圍,把修辭提升到政治這個平臺上來討論?無獨有偶,美國的現代修辭學,他們的側重點,倒是放在政治這個層面。據胡曙中教授介紹:"美國新修辭學的特點是以'社會'和'社會學'為重點。[①]……認為修辭是一種理解和改善人際關係的工具。……無論從哪一個層面上來説,個人、國家、國際之間的關係緊張和失敗,都可能不僅造成誹謗或誤解,而且還可能導致戰爭。"[②]

楊先生一生成就是多方面的。著有文法書,如《高等國文法》《詞詮》等。有校勘注釋及考證書,如《漢書窺管》《漢代婚喪禮俗考》等。有訓詁書,《漢書窺管》之外,如《古書疑義舉例續補》《積微居讀書記》等。有文字學書,如《積微居小學金石論叢》《積微居小學述林》等。又有古文字學書,如《耐林廎甲文説》《積微居金文説》等。但另一位國學大師陳寅恪卻稱楊先生為當今訓詁第一人。[③]而不及其他。按我的體會,是因為楊先生所有著述,包括修辭著作,都有著訓詁學的根基,或者貫穿著訓詁學精神,或者具有訓詁學特色。他研究的目的是讓人讀懂古書,認識古文字,以利於批判繼承,古為今用。例如楊先生的語法研究,《詞詮·序例》説:"凡讀書有二事焉,一曰明訓詁,一曰通文法。訓詁求其實,文法求其虚。"可知在楊先生心目中,通文

①請注意,不是利於交流思想的工具,或加强語言表達效果的工具。

②胡曙中《現代英語修辭學》,479頁。上海外語教育出版社,2004。

③陳寅恪致楊樹達:"當今文字訓詁之學,公為第一人。此為學術界之公認,非小弟阿私之言。"(《楊樹達誕辰百周年集》4頁,湖南教育出版社,1985)又,陳寅恪《積微居小學金石論叢續稿序》:"寅恪嘗聞當世學者稱先生為當今赤縣神州訓詁學第一人。"(同上,10頁)

法有讀懂古書的目的。《高等國文法》曾是外國人學中文必讀書,而《詞詮》至今還是文史工作者案頭必有的重要工具。時人批評《詞詮》以訓詁研究語法,卻不知這也是它的優點,不然,也就没有生命力了。又如楊先生的古文字研究,著《新識字之由來》,經驗有12條之多,但究其實,基本上都是有清以來訓詁學的方法及其拓展。他在《積微居金文説》自序中說:

余私好高郵王氏所著書,欲用王氏校書之法治彝銘,每釋一器,首求字形之無牾,終期文義之大安,初因字以求義,繼複因義而定字。義有不合,則活用其字形,借助於語法,乞靈於聲韻,以假讀通之。

楊先生的修辭學,和訓詁學結合緊密,這是《漢文文言修辭學》的又一特色。楊先生著《古書疑義舉例續補》,其所續補為俞樾《古書疑義舉例》,而俞書為訓詁書,當無疑義。《續補》自與其所續補應屬同一性質。然而在楊伯峻《楊樹達文集》前言裏,卻認為《續補》實質上是講修辭方法。我以為,就其作始而言,是修辭,就後人識讀言,則是訓詁,二而一者也。據秦旭卿教授統計,《續補》用例91,被《修辭學》採用72,占80%;《修辭學》用例135,采自《續補》的占60%。

不但是材料的共用性,而且,在論述過程中,《修辭學》常常插入明顯屬於訓詁學的内容。例如第十章《誇張》,引梅氏《尚書》:“前徒倒戈,攻於後,以北,血流漂杵。”繼引《孟子》:“仁人無敵於天下,以至仁伐至不仁,而何其血之流杵也?”終引《文心雕龍》:“襄陵舉滔天之目,倒戈立漂杵之論,辭雖已甚,其義無害也。”楊先生於是案曰:“劉氏以為誇飾者得之,孟子似誤認以為事實矣。”毫無疑義,這是據訓詁立論。

由於楊先生修辭的此一性質,我們讀他的書,一舉而二得,既讀了修辭,也讀了訓詁。秦旭卿教授説從訓詁到修辭是學科上的一次飛躍,他説得對。他實際上是承認了修辭與訓詁之間的密切關係。他在舉例説明《修辭學》的創造性的時候,兩個例子都是訓詁有所發明的例,一個是《管子·立政》“唯毋聽寢兵”後有省略,一個是“秦失其鹿,天下共逐之”,“鹿”與“禄”同音。由此也可知秦教授對楊先生訓詁研究成果的重視。

第三個特色是楊先生的語法研究對修辭研究的影響,個別地方,簡直與語法書有共同之處。楊先生當是在中國把語法修辭縮在一起的第一人。《修辭學》講合敍,講錯綜,講省略,講顛倒,實際上大都是講的語法修辭。例如合敍,兩個主語兩個賓語共用一個述語:“后、太子皆不以為子、兄數”。言后不以為子,太子不以為兄。兩個述語合於一處,兩個賓語合於一處:“廣增諸祀壇場圭幣”。言廣壇場,增圭幣。兩個修飾語合於一處,多個被修飾語合於一處:“楚趙傅相内史”。據注,則為楚相張尚、楚太傅趙夷吾,趙相建德,趙内史王悍。楊書多處講到音韻修辭,但由於没有列為綱目,就不再討論。

楊先生修辭書未明言辭格,但他的書18章,除前面3章約當於緒論之外,余15章變化、改竄、嫌疑、參互、雙關、曲指、存真、代用等,其所標目,與辭格類似。令人不解的是,他竟然没有列出比喻或者譬喻一項。鄭玄《詩譜》説:“詩有六藝焉,一曰風,二曰賦,三曰比,四曰興,五曰雅,六曰頌。”是比興居六藝之二,何得不言?關於比喻,早在先秦就有人討論過了。如《墨子·小取》:“辟(譬)也者,舉也(他)物而以明之也。”漢時《説苑》所記當是古書上的現成話。其卷十一説:“客謂梁王曰:‘惠子之言事也,善譬。王使無譬,則不能言矣。’王曰:‘諾。’明日見,謂惠子曰:‘願先生言事則直言耳,無譬也。’惠子曰:‘今有人於此,而不知彈者,曰:彈之狀何若?應曰:彈之狀如彈,則諭乎?’王曰:‘未諭也。’‘於是更應曰:彈之狀如弓,而以竹為弦,則知乎?’王曰:‘可知矣。’惠子曰:‘夫説者固以其所知諭其所不知,而使人知之。今王曰無譬,則不可矣。’王曰:‘善。’”這是古人對比喻作用的最著名的説明,楊先生未有不知之理。然而他所以不列,一定有道理在。或者其所舉必有所更正,而比喻無之。或者將修辭限於理解和修改,而比喻非尋常修改文章時所用,亦不在理解之列。或者是因為“比喻”一格,為移植外國修辭學者所重,而故意忽略。究竟是什麽原因,今天已不得而知了。

本書有特色的地方,還有專設一章,舉出先聖前賢的修辭實例。像秦旭卿教授所説,多富有啟發性。如果承認這些實例都是修辭,那麽,除已在舉例時進行了的闡釋之外,在其後各章應可對諸實例進行説明解釋。比如哪些屬於存真,哪些是誇張,哪些可算代用,又何者為錯綜等。假如我們用後面的15章來分析前面的第三章,仍然有大部分找不到答案。因為楊先生重在歸納前人的結論,而如何進一步發明修辭方法,則未加意而為。楊先生並没有為自己提出這樣的任務。以楊先生的學養,要回答這些問題,本是輕而易舉的事。

後輩淺陋無知,無知者無畏,試圖將楊先生在第三章中所舉各例進行歸納,或者要略加演繹。楊先生第三章所舉例,可分為兩大部分,一部分是普通的、一般的修辭,近90%,一部分是文藝作品主要是詩歌修辭,多於10%。在這90%中,除常見的辭格修辭外,借代主要是廣義借代15例。張回詩:“蟬鬢雕將盡,虬髭白也無?”齊己改“白也無”為“黑在無”。這是我所説的由視點不同而形成的借代。“白也無”立足于本是全黑,問他白了没白?“黑在無”立足于全白,問他還有没有黑的? 但“白也無”的言外之意,似欲其速白。而“黑在無”的言外之意,則冀其尚黑。信息修辭11例。多餘的,不足的,不當的各若干例,虚假的1例。《左傳·昭公元年》載:公子圍弑其君而代之,發訃告於鄰國,自稱“寡大夫圍”,伍舉欲改為“共王之子圍為長”。公子圍自稱其官,或稱他是楚共王的長子,都對,但在爭取繼位的名義得到承認的時候,當然以伍舉之説為長。就是説,有多種資訊可供選擇的時候,選用何種資訊,何種資訊不用,理應屬於修辭。司馬遷《報任少卿書》:“不韋遷蜀,世傳吕覽。”劉知幾《史通》以為於史實不合。《吕氏春秋》成書,早在遷蜀以前。如果劉説屬實,則司馬遷使用了虚假的資訊修辭。音韻修辭4例。歐陽修作《峴山亭記》,内有云:“元凱銘功于二石,一置茲山,一投漢水。”章惇以為增4字,作“一置茲山之上,一投漢水之淵”為中節。增與不增,意義全同,只是增後可避免突兀斬截,讀起來上口些,章惇原話,叫做“中節”。語法修辭9例,包括狀語和補語的兩個位置同義,主謂和述賓同義等。楊先生所舉修辭各例,以王先謙對墓誌銘的修改墊底。原文“深谷高陵,此阡不磨”,王改為“陵深谷高,此阡不磨”。改上句的偏正結構並列為主謂結構並列,又改陵之“高”為“深”,谷之“深”為“高”,互易其詞。以“阡”與“陵”“谷”並重,其勢蒼勁。若言陵夷而為深谷,谷隆而為高陵,而此阡不可磨滅。還剩兩例事理修辭。蘇軾詩:“胡椒亦安用,乃貯三百斛?”説胡椒没用,當然説過份了。改為“胡椒銖兩重,安用三百斛”這才合乎事理。

另一部分10%,屬於文藝作品(主要是詩歌)修辭,這似乎從來没人在修辭書中單列明講,在我的修辭書裏也没有提到這項内容。這些例子有創設意境的,如著名的“推/敲”,與事實如何無關,只看你創設何種意境。韓愈主張用敲,“僧敲月下門”,楊先生以為理由是“敲字響”。因為這裏要創造一種類似于“萬籟此俱寂,惟聞鐘磬音”那樣的情景。假如不是,要創設的是一種無比的幽靜,那就“推”字為勝了。若論事理,如果是小廟,且其僧是住持,那就當是推，如果大廟，且其人是僧眾，無疑當敲，有人應門，方得入廟。有錘煉思想的，如"獨恨太平無一事，江南閑殺老尚書"，改"恨"為"幸"，"獨幸太平無一事，江南閑殺老尚書"，從感到遺憾，欲一展身手，到幸得清平世界，可以清淨無為，完全是兩種不同的精神面貌，是一種加工，一番錘煉。還有使語言藝術化的，"高蟬正占一枝鳴"，改"占"為"用"，"用一枝鳴"，若蟬有知，欲盡領風騷，倘說占據一枝，或用他字，就平淡了。

說別人好說，說自己的主張，只怕一下子就出乖露醜了。孔雀開屏固是美事，但也就露出了那不雅的地方來。我本早該擱筆，不要寫得這麼長，一寫長了，畫蛇添足，必然是落下敗筆，得一個喝不到酒的下場。

讀王希杰《修辭學導論》

20世紀這一百年,中國修辭學大豐收。其開局之作,當以陳望道先生《修辭學發凡》為代表,而以王希杰教授的《修辭學導論》收官。對這一世紀修辭學的評論多多,名家如林。我本無意涉足這一領域。因為王教授的書代表修辭學的最新進展,且又將在湖南再版,不得不讀,讀後也就不能無言,便寫了下面一些話。

王教授比我小10歲,在修辭方面的造詣,卻非我所能企及。先賢有言,活到老,學到老。我不揣老邁,欲學人之勝我處。學人家就先要知道自己哪里不如人,是以此文主要談我所不及之點。

一、演繹之功,如門德列也夫

我寫修辭學的書,以及寫別的書,没有別的法子,都是靠歸納。歸納言之有據,頗曾以此自我滿意。而歸納大都是不完全歸納,要有很多的較大的發現實難。王教授不然,他不排斥歸納,而又得力於演繹。比如說,假定辭格有38個,實際上遠不止此。姑且認為就是38個吧,這是就零度而言,可它有偏離,有正偏離有負偏離,那就有114"格"了。然各有顯有隱,乘以2,得228"格"。這還没有包括兼格變格在內。有人會說,不要說那麼多,你先舉出228格來看看! 不錯,實實不能全都舉出。可你也要問問門德列也夫,問他所推知的未知元素是什麼,1871年那個時候,他同樣無法回答。但也不能肯定他所說的元素不存在。四年之後,人們發現了這個元素,這才知道演繹的神奇之功。

二、視野開闊,如三千大千世界

佛家認為,這宇宙之中,我們這個以須彌山為中心的世界,是一個小世界,一千個這樣的小世界為一個小千世界,一千個小千世界為一個中千世界,一千個中千世界為一個大千世界,名為三千大千世界。你説這視野開闊不開闊?王教授寫書,也可用三千大千世界來打比方。他説,有修辭,有修辭學,有修辭學學,可建立普通修辭學、各語種修辭學、方言修辭學,可以有各學科修辭學、新聞修辭學、法律修辭學,甚至於物理修辭學、數學修辭學等等。(我這裏只説他的意思了,没有引用原文。)他支持以同義手段為綱寫修辭著作,還主張可以以語境為綱、以得體性為綱、以風格為綱、以兩大分野為綱、以辭格為綱、以零度和偏離為綱、以顯性潛性為綱、以語言和言語為綱寫修辭著作。説他視野廣大,還表現在古今中外三教九流的材料無所不引,文學、詩學、哲學、法學、理學、工學、文字、音韻、訓詁、語法、經、史、子、集,没有他不能進入的領域。要我來一一舉例嗎?還不如自己去讀他的書,你會覺得我之所言非虛。

我四五歲發蒙,上了20幾年學,自學進修,除了那特例的10年,也没有間斷過。到於今七老八十,讀書還只局限在一個狹窄的範圍内。我雖以"古"為職業,卻得承認,十三經就没有通讀,自然科學更没有挨邊。好多材料,王教授引用了,即使在我業務範圍裏邊的内容,我也是第一回見到。我只知道我曾經鑽研過的那麽一點東西,例如修辭,説起來我也寫過書,但也就只知道我自己的所謂同義修辭,别人的同類學説,例如聶焱教授的同義修辭我就不知就裏了。不如就是不如,没有什麽好遮掩的。

三、涵容衆多,如海納百川

看不起修辭學的人説,修辭就那麽幾個辭格,意帶鄙薄。王教授未為所動,對辭格有精深的論述,並提出了如何研究和對待辭格的意見。有所宗師的人説,同義修辭不能成立,王教授亦未採用此説,説過修辭就是同義選擇這一類的話。同義修辭在王教授的修辭理論中占有重要地位。可以説,他的修辭學涵蓋了當今學者們談論過的所有與修辭有關的重要内容。他的修辭學説容納了哲學家們的真知灼見,接受了科學家們的普世真理。在他的修辭學中,有詞彙學的擷英,有語義學的成分,有語用學的含容,有話語語言學的精髓,有模糊語言學的影子,有音韻學的反響,還有語法學的拓展。包羅豐富,為同類著作所僅見。

做學問的人怕就怕只見樹木,不見森林,只知有自己,不知有他人。不聞河海不拒細流,才能成其大的道理。我敢說我還不是這樣的角色,不知道別人對我的看法怎樣。但我見聞不廣,固執己見,時或有之,實不若王教授的大肚能容,廣取眾善而成其博大。

四、日新又日新,如湯盤之銘

《禮記·大學》:"湯盤之銘曰:苟日新,日日新,又日新。"

很難依古人的善言行事,所以我的"學問"曾無寸進。比如王希杰教授希望我把我的《修辭學》好好地修改一下,以留給後世一點有價值的東西。但我改不下去,原來啥樣,現在還是啥樣。一新都沒有,談不上"日新",就更沒有"日日新"了。

王希杰教授就不同了,正如湯盤之銘所言,日新又日新。有人將王教授的修辭理論總結為三一語言學,就是四個世界、零度和偏離、顯性和潛性、修辭的得體性為最高原則等。"三一"是不是概括得了王希杰對修辭學的貢獻,還有商榷餘地。但如果說這是王希杰教授修辭理論最新成就,恐怕就比較近似了。而如果只說到"三一"為止,那只是"日新",還沒有"又日新"。我們從《修辭學導論》裏便可以見到這個"又日新"。舉例來說:

修辭結構說。王希杰說:"所謂修辭結構,就是一種組織話語和運用話語的整體策略。修辭結構也可以叫做'交際策略'。從某種意義上說,修辭學研究的不應當只是某些修飾詞語句子的具體方式方法,而應當把研究修辭結構當做中心任務。選擇詞語的具體的方式方法都是受說寫者的修辭結構所控制的,是在他的修辭結構的支配之下進行的。"(《修辭學導論》43頁,浙江教育出版社,2000)

有沒有這樣一個"修辭結構"的存在? 如果有,這名稱是不是恰當? 這兩個問題還不好一錘定音。我以為,這裏重要的是此說所提出的主題。這主題不是別的,而是說,修辭只是現象,是枝節,實質性的帶根本性的是要具備善於修辭的素養。學些方式方法只是治標而已。這樣的主題的提出,無疑有助於修辭研究的深入。

話語銜接論。王希杰說:"修辭學中的句子,應當是同其他句子處在相互聯繫相互制約中的句子。這時候,句子就如同處在句子中的詞語的地位一樣,句子中的詞語不能孤立游離於句子之外,不能同其他詞語沒有語義、語法、語用上的聯繫。在話語中每一個句子必須同其他句子發生這樣那樣的關係,這就是句際關係和句子的銜接。"(同上,427頁)

"話語銜接"是《導論》第十章的標題。王教授用了50多頁的篇幅,對這個問題進行了饒有興味的論述。它構成了一篇可以獨立的論文。如果修辭學也設有諾貝爾獎,那麼,這個獎應當首先發給王希杰,因為他寫了一篇這樣出色的論文。談語段或句群修辭的文章不是沒有,但寫得這樣專門,這樣深入,這樣系統,這樣生動有趣,引例是這樣的新穎精當的,可以說是獨一無二。

還有語言的性質和定義。語言定義的表述,應該是不下數百千次。王希杰在此也有了靈感,他說:"語言,……從它的內部結構來說,則是一個開放的多等級的多層次的複雜的符號系統。"他又說:"語言是世界上最簡單,然而卻又最複雜的東西,最平凡卻又最神奇,最合理卻又最荒謬的東西,最無用卻又最有用的東西……"(同上,25頁)他還說:"人們常說:'語言是交際的工具',其實,更準確地說,應當是'語言是思維的工具,話語是交際的工具'。"(同上,37頁)

王教授的表述與歷來的說法不相違背,也可以說並未離開固有的軌道。但他又增加了新內容,這些新的說法,似乎異樣,卻又切合情理。合于常人的感受,卻又發人深省。

最使人有新鮮感的,是王希杰教授對得體性原則的解釋。他說:"得體性原則是以善統帥的真善美統一的原則。"(同上,595頁)"只有善言,才值得修辭。修辭就是幫助人們把善言修飾得更美,使得它更有魅力,產生更大的社會效益。惡言是對修辭的反動,決不是修辭學研究的對象,修辭的目的不是幫助人把惡言修飾得更有迷惑力量。"(同上,597頁)在《導論》第一章裏,王教授專設了"修辭和人格建設"一節。他說:"修辭學當然是一種技巧,但又不可以僅僅當作單純的技巧,而應當同人格聯繫起來,把修辭技巧當作人格建設的一個重要方面。"(同上,53頁)

王教授的用意當然是好的,並且應當是有所見而云然,並且是由於對古聖今賢的人格魅力的感佩而發自內心的見解。但不知何故,我卻想起了政治掛帥那年頭的事。同時又閃電似的閃過史達林的話——雖然史達林現在的名聲不怎麼樣了,他說,好比是武器,看拿在誰的手中,槍炮本身是沒有階級性的。修辭有没有階級性？它是不是應當和"善"綁在一起？況且這個"善"，可以有不同的理解和含義，你說是善，別人不一定說是善。我們說日本鬼子侵略，他卻說不是，他戰爭的目的是為了東亞共榮，是為了大家好。但既經人民認定，也就不能說好了。然而，由此認為日本人没有修辭，這就難成定論了。

我這麼一說，就已經過渡到說我認為不足的地方了。說的方面多，舉的例子多，牽涉的事物也就複雜多樣，誰都不能保證每一句話都對，每一個詞都用得恰到好處。你比如，要說我們的祖先造字反映了話語的重要性，就舉禍（祸）、福、亂（乱）諸字為例，因為它們都从口。禍從口出嘛。禍，右旁是口歪邪的意思。似乎與"口"有點關係，但口的歪邪還不至於招來災禍。實在這個字是从咼得聲，或許聲中有義，那義當來自千刀萬剮的剮，與"口"無關。福，右旁那字表示罎子裝得滿滿，這在古人，他們以生存為第一義，儲備充足，自然算是有福了。亂，現在多數人同意，本是治理絲緒之亂，後來已没有治亂的意思，就只有亂的意思了。說者把簡體字當作古人的造字，不能無誤。

語言學家的文辭少有上口可讀的。吕叔湘先生是個例外，他的文字流暢平易，如行雲流水，自得其體。俞敏先生的文章多用北京人大白話，獨具風格。修辭學大家王希杰注重自己寫作的的修辭，自不待言，因而他的著作有較强的可讀性。引例的精妙與恰切的說解相結合，時而配以生動的比喻，是他語言成功的訣竅。千慮一失，從他的比喻中，我尋得了一個不很恰切之處。在說到語法特點時，王教授有個比方，說俄語像象棋，漢語像圍棋。（同上，200頁）象棋將（帥）士相馬車炮卒，各有各的走法，似乎複雜了。但總共才有32個棋子，兩人對陣，一方才16個，縱横9×10，不過90步棋，也就簡單了。圍棋361個棋子，縱横各19條線，361個交叉點，其複雜程度，非象棋所可比擬。它的規則，按體育總局所訂，有5章33條，小點多到100多。怎麼可以說它規則簡單呢？圍棋的複雜性是懂點棋藝人士的共識，現在說它如漢語，規則簡單，就不是人人都能同意的了。

《現代漢語實踐修辭學》後記

"文革"時期挨的罵太多了,都是些污蔑性的、純惡意的漫罵,現在提都不想提起。除此之外,真正夠得上是罵的——罵你是為你好——年少時是我父親的罵。他罵我什麽了? 罵我"蠢寶",不知尊敬師長,或者罵我"褲包老",不曉得跟人交往。我都服,没得說的。他罵的不是這些,他罵我不該有三條短褲,一條西裝短褲,兩條貼身穿的小褲。與我同村的同齡人最多只一條短褲,多半還打上了補丁,而我竟有三條完好的,因而挨罵。雖然不服,卻也只能忍著,並且從此不敢有多餘的衣物。直到上世紀80年代初,我還是只有兩條褲衩,剛夠換洗。

年紀大了,已經當講師了,挨了一次罵,也是終身難忘。出版社約稿,要我寫叢書中的一本——《修辭學》。有人攛掇,去請一位名家作序。序寫來了,出版社編輯先生不讓刊載,因為叢書中别的幾本都没有序,體例要劃一。這就把人給得罪了。作序的老先生不僅"口誅",而且"筆伐",在寫他某一篇不朽的文章時,"順便"把我"克"了一通。這一回我是服了,好不容易請動了老人家作序,卻又未能放在書前印出,是我的錯。但也有不服的地方。這篇未刊出的序的核心意思是修辭還不成其為科學。我寫修辭的書,您說它不成其為科學,我能服嗎?

然而,我還是怕罵。在寫完了剩下的為修辭而準備的材料後,便和修辭作别,搞其他行當去了。一晃就過了十幾年,夕陽西下,又回到了修辭這個老地方。那潛意識恐怕仍然是不服。正如我父親罵我不該有三條短褲,而現在卻有了一二十條一樣。西裝短褲、休閒短褲、褲衩、游泳褲……說一二十條,決無誇張之意。老人已經去了,我自己成了老人,平心而論,說修辭不是科學,未免偏頗。但修辭學本身也不無問題。——在此提醒我們那些很有成就的尊敬的同行們,當你們自我感覺良好甚或志得意滿的時候,應當記得比我們老的老先生們的觀點,想起他們的教誡。——我琢磨著,問題出在

哪里呢？是不是因為在實踐上少有指導意義呢？我不敢肯定，姑且認為就是。所以下決心在實踐上用點功夫。沿著這條路走下去，如果能成就一個有實踐指導意義的修辭體系，那麼，以此紀念那些對修辭有看法的前輩學者，那是再好不過的了。區區用心，想讀者與同行們能夠諒察。

談到這本小書，還要追溯到1989年以前。那時千駒同志已經開始了他的漫長的寫作之旅。他把他的處女作拿給我看。許多老年人看中年人，中年人看青年人，總覺得他們的東西不能盡如人意。我也如此。我建議他積累點材料，寫現代漢語同義修辭。那時不覺得，後來才明白，這是一個多麼危險的建議!連同義修辭本身還未得到社會檢驗，竟然要青年人也跟著搞同義修辭!正如許多青年人過份地相信自己的老師一樣，千駒就也按照我的意見，動手積累資料。他的勤奮連同他的工作效率，使我驚訝不已。幾個月時間，大概是三個月的樣子——我記得不準確——他就寫了一大堆卡片送到我的面前。這本小書裏所用到的資料，絕大部分是千駒同志那時搜集起來的。卡片一來，我就與千駒按我的意思進行分類，好像並沒有分完，其餘的要千駒自己歸類，要他自己照我的"樣板"去寫。我那時搞點行政工作，忙得冒煙，實在無力顧及。千駒也就只好自己去做。他完成了第一稿，讓我看，我不滿意。又寫第二稿，我仍然不滿意。不是寫得不好，而是不如我的意。一次，他採用流行的現代漢語修辭的框架；一次，他乾脆把他的書名叫做"詞語錘煉"：這都是我不能接受的。用現成的框架寫東西，不如不寫，讓別人去寫好了。我是想寫同義修辭，不是可以縮小到只有詞語錘煉。這期間以及後來，他寫了好幾本別的書，我也寫了幾本叫做書的書，把千駒積累的材料擱在一旁，沒有管它。

人生如流，不舍晝夜，轉眼我已退休，千駒則在盛年，正在大幹其事業。百忙之中，他又舊稿重寫，交到我的手中。一看，感到確實難為他了，他已按我的同義修辭體系在操作了。除了廣義借代那一章——他說他實在把握不住——他沒有寫之外，已經具備了本書的大體規模。於是我在他的材料中揀出一些來補寫了"廣義借代"這一章。別的章節，我也作了一些調整，進行了若干修訂。照千駒原來的寫法，凡是修改過的，一般都是改得好的。我則認為改有改好了的，也有改差了的。因為我是"老師"，千駒不和我爭，就依了我。我注意分析原文為什麼那樣寫，改文者為什麼一定要改成這樣。如

果能夠講得出理由,我多半要講它一講。千駒那樣做,好在能夠劃一。我這樣做,就容易出麻煩。可能講對了,可能講錯了。可能我以為對,有的人卻以為是錯了;或者反過來,我以為不大對,別人卻以為很不錯。這類的爭論,即使爭上一個世紀,也未必會得出大家都同意的結論。但面對這一情況不敢說話,穩當是穩當了,可未見得正確。話總是要說的。至於你同意不同意,那不要緊。各是其所是,各非其所非就是。只有這樣看,你才會心平氣和,否則,你或許會產生滿肚子的氣,會產生非和我辯論到底不可的想法。那是不值得的。因為你如果下了決心要論個究竟,而我,多半不會服輸,並且好歹不會應戰。你有你的看法,我有我的看法,如此而已。

照這樣說,我是要堵塞言路了。絕不是的。我只是想說,不必在個別例子上花去太多的時間。在框架上,在理論上,乃至在各個局部上,都歡迎批評指教。這樣有利於本人的進步,有利於學科的發展。以為自己什麼都好,是我們老祖宗的想法,結果不但害了自己那一代,也害了我們這些子孫後人。難道還要重蹈覆轍嗎?怕的是没有人批評,任你自生自滅,仿佛你什麼都没有寫一樣。好在我在修辭方面的研究,多少引起了同行們的注意,這是可堪自慰的。例如我素未謀面的袁暉教授,他寫了一本《二十世紀的漢語修辭學》(書海出版社,2000年),這本厚書第三編第九章《古漢語修辭研究的突破》,第一節就是寫的"李維琦的古漢語修辭研究"。我注意到,這本668頁的書,專門立章來寫的只有兩人,一是陳望道先生,這位學科的創立者,一是王希杰教授,這位在我們這個時代最有理論建樹的修辭學家。我能被修辭大家在書中設一個專節來介紹,實在感到榮幸。因為在袁教授書中,根柢無比深厚的楊樹達先生只有一節,博學多才罕有其匹的錢鍾書先生也不過是一節,我也有一節,夫復何求?

不過,我並未因此而飄飄然,因為我揣度《二十世紀的漢語修辭學》一書的作者,秉性寬仁,胸懷廣闊,他是有聞必錄,無所不容,未見得我就寫出了什麼好的東西。王希杰教授在以前的著作中,没有批評我,但我從中看到了我的不足。他許我的修辭學是上個世紀"80年代"古漢語修辭研究的一項進展,"開拓了修辭的新領域"。我在想,過了一個90年代,進到了新的世紀,是與時俱進了呢,還是仍然在原地踏步呢?這個我可說不好了。2002年1月17日,王希杰教授在專為我寫的文章中,提出了帶有根本性的批評,認為把

不同時代的語料拿來對比,没有可比性。我很重視這個意見,但還没有完全接受它。第一,不同時代的語言,但仍然是同一種語言,不能說完全没有可比性。只看你把可比點選在什麽地方。第二,我所用的語料不全是不同時代的,有的是同一本書的不同說法,有的是不同版本的不同文字,有的前後時代不是相隔很遠,就語言來說,不能說有太大的不同。第三,我通常不評判優劣,只是說,如果這樣,有什麽樣的意味,如果那樣,又會有什麽樣的意味。舉幾個例子:

晏子死,景公操玉加于晏子屍上而哭之,涕沾衣襟……免而哭,哀盡而去。(《晏子春秋·外篇·不合經術者》)

《太平御覽》549引"哀盡"作"盡哀"。我說解道:"'哀盡而去',自然如此;'盡哀而去',景公有意如此。"

(a)諸律令所更定,及列侯悉就國,其說皆自賈生發之。(《史記·賈生列傳》)

(b)然諸法令所更定,及列侯就國,其說皆誼發之。(《漢書》)

我說解道:"'賈生'與'誼'相當。'自賈生',狀語。《史記》著眼于滿朝君臣,其說'自賈生發之',從比較中看出賈生人才難得。《漢書》無'自'字,讓'誼'作主語,更定法令之類,都是賈誼創議,直接表現他的才能。"

吾矛之利,於物無不陷也。(《韓非子·難一》)

同書《難勢》篇不用"於"字,作"物無不陷也"。我的說解大意是:兩種說法,主語都是"吾矛";《難一》的說法,用"於物"指出"無不陷"的範圍,全句顯得寬鬆;《難勢》的說法,以"物"為主謂詞組的主語,而這個主謂詞組是作全句的謂語的,顯得緊湊。

從這幾個隨便拈來的例子中,讀者可以看一看,我所用的材料和方法是不是也還不至於站不穩腳跟。

而現在擺在讀者面前的這本小書,方法還是我用過的方法,材料卻不同了,它們不是歷時性的,而是共時的,應該不再有可比性的問題存在了。這就需要從别的方面來批評它。我期待有王希杰教授這樣的批評者。

在書成之後,有一個要不要請人寫序和請誰寫序的問題。我與千駒交換意見,序還是要請人寫的,作序者是最早的讀者之一,他會有一個對本書的基本看法。這看法彌足珍貴。雖然我們知道,礙於情面,他們會多說好話。至於請誰,我們還是想就近求教,不必遠求南海了。我的學長秦旭卿、王玉堂二位,他倆能為本書作序,實是作者難得的榮幸。我還在讀大學二年級的時候,秦學長已加入我的老師的行列中了。在修辭學乃至整個語言學領域,他是我的先行者。他對我的激勵和獎掖,是我以後在修辭方面繼續做點事情的動力之一。秦學長思維縝密,頭腦冷静,觀察周至,立言精當,是一位我至為欽敬的學者。王學長是上世紀60年代初北師大的研究生,他是一個全才,文字、音韻、訓詁、語法、修辭,無一不通。詩詞書畫,樣樣皆精。我客廳裏掛著他的畫,海南大學畫家黄珂教授在我家坐,指著這幅畫說,現在是業餘與專業水準難以分清了。他填的詞也夠范兒,至少,你一定會覺得他是個行家。關於我們的書,他有詞曰:

一石借它山,
瓊玉盈方册。
同義推敲世代新,
多少雕龍格!
繪事素之餘,
達者辭之則。
莫道幽玄不可幾,
今見康莊辟。

我們都曾經為了出書而苦惱過,要急急忙忙往前趕啊。不趕不行啊,要評職稱,要不扣獎金,要報一個什麽課題,或者要促成一個什麽項目,趕啊趕的,從没有清閒過。現在不同了,千駒已功成名就,在大幹事業的同時,還可以逍遙自在地寫他的小說,所謂遊刃有餘啦!我已臨到晚年,如同某個名人說的,人老了,“無所謂了”。寫了書,自然希望出,如果出不了,這一回,我們也不那樣著急。束之高閣,藏之名山,不一定就是壞事。不過,我們還是相信,總會有出版人看得上眼的。正如俗話所說,有了女兒,還愁婆家嗎?

2002年9月26日

湖南師範大學學堂坡住所

建設創新型語言學①

過去的一年，接觸到了好幾種關於語言學建設的見解，本有些話想説。但拿不准是該説還是不該説。新春伊始，萬象更新。元月9日，全國科學技術大會隆重舉行，國務院發布了《國家中長期科學和技術發展規劃綱要(2006—2020年)》，恰如雲開日出，顯見長安。於是欣然命筆，以“建設創新型語言學”為題，也來談談關於語言學建設的一些看法。

什麼是創新型語言學？創新型語言學的一個重要特點是具有中國特色。任何學科的發展，在不同的民族，不同的國家，不同的時期都會呈現出不同的特色。這個特色可以表現在研究對象上，也可以表現在研究方法上，還可以表現在研究手段上，更可以表現在思維方式上。我們首先要研究的是漢語，一種與世界各大語種迥然不同的語言，主要由以漢語為母語的學者來研究，加上時代的更始，理論上的創新，研究出來的成果，當然會有其特色——語種所帶來的特色，傳統所帶來的特色，時代所帶來的特色，理論所帶來的特色。在我看來，所説的“中國特色”，還有其字面上没有點明的意思，那就是這幾個字代表國人所力爭的、一種跨越式的發展。例如國民經濟增長，一般的國家年增長率不過百分之一、二、三，有的甚至是負增長，而我們的速度是百分之七、八、九，這就叫中國特色。希望我們的語言學不重複走歐美等發達國家的老路，不可以老牛破車，一步步地拖拉，所以説要有中國特色。有些學者不明乎此，認為語言學是科學，科學是没有國界的，不必提什麼中國特色語言學。這是只知其一，不知其二。有人以為，在這個問題上爭論的雙方，一方是要“接軌”跟進，所以容不得“中國特色”；另一方是要自主奮進，堅持這一提法，以自我激勵。這種看法或許説出了部分真實。但如果以為全然如此，也可能是不公正的。

講中國特色語言學，好像它的研究對象就只限於漢語，或者還包括境内

①這篇文章曾以節于今的筆名發表在《古漢語研究》(商務印書館)2006年第1期上。

多種少數民族語。這是一種誤會。我們所建設的語言學,可以漢語為基點,而不局限在漢語的範圍之内,它應可以涵蓋多種語言,甚至是所有的語言。語言的本質屬性,決定了語言學的通用性,以漢語為限的語言學,還不是這裏所説的創新型語言學。這就要求我們的語言學者不但要懂中國,也要懂外國。你的語言學要涵蓋它,你就得懂它。外國語言學家能懂漢語的人不多,特别是那些開派立宗的大家,没有聽説他們有幾個人通曉漢語,因而他們的理論自必有不適用於漢語的地方,好像没有人敢説國外語言學理論放之四海而皆準,當非事出無因。如果我們的中國特色的語言學要涵蓋面比較地廣大一些,就非多懂一些外國語不可。單靠只懂漢語的學者一個方面軍,是建設不起中國特色語言學的,必須有熟悉多種語言的語言學大軍來共同參與,才有可能。我甚至認為,這是建設中國特色語言學一個有某種決定意義的條件。

創新型語言學的另一個特點是自主。在技術領域講自主,容易理解和接受。你没有專利,用這項技術就要付費,辛辛苦苦賺點錢,他一揚手就拿走了相當一部分。在數字上好看,説是賺了多少多少,可是因為没有自主,悄無聲息地被别人挖走了一大塊,很是可惜。所以要有自主的技術專利。科學技術是相通的。具體到語言學也要自主幹什麽?為了那份民族尊嚴,為了和我們大國地位相稱,為了對人類應有的貢獻,為了立於世界民族之林在任何一個方面都不遜色。和自主相對的,我生造一個詞,是“自奴”,心甘情願做應聲蟲、做跟屁蟲,這叫做各有所好,莫奈其何。

有人提出要與國外語言學“接軌”,雖然公開贊同的不多,有的倡言者又縮了回去,而作為一種思潮,的確是存在的。先是鼓吹而後又棄用這個提法的人,有些很可能只是覺得字面上不好看,於是另换説法,但内心裏還是在“接軌”,徒以言辭的堂皇,掩蓋其想法的失錯而已。我們要走自己的路,必然從根本上排斥“接軌”之説。所謂“接軌”,無非兩種可能,一是我們没有軌,把人家的軌接過來,行我們的車,或者車仍是人家的,租用人家的車在我們的地盤上跑。二是改我們的軌,與别人接上,標準是人家的,以便於别人通行,讓我們走人家的路。這還談得上什麽自主呢?況且國外的情形與國内一樣,也有許多學術泡沫,要接軌是接哪一條軌呢?不慎與泡沫接上軌,豈不是一場空?可知此説只合在經貿領域談論,在學術領域,應該没有它的市場。但接軌一説,如果本意是將語言學納入科學的軌道,與科學接軌,那就無可厚非,只是表達不確、説非其時而已。再者,“自主”的那個“自”,指我們當代人,不是説古人,如果讓古人做了主去,那還是没有做到自主。

創新型語言學的本質特點是創新。創新是人的生存方式,没有創新就没有人類,就没有今天的世界。我們現在講發展,講立國,講崛起,講GDP,講為國為民,離開了創新,一切都無從談起。就中國語言學的實際來看,可以説天天在創新,每個研究項目都在創新,只是缺乏系統的、整體思路上的、方法理論上的創新。在創新思想的光輝照不到的地方,即使有人冒出一點尖來想要創新,也會被活生生地扼殺。我們要提倡創新精神,鼓勵創新實踐,要把那些窒息創新的沉悶空氣掃除淨盡。

創新就不得因循,守舊就談不上創新。比如説,梵文有波你尼語法,那是與現代意義上的語法完全不同的語法。因而我們也有學者不贊同現在一般所講的語法,以為有過去的規矩就夠用了。這恐怕就有守舊之嫌了。章太炎先生實是我國現代語言學的前驅,他的“語基”説,他的《文始》,就是一個創新。創新的東西不一定完善,不一定成熟,這就需要逐步完善。太炎先生所用的只據語音相通來確定同源詞的做法,顯然不夠科學,需要完善。後繼者不能補闕,反而有人守着這個不科學的老套套,出了一本又一本書,這就很難説是後出轉精,是創新了。創新有原始的創新,集成的創新,還有吸收消化而後的創新。這後一種創新與前兩種創新同樣重要,把國外的東西拿過來,汲取其有價值的東西,創起新來,可能會效率更高。但如果不能消化,只是以國外學説為教科書,用中國的語言材料做一個“家庭作業”,那也達不到創新的目的。

建立創新型語言學必須重視繼承傳統。除了少數新興邊緣學科,多數人文社會學科都有一個繼承和借鑒的問題。没有昨天,怎麼會有今天?把清人王念孫的研究説成是“只有清儒才會發明這種論證法,外國人可没有這個能耐”,這是我們萬萬不能苟同的。口裏説“清儒”,指的卻是“中國人”,因為後面説“外國人”,和“外國人”相對的,只能是“中國人”。清人也是中國人嘛。説話人如果認為清除種族主義偏見為正當,如果認為一個學者具有文明素質為必備的修養的話,應該為他這些侮辱一個民族的言辭道歉。侮辱一個人也就罷了,要侮“中國人”,這是不能容忍的。王念孫本是一個了不起的語言學家,確實也達到了當時世界語言學的高度。我們現在說到歷史語言學,這門學科的創建者丹麥人拉斯克(Rasmus Rask)和王念孫大致上是同時代人,碰巧都卒於1832年。歷史語言學的一個重要方面,是通過系統地比較詞的語音形式,確定語言的親屬關係。王氏不以字的形體為限,通過字形雖有不同而語音相通的詞之間的關係,來尋求詞的意義。雖則因為所處環境不同,因而目的有異,但都能重視語音,重視語音的歷史表現形式,並從中得出有益的結論,這是相同的。我們没有任何嘲諷王氏貢獻的理由。至於把當代一批中國語言學家稱為"……之流",其恣睢之態令人驚詫,身受其辱的學者表示了他們孰不可忍的憤慨,屬於常理範圍以内。知耻近乎勇,不必說他們是意氣用事。

繼承當然是只繼承優良的傳統。研究漢語可繼承的傳統之一是樸學,簡單地說,就是尊重語言事實,立論要講證據,而且忌諱單文孤證,同時也不掩蓋不利的證據,實事求是。這難免要受人嘲笑了,說是只懂歸納,不懂演繹,不成其為科學。實際上演繹歸納各有長處,演繹中可以有歸納,歸納中可以有演繹。證明已有,發現未知,兩種方法同樣重要。如果一定要分個高下,就難免要陷入偏見的泥淖了。有一個說法是"例不十,法不立",就是看重歸納的一個表現。與此相對的是,一個例子和十個例子作用相同。這話在說明結論的時候,有時是可以的,如果這個例子恰當的話。但在立論的時候怕是不行。比如我知道一個漢學家,他寫文章,舉了幾個例子,於是演繹下去,說凡以"也"字結尾的,都是判斷句。無疑是失之片面了。

一位長輩學者,對當前通行的語法研究方法持異議,認為必須從中國古籍中去找語法根據,建立自己的語法系統。雖說他的工作頗有成效,但完全不借鑒現代語言學理論,恐怕也有其為難之處。我們主張借鑒對我們有益東西,使之成為建立中國特色語言學的助力。魯迅先生提倡拿來主義,但拿什麽,怎麽拿,拿來怎麽用,用在什麽方面,還得成竹在胸,主權在手。如許多學者所指出的,中國近百年來的語言學成就,大都與借鑒外國的語言學有關。(說"大都",意思是還有少數是關係不大的。)現在偌大一個地球都快要成為一個村子了,還能關起門來自顧自嗎?我們反對别人輕視我們,更要反對我們輕視别人。天下聰明睿智之士,所在多有。他們以自己的創造豐富了人類的財富,包括精神財富。讓你分享人類文明的成果而不願接受,只能説是很不明智。以為自己樣樣都好,連纏足也是中國女人美麗的基礎,這是早就過氣了的鎖國心態,不足為訓。

建立創新型語言學,研究方法多種多樣。語言學分支甚多,有歷時語言學,有共時語言學,有普通語言學,有微觀語言學,有社會語言學,有心理語言學,有文化語言學,有數理語言學,有神經語言學,還有應用語言學等等,分支不同,方法也不會一樣,即使同一分支,細分起來,還有類別不同。同一類別,方法也可能多種,可以同時並用,可以側重其中一種。天底下没有無所不能的人,譬如古代作戰,有的使戟,有的仗劍,有的刺丈八蛇矛,有的舞青龍偃月,能什麽就用什麽。一位統帥决不會只許他的將士用同一種武器。總之方法上應是百花齊放。只許一花獨放,或者像武則天那樣刁蠻,要牡丹開放就得開放,有人會來就此辯論是非嗎?大概不會有的吧!

方法自然有現代化程度的不同,但也不可以新舊論優劣。以歷史語言學而論,常用到文獻考證法和歷史比較法。以為這裏有先進落後之分,新舊之分,就難成確論。文獻考證法不確知起自何時,可以説"古已有之",稱得上是"舊",然而寶刀雖是家傳舊物,可仍然削鐵如泥,那還是寶刀。現在的文獻考證法,汲取了别的方法的一些長處,科學性已大為加强,就不能説它完全是舊。而歷史比較法也必然用到考證法,已成互相滲透之勢。説到它的産生,如果從葆樸(Franz Bopp)1816年發表他的代表作算起,已經近兩百年,也不能説它是新。有的用這種方法,有的用那種方法,只要能創新,都未為不可。不能創新,徒以方法驕人,庶乎其不可。憑心而論,各種方法都有其長處和短處。考證法文獻足徵,其結論可信度高。但對科學的演繹重視不夠,受到一定的局限。歷史比較法即使在考證法使不上勁的時候,也能派上用場。有利於構擬語音體系,認同親屬語言,説明來龍去脈,但比較地多一些可此可彼的成分,因而可信度有不如人意之處,特别在離我們時代甚遠之時,更不可急於信從。

建立中國創新型語言學,離不開不同學派的爭鳴,離不開觀點正確與否的較量。有比較才能有鑒别,有爭鳴才易於推動進步。避開爭論,掩飾矛盾,於事無補。2002年有一場爭論,以北京大學郭錫良教授為一方,以美國康奈爾大學梅祖麟教授為另一方。爭論本來是一件好事。此前,王力教授的學問及其相應的權威,國内無人挑戰,這並不是一個最有利於學術發展的局面。有人提出質疑,敢於説王先生的不是,並不就是壞事。可是,與我們的期望相反,這場爭論,並没有取得預期的效果。主要原因是論戰的一方不肯應戰。由於只有一方説話,就只有鳴,没有爭。梅祖麟教授不應戰的原因不外乎這麼幾個:不屑、不願、不能、無暇。無論是哪一種,未參與論爭總是令人遺憾的。

爭鳴和團結可以並行。通過爭鳴,弄清了是非,就能達到團結。即使一時是非莫辨也不要緊,可以由時間老人來最終裁定。不擺到桌面上來,只在暗地裏嘰嘰咕咕,只會使得團結越來越糟。主張地無分南北,派無分京海,學無分歐美蘇俄,年無分老中青,人無分中外,方法無論新舊,只要他願以振興中華為己任,都可以在一個大家都同意的目標之下團結起來。假如大家同意以走中國特色自主創新之路,為建設創新語言學而奮鬥為共同目標,那我們就萬眾一心,朝着這個目標去努力。

我們建設創新型語言學,給全世界語言學者提供了機會。我們對友善的外國朋友寄予厚望。"人無分中外"就有這個意思。瑞典人高本漢(Bernard Karlgren),他到中國實地作方言調查,他虚心向中國著名學者請教,他能像中國人一樣,閱讀中國的典籍,他寫漢語音韻著作5種,其中《中國音韻學研究》實是中國現代音韻學開山之作,他對於建設中國的語言學立下了汗馬功勞,他還撰有中國考古學、文獻學著作,他把他的名字譯為"高本漢",説他本就是漢人,是漢文化的研究者,體現了他對我國和我國文化的摯愛和尊重。他没有以身為真正的外國人而自詡,没有説什麼"外國人可没有這個能耐"那樣的反話、胡話。我們需要這樣的值得懷念的可敬的朋友。當今仍然有一些外國朋友在研究漢語和漢學,他們也有高本漢同樣的長處,是建立我們中國語言學的益友。高本漢可説是他們的先行者,他虚心好學的品質,讀懂中國眾多古籍的傑出才能,他對中國多門學科的貢獻,至今還少有人可以超越。我們歡迎外國朋友,包括祖籍中國,現屬外籍的朋友們,他們懂得中國,也懂得外國,無疑他比别的外國人更有條件來為中國語言學盡力。我們衷心希望他們能像高本漢一樣會有卓越的貢獻。

在以往的一段長時間裏,統治者喪權辱國,人民顛沛流離,昂不起頭顱,直不起腰杆,這種情況,到1949年,隨著毛澤東一聲"中國人民從此站起來了"而根本改變。但是,老習氣還没有盡除,新的厄運又來到了。饑餓、貧窮、不斷的折騰，相比于别人的發達的經濟、安定的政局，使得我們許多人自己都感到沮喪。這種不如人的感覺，這種自卑的心理，雖則在撥亂反正以後有所衰減，但從經歷中得來的印象難以一朝清除。現在提出走自主創新之路，建立中國創新型語言學，難免有人懷疑。他們在説，中國人從來就没有科學，四大發明只能叫做技術。他們搬出愛因斯坦來，説中國既没有古代希臘人那樣的邏輯學，又没有文藝復興時代通過實驗得出因果關係的手段，因而不會有科學。我不懂科學技術史，没有發言權，儘管我覺得這樣説有故意貶我之嫌，但也無意爭論了。我能肯定的是，過去不能説明現在。就算承認我國古代曾有過輝煌，也不能掩蓋近現代的黯然失色。古希臘固然是文明發源地之一，但不能證明希臘就是最有資格産生科學的地方；愛因斯坦了不起，但他的祖先並不就是文藝復興的大師。此時此地翻出中國的老話來説，除了真正討論科學史的學者以外，無非是想要證明我們現在不行，證明"接軌"的必然性和合理性。這是不可接受的。為什麽説中國人一定能行，一定能自主創新，中華一定可以振興呢？是因為我們這個民族在這裏立國歷史悠久，形成了無比强大的文化凝聚力，這種力量使得這個國家分了又合，滅了又興，弱了又强。前面提到愛因斯坦，一個猶太人，人們都説猶太人善於經商，聰明。他們為什麽聰明？是"天縱之聖"嗎？決不是的。他們流散各地，為求得生存，不得不有本領，不得不有才智。他們確實有超乎常人的地方，但都是逼出來的，是没有辦法的辦法。中國人和猶太人有類似的地方，受壓太深，不得不翻身；積弱太久，不得不圖强。中國人的聰明才智大抵都來源於此。這就是我們對於走自主創新之路，建立中國特色語言學有堅定信心的根本原因。

自從王力先生、吕叔湘先生這兩顆巨星相繼隕落，中國語言學界可以説是群雄並起，各不相屬，再没有天下定於一尊的局面了。誰是新的權威，大家都在拭目以待。只處於優勢地位就可以執語言學界的牛耳嗎？好像不可以。在學術界裏，實没有真正的學者會把那點權位看得過重。年長資深，可以號召衆人嗎？好像也不可以，人家會説這個時代已不屬於您老了。自我感覺不錯，而又慨然有澄清天下之志，他們怎麽樣？只怕是志大才疏，難成大器。華裔學者呢？如果有意對中國語言學界施加決定性的影響，那他就當"本漢"而不"本洋"，並有令人欽仰的成就，才能服衆。看現在的情形，似乎還没有人堪"負"此"領導重任"。因此,我只能預言,那些聚集在中國特色自主創新的旗幟之下的學人,如果他有真才實學,而且奮鬥不息,在建立中國特色語言學方面卓著成績,那他就極有可能成為語言學界新的領軍人物。在這方面,上文提到的三類人,即身居要津者,德高望重者,以及志士仁人,還有别的有條件的人,或許有成為領軍人物的某種優勢。但如果聚精會神地想着"接軌",那他們的優勢就將蕩然無存。

古聖先賢把十稅一當作最理想的境界,歷朝歷代没有哪個政治家設想過一概不稅,農民起義領袖"闖王來了不納糧"也只是一句口號。就在我們這一代,我們親眼見到了全國都免征農業稅這樣一件破天荒的大事,這一舉措惠及最廣大的人民群眾。可以無愧地説,我們是身處空前的盛世。我國2005年的GDP已超過法國英國,居世界第四位。人均産值,像上海、北京這樣一些地方,已達到中等發達國家的水準。中國的和平崛起,有人羨慕,有人驚佩,有人嫉妒,有人害怕,連最霸氣的國家,也不得不敬我三分。這就是今天的中國。國力的强大,國運的昌盛,是學術事業繁榮的保證,也是學術影響力及于四方的重要條件。在國家戰略的保障之下,在建立創新型國家的大氛圍之中,致力於建立中國特色創新型語言學,應是我們語言學界同仁的最佳選擇。

《兵鏡類編》點校後記

《兵鏡類編》是一部軍事類書,40卷,采擇可信史料1471條,上自春秋,下至明末,分為68類,涉及選將、練兵、設謀、料敵以及攻防戰術等除兵器、陣法之外的軍事各個方面。在每條史料之後,作者加上按語,評論得失,其中不乏真知灼見。有輯有評,使得這部著作與一般類書有所不同。書末附《臆説十種》《臆説補遺》,直接表達作者反抗侵略的軍事見解和軍事主張,連同史評,較系統地反映了作者的軍事思想。在我看來,這一軍事思想凝聚著人民的智慧,閃耀著辯證法的光輝,在我國近代軍事思想史方面,有著崇高的地位。

中國近代軍事思想粗分起來,可以有三個組成部分。一是以曾國藩、李鴻章為代表的湘軍淮軍的軍事思想,二是以太平天國軍事領導人和捻軍首腦們為代表的農民起義軍的軍事思想,三是以林則徐、魏源為代表的抵抗外來侵略愛國力量的軍事思想。曾、李在内戰中是勝利者,他們的軍事實踐和軍事思想,得到了史學家們的肯定;農民起義以他們進步作用而受到廣泛的關注,包括他們的軍事思想在内。唯有禦寇愛國這一方面,似乎只簡化為"師夷長技以制夷",别無可稱道。這是不公正的。其實,他們確立了防海禦侮的戰略思想,提出了"器良、技熟、膽壯、心齊"的建軍方針,還制訂了軍民結合,奇正並用,持久作戰的戰術原則,功不可没。《兵鏡類編》編著者的軍事思想屬於抗敵禦侮這一部分。他至少在以下四個方面作出了貢獻。

第一,長短説

本書編著者説:"兵法知己知彼,百戰百勝,非謂知即能勝,謂審於彼己之間,而善於用其長短也。"(本文所引《兵鏡類編》,除注明者外,均見於《臆説十種》和《臆説補遺》。)敵之長:"炮利、船堅、令嚴、財足、用漢奸、聯與國"。我之長處有十:衆怒難犯,衆志成城;以主待客,以逸待勞;地廣人衆,招募便捷;表裏山河,關津險阻;憑城固守,出奇無窮;誘用伏兵,追截歸路;

孤軍無援，四面夾攻；堅壁清野，阻絕糧道；兵民相習，能聚能散；遠近夷險，成竹在胸。敵人的長處，"我可禦，可避，可絕，可轉害為利。""避其長以用我之長，結人心，據要塞，運以精兵，寇必危。""入於海口者，無一复出於海口，是避之正所以破之也。"

第二，海陸説

作者以為"防海不如防陸"，此説從長短説引出。"炮火、舟楫、水利，皆彼之所長，我之短也。十餘年來，竭天下之精華以防於海，是極力以爭所短也。適以犯人之長（爭短無功，犯長更有害），故常處不勝之勢，致飲恨切齒於億萬姓（此即我當用之長處）。夫寇之所恃者水，利於水者必不利於陸，以陸處之眾，當航海之師，審主客，度眾寡，其勝負可知。"又説："據海口爭之，則寇盛；棄海口以爭之，是寇窮。況海防，寇能犯，亦能避。海固不能爭，寇利於海。終登岸，海尤不必爭。"

當然，作者不是説不要海防，他在《廣東條陳》（見《李資政公遺集》）中，就説到"海防實為要務"。只是説，在海上的交鋒中力量還不如侵略者的時候，應當避其鋒芒，而以陸防為制勝手段。

第三，制器練兵説

這是説武器和人的關係。作者最看重的是選將和練兵，强調人的因素。他説："火藥可恃而不可恃"。"買船、買炮、修炮臺、造機器，皆可恃而不可恃。最可恃者為練兵。""戰士輔以常勇，時而出奇制勝，用暗不用明，鬥技更鬥智，炮雖利不及放，人雖眾無敢當，此將士所樂得而見長也。出其素所練習，以一可當千百。或截路，或偷營，或遥劫主帥，或混入中軍，神出鬼没，若有若無。不可測，不可禦，並不可蹤跡，以少勝眾，以暇亂整，以分枝取正軍，是謂神兵。"

第四，城市棄守説

作者説："守城之法，今與古異，古人以戰為守，今人以棄為守。"城是要守的，但當軍力不如敵方時，就不要硬拼，可以棄城而走，以待機消滅敵寇主力，從而恢復棄城，終得長守，這就是所謂的以棄為守。但也有真棄的時候。"倘城系近水,萬難守,則棄即真棄也。必先焚毀,毋使寇據。"

此外,作者還提出了掘地孔(即地道)、施地雷的戰法,開啟了後世地道戰地雷戰理論的先河。這種戰法,到了抗日時期,被中國人民運用到了爐火純青的地步,在實踐上發揮到了極致。在19世紀下半葉,我們的祖先早就見到了這類戰法的可行性,不能不佩服他的遠見卓識。

現在印行這部著作,首先是因為作者以天下事為己分內事的思想值得學習。作者在《自序》中說:"天下苦干戈久矣,目見耳聞,逼人太甚,有不勝流涕痛憾者。人苟自待不薄,天下事皆己分內事。"本書作者,正是一個自待不薄的人,"以天下事為己分內事"。

第二,瞭解歷史。瞭解歷史,方可以更透徹地瞭解當今。當今備受尊崇的軍事思想,如"你打你的,我打我的";在戰爭中,人的因素第一;不在乎一城一地的得失,而以消滅敵人有生力量為主,等,讀了《兵鏡類編》之後,你不覺得這些早就有了深厚的根基了嗎?

第三,現在仍有借鑒意義。現在的强國,它總是占著强國的優勢。你富了,它更富。你强了,它更强。在可預見到的將來,在强國面前,我們仍然是弱國。如果他們逼人太甚,只有起來抗爭。要敢於抗,也要善於抗,有辦法抗。《兵鏡類編》就是教我們如何以弱抗强,轉劣勢為優勢的。雖然時移事異,但那種抗强的精神和智慧,不會因時間的變遷而失色。

第四,可以頂一部德育教科書。我國宋代有一本《資治通鑒》,那是資治用的,從中借鑒如何治理國家。現在我們要有一部資教通鑒,作為教育後人的資源。《兵鏡類編》就是一部這樣的好書。裏面1400多條史料,也就是1400多個故事,每個故事都述説著中華民族的優秀品德,中國人民的出乎其類的智慧,和堅忍不拔的意志。二十四史不易讀啊,毛主席的詞説"一遍讀罷頭飛雪"。那麽,就讀《兵鏡類編》吧,它不但教我們懂得歷史,也會使我們受到有益的薰陶。

《兵鏡類編》編著者李蕊,字商舟,號奎樓,湖南祁陽西區缎橋灣人(行政區劃現在屬龔家坪市)。生於清道光三年(1824年),卒於光緒十二年(1887年),享年64歲。少時家境貧苦,為人放羊。14歲時,為同鄉塾師匡敬齋先生所相中,以為孺子可教,不取學費,收他讀書。然因入學過遲,直到31歲,才考取秀才。爾後開館教徒,養家糊口。時值國家多事,於是投筆從戎,入左宗棠部襄辦營務。同治九年(1871年),以軍人身份直接去天津參加順天鄉試,中舉人。同治十三年(1875年)中進士,入翰林院。光緒五年(1880年),申請往廣東候補。以四年時間,寫成《兵鏡類編》。時曾國荃奉命督粵,委以善後局重任,掌管全省銀錢出入。張之洞繼任督撫,除善後局外,又兼負責礦政、鳌金、糧食等四局。雖握有經濟大權,但自奉節儉,不苟取分文,端方正直,甚得上官器重,張之洞稱之為"温温者其容,謙謙者其度","綽有古大人直道事人之概"。(《緞橋李氏族譜二修贈序》)李蕊氏家世、家風,善言懿行,除有少量文字記載之外,其後裔口口相傳,足資查訪,可為研究之一助。李氏子孫當今知名於世者,有湖南水電設計院總工程師李務本,湖南師範大學外語系教授翻譯家李蟠,浙江大學法學院院長、法學家李龍。筆者忝屬支派末流,家曾祖父為李蕊氏胞弟。

《兵鏡類編》于同治九年(1883年)付梓,先在廣州鋟版,有印本流傳,繼由湖南寶慶(邵陽)務本書局印行。原以為兩個本子或有不同。經校刊,兩本完全相同。家藏本與湖南師範大學藏本也無二致。我們這次校點即以此本為底本。1990年,江蘇揚州廣陵古籍刻印局有影印本行世。

《兵鏡類編》校點工作由湖南師範大學歷史文化學院王自來教授、文學院劉衍教授、李蕊氏曾孫外語學院李蟠教授和我共同擔任。點校格式、款式、要求、規定等,一律依照湖湘文化叢書編委會所制訂的體例。從篇幅來説,《類編》的主要部分是史料,所引史料的年月、文字間有訛誤,徑按史書本文改正,未作校記。《類編》所引史書,與現今通行版本或有不同,即依原本不改。為説明問題方便,有用編者語言連綴成文之處,此等處自不在校改之列。編者按語中偶有漫漶不清的個別詞語,如果不能肯定其為何字,則以□號記之。

研究和介紹《兵鏡類編》的,改革開放以來,有軍事科學研究院許保林的《中國兵書通覽》(解放軍出版社,1990年)。此書以4頁的篇幅詳細介紹了《類編》的內容和價值。"《兵鏡類編》作於中國頻遭外國殖民者欺淩的年代,具有鮮明的反侵略思想。所類輯古代的軍事史料,具有工具書的作用。評語和《臆説》運用古代兵法,結合近代軍事實際,提出的一些軍事主張,反映了中國近代軍事思想的變化和發展。"(上書421頁)劉培一主編的《中國少年軍事百科全書》(中國大百科全書出版社,1998年),其中收有《兵鏡類編》一種，由於到寫後記時，我們還没有見到原書，無法説出他們的評價和研究成果。但他們既將《類編》收入少年叢書，自然是以為對青少年有益。李蟠教授寫有《李蕊及其〈兵鏡類編〉》一文，載湖南文史研究館《文史拾遺》(2006年第2期)，對其人其書有一個準確的述論。這個《後記》有關部分，就是在他此文的基礎上寫成的。

自上個世紀80年代以來，引用、介紹《兵鏡類編》，摘録其中文字或收為詞條的書和詞典，不下20種。我們能查到原書的，除《中國兵書通覽》外，還有9種。下面開列作者或編者名、書名、出版社、出版年份以及《兵鏡類編》所在頁數的起始頁：

吴瑕：中國古代軍事三百題，中國古籍出版社，1989年，425頁。

學俞：世界謀略大全，中國人民大學出版社，1991年，502頁。

王慶新、詹才祥：武裝知識手册，知識出版社，1991年，283頁。

鄭文翰：軍事大辭典，上海辭書出版社，1992年，874頁。

湖南文獻委員會：湖南文獻彙編(第二輯)，上海書店，1994年，299頁。

黄玉章：軍隊建設大辭典，華夏出版社，1994年，383頁。

李力鋼、楊建華：軍事思想·軍事謀略，軍事誼文出版社，1995年，36頁。

管益農：兵法謀略辭典，陝西人民出版社，2000年，389頁。

金玉國：中國戰術史，解放軍出版社，2003年，293頁。

後　記

出這樣一本書,本來要多花些力氣的。因为友生和曾經的同事們的操勞,我得以比較地清閒些,享他們的福了。又因為責任編輯的高度負責,做了許多本應由我自己來做的事。謝謝為本書的出版而出過力的人們。我以前也出過幾本書,相對而言,出這本書就心情輕鬆些,不必耽心這耽心那。本書責任編輯章承董君做事穩重,免去了我以後可能遇到的麻煩。我在提到一篇文章寫作的緣起時,說一個出版社約我審稿,審後只是略有採用,且原稿亦不復見。章編提議不寫此出版社之名,便是一例。現在的青年人能做到如此审慎,確實難得。語文出版社有這般嚴謹而能幹的編輯隊伍,值得慶賀。

我在寫楊樹達先生修辭書的湘版前言時,說楊先生的書都帶有訓詁學的精神乃至訓詁學的內容。我把我的這個集子通讀一遍,覺得也是側重在訓詁方面。佛經詞語訓釋與一般訓詁文章占了總字数的一半还多。而講語法也是為了把書讀懂,最明顯的莫過於《〈解深密經〉語法釋讀》了。方言的文章,最有心得的也是方言字的探求。修辭,所用語料,多數與訓詁相近,在方法上又似與考證為鄰。

這樣說來,我是要攀附楊先生的高枝了。楊先生的成就是我所景仰的,可望而不可及。他與季剛先生比,就是沒有黄門那麽多的高徒。就我所知而言,楊先生有一位高足郭晉稀教授,可他後來只弄文學,到晚年才出了一本《聲類疏證》。還有一位王顯先生,他專攻音韻,對楊先生所擅長的訓詁,無所承繼。我1956年秋季來上湖南師範學院,那時楊先生已逝世半年多。面都沒有見到,哪裏有高枝可攀呢?

我在集中收進了《上古字音歸部表》,那是表明我的師承的。我的音韻、訓詁的基本知識,都是在武漢大學學的。我的老師有劉博平先生、黄耀先先生、李格非先生。弟子不肖,不能光耀先生的學術事業,只以《歸部表》載入,來表示我並沒有忘記本師。在我看來,季剛先生的28部,以及相應的對轉旁轉規律,如果只著眼於訓詁的話,那是很有用的。再用它若干年,也不會過時。讀者看到,我也涉獵到音韻學的其他方面。《〈中國音韻學研究〉述評》一書,就反映了我的學習並不以章黄為限。在這一點上,格非先生是我的榜樣,他從來就不是一個墨守成說的學者。他到莫斯科大學講學,見多識廣。

還是回過頭來說訓詁。我所以樂此不疲,一個看得見的原因,就是訓詁如有所見,往往會喜不自勝,能立刻帶來愉悦。我們批評急功近利,但没有誰反對過能有可喜的收獲。比如我最近發現佛經中的"恍惚"有虛幻不實之意,能不高興嗎?在我收到集子中的文章里,對於"二一"有一個確當的解釋,其時不能不有成就感。又比如,《詩品》的注釋,光"沉著"一品,我就有四個發現,"鴻雁不來",是時局不寧;"所思不遠"是憂國之亡;"遠行"是避禍;"大河前横",是美好的願景。每悟出一個道理,就添了一分歡喜,或者竟延長了一時的壽命。何樂如之?《新華字典》收有一個"冇"字,"有"中没有兩短横,顯見就是無了。收了這個俗字,而把有歷史根源的其義為"無"的"冒"字冷落在一旁,也就欠缺全面了。如果下一次修訂這部字典,我的見解能被採用,我要與幾個要好的朋友開一個會來慶祝。這便是訓詁之樂。